Historisch-Etymologisches Lexikon
der Salzburger Ortsnamen (HELSON)

Historisch-Etymologisches Lexikon der Salzburger Ortsnamen (HELSON)

unter der Patronanz der Salzburger Ortsnamenkommission (SONK)
herausgegeben von THOMAS LINDNER

Band 1 – INGO REIFFENSTEIN / THOMAS LINDNER: Stadt Salzburg und Flachgau
32. Ergänzungsband der Mitteilungen der Gesellschaft für Salzburger Landeskunde

INGO REIFFENSTEIN und THOMAS LINDNER

Historisch-Etymologisches Lexikon der Salzburger Ortsnamen (HELSON)

Band 1 – Stadt Salzburg und Flachgau

EDITION TANDEM

Ingo Reiffenstein und Thomas Lindner

**Historisch-Etymologisches Lexikon
der Salzburger Ortsnamen (HELSON)**
Band 1 – Stadt Salzburg und Flachgau

Titelbild: Urbar 375, Salzburger Landesarchiv (SLA)
Gestaltung: Volker Toth
Karte Flachgau: Werner Hölzl
Druck: Theiss, St. Stefan

ISBN 978-3-902932-30-3

© 2015 EDITION TANDEM, Salzburg | Wien
www.edition-tandem.at

INHALTSVERZEICHNIS

Einleitung	VII
Historische und sprachgeschichtliche Vorbemerkungen	VII
Zur phonetischen Transkription	XVII
Zur Benützung des *HELSON*	XVIII
Danksagung	XVIII
Lexikon der Ortsnamen	1
Wiederkehrende ON-Grundwörter und -Suffixe	147
Bibliographie	151
Indizes	175
Abkürzungs- und Symbolverzeichnis	190

EINLEITUNG

1. Historische und sprachgeschichtliche Vorbemerkungen

Ein historisch-etymologisches Ortsnamenbuch ist ein Lexikon der Örtlichkeitsnamen einer bestimmten Region, in unserem Fall des Politischen Bezirks Salzburg Land (Flachgau) mit Einschluß der Landeshauptstadt Salzburg. Erfaßt werden im Prinzip alle Namen der Städte und Dörfer, der Weiler, Rotten und Stadtteile des amtlichen Ortsverzeichnisses des Österreichischen Statistischen Zentralamtes. Unsystematisch aufgenommen sind Hofnamen von alleinstehenden Gütern (hauptsächlich dann, wenn dafür historische Belege vorliegen). Unsystematisch aufgenommen sind auch wichtigere Berg- und Gewässernamen. Der Kern der zugrundeliegenden historischen Ortsnamenkartei wurde in den 1980er Jahren im Auftrag der „Salzburger Ortsnamenkommission" (SONK) von Peter F. Kramml erstellt,[1] ungedruckte Quellen (Urbarien, unpublizierte Urkunden bis ins 16. Jahrhundert) wurden 2010-2012 von Julian Schreibmüller im Rahmen eines FWF-Projekts unter der Leitung von Heinz Dopsch und Thomas Lindner exzerpiert. Viele Belege mußten freilich ungeprüft aus dem *Salzburger Ortsnamenbuch* von Franz Hörburger (1982) übernommen werden; sie stammen überwiegend aus privaten Archivexzerpten von Leopold Ziller, die dieser in das Ortsnamenbuch eingearbeitet hatte (als Quellenangabe ist dafür SONB vermerkt). Die Dialektaussprache der Ortsnamen wurde ebenfalls in den 1980er Jahren durch Exploratoren des Instituts für Germanistik der Universität Salzburg im Auftrag der SONK erhoben. In nicht wenigen Fällen waren freilich Nacherhebungen erforderlich. Das Ortsnamenbuch soll in erster Linie sprachwissenschaftliche (sprachhistorische) Interessen bedienen, es will aber natürlich auch ein Hilfsmittel der Historiker und der Heimatforschung sein.

Die Salzburger Ortsnamenforschung setzt etwa in der zweiten Hälfte des 19. Jahrhunderts ein. Viele der älteren Arbeiten verdienen heute freilich nur mehr historisches Interesse. Wissenschaftlich fundierte Beiträge stammen aus dem 20. Jahrhundert von Gelehrten aus Wien, Graz und Innsbruck (W. Steinhauser, E. Kranzmayer, W. Brandenstein, K. Finsterwalder). Eine erste Summe erfolgte freilich erst mit dem *Salzburger Ortsnamenbuch* von Franz Hörburger (1982, hrsg. und bearbeitet von Ingo Reiffenstein und Leopold Ziller). Eine auch für Salzburg außerordentlich wichtige Publikation ist das von der Österreichischen Akademie der Wissenschaften herausgegebene *Altdeutsche Namenbuch* (1989-2015), das die Überlieferung bis 1200 (und damit viele bedeutende Salzburger Quellen) erschöpfend erfaßt und auswertet. Von den benachbarten Publikationen (Bayern, Ober- und Niederösterreich, Kärnten, Tirol) ist vor allem das *Ortsnamenbuch des Landes Oberösterreich* von Peter Wiesinger und Mitarbeitern (1989ff.), die *Etymologie der niederösterreichischen Ortsnamen* von Elisabeth Schuster (1989-1994), die *Tiroler Ortsnamenkunde* von Karl Finsterwalder (1990-1995) und das *Lexikon bayerischer Ortsnamen* von Wolf-Armin von Reitzenstein (2006) hinsichtlich der Anlage und des nah verwandten Ortsnamengutes

---

[1] Digital verfügbar unter: http://www.oeaw.ac.at/icltt/dinamlex-archiv/SONK_Ortsnamendatei_10.2010.pdf.

wichtig. Das *Historisch-etymologische Lexikon der Salzburger Ortsnamen* (*HELSON*) will nun Hörburgers *Salzburger Ortsnamenbuch* durch ein alphabetisch angeordnetes Lexikon ergänzen, das die Namensüberlieferung soweit wie möglich und soweit wie nötig – im Sinne einer Dokumentation der Veränderungen – verbucht und sich um eine etymologische Erklärung der Namen bemüht. Wie bei dem *Ortsnamenbuch des Landes Oberösterreich* wird jeder politische Bezirk einen eigenen Band bekommen.

1.1. *Appellativ* (Gattungswort) und *Onym* (Proprium, Eigenname)

Ortsnamen (Toponyme) dienen der gegenseitigen Verständigung im Raum und thematisieren naturräumliche, (land)wirtschaftliche oder besitzrechtliche Verhältnisse. Alle Ortsnamen sind Substantiva, entweder Simplizia wie *Wald, Tobel* oder *Berg*, Ableitungen (Derivate) wie *Pabing* (Personenname *Pabo* + Zugehörigkeitssuffix *-ing*) oder *Buchach* (*Buche* + Kollektivsuffix *-ach*, ahd. *-ahi*) oder Zusammensetzungen (Komposita) wie *Nußdorf* oder *Thalheim*. Sie unterscheiden sich zum Zeitpunkt der Entstehung hinsichtlich ihrer Bildung nicht von den anderen Substantiven der jeweiligen Sprache. Alle Ortsnamen haben zum Zeitpunkt ihrer Schaffung (der Namengebung) eine für jeden kompetenten Sprecher dieser Sprache durchsichtige Bedeutung. Von den appellativischen Substantiven (Gattungsnamen) unterscheiden sich die Ortsnamen allerdings von Anfang an dadurch, daß ihre Bezeichnungsfunktion (Identifikationsfunktion) wichtiger ist als ihre Bedeutungsfunktion, die in einer überwiegenden Vielzahl der Fälle im Lauf der Geschichte auch völlig verloren geht. Das läßt sich an einem Beispiel gut exemplifizieren. Das Wort *Schönberg* wird in Wörterbüchern der deutschen Sprache nicht gebucht, obwohl es leicht fällt, damit eine Bedeutung zu verbinden; aber wenn wir die vermutete Bedeutung ausdrücken wollten, würden wir von einem *schönen Berg* sprechen. *Schönberg* ist kein Appellativ der deutschen Sprache, sondern ein mehrfach auftretender Ortsname. Aber frühe Belege (z.B. 1122 *Poppo de Sconinberch* 'Poppo von dem schönen Berg') zeigen, daß dem Ortsnamen die gleiche Verbindung von Substantiv und Adjektiv zugrunde liegt, die wir heute auch verwenden würden. Im Lauf der Zeit wurde aus der syntaktischen Fügung jedoch eine feste Zusammensetzung, die Endung *-en* wurde assimiliert (wie das heute im Dialekt auch der Fall ist). Obwohl das namengebende Motiv des Ortsnamens *Schönberg* (sowohl in Anthering wie in Dorfbeuern) in der Realprobe leicht nachvollziehbar ist, weil es dort wirklich ausnehmend schön ist, spielt die Bedeutung im alltäglichen Gebrauch natürlich keine Rolle. Die Namen dienen der *Identifikation* einer jeweils spezifischen Örtlichkeit, ihre *Bedeutung*, auch wenn sie noch durchsichtig ist, spielt für den Gebrauch keine Rolle.

Leider ist die ursprüngliche Bedeutung der Ortsnamen in der weit überwiegenden Mehrzahl der Fälle nicht so leicht durchschaubar wie bei *Schönberg*. Um 800 wird den Menschen zwar durchaus bewußt gewesen sein, daß z.B. in *Antheringun* die 'Leute des (Grundherren?) Antheri' lebten, heute bezeichnet das Wort *Anthering* aber ohne weitere Konnotationen die Ortschaft (Gemeinde) Anthering und hat darüber hinaus keine Bedeutung. Die ursprüngliche Bedeutung dennoch offen zu legen, ist die Aufgabe der Namenkunde.

Der Tendenz zur Verdunkelung der ursprünglichen Bedeutung eines Ortsnamens steht freilich ein Grundbedürfnis der Sprecher gegenüber, dem undurchschaubar gewordenen Wortmaterial gewissermaßen im nachhinein doch eine Bedeutung abzugewinnen; man kann dies sowohl im appellativischen wie im Namenwortschatz beobachten. Daraus resultieren die zahlreichen Versuche der Deutung und Uminterpretation von nicht mehr verstandenen Namen, die wir als „Volksetymologien" bezeichnen. Sie haben mit der eigentlichen Herkunft, der Etymologie des Namens, nichts zu tun. Wenn z.B. aus einem primären *Appanowa* 'Au(siedlung) des Appo' (*Appo* ist ein mittelalterlicher Personenname) ein *Abtenau* 'Au(siedlung) des Abtes (als Grundherr von St. Peter)' wird, so liegt dem kein sprachinterner, etwa lautgesetzlicher Vorgang zugrunde, sondern eine sekundäre (historisch und sprachlich unzutreffende) Umdeutung des ab dem 13. Jahrhundert bereits nicht mehr geläufigen ersten Namenbestandteils (des Personennamens). Meistens sind solche volksetymologischen Umdeutungen Prozesse der Verschriftung (im Fall von *Abtenau* freilich schon seit 1299, oft aber erst der neuzeitlichen Verschriftung). Die dialektale Aussprache bewahrt häufig die Lautung des „richtigen" Ortsnamens (im Fall von *Abtenau* als [ɔp'maʊ]) besser als die Schreibkonvention. Eine Volksetymologie war im Fall von *Henndorf* (ca. 800 *Hohindorf* '[in dem] hohen Dorf') sogar die Grundlage der kuriosen Entscheidung, eine Henne ins Gemeindewappen zu nehmen.

1.2. Wortbildung der Ortsnamen

Neue Substantiva (mit Einschluß der Ortsnamen) können durch Zusammensetzung (Komposition) oder durch Ableitung (Derivation) gebildet werden.

Bei **zusammengesetzten Namen** (Komposita) trägt immer ein Substantiv die Grundbedeutung (daher: Grundwort); es bildet immer das zweite Glied der Zusammensetzung und ist Träger der grammatischen Information (Flexionsklasse); als erstes Glied steht ein Substantiv (in alten Ortsnamen häufig ein Personenname), Adjektiv oder Adverb, das eine inhaltliche Spezifikation des Grundwortes leistet (daher: Bestimmungswort). Die historische Grammatik unterscheidet zwischen „echten" Komposita mit unflektiertem ersten Glied und (jüngeren) „unechten" Komposita, die aus syntaktischen Zusammenrückungen (Grundwort mit Genitiv- oder Adjektivattribut) entstanden sind.[2] Für die Bildung unserer Ortsnamen war vor allem der Typus der „unechten" Komposition überaus produktiv. Vgl. z.B. *Abtenau* aus *ouwe* 'Au' mit ahd. *Appen* (Gen. des Personennamens *Appo*) „Au[siedlung] des Appo" oder *Haunsberg* aus *berg* 'Berg' mit ahd. *Hûnis*, Gen. des Personennamens *Hûni*, *Schönberg* aus ahd. (*ûf demo*) *scônin berge*, *Oberndorf* '[in dem] (hydrographisch) oberen Dorf' (zum Unterschied von *Altach*, dem unteren Dorf). „Echte" Zusammensetzungen sind z.B. *Bergheim*, *Thalgau* oder *Nußdorf*, deren ursprüngliche Bedeutung noch leicht durchschaubar ist. Der Unterschied der Wortbildung ist unmittelbar ablesbar an dem Ortsnamenpaar *Perwang* am Grabensee (ahd. *wang* 'Wiese, Leite' mit dem Personennamen *Bero*) und unmittelbar benachbart *Berndorf* (*dorf* mit *Berin*, Gen. des gleichen Personennamens *Bero*). Die Zahl der Genitiv-Komposita ist weitaus größer als die der sog. „echten". Wir verzichten bei der Erklärung der Ortsnamen

---

[2] Die Wiener namenkundliche Schule (z.B. P. Wiesinger, OBOÖ) unterscheidet zwischen „gereihten" (d.h. echten) und „gefügten" (d.h. unechten, flektierten) Komposita (vgl. dazu LINDNER 2011, 19f.).

(*E.*) auf eine Kenntlichmachung des Kompositionstypus. Vor allem unter den älteren Ortsnamen fungiert als Erstglied (Bestimmungswort) sehr häufig ein Personenname (in der Regel der Name des Grundherren). Nicht wenige dieser Personennamen kennen wir nur aus Ortsnamen; gelegentlich ist dann nicht sicher zu entscheiden, ob es sich tatsächlich um einen Personennamen handelt.

Bei der Bildung von Ortsnamenkomposita waren viele Grundwörter reihenbildend, z.B. *-heim, -dorf, -haus, -hof, -leite, -eck, -winkel, -öd (-ed), -reut, -schwand* usw. Mit einigem Vorbehalt läßt sich die Produktivität etlicher dieser Grundwörter zeitlich ungefähr eingrenzen. So sind z.B. Ortsnamen auf *-heim* in der Regel alte Namen, während typische Rodungsnamen wie solche auf *-reut, -schwand* oder *-schlag* natürlich erst der Zeit des großen Siedlungsausbaus seit dem 12. Jahrhundert angehören. Ebenso zählen die Ortsnamen auf *-dorf* regional (z.B. im Lungau) zu einer etwas jüngeren Namenschicht. Hingegen gehören im Flachgau Ortsnamen wie *Nußdorf, Henndorf, Köstendorf, Irrsdorf* zu den schon um ca. 800 bezeugten Namen. Selten wurden Gewässernamen mit den Grundwörtern *-ach, -bach, -see* zu Siedlungsnamen (*Fischach, Mühlbach, Hintersee*).

Ableitungen (Derivate) werden mit Hilfe von Suffixen (Ableitungssilben, Endgliedern) gebildet. Für die Bildung unserer Ortsnamen waren vor allem die Suffixe ahd. *-ahi* '-ach' und *-ing*, seltener ahd. *-ôt(i)* von Belang.

Ahd. *-ahi* ist ein Kollektivsuffix, das eine 'größere Anzahl, einen Bestand' (z.B. einer bestimmten Baum-, Staudenart) anzeigt, z.B. *Buchach, Erlach, Haslach*. Da die Bildung solcher Kollektive im älteren Dialekt noch produktiv ist/war (z.B. *Leutach* 'Menschenansammlung', z.B. vor der Kirche), ist die Grenze zwischen Ortsnamen und Appellativ hier noch nicht sehr scharf ausgeprägt. Gelegentlich konnte später auslautendes *-t* angefügt werden, wie z.B. in *Eichet* (vgl. *Dickicht, Kehricht* u.a.). Das Kollektivsuffix *-ach* fiel seit dem 13./14. Jahrhundert lautlich mit der Gewässerbezeichnung ahd. *aha* 'Ache' zusammen. Gewässernamen wie *Fischach, Moosach* oder *Salzach* sind selbstverständlich Komposita mit ahd. *aha* und keine Ableitungen mit dem Kollektivsuffix *-ahi*.

Ahd. *-ing* ist ein gemeingermanisches und vor allem im frühen Mittelalter sehr produktives Zugehörigkeitssuffix zur Bildung patronymischer Ortsnamen. Das Suffix wurde an Personennamen angefügt und bezeichnete im lokativischen Dat. Pl. ahd. *-ingun* die Siedlung der einer Person (z.B. einem Grundherren) zugehörigen Leute, z.B. *Antheringun* 'bei den Leuten des Antheri'; *-ingun, -ingen* wird im Bairischen seit etwa dem 12./13. Jahrhundert zu *-ing* abgeschwächt (im Alemannischen bleibt die volle Endung bis heute erhalten, z.B. in *Tübingen, Sigmaringen* u.v.a.). Die *-ing*-Ortsnamen sind charakteristisch für die frühe bairische Landnahmezeit und füllen den westlichen Flachgau von *Itzling* bis *Fischtaging* und *Palting*. Sie setzen sich im Innviertel und im Rupertiwinkel in gleicher Dichte fort. Das Suffix *-ing* bewirkte bei vielen Ortsnamen den Umlaut der Stammsilbe, z.B. *Eching* (790 *Achingas*, ca. 800 *Ehing*), *Ölling* (1147 *Ellingen*, zum Personenname *Allio*), *Pabing* (790 *Papinga*,

1147 *Pepingen*, 1216 *Paebingen,* PN *Pabo*), *(Fisch-)Taging* (987 *Tacginga*, 1193 *Taekkingen,* PN *Taggo*), *Eisping* (12. Jh. *Vspingin*, 1440 *Eysping*, PN *Ûspo*). In anderen Namen trat kein Umlaut ein, besonders bei *u, uo* (*Nopping, Rutzing, Unzing, Trainting* zu den PN *Noppo, Ruozo, Unzo, Truonto*).

Die Bildung von Ortsnamen mit Hilfe des Suffixes *-ing* blieb auch in der Zeit nach ca. 1000 noch produktiv, abgeleitet allerdings nicht mehr von Personennamen, sondern vor allem von Flurnamen, z.B. *Pointing* (mhd. *biunte* 'eingefriedetes Stück Land')*, Schlipfing* (mhd. *slipfe* 'Abhang, Erdrutsch').

1.3. Historische Bedingungen der Namengebung

Ortsnamen wurden und werden zu allen Zeiten gebildet, selbstverständlich auch in unseren Tagen. Das Gros der Namen entstand aber natürlich zu jener Zeit, in der Siedler das Land in Besitz und Nutzung nahmen und ihre neue Lebenswelt zur gegenseitigen Verständigung benennen mußten. Die Namengebung ist von verschiedenen äußeren Bedingungen abhängig, sowohl von natürlichen (bergig, flach usw.), von rechtlich-sozialen (Grundherrschaften), von wirtschaftlichen wie von solchen der Siedlungsentstehung (z.B. Rodungsnamen). Diese unterschiedlichen Bedingungen und gelegentlich auch zeitgebundene Moden der Namengebung führten zur Entstehung von Ortsnamentypen, die tendenziell auch zeitlich eingeordnet werden können. Auch auf diese Weise können Ortsnamen wertvolle Aufschlüsse über Siedlungsprozesse geben.

1.4. Integration fremder Namen

Da Neusiedler wie die Baiern im 6. Jahrhundert im Flachgau und im Salzburger Becken in der Regel nicht in unbesiedeltes Land kamen und mit der Vorbevölkerung auch nicht *tabula rasa* machten, fanden sie auch Ortsnamen in einer ihnen fremden Sprache vor (im Flachgau war dies das Romanische, eine Weiterentwicklung des Lateinischen), die sie, wenn sie die bereits üblichen Namen beibehalten wollten, als Lautkörper in ihre eigene Sprache einfügen, einpassen mußten. Ebenso waren auch die Römer bei ihrer Landnahme der alpinen Gebiete und des Voralpenlandes mit den vorrömischen (keltischen oder älteren) Namen umgegangen. Für die Baiern bestand zwischen römischen und vorrömischen Ortsnamen kein Unterschied, da sie auch die letzteren nur in romanisierter Form kennenlernten. Diese Ortsnamen fremder Herkunft unterlagen seit ihrer Einverleibung in den Sprachgebrauch der jetzt dominierenden bairischen Bevölkerung den gleichen vor allem lautlichen Veränderungen wie der heimische appellativische Wortschatz. Bei der Integration fremder Namen waren, ebenso wie bei der Eindeutschung der zahlreichen appellativischen Wörter aus dem Lateinischen, bestimmte Substitutionsregeln (Regeln für die Ersetzung fremdsprachiger Lautungen durch solche der eigenen Sprache) wirksam, die vom jeweiligen Entwicklungsstand der Nehmer- wie der Gebersprache abhängig waren. Bei richtiger Interpretation dieser Substitutionsregeln lassen sich Einsichten in die Zeit der Eindeutschung gewinnen.

1.5. Sprach- und Dialektgeschichte

Sprachen befinden sich ständig im Fluß, verändern sich, solange sie lebende Sprachen sind. Alle Namen, gleichgültig ob sie der eigenen autochthonen oder einer fremden Sprache entstammen, unterlagen den Veränderungen, die im Lauf der Jahre und Jahrhunderte in der Sprache der dominanten Bevölkerung vor sich gingen, vor allem solchen der Laute (Aussprache) und der Flexionsformen (Morphologie). Veränderungen im Gebrauch oder in der Bedeutung jener Wörter, die den Ortsnamen zugrunde liegen, führten zwar in der Regel nicht zu einer lexikalischen Veränderung des Ortsnamens, wohl aber dazu, daß das Verständnis für die Bedeutung von Ortsnamen völlig verloren ging. Das germanische Wort *wang* 'Leite, Wiese' veraltete im Lauf des 8./9. Jahrhunderts und wurde als Appellativ nicht mehr verwendet und sicher bald auch nicht mehr verstanden. Ortsnamen wie *Weng* 'Wiese, Leite', *Pinswag* 'Binsenwang', *Elsenwang* 'Wiese mit Elsbeeren', *Hallwang* 'Wiese an der Halde, am Abhang' mußten dadurch mindestens partiell undurchsichtig werden. Auch die Bedeutung des Ortsnamens *Walahowis* 'Dorf der Walchen, Wals' (lat. *Vicus Romaniscus*) wird schon sehr früh nicht mehr verstanden worden sein, da das Wort **wîs* 'Dorf' schon im 8. Jahrhundert veraltet und abgekommen sein muß (es ist ahd. nicht mehr belegt). All diese lautlichen und semantischen Veränderungen haben im Lauf der Zeit die ursprüngliche Bedeutung der Namen verdunkelt und die Tendenz verstärkt, daß der Gebrauch der Ortsnamen auf ihre Bezeichnungsfunktion beschränkt bleibt.

Aufgabe der etymologischen Namenkunde ist es hingegen, die einem Ortsnamen zugrundeliegende Form zur Zeit seiner Bildung und damit die ursprüngliche Bedeutung zu erschließen. Eine in der Regel unentbehrliche Hilfe dabei sind historische Texte, deren Entstehung dem Zeitpunkt der Namengebung jedenfalls näher steht als die späteren Schreibformen der Ortsnamen. Freilich sind auch die historischen Belege nicht vor Mißverständnissen, Kopierfehlern, Umdeutungen u.ä. gefeit. Oft lassen sich aber solche „Fehler" sprachhistorisch interpretieren. Bemerkenswert ist, daß in der mündlichen Tradierung der Ortsnamen im bäuerlichen Dialekt in vielen Fällen die ursprüngliche Namensform, natürlich mit den regelhaften Lautveränderungen des jeweiligen Dialekts, über die Jahrhunderte hin erstaunlich gut erhalten blieb, oft besser als in der schriftlichen Tradierung. Die Verbindung der historischen Belege mit der lokalen Dialektaussprache ist daher oft der sicherste Weg zur Klärung der Etymologie von Ortsnamen. Wo historische Belege fehlen (was leider nicht selten der Fall ist), ist eine etymologische Erklärung des Namens oft schwierig und unsicher, gelegentlich unmöglich.

Das Erzbistum Salzburg befindet sich hinsichtlich der urkundlichen Überlieferung in einer sehr günstigen Lage. Nach dem Sturz Herzog Tassilos (788) war die Salzburger Kirche bemüht, ihren reichen Besitz zu sichern. Zu diesem Zweck ließ Bischof Arno um 790 ein Verzeichnis aller herzoglichen Schenkungen seit der Zeit Ruperts anfertigen (*Notitia Arnonis*) und durch Karl den Großen bestätigen. Wohl nach der Erhebung Salzburgs zum Erzbistum (798) entstanden die *Breves Notitiae* (um 800), die neben den herzoglichen auch die nichtherzoglichen Schenkungen verzeichneten.

Diese beiden großen Güterverzeichnisse (Lošek 1990) aus den Jahren 790-800 enthalten die Namen von ca. 270 Orten, zu einem großen Teil aus dem Gebiet des heutigen Bundeslandes Salzburg (vor allem aus dem Flachgau) und des Rupertiwinkels. Sie sind leider nur kopial aus dem 12./13. Jahrhundert überliefert, was in wenigen Fällen ihre Zuverlässigkeit beeinträchtigt. Die Schenkungen an Kirche und Klöster und damit ihre Aufzeichnungen setzten sich in den folgenden Jahrhunderten fort. Besonders ergiebig für die Überlieferung der Namen von Dörfern, Weilern und Höfen sind die Traditionskodizes des Domkapitels und vor allem der großen Klöster St. Peter und Nonnberg, für den Flachgau auch die von Michaelbeuern und Mondsee. Für die Zeit ab etwa dem 12./13. Jahrhundert kommen die Urbarien (Abgabenverzeichnisse) hinzu, die freilich zum großen Teil noch unpubliziert sind (wichtig KLEIN 1935). Auch die spätmittelalterlichen Taidinge (Weistümer) enthalten oft wertvolle Informationen für die Namenkunde, z.B. Grenzbeschreibungen.

Nicht nur die Quellenlage ist für die Salzburger Ortsnamenforschung sehr günstig, sondern auch ihre Erschließung. Die älteren Urkunden und Traditionsbücher sind in vier Bänden des *Salzburger Urkundenbuchs* (SUB, 1910-1933) publiziert, dazu kommen für jüngere Urkunden die von Franz Martin herausgegebenen *Regesten der Erzbischöfe und des Domkapitels 1247-1343* (1928-1934). Sehr viele Quellen vor allem des späteren Mittelalters wurden in der zweiten Hälfte des 19. Jahrhunderts in den *Mitteilungen der Gesellschaft für Salzburger Landeskunde* (*MGSL*) von A. Doppler, W. Hauthaler, F. V. Zillner, H. Widmann u.a. publiziert. *Die Salzburgischen Taidinge* (1870) wurden von Heinrich Siegel und Karl Tomaschek herausgegeben.

Um die Veränderungen der Ortsnamen von ihrer Entstehung bis heute und vor allem auch die historischen und gegenwärtigen Ortsnamenschreibungen angemessen beurteilen zu können, ist die Kenntnis der wichtigsten sprach- und dialektgeschichtlichen Prozesse sowie spezifischer Konventionen der historischen Verschriftung unerläßlich. Ausschlaggebend für das Bild unserer Ortsnamen sind die Lautveränderungen, die im Deutschen (und für die Salzburger Ortsnamen speziell im Bairischen) seit althochdeutscher Zeit (8.-11. Jahrhundert) über das Mittelhochdeutsche (11.-14. Jahrhundert) bis ins Frühneuhochdeutsche (15.-18. Jahrhundert) vor sich gegangen sind. Entscheidend ist vor allem das Hoch- und Spätmittelalter (12./13.-15. Jahrhundert), als sich zusammen mit der Ausbildung von festen Dörfern und des seßhaften Bauernstandes auch allmählich regionale Dialekte ausbildeten. Zudem ist dies die Zeit einer intensiven Siedlungstätigkeit und damit der Entstehung vieler neuer Siedlungen samt den zugehörigen Namen. Die Entstehung der Rodungssiedlungen und der Schwaigen mit einer ganz spezifischen Ortsnamennomenklatur sind Ereignisse dieser Jahrhunderte.

1.6. Zur Phonologie und Morphologie der Salzburger Ortsnamen

Bei den **Konsonanten** waren vor allem die gegenläufigen Prozesse der Artikulationsintensivierung und der Schwächung maßgebend. Der Übergang vom Germanischen zum Althochdeutschen wird durch die Durchführung der hochdeutschen (sog. zweiten)

Lautverschiebung markiert. Dabei wurden germ. *b, d, g > p, t, k* und germ. *p, t, k >* *pf-, z-, kh-,* bzw. *-ff-, -zz-* (d.h. *-ßß-*), *-hh-* (*-ch-*) „verschoben" (fortisiert, verstärkt). Das heimische Wortgut zeigt diesen Lautwandel natürlich durchgehend. Zu bemerken ist dazu nur, daß *g > k* seit dem 9./10. Jahrhundert wieder zurückgenommen wurde (vgl. 800 *Keizperch* 'Gaisberg', 800 *Clasa* 'Glas', 1125 *Cumprehtingin* 'Gumprechting', danach *G-*; bis ins 14./15. Jahrhundert hielt sich hingegen die Schreibung *-ch* = [-kx] in *-perch, -burch* '-berg, -burg'). Auch *b > p* wurde im appellativischen Wortschatz und in der modernen Rechtschreibung fast durchgehend zurückgenommen, blieb in der Schreibung von Ortsnamen aber in der Anlautposition weit überwiegend bis ins 16. Jahrhundert erhalten; da es im Bairischen anlautend im Gegensatz zur Standardsprache nur einen labialen Verschlußlaut gibt, wechselt *b-* und *p-* in der modernen Schreibung der Ortsnamen ganz willkürlich, vgl. *Perwang – Berndorf, Pirach – Bürmoos, Puch – Buchach* usw. Zur Schreibung der Velare ist zu bemerken, daß *ch* in frühen Texten für den behauchten Verschlußlaut (ursprünglich „geriebene" Affrikate [kx]) steht, während für den Reibelaut [x, ç] häufig <h, hh>, daneben aber auch schon früh und seit dem 11. Jahrhundert durchgehend <ch> geschrieben wurde. Das im In- und Auslaut aus germ. *-k(-)* entstandene *ch* [x] konnte in vielen mittelbair. Dialekten schwinden, vgl. z.B. *Buchach, Pierach, Bürmoos, Dichenberg*.

Interessanter ist die Geschichte der Verschlußlaute bei der Integration lateinisch-romanischer Ortsnamen. Von der hochdeutschen Lautverschiebung wurde in unserem Gebiet nur der Lautwandel *k > ch* in einigen Ortsnamen durchgeführt (die anderen Akte der Tenues-, d.h. Starklaut-Verschiebung waren zu Beginn der bairischen Siedlung bereits abgeschlossen). Er liegt vor in *Cucullis* > ca. 800 *Chuchil* 'Kuchl' mit Verschiebung des an- und des inlautenden Verschlußlautes, was eine Eindeutschung spätestens im 8. Jahrhundert bezeugt. Ein weiteres Zeugnis für die Verschiebung *-k- > -ch-* ist auch der Ortsname *Grödig*, ca. 800 *Crethica*, 930 *Gretticham*. Die Lenisverschiebung *-d- > -t-* ist in dem Ortsnamen *Adnet* (ca. 800 *Atanate* < *Adanade*) eingetreten. Alle anderen romanischen Ortsnamen sind nach der Wirksamkeit der Lautverschiebung, frühestens im 9. Jahrhundert eingedeutscht worden. Eine Kennform für spätere Eindeutschung ist vor allem die Substitution von lat. *c* (d.h. [k]) durch ahd. *g* in *Gols, Gois < collis, Muntigl < monticulus, Gamp < campus* (was bei früher Eindeutschung nhd. *Kampf* ergeben hat). Es ist denkbar, daß es sich dabei um den direkten Niederschlag der romanischen Schwächung von *p. t, c (k) > b, d, g* handelt. Auch die Palatalisierung von lat. *c (k)* zu [ts] (*z*) ist ein romanischer Prozeß (vgl. *Gitzen, Zifanken*). Die Menge der spät eingedeutschten romanischen Ortsnamen liegt im Tennengau (Salzburger Becken).

Die zweite große Konsonantenveränderung in unserem Gebiet ist die mittelbairische Konsonantenschwächung, wirksam etwa seit dem 13. Jahrhundert. Als Gesamtvorgang handelt es sich um eine Schwächung der starken (harten) Verschlußlaute, die positionsabhängig zu einem Zusammenfall von *t* und *d* und von *k* und *g* führte. Da die Konsonantenschwächung vor allem im Bereich des dialektalen Sprechens wirksam geworden ist, fand sie nur wenig Eingang in die schriftliche Überlieferung. In der

Verschriftung unserer Ortsnamen hat sie sich nur vereinzelt niedergeschlagen, z.B. in *Adnet* (ca. 800 *Atanate*), *Grödig* (987 *Gretich*, 1286/1334 *Gredich*, 1459 *Gredig*), *Mödlham* (12. Jahrhundert *Metilhaim*, 1604 *Medlham*); allgemein üblich ist sie hingegen in der Dialektaussprache, vgl. z.B. *Huttich, Mattig, -ich, Tödtleinsdorf* u.v.a. Eine vor allem in Dialekten des westlichen Flachgaues auftretende auffällige Form der Schwächung ist die von *-d- > -r-*, das seinerseits zu [ɐ] vokalisiert wurde, z.B. in [ʃtɔɐl] 'Stadel', [gniɐl] 'Knödel'. In den Flachgauer Ortsnamen ist diese Schwächung nicht zu belegen, wohl aber die verwandte Schwächung von *-d-* zum Liquid *-l-* in *Elixhausen* und *St. Gilgen*. Im Bereich der **Vokale** ist die erste signifikante Veränderung der Umlaut von *a > e* vor folgendem *i, j* („Primärumlaut") im 8. Jahrhundert. Der Lautwandel ist zu Beginn der schriftlichen Ortsnamenüberlieferung im wesentlichen abgeschlossen. Nur bei *Eching* ist noch die Lautform vor der Durchführung des Umlauts belegt (790 *Achingas*, ca. 800 *Ehing*), sonst sind nur umgelautete Formen überliefert, z.B. für *Ölling* (1147 *Ellingen*, zum Personenname *Allio*) oder *Elixhausen* (991 *Ebidehsunhusa*, mit *abbatissa, ebidissa* 'Äbtissin' als Bestimmungswort). Vor *r* ist das (geschlossene) Primärumlaut-*e* in den Flachgauer Dialekten zu [i] gehoben worden, was zu der Schreibung *Irlach* für *Erlach* 'Erlenbestand' geführt hat. Bei etwas jüngerer Ortsnamenbildung ist bei Umlautbedingungen ein verminderter Umlaut von *a* („Sekundärumlaut") eingetreten, der etwa seit dem 12./13. Jahrhundert mit *ä (æ, ae, e)* bezeichnet wird. Da das sehr offene [æ] des Sekundärumlautes in dialektaler Aussprache zu [a] gesenkt wurde (z.B. [khatsl] 'Kätzchen'), ist in der modernen Schreibung der Ortsnamen sehr häufig <a> fest geworden (z.B. *Pabing*: 790 *Papinga*, 1147 *Pepingen*, 1216 *Paebingen*; (*Fisch-*)*Taging*: 987 *Tacginga*, 1142 *Tæchingin*, 1193 *Taekkingen*; vgl. dazu auch *Graz* neben *Königgrätz* [mit der älteren, „richtigen" Schreibung]). In einigen alten Ortsnamen hat auch die altoberdeutsche Gen.-Endung *-in* der sog. schwachen Deklination (*n*-Deklination) Umlaut bewirkt, z.B. *Köstendorf* (ca. 800 *Chessindorf*, zum Personennamen **Kasso*), *Gresenberg* (1207 *Grosenperch*, 1322 *Gresenberg*), *Siezenheim* (930 *Sûozzinheim*, 1382 *Süezenhaim*, 1552 *Sietznhaim*, zum PN *Suozzo*), *Würzenberg* (1430 *Wyeczenperig*, zum PN *Wuozzo*).

Die Umlaute von *u* und *o* werden erst ziemlich spät und unsystematisch bezeichnet. Die spätere Entrundung von *ü, ö > [i, e]* führte dazu, daß in mehreren Ortsnamen *i* für etymologisches *ü* geschrieben wird, z.B. *Itzling* (790 *Uzilinga*, 1525 *Vtzling*, 1649 *Ytzling*), *Irrsdorf* (785 *Ursisdorf*, 1617 *Vrsdorf*), *Siezenheim* (s.o.); viel seltener ist die umgekehrte Schreibung *ü* für etymologisches *i*, wie z.B. in *Bürmoos* (*birch-* 'Birke'). Hingegen hat sich durch die Entrundung von *ö > [e]* die orthographische Möglichkeit ergeben, das geschlossene [e] durch <ö> von offenem [ɛ] zu unterscheiden, das weiterhin <e> geschrieben wurde, vgl. *Grödig, Göming, Köstendorf, Söllheim, Tödtleinsdorf, Mödlham* u.a. versus *Seeham, Lehen, Henndorf, Gresenberg* u.a.. Die – häufig inverse – *ö*-Schreibung für [e] wird erst seit dem 17./18. Jahrhundert häufiger.

Die nächste durchgreifende Veränderung in der Aussprache der Vokale ist die Diphthongierung der hohen Langvokale *î, û, ū > ei, au, äu* etwa seit dem 13. Jahrhundert, vgl. z.B. *Weidenthal, Haunsberg, Reitsberg*. Eine regionale Sonderentwicklung liegt in gelegentlichem [aɪ] > [a] vor, z.B. in *Fraham*. Etwa gleichzeitig mit der Diphthongierung wird für das alte mhd. *ei* die Schreibung <ai> üblich (zur Unterscheidung von dem neuen <ei>), vgl. *Aichpoint, Aigen, Zaisberg*. Dieses *ai* wurde in den Dialekten über [ɔɪ] (im westlichen Flachgau in mehrsilbigen Wörtern z.T. noch erhalten, z.B. in [ɔɪŋ] 'Aigen') zu [ɔɐ] weiterentwickelt. Diese dialektalen Entwicklungen fanden keinen Eingang in die Verschriftung. Da aber etwa im 13./14. Jahrhundert auch *uo* vor Nasalen (*m, n*) zu [ɔɐ] gesenkt wurde und dadurch mit der Entsprechung von *ai* zusammenfiel, kam es gelegentlich zu hyperkorrekten Schreibungen wie *Großmain* (800 *Muen, Mŭn*), *Trainting* (*Trŭnting*).

In der normalisierten mhd. Schreibung <iu> werden zwei Phoneme zusammengeworfen, die im Bairischen getrennt bleiben: der Umlaut von *û* und von *iu* (*äu*) einerseits und das nichtumgelautete *iu* (*eu*) andererseits. Der Umaut [ǖ] wird zu <äu, äw, aw> diphthongiert und zu <ei> entrundet (z.B. *-häusl, Räwt, Reit*). Nichtumgelautetes *iu* wird zu *eu, eo* und später zu *oi* (*Loig, Loidharting, Loipferding, Roid, -point*). Die Schreibung *Reut* kann sowohl für Umlaut (*Reit*) wie für Nichtumlaut (*Roit*) stehen. Eine seltene altdialektale Entwicklung fassen wir in [eo] > [e], z.B. in *Röd*.

Eine in den älteren bairischen Dialekten weitverbreitete Besonderheit ist die Bildung sog. Sproßvokale zur Aussspracheerleichterung der Verbindungen von *r, l* mit velaren und labialen Verschluß- und Reibelauten, z.B. *Berig, Kiriche, Milich, werifen* usw. In den Flachgauer Dialekten sind diese Sproßvokale, abhängig von der Tiefe des Dialekts, noch recht lebendig. In den historischen Belegen begegnen entsprechende Schreibungen, bleiben aber selten. In der modernen Schreibung der Ortsnamen fehlen Sproßvokale ausnahmslos.

Aus der **Morphologie** ist hervorzuheben, daß der Gen. Sg. der schwachen Flexion im älteren Ahd. im Oberdeutschen (Bair., Alem.) auf die Endung *-in* ausging, also z.B. *hano, hanin* 'der Hahn, des Hahnen'. Das *-i-* der Endung bewirkte den Umlaut der Stammsilbe. Da der Großteil der ahd. PN schwach flektiert wurde, wirkt sich das auch auf die zusammengesetzten ON aus, z.B. der PN *Kasso* (ahd. Form des lat. *Cassius*) – ON *Chessindorf* 'Dorf des Kasso, *Köstendorf*', vgl. weiter z.B. *Hamberg, Gresenberg, Rattenberg, Siezenheim, Würzenberg*. Da auch der Dat. Sg. der schwachen Flexion auf *-in* ausging, scheint der Umlaut auch in Zusammensetzungen (Fügungen) mit Adjektiven auf, z.B. (in dem) *hôhin dorfe* 'Henndorf', (bei dem) *lengin felde* 'Lengfelden', ferner *Höhenwald, Schönberg* (ON stehen sehr häufig in einem lokativischen Dativ). Seit dem 9. Jh. wird die Endung *-in* zu *-en* abgeschwächt, die keinen Umlaut mehr bewirkt. Wo der Umlaut eingetreten ist, liegt daher eine alte Namenbildung vor.

Viele Neutra, die heute ihren Plural auf *-er* bilden, haben diese Endung erst sekundär übernommen; ursprünglich waren sie im Nom. Pl. endungslos (mhd. *diu wort, feld, hûs* 'die Wörter, Felder, Häuser'), im Dat. Pl. gingen sie auf ahd. *-um, -om,* mhd. *-en* aus. Daraus erklären sich die Ortsnamen auf *-hausen* (*Elix-, Kauf-, Lamprechts-, Ober-, Thal-, Viehhausen*) und *-felden* (*Ans-, Leng-, Ödenfelden*).

1.7. Zur phonetischen Transkription

Grundsätzlich wird – wie üblich, durch eckige Klammern […] gekennzeichnet – die Lautschrift des Internationalen Phonetischen Alphabets (IPA) verwendet, freilich eher in *broad transcription* und in einer unseren mundartlichen Bedürfnissen angepaßten Form. Im einzelnen bedeuten:

Vokalismus:
[a] helles *a* (z.B. bair. *Katzl* [khatsl])
[ɔ] verdumpftes *a* bzw. offenes *o* (z.B. bair. *Katz* [khɔts])
[ɐ] reduziertes *a* in nichtbetonten Silben und Diphthongen (*a*-Indifferenzlaut, z.B. in *Vater* ['fa:tɐ])
[ɛ] offenes *e* (vgl. *Ähre* ['ɛ:rə])
[e] geschlossenes *e* (vgl. *Ehre* ['e:rə])
[ə] reduziertes *e* in nichtbetonten Silben (zentraler Indifferenzlaut, z.B. in *Ehre* ['e:rə])
[ɪ] reduziertes *i* in nichtbetonten Silben und als Bestandteil von Diphthongen
[ʊ] reduziertes *u* in nichtbetonten Silben und als Bestandteil von Diphthongen
Nasalvokale werden mit hochgestelltem *n* [ⁿ] gekennzeichnet, Vokallänge durch Doppelpunkt [:]; das Betonungszeichen ['] steht vor der betonten Silbe.

Konsonantismus:
Labiale und Dentale: Im Anlaut gibt es nur stimmloses *p/b* [b] bzw. *t/d* [d], im Inlaut nur Fortis-*p;* bei den Dentalen stehen im Inlaut *t* und *d* in Opposition. Gutturale: Im Anlaut stehen sich [g] und [kh] gegenüber, inlautend stehen sich [g] und [gg]/[k] gegenüber (Lenis/Fortis); dasselbe gilt für [s] und [ss] sowie [f] und [ff]. Abweichend vom IPA-Gebrauch wird Fortisartikulation bei [ss] und [ff] mit Geminatenschreibung gekennzeichnet.
[ʃ] breiter Sibilant (geschrieben <sch>)
[ŋ] gutturaler Nasal (geschrieben <ng>)
[ɾ] mit éinem Zungenschlag artikuliertes *r* („Tap", geschrieben <r>)
[ç] palataler Frikativ (geschrieben <ch>), *ich*-Laut
[x] velarer Frikativ (geschrieben <ch>), *ach*-Laut

2. Zur Benützung des *HELSON*

Die einzelnen Namen sind im Lexikonteil sowie in den Indizes grundsätzlich nach der amtlichen Schreibung alphabetisiert. Mitgeteilt werden für jeden Namen 1. die ortsübliche Dialektaussprache (***D:***), 2. soweit vorhanden eine Auswahl der urkundlichen Belege (***U:***), 3. soweit möglich eine etymologische Erklärung (***E:***) und 4. die wichtigste Literatur (***L:***). Auf Stichwörter (bei den Namenartikeln bzw. in der Liste der Grundwörter und Suffixe) wird mit einem Pfeil (→) verwiesen. Hochgestellte $^e, ^o, ^u, ^v$ in den Belegtexten stehen handschriftlich über den vorhergehenden Vokalen. Bibliographische Zitate werden zumeist im Autor-Jahr-Format oder mit Siglen gegeben und in der alphabetisch angeordneten Bibliographie aufgelöst.

Ingo Reiffenstein hat die Einleitung und die Namenartikel „Flachgau westlich der B1" bearbeitet (also die Gemeinden Anif, Anthering, Bergheim, Berndorf, Bürmoos, Dorfbeuern, Elixhausen, Elsbethen, Göming, Großgmain, Köstendorf, Lamprechtshausen, Mattsee, Neumarkt, Nußdorf, Oberndorf, Obertrum, Salzburg Stadt, St. Georgen, Schleedorf, Seeham, Seekirchen, Straßwalchen, Wals-Siezenheim neben einigen Ortsartikeln darüber hinaus), Thomas Lindner die Namenartikel „Flachgau östlich der B1" (Ebenau, Eugendorf, Faistenau, Fuschl, Grödig, Hallwang, Henndorf, Hintersee, Hof, Koppl, Plainfeld, St. Gilgen, Strobl, Thalgau).

3. Danksagung

In vielen Fällen durften wir die Hilfe von Herrn Hofrat Dr. Fritz Koller dankbar in Anspruch nehmen. Für Hinweise vor allem aus dem Bereich des westlichen Flachgaus bedanken wir uns bei Herrn Dr. Otmar Weber, für die mundartlichen Auskünfte bei zahlreichen Gewährspersonen, für Eugendorf und Umgebung insbesondere bei Frau Walburga Gimmelsberger und Frau Direktor i.R. Renate Gspan, für Dorfbeuern, Nußdorf und Anthering bei Frau Rosi Eibl und Frau Kathi Kreuzeder. Für redaktionelle Tätigkeiten geht unser Dank an Frau Mag. Michaela Essler, Frau Dr. Bernadette Hofinger, Herrn Dr. Stefan Niederreiter und Herrn Mag. Bertold Wöss. Schließlich danken wir Herrn Direktor Dr. Oskar Dohle vom „Salzburger Landesarchiv" (SLA), Herrn Mag. Wolfgang Neuper vom „Archiv der Erzdiözese Salzburg" (AES) und unserem Verleger, Herrn Mag. Volker Ludwig Toth von der „Edition Tandem", für die verlagliche Unterstützung. Der „Gesellschaft für Salzburger Landeskunde" sind wir für die Aufnahme unseres Buches in die Reihe der Ergänzungsbände ihrer Mitteilungen zu Dank verpflichtet. Die „Salzburger Ortsnamenkommission" (SONK) schließlich hat es sich insbesondere in den letzten Jahren zur Aufgabe gemacht, das neue Salzburger Ortsnamenbuch zu ermöglichen und zu finanzieren; es ist in diesem Sinne, daß das *HELSON* unter ihrer Patronanz erscheint.

LEXIKON DER ORTSNAMEN

A

ABERSEE, GewN, G St. Gilgen
D: [ˈaːwɐsɛː]
U: **788-790** (C M. 12. Jh.) *Abriani lacum ... piscatio atque venatio* (LOŠEK NA 4.2), *de Abriani lacu piscationem* (ib. 7.8); **798-814** (C E. 12. Jh.) *in Parnsê terciam partem piscationis* (LOŠEK BN 4.4), *Aparnse* (ib. 7.7); **829** (C M. 12. Jh.) *lacum nomine Aparinesseo* (SUB I, 906); **843** (C I 12. Jh.) *de venatione et piscatione eorum ad Apirinesseo* (SUB I, 907); **849** (C II 13. Jh.) *de conventione piscationis et venationis de Apirinesseo* (SUB I, 914); **1141** *ad Fusculse et ad Aberse* (SUB II, 298); **1144** *ad Fusculse et ad Aberse* (SUB II, 327); **1146** *ad Fusculse et ad Aberse* (SUB II, 345); **12. Jh.** (F 829, C 15. Jh.) *lacum in Abernse cum toto nemore circumiacente* (MG D Kg 1, 243 Nr. 172); **12. Jh.** (F 829, C 15. Jh.) *ab ortu fluminis Zinkenbach nominati et inde in Abærnse* (MG D Kg 1, 243 Nr. 172); ca. **1175** (F 951, C 15. Jh.) *decimis foresti Åbernse* (OÖUB 2, Nr. 42); **1184** *forestam, que dicitur Abernsee* (SUB II, Nr. 440); **1291** *daz geriht lazze datz sanct Wolfgang in dem Aberse* (SUB IV, 198); **1336** *item ze Abersse fůmf gůtel* (SUB IV, 428); **1669** *Abersee vulgo Wolfganger See* (ZILLER 1977, 13).
E: → *-see* mit PN *Aparin* (wohl *Abarwîn*); die Formen *Parn°* sind durch Deglutination (†*a(d-)Parnsee*) zu erklären. Neben dem historischen Namen *Abersee* waren auch *Illinger See* (nach *St. Gilgen*) sowie *Wolfganger See* und *Wolfgangsee* (nach *St. Wolfgang*) gebräuchlich; letzterer Name hat sich vor allem durch den Fremdenverkehr (und auch die Operette *Das Weiße Rößl am Wolfgangsee* von Ralph Benatzky) im 20. Jh. durchgesetzt.
L: ANB 1; SONB 154; VON GRIENBERGER 1886, 9 (zum PN *Aparin*); ZILLER 1977, 12f.; vgl. OBOÖ 6, 40f.

ABFALTER, Stt, G Salzburg Stadt
D: [ˈɔpfɔɪtɐ]
U: **1212-1312** *daz guet Apfoltrach* (DOPPLER, MGSL 23, 47); ca. **1334** (C 2.H. 14. Jh.) *Apfoltrach* (ib. 102); **1405** *Apphaltrach* (ib. 47); **1447** *ein Gütel genannt Apphalrach in Glaser Ambt* (Urkunden Nonnberg MGSL 38, 198); **1478** *ob dem Alphaltrach* (PEZOLT, MGSL 40, 173); **1580** *Gut zu Apfaltrach* (Urkunden Nonnberg MGSL 42, 94); **1778** *zwischen den abfalter und Zieglstadl Hof* (PEZOLT, MGSL 28, 422).
E: Ahd. *affoltra, -pf-* 'Apfelbaum' mit Kollektivsuffix *-ahi* 'Bestand an Apfelbäumen'.
L: SONB 162; vgl. ANB 38 (*Apfaltersbach*, NÖ).

ABSMANN, R, G Obertrum
D: [ɔpsˈmɔⁿː]
U: ca. **1188**-ca. **1200** *Wernhart de Abbesmanne* (SUB I, 914); **1199-1231** *Sigfridus de Absman* (SUB I, 498).
E: ahd. *man* 'Mann, Dienstmann' mit *abbet* 'Abt'.
L: ANB 2.

ACHARTING, D, G Anthering
D: [ˈaxɐtɪŋ], altmdal. [ˈɔʋɐdɪŋ]
U: **1279** *Odrærtingen* (MARTIN Reg. Nr. 921); **1336** *item der Smidinger von Odraeting ein Gůt* (SUB IV, 424); **1413** *datz Atrating zway* (Zehnthäuser) (Registrum Eberhardi, SLA HS 3 fol. 34 r Nr. 121); **1415** *Martein von Awtarding* (DOPPLER, MGSL 13, 58); **1444** *Peter Halmair des Vlreich Sun ab dem Hoff von atrating* (DOPPLER, MGSL 14, 14; *ätrating* ib.); um **1450** *Adrating curia* (SLA Urbar 242/5 fol 11v; so in den Domkapitel-Urbaren bis um 1800); **1472** *Adrating* (HHStA Wien, AUR 1472 VII 06); **1617** *Oharding*, **1636** *Awerting, Oharting* (SCHWARZ 1990, 38); ca. **1780** *Unteraharting* (SLA Hieronymus-Kataster Laufen III, fol 1379); ca. **1780** *Oberaharting* (SLA Hieronymus-Kataster Laufen III, fol 1385 und 1386); ca. **1780** *Otträding* (Schreibung sicher nach einer Vorlage aus dem 15. Jh.; SLA Hieronymus-Kataster Laufen III, fol 1387); ca. **1780**

Unteraharting (SLA Hieronymus-Kataster Laufen III, fol 1390); **1830** *Acharting* (SLA Franziszäischer Kataster).
E: PN *Ôtrât* (FÖRSTERMANN 199) mit Suffix *-ing*. Die Schreibung *a* für mhd. *ô* ist spätmittelalterlich vor allem im Mittelbairischen verbreitet. Die intervokalische Lautgruppe *-tr-* wurde im Zug der Konsonantenlenierung getilgt; der dadurch entstandene Hiatus [o-a] (wie noch heute in der alten Dialektaussprache [ɔʊɐdɪŋ]) wurde in der Schreibung seit dem 17. Jh. durch eingeschobenes <-h-> behoben; in der heutigen Schreibung (seit dem 19. Jh.) wurde der Hiatustilger <-h-> durch <-ch-> ersetzt („verbessert"). Die heutige Aussprache folgt der modernen Schreibung. Die letzte Verfremdung des ON von seiner etymologischen Basis erfolgt durch die in Österreich heute übliche Aussprache von <a> in Namen als „helles" [a].
L: SONB 72; STRABERGER 1974, 1; SCHWARZ 1990, 38; REIFFENSTEIN 2015.

ACHARTINGER BACH → *Mühlbach*

ADELSBERG, E, G Anthering
D: [ˈɔlɐʃbɛrɪg]
U: 1336 *item Oedelozperg ein viertail* (SUB IV, 424).
E: → *-berg* mit PN *Ôdilo* (FÖRSTERMANN 188).

AGLASSING, D, G St. Georgen
D: [ˈɔːglɔssɪŋ]
U: **1335** *item vier gůt datz Aglasling* (SUB IV, 422); **1343** *Ein hueb ze Chnoczing. Ein guet ze Aglazzing* (DOPPLER, MGSL 11, 74); ca. **1780** *ein Viertelacker zu Aglassing zum Gotteshaus Obereching* (SLA Hieronymus Kataster Laufen I, fol. 433).
E: PN-St. **Ago-* (KAUFMANN 1968, 21) mit Suffix *-ing* (unsicher, keine Erklärung für *-laz-*).
L: SONB 73; ZILLER 1986, 28.

AGSPALTER, Hf, G Neumarkt
D: [ˈɔːgʃbɔɪtɐrɐ]
E: unklar.

AICH, R, G St. Gilgen
D: [aɪç], altmdal. [ɔɐx]
U: 1323 *Aeug iuxta castrum nostrum Huetenstein* (SONB 158); **1330** *relicta Wernhardi de Aw* (SONB 158).
E: zunächst → *Au*, später (18. Jh.) *Aich* 'Eiche' durch Namenwechsel.
L: SONB 143, 158; ZILLER 1977, 14.

AICHPOINT, Hf, G Obertrum
D: [ˈɔɪbɛɐⁿd]
U: **1365/69** *item Aichpeunt una domus* (Urbar St. Peter 1365/69, 62)
E: → *-point* mit *eicha* 'Eiche'; zu [ɔɪ] für mhd. *ei* → *Aigen*; zur Aussprache [bɛɐⁿd] 'Beunde' vgl. WBÖ 2, 1175f.
L: SONB 143; vgl. → *Eichpoint*.

AIGELSBRUNN, D, G Straßwalchen
D: [ɔɐglʃˈbrun]
E: → *-brunn* → mit PN *Eigil*.
L: SONB 153.

AIGEN, Stt, G Salzburg Stadt
D: [aɪ(g)ŋ], im bäuerl. Dialekt [ɔɐŋ]
U: **1212/1312** (C 14. Jh.) *daz gut ze Obern-Aigen* (DOPPLER, MGSL 23, 47); ca. **1334** (C 2. H. 14. Jh.) *de Obern-Aigen* (ib. 102,); **1405** *Obern-Aygen* (ib. 47).
E: Ahd. *eigan* 'Eigen, von grundherrschaftlicher Bindung freier Grundbesitz'.
L: ANB 18; SONB 113; HRG 1, 877; MARTIN 1940, 13 (1995, 15f.); HHS 357f.

AIGEN, G Anthering, Berndorf und Lamprechtshausen (→ *Aigner*)

D: [ɔɪŋ]
U: **1336** *am Aigen ein viertail* (SUB IV, 424); **1476** (Landrichter zu Anthering) *verkauft an Jacob aygner sein guet genannt aygen* (DOPPLER, MGSL 15, 119);
E: → *Aigen*, Stt. von Salzburg. Im Flachgau ist die altdialektale Aussprache von mhd. *ei* in mehrsilbigen Wörtern als [ɔɪ] noch gut bewahrt.

AIGEN, Hf, G Elixhausen
D: [ɔɐŋ]
U: **1212-1312** (C 14. Jh.) *der hof auf dem Aigen* (DOPPLER, MGSL 23, 44); **1405** *Aigen* (ib.); **1424** *Chunradten ab dem Aygen* (Urkunden Nonnberg, MGSL 37, 197); **1536** *mein guet genannt Aingn so gelegen ist in Sekircher pharr vnd Altenthanner Gericht* (SLA OU 1536 I 07; hierher?).
E: → *Aigen*, Stt von Salzburg.

AIGEN, R, G Strobl
D: [ɔɐŋ]
U: **1366** *Aign* (SONB 113).
E: mhd. *eigen* '(ererbtes) Grundeigentum'.
L: SONB 113; ZILLER 1977, 14.

AIGENSTUHL, E, G Thalgau
D: [ɔɐŋˈʃtuɪ]
U: **1336** *Aigenstuol* (SONB 161).
E: mhd. *stuol* '(Dach-)Stuhl', hier 'Wohnsitz' mit *eigen* (→ *Aigen*).
L: SONB 161.

AIGLHOF, G Salzburg Stadt (heute nur im Straßennamen *Aiglhofstraße*).
U: **1444** *Paul Aigl ab dem Hof* (PIRCKMAYER, MGSL 23, 29 und WALZ, MGSL 14, Anh. 462); **1483** *Margareta, uxor ipsius Aigel ab dem hoff* (WALZ, MGSL 14, Anh. 472); **1487** *Georg Aygl am hof zu Lind* (WALZ, MGSL 14, Anh. 474); vor **1620** *den Ayglhof* (HAUTHALER, MGSL 13, 52).

Ursprünglich *Lyndt*, **1522** *den hof genant Lynnd bey der Mull Wartlstain an der Glan gelegen* (SLA OU 1522 V 08); **1585** *zu Lind* (MGSL 23, 29); *Hof Lind oder Peters-Lind oder Aiglhof nach dem salzburgischen Edelgeschlecht Aigl zu Lind* (ab 1604 Ritterlehen) (vgl. WALZ, MGSL 14, Anh. 321).
E: → *-hof* mit PN *Eigil*. Der Hof zu *Lind* bei der *Mühl* zu *Warthelstain*, den die Aigl bis gegen Ende 16. Jh. als erzb. Lehen hatten, ist nach dem salzburgischen Edelgeschlecht *Aigl zu Lind* benannt (ab 1604 Ritterlehen; WALZ, MGSL 14, Anh. 321; PEZOLT, MGSL 40, 183; vgl. auch ZILLNER 1890, 199f.).
L: MARTIN 1940, 13 (1995, 15); DOPSCH/SPATZENEGGER I, 822.

AIGNER, Hf, G Lamprechtshausen
D: [ɔɪŋɐ]
E: → *Aigen*, Stt. von Salzburg.

AINING, E, G Seeham
D: [ˈuɪnɪŋ]
U: ca. **1780**: *Ein halber Viertelacker zu Aining* (SLA Hieronymus Kataster Mattsee II, fol. 553).
E: PN *Agin-, Ein-* mit Suff. *-ing*. Mhd. *ei* in mehrsilbigen Wörtern vor Nasal regional > [uiⁿ], KRANZMAYER 1956, 62.
L: SONB 72.

ALM, GewN (Almfluss, Königsseeache), l. zur Salzach, G Grödig und Anif
D: [ɔɪm]
U: **1123** *salinam inter fluvios Salzah et Albam inferiorem* (F. 12. Jh., SUB II, 195); **1211** *fluvii qui dicitur Alba* (SUB III, 152); **1252** (C 17. Jh.) *per aquam, que Alba dicitur* (SUB IV, 20); **1338** *aream sitam super ripam que vocatur albe* (SLA OU 1338 V 01); **1445** *auf der Alben* (DOPPLER, MGSL 14, 18), *In der Alben* (ib.); vor **1615** *Bach, Albm genant* (HAUTHALER, MGSL 13, 56).
E: voreinzelsprachl.-alteurop. **álbh-ĭnā* 'Weiß-

bach' zur idg. Farbwurzel *h₂elbʰ- (*albʰ-) 'weiß'. In römischer Zeit ist ein sekundärer Bezug zum lat. PN *Albīnus* möglich; jedoch widerraten der Akzent (*Álbina* > *Alm*, nicht †*Albéin*) sowie die hydronymische kumulative Evidenz eine direkte Rückführung darauf. Vgl. → *Niederalm*.
L: ANB 26; SONB 50f.; STRABERGER 1974, 2; LINDNER 1998, 117; 2002, 539f.; 2008, 32; 2014, 328, 330.

ALM, W, G Faistenau
D: [ɔlm]
E: liegt direkt am → *Almbach*, am Beginn der Strubklamm; ON sicher nach dem Almbach.

ALMBACH, GewN, r. zur Salzach, G Oberalm
D: ['ɔlmbɔ(x)], auch [ɔlm]
U: **798-814** (C E. 12. Jh.) *ęcclesiam iuxta ripam, quę vocatur Albîna* (LOŠEK BN 7.3).
E: alteuropäisches Hydronym: *álbʰ-inā* 'die Weiße'; die idg. Farbwurzel *h₂elbʰ- (> *albʰ-) 'weiß' (vgl. lat. *albus*) kommt in vielen Gewässernamen vor (z.B. *Elbe*).
L: → *Alm*.

ALMKANAL, GewN, G Grödig – Salzburg Stadt
D: ['ɔlmkhɐnɔl]
U: nach **1151** *aque ductu* (SUB I, 626); um **1160** (C 12./13. Jh.) *Aqueductus Chunradi tempore* (ZILLNER MGSL 4, 90); um **1170** *Albertus ... qui fecit Aqueductum per montem* (MG Necr. 2, Nr. 110); **1286** *aquam, que Alben dicitur, per solitudinem sive nemus dictum Kattenowe* (SUB IV, 160); **1325** *(halbes haus ...) ze salzpurch in der stat auf der alben* (SLA OU 1325 IV 10); **1336** *in der Tracgazzen* (= Getreidegasse) *auf der Alben ze Saltzburch in der stat* (SUB IV, 425); **1338** *aream sitam super ripam que vocatur Albe ex opposito domus sue* (= Chiemseehof) *in Salzburga in vico dicto Gehay* (= Kai; SUB IV, 438); **1471** *Alben in der Trägassen* (ZILLNER, MGSL 4, 100); **1494** *gelegen auf dem pach daselben zu mülln* (DOPPLER, MGSL 16, 299); **1495** *das Wasser die Alben im tumhof in unnser Pfister* (ZILLNER, MGSL 4, 104); **1527** *die albn* (ib, 106); ca. **1650** *am Pach zu Milln* (DOPPLER, MGSL 16, 299, Außenvermerk); *in dy Alben* (ZILLNER, MGSL 4, 103); **1788** *Ober Albm, undter Albm* (ib., 25) **1792** *Almmeister* (ib., 103); **1798** *Alben Kanal* (ib., 29), *Schmidten am Albenbach* (ib.); **1799** *Almhölzer, Almabkehr* (ib., 32).
E: Lat. *aquae ductus* 'Wasserleitung'; ein 1136-1160 angelegter Verbindungskanal vom Untersberg (Rosittenbach) in die Stadt Salzburg und zur Salzach, 1286 zum Almfluß (Unterlauf der Königssee Ache) verlängert, was ihm seinen Namen gab. Zu *Alm* → *Alm*, GewN. Vgl. noch → *Hangendenstein*.
L: ANB 26; STRABERGER 1974, 4; DOPSCH/SPATZENEGGER I, 798f.; HHS 357; KOLLER 1999; KLACKL 2002.

ALPIGL, AlmN, G Strobl
D: [ɔɪ'pigl]
U: **788-790** (C M. 12. Jh.) *alpes ... Cuudicus et Cuculana, Alpicula et Lacuana* (LOŠEK NA 7.8); ca. **1000** *ad Alpigilin* (Tr. Mondsee, Nr. 157); ca. **1000** (C 12. Jh.) *ad Alplingon* (Tr. Mondsee, Nr. 188); **12. Jh.** (F 748) *ad Alblingon* (Tr. Mondsee, Nr. 172).
E: rom. *alpicula* 'kleine Alm' (vetym. zu unechtem -*ing*-Namen umstrukturiert; später als Komp. von *alt*- mit -*bühel* aufgefasst, vgl. ÖK 50); zu den anderen Almnamen (*Cuudicus, Cuculana, Lacuana*) in der NA vgl. LINDNER, locc.citt.
L: ANB 27; SONB 43; ZILLER 1977, 15; LINDNER 2008, 23 (*Alpigl*), 24 (*Cuudicus*), 28 (*Lacuana*), 37 (*Kuchl/Gugilan*).

ALTACH, Ortsteil der G Oberndorf unterhalb der alten Salzachbrücke (jetzt Europasteg).
D: ['ɔltɔx]

U: **1340** *an der huetten in der altach ze lauffen* (SLA OU 1340 V 06); **1343** *So ist daz daz purchreht die halb hütl in der altach* (AES 1343 IX 01, Signatur 2380); **1344** *dew hutten dew gelegen ist in der Altach* (SLA OU 1344 III 12); **1431-1434** *altach* (HHStA Wien, AUR 1431-1434); **1501** *gelegen im Burkfrid lauffen in der altach* (SLA OU 1501 XI 08); **1534** *gelegen in der Alltach im Burgkhfrid Lauffen* (SLA OU 1534 X 28); **1796** *die Vorstädte [der Stadt Laufen] Altach und Oberdorf* (HÜBNER 1796, 105).
E: → *-ach* 'Ache' mit Adj. *alt* = „Altwasser, altes Flußbett".
L: SCHMELLER 1, 22; WBÖ 1, 116; BWB 1, 58.

ALTENBERG, ZH, Obertrum
D: ['ɔɪtnbɛɐrɪg]
E: → *-berg* mit Adj. *alt*, Bedeutung? (es gibt kein Gegenstück *Neuberg); evt. *-berg* mit PN *Alto*?

ALTENTANN, W, G Henndorf
D: ['ɔɪ(d)ndɔⁿ]
U: **785-788** *de Tanne* (C, SUB I, 898 = OÖUB I, 80 Nr. 135); *in loco qui dicitur Tan in pago Salzpurcgauuia* (SUB I, 898); ca. **1144** *Ekkehardo de Tanne* (SUB I, 358; II, 334); **1220** *Heinricus de Tannen* (SUB III, 288); **1343** *Ekchartz des Jungen Tanner* (Urk. Nonnberg = MGSL 36, 26); **1362** *Altentann* (ZILLNER, MGSL 22, 149; 151); *liehtentann* (ZILLNER, MGSL 22, 153); **1379** *Altentann* (ZILLNER, MGSL 22, 158).
E: mhd. *tanne* 'Tanne', *tan* m. 'Tann, (Tannen-)Wald'.
L: SONB 140.

ALTERBACH → Gniglerbach
D: ['ɔɪtɐbɔːx]
E: → *-bach* mit Adj. *alt*, Bedeutung? (vgl. → *Alterberg*).
L: STRABERGER 1974, 4.

ALTSBERG, W, G Nußdorf
D: ['ɔɪtʃpɐ]
E: → *-berg* mit PN *Alt*.

AMESHUB, W, G Anthering
D: [ɔməs'huɐb]
E: → *-hub* mit mhd. *âmeize* 'Ameise' ('Grundstück mit vielen Ameisen'?).

AMMERROID, W, G Obertrum
D: ['ɔmɐrɔɪd]
U: ca. **1780**: *Ein Gut zu Ammerroidt* (SLA Hieronymus Kataster Mattsee I, fol.364); *Viertelacker zu ... Ammerroid* (ib. fol.365f.); undat. *Amblreutt, Amlreut* (SONB 110).
E: → *-reut* mit mhd. *amer, amel* 'Sommerdinkel' (WBÖ 1, 176) oder *amer* 'Ammer, Finkenart' (WBÖ 1, 180), vgl. benachbart → *Spatzenegg, Geiersberg*.
L: SONB 110.

ANGER bei Anthering; **ANGERN**, R, G Straßwalchen
U: **1447** *haimreich anger* (DOPPLER, MGSL 14, 26).
E: mhd. *anger* 'Anger, Gras-, Weideplatz'.
L: SONB 166.

†ANGERLEHEN, G Elsbethen (Nonnbergisches Gut)
U: **1453** *Angerlechen gelegen ze Gampaniff In Glanecker gericht* (Urkunden Nonnberg, MGSL 38, 212); **1469** *Angerlehen* (ib., 235).
E: *Lehen* 'Bauerngut' mit → *Anger*.

ANGERPOINT, W, G Seekirchen
D: [ɔŋɐ'bɛɐⁿd]
E: → *-point* mit → *Anger*.

ANIF
D: ['ɔːnɪf]

U: **788-790** (C M. 12. Jh.) *Ad Anua* (LOŠEK NA 6.26); **930** *ad Anauam* (SUB I, 149); **987** *Anaua* (SUB I, 254); nach **1023** *ad Anaua* (SUB I, 271); **1124-25** *ad villam, que vocatur Anaua* (SUB II, 200); um **1167-1193** (C M 13. Jh.) *Chunradus nomine de Anaue* (SUB I, 561); **1194** *Aneva* (KU Berchtesgaden Nr. 16); **1177-1216** *in officio Anif* (C um 1250, Urb. Erzstift Salzburg, MGSL 75, 171); **1212-1312** (C 14. Jh.) *di gutter ze Anif* (DOPPLER, MGSL 23, 54); **1274** *officia in ... Anef* (SLA OU 1274); **1365-1369** *Decima in Gredich et Anif est tota ecc(lesia)e* (Urbar St. Peter, 61); **1393** *ain Hueb ze Anyf genannt dez Chrieger hueb* (DOPPLER, MGSL 12, 266); **1440** *Niclas Zymerman von Aniff* (Urkunden Nonnberg, MGSL 37, 218); **1459** *Marxen von Anyf* (DOPPLER, MGSL 14, 101); **1538** *mein gantze hueb daselb zu Anif gelegen* (SLA OU 1538 I 09); **1628** *Anif* (WALZ, MGSL 14, 381).
E: kelt. **ánapa* 'Sumpfwasser' (*apa*-Name, komponiert aus festlandkelt. **anos* 'Fluß; Sumpf' sowie **apa* 'Wasser'). Als Zwischenstufe ist rom. **Anaba* (mit rom. Schwächung des *p* > *b*) anzusetzen. Bei der Eindeutschung wurde rom. *-b-* durch ahd. *-f-* substituiert (vgl. *Labusculo* > → *Fuschl*).
L: ANB 34; SONB 57; HHS 35; LINDNER 2002, 540f.; 2008, 32f.; 2014, 328. – Vgl. auch BRETTENTHALER 1982; *Anif-Niederalm* 1988; DOPSCH/HIEBL 2003.

ANSFELDEN, D, G Seeham
D: [ɔns'fɛɪ'n]
E: → *-feld* (Dat. Pl.) mit PN-Stamm *Ans-* (*Ans[gar]*), → *Anzfelden*.
L: SONB 161.

ANTHERING
D: ['ɔⁿdrɪŋ, 'ɔⁿdɐrɪŋ]
U: ca. **700-798** (C 1004) *propria deo et sancto Petro in Antheringun* (SUB I, 50); **788-790** (C M. 12. Jh.) *ad Antheringas* (LOŠEK NA 6.26); **798-814** (C E. 12. Jh.) *ad Antheringen* (LOŠEK BN 14.35); **927** *in locis Antheringa* (SUB I, 78); **1090-1104** *Herrich de Antherin* (SUB I, 305); A. **12. Jh.** *ad Antherigan* (SUB I, 587); **1125-1147** *hůbam unam apud Antheringin* (SUB I, 339); **1188-1193** *clericus nomine Rudgerus de Anthering* (SUB I, 479); **1336** *unser gerichtt ze Anthering* (SUB IV, 424); *datz Anthering ein viertail einer hůb* (ib.); **1365-1369** *item decima in Muntigl et Anthering* (Urbar St. Peter, 61); vor **1415-1501** *Item faber de anthering* (SLA U 4, fol. 109); **1447** *Hanns tanczer richter ze anthering* (DOPPLER, MGSL 14, 26); ca. **1500**-ca. **1590** *Item Nouale circa Anthering* (SLA U 11, fol. 22); **1525** *Lanndt-Richter zu Annthering* (DOPPLER, MGSL 10, Misz., 13).
E: PN *Antheri* mit Suffix *-ing*.
L: ANB 35f.; SONB 72. – Vgl. auch *Anthering* 1990.

ANZENBERGALM, AlmN, G Hintersee
D: ['aːntsɐbɛrɪg(ɔɪm)]
U: **1245** *montis Æmzensperge* (SUB III, 607); vgl. *Ämzinsberg* (ZILLNER, MGSL 22, 125).
E: → *-berg* zu PN *Anzo* (KAUFMANN 1968, 33f.).
L: HOND 40; vgl. SCHWAIGER 1990, 14.

ANZFELDEN, W, G Anthering
D: [ɔnts'fɛɪn]
U: **1336** *datz Ansveld* (SUB IV, 424), *Ott von Ansveld* (ib.); **17. Jh.** *zwischen der Anzfelder und Kraipacher gründ* (ST 64, Z. 21).
E: → *-feld* (Dat. Pl.) mit PN-Stamm *Ans-* (*Ans[gar]*), → *Ansfelden*.
L: SONB 161.

ANZING, R, G Mattsee
D: ['antsɪŋ]
U: **1617** *zu Anzing* (ZILLNER, MGSL 5, 90), *Aenzinger* (ib., 96).
E: PN *Anzo* mit Suffix *-ing*.
L: SONB 71.

APFERTAL, W, G Berndorf
D: [opfɐ'dɔɪ]

U: **15. Jh.** *Apfental* (SONB 162).
E: ahd. *affoltra* 'Apfelbaum', → *Abfalter*.
L: SONB 162.

ARCHSTEIN, Hf, G Elsbethen
D: [ˈɔrɪʃtɐⁿ]
E: mhd. *stein* 'Felsen, Stein' mit *arche* 'Wasserverbauung, Schutzbau, Holzkiste; Fischbehälter'. Namengebend ist der *Archstein*, ein großer Felsblock (21x12x11 m) unterhalb der Trockenen Klammen.
L: SONB 130; KARL 1994, 17.

ARING, W, G Neumarkt am Wallersee
D: [ˈaːrɪŋ]
U: **1290** *Æring* (MARTIN Reg. Nr. 1378); **1496-1566** *Item predium Aring* (SLA U 9a, fol. 77).
E: PN *Aro* mit Suffix *-ing*.
L: SONB 71.

ARNSDORF, Nieder-/Ober-, D, G Lamprechtshausen
D: [ˈɐɐmʃtɐf]
U: **1125-1147** *mansum I apud Arnistorf* (SUB I, 385); **1144** *predium suum aput Arnistorf iuxta castrum Hunisperch* (SUB I, 398); **1147-1167** *silvam quam apud Arnesdorf possederant* (SUB I, 429); **1147** *mansum apud Arnsdorf situm* (SUB I, 416); **1299** *Obernarensdorf* (MARTIN Reg. Nr. 460); **1337** *item ze Nidernarnstorf ein halb hůb* (SUB IV, 432); **1337** *item ze Obernarnstorf von einer halben hůb* (ib.); **1347** *hintz Arnstorf* (SLA OU 1347 VI 11); **1469** *peter von armstorff* (DOPPLER, MGSL 15, 65); **1502** *zu Armbstorff ... in Lampertzhauser pfarr* (SLA OU 1502 VI 26); **1653** *Nider Armbstorf* (als „Überschrift", AES 6/48/43, lfde Nr. 90, fol. 13); **1796** *Armstorf* (HÜBNER, Erzstift 1, 117).
E: → *-dorf* mit PN *Arn*. Seit dem 15. Jh. *Arn-* > *Arm-*, so auch in der heutigen Dialektaussprache. Die Kirche von Arnsdorf wird um 1300 *Kappelle im Mösl* genannt (HÜBNER 1796, 117).
L: ANB 42; SONB 88.

ASCHAU, W, G Faistenau, Hintersee; E, G Koppl
D: [ˈɔʃaʊ]
E: → *-au* mit mhd. *asch, esche* 'Esche'.
L: SONB 142; ZILLER 1977, 16.

ASCHENSCHWAND, E, G St. Gilgen
D: [ˈɔʃnʃwɔnd]
U: **13. Jh.** *aschenswant* (ZILLER 1977, 16; SONB 75).
E: → *-schwand* mit mhd. *asch, esche* 'Esche'.
L: SONB 75, 79; ZILLER 1977, 16f.

ASPERTING, W, G Seeham
D: [ˈɔʃpɐtɪŋ]
U: **1415** *Asprechting* (SONB 72).
E: PN *Asperht* mit Suff. *-ing*.
L: SONB 72.

ASTEN, D, G Lamprechtshausen
D: [aːsn]
U: **798-814** (C E. 12. Jh.) *donatio Engelfridi in territorio ad Austrum* (LOŠEK BN 13.12); ca. **1147-93** (C 13. Jh.) *Heirtwich de Aste* (SUB I, 539); **1212-1312** [1382] (C 14. Jh.) *der hof dacz Ebsten* (DOPPLER, MGSL 23, 65); ca. **1240-1257** (C M. 13. Jh.) *duo beneficia, unum in Ævsten* (SUB I, 844); ca. **1230-1240** (C M. 13. Jh.) *dominus Heinricus de Austen* (SUB I, 837); **1265** *Walthero de Avsten* (Urkunden Nonnberg, MGSL 35, 16); **1273** *Eusten* (ib., 23); **1337** *item ze Æsten ein hof, da der Nidermayer oufsitzet* (SUB IV, 432); **1405** *Asten* (DOPPLER, MGSL 23, 65); vor **1415-1501** *Item de molendino in aesten* (SLA U 4, fol. 102); *Primo in aesten* (ib. fol. 23); **1552** *zu Asten im Haunsperger Gericht* (Urkunden Nonnberg, MGSL 41, 67); ca. **1780** *der Hof oder Mayrgut zu Ästen* (SLA Hieronymus Kataster Laufen II, fol. 850 und gleichlautend fol. 851-858). – Einige Belege beziehen sich möglicherweise auf Asten bei Tittmoning, Obb.
E: Ahd. *ouwist, ewist* 'Schafstall, Schafweide'. Der Erstbeleg (*Austrum*) ist kopial stark entstellt, bezieht sich aber sehr wahrscheinlich auf *Asten* (anders ANB). *Ebsten* (1212, kopial 14. Jh.)

ist als *Ewsten zu lesen.
L: ANB 48, 55; SONB 167.

ATTERSEE, GewN, G St. Gilgen (GewN, ON, Salzkammergut)
D: [ˈɔːdɐsɛː]
U: reiche Beleglage seit dem 9. Jh. (*Atarseo*, *Aterse*), s. ANB 49f., OBOÖ 4, 87f.
E: → *-see* mit altem GewN als BW (idg.-vespr. *$h_2ed-ro-$* 'Wasserlauf'; vgl. FlN *Atter*); zum Alternativnamen *Kammersee* (nach *Schloss Kammer*) s. OBOÖ 4, 163f.
L: ANB 49f.; OBOÖ 4, 87f., 188; ZILLER 1977, 17 (mit unhaltbarer Herleitung).

AU, R, G Dorfbeuern
D: [aʊ]
U: vor **1161** (C M. 13. Jh.) *Gerboto de Hvewa* (SUB I, 806); vor **1190** (C M. 13. Jh.) *dominus Otto de Awe* (SUB I, 822); vor **1193** (C M. 13. Jh.) *Rafolt de Howe* (SUB I, 825); nach **1207** (C M. 13. Jh.) *dominus Otto de Awe* (SUB I, 828); **1365-1369** *item in der Aw* (Urbar St. Peter, 62).
E: → *-au*.
L: SONB 156ff.; ANB 51.

AU, W, G St. Georgen
D: [aʊ]
U: **1441** *gein S.Gorigen in die aw* (DOPPLER, MGSL 14, 3); **1449** *Lienhardt auf der Aw* (DOPPLER, MGSL 14, 33); *1464 lienhardten aus der aw* (DOPPLER, MGSL 15, 33); *1467 Leonhardt aus der Aw* (DOPPLER, MGSL 15, 55).
E: → *Au*, Dorfbeuern.

AU, W, G Obertrum (wohl eher bei Oberndorf)
D: [aʊ]
U: **1337** *item Gůmperl ein gůt in der Owe ein hůn* (SUB IV, 432); **1617** *zu Au* (ZILLNER, MGSL 5, 90); *Auer* (ib., 96).
E: → *Au*, Dorfbeuern. *Gumperl* lt. Register bei Oberndorf, *Au* im Gericht Haunsberg, Zusammenhang Olching, Pabing, Furth, Göming, oder *Au*, G Obertrum.

AUBERG, Sdlg, G Elixhausen
D: [ˈaʊbɐɐg]
E: → *-berg* mit → *-au*, junger ON.

AUG, Hf, G Seekirchen; R, G Mattsee
D: [aʊg] (Mattsee)
U: **1188-93** *Růdolf de Owe piscator* (SUB I, 479); ca. **1190** (C M 13. Jh.) *Růdolf de Owe piscator* (SUB I, 551).
E: → *Au*. Zur Entwicklung von *ouwe* > *aug* vgl. WBÖ 1, 428 mit Hinweisen auf ON (*-g-* dort als Hiatustilger erklärt, ob richtig?); FINSTERWALDER 1978, 174 (s.v. *Ager*); vgl. noch → *Dürrager*.
L: SONB 157; ANB 53; WBÖ 1, 428.

AUßERHOF, D, G Mattsee
D: [ˈaʊssɐhoːf]
E: „der äußere Hof".

AUßERWALL, D, G Obertrum
D: [ˈaʊssawɔɪ]
E: mhd. *wald* 'Wald' mit Präp. *außer* (korrespondiert mit *Innerwall* „außerhalb / innerhalb des Waldes", entspricht den Gegebenheiten).
L: SONB 131.

B

BACH bei Anthering
D: [bɔː(x)]
U: **1336** *item Heinrich Schaedel ouf dem Pach ein gůt* (SUB IV, 425).
BACH bei Berndorf
D: [bɔː(x)]

U: **1618** *Dienen Järlichen von einer Schmidten auf dem Pach zů Perndorf* (Urbar Pfarre Berndorf fol. 11), *bey dem Bach Zů Perndorf* (ib., fol. 31).
BACH bei Eching (Untereching)
D: [bɔː(x)]
U: **1407** *Hainrich von Eching in dem Pachh* (DOPPLER, MGSL 13, 33); **1479** *Haynrichen Im Pach zw Nyder Ehing* (DOPPLER, MGSL 15, 137); **1487** *heinrich im pach von nider Ehing* (DOPPLER, MGSL 16, 241).
E: → *-bach*.
L: SONB 150.

BACHMANNGUT, E, G Grödig
D: [ˈbɔ(x)mɔⁿguɐt]
U: **19. Jh.** *Bachmanngüter* (ZILLNER, MGSL 4, 16).
E: für die Instandhaltung des Almkanals wurden eigene Wasserleute, sog. 'Bachmänner' (auch 'Bachmaier') aufgestellt. *Bachmanngüter* oder *Wasserhuben* finden sich in der Nähe von Grödig und Glanegg.
L: ZILLNER 1864, 16.

BADERLUCK, R, G Hof
D: [ˈbaːdɐluk]
U: **991-1023** *una mola in loco Podulunchoue* (SUB I, 198); ca. **1600** *Paterluckn* (SCHWAIGER 1990, 14); **19. Jh.** *Badaluck* (PRINZINGER, MGSL 21, 18); *Padalucken* (ZILLNER, MGSL 23, 179).
E: → *-hof* mit ungeklärtem Vorderglied. Erwogen wurde der ahd. PN *Bôdalung* (s. KAUFMANN 1968, 65); später Abfall des GWs im Schwachton und Umbildung, so als ob mhd. *lucke* 'Loch, Lücke' zugrundeliegt (ANB, *loc.cit.*). Freilich bleibt bei dieser Deutung die mdal. Aussprache mit [a] unerklärt; möglicherweise besteht zwischen dem Frühbeleg *Podulunchoue* und heutigem *Baderluck* doch kein Zusammenhang. – Ältere (und falsche) Ansichten bei SCHWAIGER, *loc.cit.* und LINDNER, *loc.cit.*
L: ANB 59; SONB 136; SCHWAIGER 1990, 14; LINDNER 2008, 33.

BAIERHAM, W, G Straßwalchen
D: [ˈbɔɐhɔm]
U: **987** *Peirheim* (SUB I, 253); **1090-1104** *De Peirheim* (SUB I, 310); **1144** *Peirheimin* (SUB II, 327); ca. **1147-1193** (C M. 13. Jh.) *Geziman de Barheim* (SUB I, 544); **1365-1369** *item in Parhaim* (Urbar St. Peter, 171 – oder Bayerham, G. Seekirchen?).
E: → *-heim* mit ahd. *Beier* 'Baier' (zur Abgrenzung von den *Walahun* 'Romanen'); vgl. → *Bayerham*, G Seekirchen.
L: ANB 60; SONB 83.

BAIERLEITEN, R, G Straßwalchen
D: [bɔɐˈlaitn]
E: → *-leite* mit *Beier* 'Baier'; vgl. das benachbarte → *Baierham*.
L: SONB 83.

BAMBACH, R, G Obertrum
D: [ˈbombɔx]
E: → *-bach* mit PN *Pabo*.

BAMBACH, W, G Straßwalchen
D: [ˈbambɔx]
E: → *-bach* mit PN *Pabo* (Gen. *Pabin*) oder mhd. *boum* 'Baum'.

BAMBICHL (BABENBICHL), W, G Fuschl
D: [ˈbɔːˈmbiçɪ], auch [ˈbaːˈmbiçɪ]
U: **1333** *Pabenpuhel* (SONB 127).
E: ahd. *buhil*, mhd. *bühel* 'Hügel' mit ahd. PN *Pabo*.
L: SONB 127; ZILLER 1977, 18.

BANKHAM, EH, G Eugendorf
D: [ˈbɔŋghɔm], auch [ˈbɔŋkɔm]
U: **1183-1196** *Heinricus de Ponheim* (SUB I, 706).
E: → *-heim* mit mhd. *banc* '(Gerichts-)Bank, Schranne' (vgl. die „Reimnamen" →*Hankham*, →*Wankham* in der Nachbarschaft); der frühe Beleg *Pon-* geht freilich mit *Bank-* gar nicht zusammen.
L: SONB 82.

BAUERNECK, W, G Seekirchen
D: [baʊɐn'ek]
U: **1437-1625** *von Schengumpprechtinger gründ mit allen gründen herzue, von Schengumprechting gegen Creüczegg ... vom Creüczegg auf das Paurnegg* (ST 15, Z. 43).
E: → *-eck* mit mhd. *bûr* 'Bewohner, Bauer'.

BAUERSTATT, E, G Oberndorf
D: ['baʊɐʃtɔdɐ]
U: **1365-1369** *item in Pawerstat* (Urbar St. Peter, 62).
E: → *-statt* mit mhd. *bûr* ‚Bewohner, Bauer'.
L: SONB 106.

BAUMGARTEN, E, G Seekirchen (oder G Schleedorf oder Neumarkt)
D: ['ba:mgɔɐtn]
U: vor **1147** *Raban de Pongartin* (SUB I, 409).
E: ahd. *garto* 'Garten' mit ahd. *boum* 'Baum (Obstbaum)'.
L: ANB 66.

BAUMGARTEN, G Bergheim
U: **1516** *das Ander guet zw paumgarten Pergkhhaimer pfarr Vnnd Newhawser gricht* (SLA OU 1516 III 07).
E: → *Baumgarten*, G Seekirchen.

BAYERHAM, D, G Seekirchen
D: ['bɔɐhɔm]
U: **1219** *Altmannus de Peierheim* (SUB III, 256); **1365-1369** *item Payrhaim IIII domus* (Urbar St. Peter, 69); ca. **1505** *Elisabeth Stroblin de Peirham* (WALZ, MGSL 14, Anh. 480); **1515** *Wolfgangus Payrhamer, pistor noster* (ib., 483).
E: → *Baierham*.

BERG, W, G Anthering; W, G Köstendorf; W, G Seeham
D: ['bɛɐrɪg]
U: **1270** *domino Hertnido de Monte* (SUB IV, 486, in Zeugenreihe, unsicher, ob hierher); **1336** *Ott am Perg ein hůb* (SUB IV, 425); **1430** *Fridreich von Perig* (DOPPLER, MGSL 13, 102); **1457** *Vlreich abm Perig* (Urkunden Nonnberg, MGSL 38, 217 – Anthering oder Elixhausen?); **1462** *Ich Niclas von perg* (SLA OU 1462 X 25).
E: → *Berg*.
L: SONB 121.

BERG, R, G Hallwang
D: ['bɛrɪg]
U: **1281** *de monte* (SONB 121); **1315** *Perig* (SONB 121); **1881** *Berg* (ZILLNER, MGSL 21, 28).
E: → *Berg*.
L: SONB 121.

BERG, ZH, G Henndorf
D: ['bɛrɪg]
U: ca. **700-798** (C 1004) *ad Perge iuxta Uualarseo* (SUB I, 50); **798-814** (C E. 12. Jh.) *ad Perge super Walrse* (LOŠEK BN 14.35); **1331** *den Periger gericht* (SUB IV, 397); *swen Perig angevellet* (SUB IV, 32).
E: → *Berg*.
L: ANB 77; SONB 120.

BERGASSING W, G Anthering
D: ['bɛɐkɐsɪŋ]
U: **1336** *item Pergezzing ein hof* (SUB IV, 425); **1418** *Perkossing* (ZILLER bei SONB 72, Anm. 1).
E: PN *Perhtgôz* mit Suffix *-ing*.
L: SONB 72.

BERGHEIM
D: ['bɛɐghɐm]
U: **927** *ad Percheim* (SUB I, 78); ca. **963** *et Fîscahâ ad Percheimum* (SUB I, 169); ca. **963** *ad ... Percheimun* (SUB I, 170); **1125-1147** *Dietmaro de Perhchaiman* (SUB I, 357); **1147** *predium*

suum aput Percheim (SUB I, 411); **1196-1214** *Marquardus de Perchaim* (SUB I, 730); **1204** *Marquardus de Berchæim* (SUB III, 61); **1430** *Pfarrer zw Perkchaim* (DOPPLER, MGSL 13, 105); **1494** *In Bergkhamer pharr* (DOPPLER, MGSL 16, 301); **1514** *Magdalena Perchameryn* (WALZ, MGSL 14, Anh. 483); ca. **1780**: *Perghamer Regath* (SLA Hieronymus Kataster Neuhaus, nach fol.135); *ein Gütl zu Pergham* (ib. fol. und gleichlautend fol.148-153).
E: → *-heim* mit → *-berg*.
L: ANB 79; SONB 81; HHS 359f. – Vgl. auch BRUNNER-GAUREK 2009.

BERNDORF
D: [ˈbɛɐndɔɐf]
U: **798-814** (C E. 12. Jh.) *in Perndorf* (LOŠEK BN 14.18); *ad Perndorf* (ib. 14.40); **991-1023** *ad Perindorf* (SUB I, 263); vor **1023** *Perandorf* (SUB I, 204); **1025-1041** *in ... vico Perindolf* (SUB I, 215); vor **1151** *Heinrici de Perndorf* (SUB I, 423); **1229** *barrochie Perndorf* (SUB III, 370); **1290** *da ze Perndorf* (Corp. Nr. N 446); **1411** *dew allew gelegen sind in perndarffer pharr* (SLA OU 1411 VI 08); **1450** *Grueb in Perndarffer Pfarr* (DOPPLER, MGSL 14, 47); **1465** *in parrochia Perndorf* (DOPPLER, MGSL 15, 45); **1618** *Perndorf* (Urbar Pfarre Berndorf f. 2 u.ö.); ca. **1780** *Amt Perndorf* (SLA Hieronymus Kataster Mattsee I, nach fol.381); *Die Tafern zu ... Perndorf* (ib. fol.384 und gleichlautend fol. 383-384, 386-397, 399-406).
E: → *-dorf* mit PN *Bëro*.
L: ANB 81; SONB 87. – Vgl. auch STADLER 1989.

BEUERN, DORF-, D, G Dorfbeuern
D: [dɔɐfˈbaɪɐn]
U: **788-790** (C M. 12. Jh.) *ad Buriom eccl. cum mansis III* (LOŠEK NA 6.26); **798-814** (C E. 12. Jh.) *ecclesia ad Půrun* (LOŠEK BN 13.13), *in villa dicta Hohindorf et ad Půrn* (ib. 14.8, 48); **1142-1151** (C) *Hertwic de Povren* (SUB II, 300); **1207-1215** *Friderich de Burin, Geruus de Buren* (SUB III, 77); **1213** *de Buren, de perche et de Werech villas* (SUB III, 167); **1228** *Vlricus de Buern* (SUB III, 355); **1229** *capellam in villa Povwern* (SUB III, 370); **1232** *capellam sancti Nicolai in Buren* (SUB III, 419); **1232** *sancti Nicolai in Buren* (SUB III, 424); **1336** *Dorfpewern* (W. SCHÄFER, Generalregister der Urkunden des Stiftes Michaelbeuern [hsl.]); **1365-1369** *item in Darfpawern* (Urbar St. Peter, 62); **1653** *Vrbarium St. Nicolai und Barbara Gottshaus zu Dorfpeyrn ... mit Grundtherschafft dem Closter Peyrn zuegehörig* (AES 6/48/42, lfde Nr. 89, fol. 4); **1796** *Dorfbeuern* (HÜBNER, Erzstift 113); **1798** *Beurer-Pfarr* (Generalregister Michaelbeuern).
E: Ahd. *bûrî(n)* 'Haus, Hütte' (Dim.?), Dat. Pl. 'bei den Häusern': Erstbeleg *Dorfbeuern* 1229 *villa Povwern*. Umgelautetes *û* ergibt *iu* (→ *Beuern, Michael-*), nach der Diphthongierung *eu, äu* (*aw*), seit dem 17. Jh. entrundet zu *ey* ([aɪ]).
L: ANB 87f.; SONB 85; REIFFENSTEIN 1985, 365.

BEUERN, MICHAEL-, D (Benediktinerstift), G Dorfbeuern
D: [baɪɐn]
U: **977** (C 13. Jh.) *ad monasterium quod dicitur Biwern in honore sancti Michahelis fundatum* (SUB II, 102); ca. **1025** F. 13. Jh. *ad ecclesiam sancti Michahelis in loco nomine Biwern* (SUB II, 127); **1060-1065** *de Pûrun* (MG Necr. 2, Sbg. Domkapitel I b); **1072** *ecclesia apud Bivren* (M. 13. Jh., SUB I, 772); ca. **1072** *super aram sancti Michahelis archangeli in Biwern* (M. 13. Jh., SUB I, 774); ca. **1100-1122** *super altare sancti Michahelis archangeli in Bvoren* (M. 13. Jh., SUB I, 782); **1135** *sancti Půrensis cenobii abbatis* (SUB II, 246); **1137** *Truontoni abbati Buronensis monasterii* (SUB II, 262); **1142-1151** (C) *abbatis Heinrici de Povren* (SUB II, 300); **1147** *Heinrico abbate Burensi* (SUB II, 365); **1176-1180** (C A. 13. Jh.) *Einwicus prepositus [de] Bůren* (KU Raitenhaslach 29); **1195** (C 19. Jh.) *Liupoldus abbas in Bvern* (SUB II, 674); **1197** *abbates ... Piurensisi* (Ann. 13. Jh., MG SS 9, 549); **1204-1207** *Lůipoldus abbas de Buren*

(SUB III, 52); **1241** *conventus de Beuwern* (SUB III, 525); **1245** (C 13. Jh.) *Bivrensi ecclesie* (SUB III, 627); **1265** *Pæurn* (MARTIN Reg. Nr. 431); **1286** *monasterii sancti Michahelis in Pewern* (SUB IV, 488); **1308** *Albreht von gotes gnaden abbt ze Pevern* (SUB I, 858); **1336** *Pawern* (Martin Reg. Nr. 1019); **1449** *In monasterio pewrn* (SLA OU 1449 V 19); **1469** *gotzhaws zw peyren* (DOPPLER, MGSL 15, 64); **1472** *Monasterii S. Michaelis in Pewrn* (DOPPLER, MGSL 15, 84); **1481** *Abbt sannd Michaels kloster zu pewrn sand Benedicten orden* (SLA OU 1481 XII 17); **1609** *Archimandrita S. Petri sanctique Michaelis in Peyrn* (WALZ, MGSL 14, Anh. 334); **1610-1612** *Peyern, Beyern* (HAUTHALER, MGSL 13, 120); vor **1615** *Abbt von Peurn* (ib., 113); **1653** *Hofpeyern* (steht als „Überschrift", AES 6/48/42, lfde Nr. 89, fol. 14); **1746** *Praelat zu Michael Beyern* (SPATZENEGGER, MGSL 10, Misz., 14); **1796** *Hofbeuern* (HÜBNER 1796, 115, 119). Generalregister Stift Michaelbeuern: im 13. Jh. neben *Pewern, -eu-* auch *Päwern* (d.h. umgelautetes *iu*, die Basis für dialektales [aɪ]). Um 1400 ist für den Ort (Hofmark) daneben auch *Hofbeuern* üblich (bis Ende 18. Jh.). Erstmals für das Kloster **1515** *Michelpeyern*, häufiger seit **1656** (*Michaels-Peyrn*), als Bezeichnung für den Ort verdrängt es erst seit **1772** *Hofbeuern*. Im Dia-lekt gilt bis heute nur [baɪɐn].
E: → *Beuern, Dorf-*.
L: ANB 88f.; SONB 85; HHS 392f.; REIFFENSTEIN 1985, 365. – Vgl. auch *Michaelbeuern* 1985.

BICHL, Hf, G Seekirchen
D: [ˈbihɪ]
U: E. 12. Jh. (C M. 13. Jh.) *de Puheln* (SUB I, 513).
E: ahd. *buhil* 'Bühel, Hügel'.

BICHLHAIDEN, R, G Oberndorf
D: [bihɪˈhɔɐ̯n]
E: ahd. *heida* 'Heide' mit *buhil* 'Hügel'. Vgl. → *Ziegelhaiden*.

BINDERGRUB, W, G Mattsee
D: [ˈbintɐgruɐb]
E: mhd. *gruobe* 'Grube, Einsenkung' mit *binder, -t-* 'Faßbinder, Küfner'.
L: SONB 135.

BISCHELSROID, W, G Obertrum
D: [ˈbiʃlsroɪd]
U: undat. *Piscolfsreut* (SONB 110).
E: → *-reut* mit bair.-mhd. *bischolf* 'Bischof' (Gen. Sg.).
L: SONB 110. Zu *bischolf*, vgl. REIFFENSTEIN/ MAUSER 1999, 358ff.

BOLARING, Sdlg, G Salzburg Stadt (Liefering)
D: [boˈlaːrɪŋ]
E: Bellaria, lat. *bellaria* n. pl. 'Nachtisch, Naschwerk'. Die *Bellaria* wurde nach der Fertigstellung von Schloß Kleßheim errichtet (ebenso auch die *Bellaria* in Wien auf Wunsch der Kaiserin Maria Theresia vor der Wiener Hofburg), sozusagen als nachträglicher Nachtisch, von 1743 bis 1751 als Lusthaus oder (herrschaftliche) Vogeltenne bei Klessheim bezeugt, im Zuge der Franzosenkriege um 1800 zerstört. 1773 wurde die Bellaria in einer Federzeichnung von G. A. Riedl festgehalten (FUHRMANN 1963, Tafel 43, Kat. Nr. 70) und in einem Salzburgplan von 1809-1810 als 'Tours ruinée' bezeichnet (OTMAR WEBER).
L: WEBER 2006, 189 f.

BRAMSAU, R, G Faistenau
D: [ˈbrɔⁿsaʊ], auch [brɔⁿˈsaʊ]
E: → *-au* mit mhd. *brâme, brâm-* 'Brombeere, -strauch'.
L: SONB 147.

BRANDAU, Hf, G Elsbethen
D: [ˈbrantaʊ]
E: → *-au* mit *brand(stätte)*.

BRANDSTATT, W, G Faistenau
D: ['brɔndʃtɔd]
E: → -statt mit → -brand.
L: SONB 111f.

BRANDSTÄTT, W, G Obertrum
D: ['brɔndʃted]
E: → -statt mit *brand* 'Brandstätte'.

BRAUNSBERG, W, G Lamprechtshausen
D: ['brauⁿʃpɐ]
U: **1653** *Praunsperg*, steht als „Überschrift" (AES 6/48/43, lfde Nr. 90, fol. 19).
E: → -berg mit PN *Brûn* (Gen. Sg.)

BREIT, W, G Bergheim
D: [brɔɐd]
E: mhd. *breit* 'breit, ausgedehnt'.

BREITBRUNN, W, G Berndorf
D: [brɔɐd'brun]
U: **1147-1167** *Wolframmus de Praitenprunne* (SUB I, 448); ca. **1180** (C M. 13. Jh.) *ingenui viri Wolframmi de Braitenbrunnen* (SUB I, 817); **1199-1231** *Fridericus de Preitprvnne* (SUB I, 501); nach **1205** *Fridericus de Praitprvn* (SUB I, 563); M. **12. Jh.** *Chunigundis de Breitenbrunnen* (MG Necr. 152 = Sbg.S. Rudberti); **1618** *Dienen vom Guett Zů Praitprůnn genannt* (Urbar Pfarrhof Berndorf, fol. 29).
E: → -brunn mit *breit* 'breit, ausgedehnt'.
L: ANB 148.

BREITENLOHE, Sdlg, G Dorfbeuern
D: [brɔɐdn'lɔʊ]
E: mhd. *lôch, -hes* 'Gebüsch' mit Adj. *breit* 'breit' (der FlurN wurde auf die seit ca. 1980 entstandene Siedlung übertragen).

BRUCK, D, G Lamprechtshausen
D: [bruk]
U: **1072** *Wezil de Průka* (SUB I, 773, ungewiss, ob hierher); **1496** *niclas von pruck* (DOPPLER, MGSL 16, 329); **1653** *Ain Gueth zu Prugg in Lambprechtshawser Pfarr und Haunsperger Gericht* (AES 6/48/43, lfde Nr. 90, fol. 5).
E: → -bruck.
L: ANB 165; SONB 173.

BRUCKENHOLZ, W, G St. Georgen
D: ['brukɐhoɪds]
U: ca. **1230-1240** *predium Prukerholcz* (SUB I, 841), *beneficium Brukerhorz* (oder *-holz*) *nominatum in parrochia Echinge situm* (SUB I, 842); **1335** *item datz Prukkerholtz* (SUB IV, 423); **1494** *Hannsen von Prugkerholtz* (DOPPLER, MGSL 16, 304).
E: → -holz mit ON → *Bruck* (G Lamprechtshausen) 'Brucker Wald'.

BRUDERSTATT, W, G Seekirchen
D: ['bruɐdɐʃtɔːd]
U: **1437** *geen Khrimplstetten biß an Capeller grund mit allen gründen herzue, von Capelln an Pruederstätter grund* (ST 15, Z. 39).
E: → -statt mit mhd. *bruoder* 'Bruder' (Besitz einer Bruderschaft?).
L: SONB 106.

BRUNN, R, G Fuschl
D: [brun]
U: **1624** *bei dem Herrn Hanß beim Fuschlsee oder aber bei dem Wirdtshauß zu Prunn* (IMHOF, MGSL 27, 123); **1692** *die Würth zu Prunn und am Hof* (ZILLNER, MGSL 5, 103).
E: mhd. *brunne* 'Quelle, Brunnen'.
L: SONB 152; ZILLER 1977, 28.

BRUNN, D, G St. Gilgen
D: [brun]

U: **14. Jh**. *Prun(n) (sive Engelschalhing)* (ZILLER 1977, 28; SONB 152).
E: mhd. *brunne* 'Quelle, Brunnen' (neben früherem PN *Engelschalk*).
L: SONB 75, 152; ZILLER 1977, 28.

BRUNNKEHRER, W, G Neumarkt
D: ['brunkhɐɐʀɐ]
E: → *Brunn* mit unklarem Grundwort.

BRUNNLEITEN, R, G St. Gilgen
D: ['brunlaɪ'n]
U: **1624** *die Prunnleithen* (IMHOF, MGSL 27, 123).
E: → *-leite* mit mhd. *brunne* 'Quelle, Brunnen'.
L: ZILLER 1977, 28.

BUCHACH, W, G St. Georgen
D: ['buɐxɐx]
U: **1335** *zwa gůt ligent in dem Půchaech, item vier gůt datz Aglasling* (SUB IV, 422).
E: ahd. *buocha* 'Buche' mit Koll.-Suff. *-ahi* 'Buchenbestand'.

BUCHACH, W, G Dorfbeuern
D: ['buːɐ]
U: **1546** *Puechach* (REIFFENSTEIN 1985, 366).
E: → *Buchach*, G St. Georgen.
L: SONB 141.

BUCHBERG, W, G Mattsee
D: ['buɐxbɛɐg]
U: **1040** *Puechperch* (SUB I, 874); **1040** (C 14. Jh., F.?) *Půchperch* (SUB II, 138); **1290** *Da ze Pvochperge* (Corp. Nr. N 446); **1496** *auf ainer halben hueben zu puechperg so er von Toman Turner gekawft* (SLA OU 1496 IX 05); **1496-1566** *Primo de Rewt ob puechperg* (SLA U 9a, fol. 80).
E: → *berg* mit ahd. *buohha* 'Buche' (mhd. *buoch* n. 'Buchenbestand'). Zum sog. Hexenplatz auf dem Buchberg vgl. ZILLNER, MGSL 3, 276.
L: ANB 174; SONB 141.

BUCHBERG, E, G St. Gilgen
D: ['buɐbɛrɪg]
U: **1337** *Puechperg* (SONB 121).
E: → *-berg* mit mhd. *buoch(e),* 'Buche(nwald)'.
L: SONB 120, 121; ZILLER 1977, 29.

BUCHSTÄTT, W, G Anthering
D: ['buɐxʃded]
U: undat. *Poustet, Porsteten* (SONB 106).
E: → *-steti* mit mhd. *bor* 'oberer Raum, Höhe' (vgl. *empor < in bore*) oder (eher) mit mhd. *buoche* 'Buche'.
L: SONB 106.

BUCHWINKEL, R, G Köstendorf
D: ['buɐxwɪŋgl]
E→ *-winkel* mit mhd. *buoche* 'Buche'.
L: SONB 141.

BULHARTING, W, G Göming
D: ['buɪ(h)ɐdɪŋ]
U: **1072** *nobis predium Pvlhvting* (SUB I, 774).
E: PN *Buolhuot* mit Suff. *-ing*.
L: SONB 73; REIFFENSTEIN 1985, 366; fehlt ANB.

BURGAU (Ober-, Unter-), KG, G St. Gilgen
D: [buɐ'gaʊ]
U: ca. **1400** *purgow*, **16. Jh**. *Purg(g)au* (SONB 109; ZILLER 1977, 30).
E: → *-au* mit mhd. *burc* 'Burg, Stadt, Stätte'.
L: SONB 109; ZILLER 1977, 30.

†**BURGFELD**, Salzburg Stadt (Maxglan: Burgfried)
U: **1261** *extra civitatem in Purkfeld* (F 15. Jh., SUB IV, 45); **1348**-ca. **1400** *purchueld* (als

Überschrift, SLA U 3, fol. 36); **1445** *ze Salczburg vor dem Galigen Tor auf dem Purkchfeld* (DOPPLER, MGSL 14, 23); **1478** *in dem grossen purgkfeld. hie zu Saltzburg gelegen* (DOPPLER, MGSL 15, 131); **1499** *gut Pfeyfferlehen gelegen auf dem Burckfeld* (Urbar Registrum, SPATZENEGGER, MGSL 9, 64).
E: → *-feld* mit *burg*, 'zur Burg (Stadt) gehöriges Feld'.

BÜRGLSTEIN, G Salzburg Stadt
D: ['biɐglʃtaɪn, 'byɐgl-]
U: **1422** *Stephan Pyrgelstainer* (3x; DOPPLER, MGSL 13, 86); **1445** *Pirglein* (PEZOLT, MGSL 40, 167); **1466** *zu Salczburg ze Pirglstain* (DOPPLER, MGSL 15, 52); **1471** *Enhalb Ach auf dem Stain gein Pirgla wertz* (ib., 76); **1475** *zu Pirglastein* (ib., 112); **1482** *auf der hueben Furperg zu pirglein gelegen* (SLA OU 1482 X 02); **1485** *auf dem Pirglstain* (DOPPLER, MGSL 16, 226); **1491** *zu pirgla* (ib., 272); **1499** *in Pirglein* (SPATZENEGGER, MGSL 9, 66); ca. **1525** *gelegen zu Pürglen* (Vermerk zu 1491, ib., 273); **1617** *Haimeran Riitz zu … Bürglstain* (WALZ, MGSL 14, Anh. 355); **1629** *Hans Ludwig Rüzen zum Pürglstain* (ib., Anh. 347).
E: ahd. *birgil 'kleiner Berg' (mit *ë* > *i* vor folgendem *i* wie in Gebirge; <ü> und <i> sind wegen der Entrundung von *ü* > [i] austauschbar). Gelegentlich seit dem 15. Jh., regelmäßig seit dem 17. Jh. verdeutlicht mit *stein* 'Stein, Felsen'.
L: SONB 109; MARTIN 1940, 24 (1995, 42).

BÜRMOOS
D: ['biɐmo:s]
U: **1796** *der Grundloser* [See] *(wegen seiner Tiefe so genannt) im Biermose* (HÜBNER, Erzstift 1, 123), *das Biermos* (ib. 122); **1888** *Biermoos* (PRINZINGER, MGSL 25, 131).
E: → *-mos* mit mhd. *birche* 'Birke' (mit im Dialekt regulärem Schwund von *-ch*).
L: SONB 143. – Vgl. auch LEPPERDINGER 1971; FUCHS 1992.

BURSCHACH, W, G Thalgau
D: ['buɐʃɐ]
U: **1167-1183** *predia … Půchschach* (SUB I, 685).
E: mhd. *schache* 'Waldstück, -saum' mhd. *buoch, buoche* 'Buche(nwald)'.
L: ANB 183; SONB 139.

C

†**CAMPANIF** → *Elsbethen*

D

DAXLUEG, E, G Hallwang
D: ['dɔkslʊɐg]
U: ca. **1500-1590** *Item dachsluɐg* (SLA Hofurbar, lf. Nr 11, fol. 28).
E: mhd. *luoc* '„Lug", Schlupfwinkel; Paß' mit *Dachs*, d.h. 'Dachsbau'.
L: SONB 135f.

DICHENBERG, OBER-/UNTER-, E, Hf, G Seekirchen (ÖK Dichaberg)
D: ['di:'ɐbɐɐg]
U: undat. *Turrenperig* (SONB 124).
E: → *-berg* mit ahd. *durri* 'dürr, trocken'; *-rr-* konnte altdialektal > [x] spirantisiert werden und zusammen mit den anderen [x] schwinden (vgl. → *Bürmoos*).
L: SONB 124.

DICHTLED, Hf, G Lamprechtshausen
D: [dɪxtl'ɛ:d]
E: → *-öd* mit PN *Benedikt*, Kurzform *Diktl* (WBÖ 2, 1000).

DIEBERING → *Döbring*

DIESENBERG, W, G Neumarkt
D: ['di:snbɐɐg]
U: ca. **1780** *Ein Gut zu Perg, insgemein Disenberg genannt* (SLA Hieronymus Kataster Alt- und Lichtenthann II, fol.682).
E: unklar, aus lautlichen Gründen nicht zu ahd. *diozan* 'rauschen'.

DIESSEN(BACH) zu Reith, bei Holzhausen, G St. Georgen (nicht in ÖK)
U: **798-814** (C E. 12. Jh.) *ad Holzhus super Diezzen* (LOŠEK BN 19.4).
E: *bach* mit ahd. *diozan* 'rauschen'.

DITLBACH, GewN, D, G St. Gilgen (vom Schafberg in den Abersee, Landesgrenze von Salzburg und OÖ).
D: ['di:tlbɔ], älter ['diⁿdlbɔ]
U: **798-814** (C E. 12. Jh.) *ad Tinilpach* (LOŠEK BN 7.1); **829** *Tinnilipah* (Tr Regensburg Nr. 24); **843** *de Zinkinpah et Tinnulinpah* (C 12. Jh., SUB I, 908); **984** *de rivulo Tinnilinpach* (C 13. Jh., D O III Nr. 1); **1184** *ubi Tinnilbach in lacum influit* (SUB II, Nr. 440); **1199** *de rivo Tinnilinbach* (SUB II, Nr. 531); um **1330** *Nycolaus in dem Dydelpach* (ZILLER 1977, 33); **1416** *Tindelpach* (ib.); **1537** *tinlpach, tilpach* (ib.); neuere Schreibungen: *Di(e)t(te)lbach*.
E: ahd. *bach* mit PN *Tinnilo* (< *Tindilo*, KAUFMANN 1968, 91f.); bei der Nasalierung des *-nn-* wurde als Gleitlaut *-d-* eingeschoben (wie in *Steindl, Hendl* u.a. 'Steinchen, Hühnchen), das neuzeitlich irrig zu *-t-* „verschriftsprachlicht" wurde.
L: ANB 250, 1233; ZILLER 1977, 33f.

DÖBRING (DIEBERING), D, G Hallwang
D: ['diɐwɐrɪŋ]
U: **1104-1116** *Albero de Dietramingin* (SUB I, 323); **1116-1125** *Adalbero de Dietrammingin* (SUB I, 334); nach **1139** *Adlbero de Dietrammingen* (SUB I, 608); **1255** *infra Tietrammingen et Mænse* (SUB IV, 30); *infra Dietramingen, et Maense* (Urk. Nonnberg = MGSL 35, 14, Anm. 1); **1430** *ain gut ze Dyetraming do der Prunner dye zeit auf gesessen ist in Halmbanger gerichte* (DOPPLER, MGSL 13, 103); **1830** *Döbring* (Katastralplan).
E: PN *Diotram* (< *-hraban*) mit Suffix *-ing*.
L: ANB 254f., SONB 70.

DÖLLER, W, G Faistenau
D: ['delɐ]
U: **1350** *ab dem Telln* (SONB 128); **1415** *auf dem Tellern, Ob. Telern, Unt. Telern* (SONB 128).
E: zu *Delle* ('Vertiefung im Gelände') oder *Dole* ('bedeckter Abzuggraben, Röhre, Graben, Rinne'); wohl 'kleines Tal', möglicherweise aber Pl. *teler* 'Täler'. – Zu *Delle* vgl. *Telle* 'Delle' in WBÖ 4, 1453, zu *Dole* WBÖ 5, 140 (*Tole*); auch *Delle* ist wahrscheinlich Ableitung von *tal*.
L: SONB 128; vgl. aber OBOÖ 6, 70.

DOPP(E)L → *Tobel*
E: ältere Schreibung für → *Tobel* ['do:wɪ]. Sie dürfte darauf beruhen, dass in einigen Wörtern für schriftsprachliches *-pp-* dialektal *-b-* ([-*w*-]) gesprochen wird (z.B. *doppelt, Teppich*); danach wurde auch Tobel zu Doppel „korrigiert".
L: REIFFENSTEIN 2015.

DORFBEUERN → *Beuern, Dorf-*

DORFLEITEN, W, G Obertrum
D: ['dɔɐflaɪtn]
E: → *-leite* mit → *dorf*.
L: SONB 128.

DRACHENLOCH, BergN, Hgr, G Grödig
D: ['drɔxŋlox]
E: Als *Drachenloch* wird eine (ehemalige) Fels-

formation (Felstor) auf dem Rücken (Grat) zwischen Kienbergkopf und Schellenberger Sattel (Untersberg) bezeichnet (ähnlich den *Teufelslöchern* am Rand der Übergossenen Alm am Hochkönig). Der Bogen stürzte am Pfingstmontag 1935 ein, sodass vom Drachenloch nur mehr die Einsenkung geblieben ist, die von St. Leonhard aus gut sichtbar ist. Das *Drachenloch* gab einem Gasthaus und der dort entstandenen Hgr den Namen.
L: Grödig 1990, 364 (*Drachenlochstraße*) und 129 (Foto).

DRACHENWAND (-STEIN), BergN, G Fuschl
D: ['drɔxɐwɔnd]
U: **16. Jh.** *Trackhenstein* (ZILLER 1977, 34).
E: -wand/-stein mit mhd. *trache* 'Drache, Teufelsgestalt' [markanter Felsen (1104 m) östlich des Schobers an der Landesgrenze].
L: ZILLER 1977, 34.

DREI EICHEN, R, G Eugendorf
D: [draɪ'aɪçn̩], altmdal. ['drɔɐ̯'a]
E: sprechender Name; zur altmdal. Aussprache: [aɪ] von *drei-* ist in der vortonigen Position getilgt, der Spirant in *-eichen* regulär geschwunden.

DREIMÜHLEN, W, G Göming
D: [draɪ'miːn]
E: drei Mühlen an der Oichten (bei Lukasedt), vgl. → *Zweimühlen*.

DURCHHAM, W, G Nußdorf am Haunsberg
D: ['durɪhɔm]
U: **1122-1140** (C M. 13. Jh.) *predium sancti Michahelis Durcheim* (SUB I, 785); **1147-1167** (C) *Heinricus de Durchhaimen* (SUB I, 447); **1167-1188** (C) *predium suum Durchaimin* (SUB I, 455); E. **12. Jh.** (C M. 13. Jh.) *de Durchhaimin XXX denarios* (SUB I, 512); **1199-1231** (C) *Heinrich (de) Durhaim* (SUB I, 498); ca. **1240-1257** (C) *predium suum, quod habuit in Aw iuxta Durichaim situm* (SUB I, 847); **1337** *ein gůt ze Duerrchaim, da Haertel aufsitzzt* (SUB IV, 431); **1496** *des hannseum perslens von düricham eliche Kinder* (DOPPLER, MGSL 16, 329); **1502** *Item zu durchaim in dreyenn hoffmarchen in pernndorffer pfarr* (SLA OU 1502 VI 26).
E: → -heim mit *dur(u)h* 'durch' 'Siedlung am Durchgang'. *Durchham* liegt am Übergang über die Oichten (durch das Oichten-Moos) von Michaelbeuern nach Perwang; [durɪ-] mit regulärem Sproßvokal zwischen *r* und Velar und mit Schwund des auslautenden [-x].
L: ANB 294; SONB 82; OBOÖ 2, 124.

DÜRNBERG, W; G Elixhausen
D: ['dɪɐ̯bɐɐ̯g]
U: **1122-1147** *predium suum ap(ud) Dovrrinperch* (SUB I, 591); **1183-1196** (C) *mansum apud Durrenberch* (SUB I, 714); **1212-1213** (C 14. Jh.) *daz guet dacz Turrenperig* (Urbar Nonnberg, DOPPLER, MGSL 23, 46); **1226** *Durrenberc iuxta Walprehtingen* (SUB III, 335); **1348**-ca. **1400** *Item Syboto d(e) durrenperch* (SLA U 3, fol. 82); **1405** *Dürrenperig* (DOPPLER, MGSL 23, 46).
E: → -berg mit ahd. *durri* 'dürr, trocken'.
L: ANB 295; SONB 121f.

DÜRNBERG, D, G Seeham
D: ['dɪɐ̯bɐɐ̯rɪg]
U: vor **1190** (C) *Fridericus de Durrinperch* (SUB I, 823); vor **1207** (C) *Fridericus de Durrinsperch* (SUB I, 826); **1217** (C) *Fridericus de Durrinperch* (SUB I, 833,); ca. **1230-1240** (C) *Fridericus de Durrinperch* (SUB I, 836); ca. **1230-1240** (C) *Fridericus de Durrenperch* (SUB I, 839); ca. **1230-1240** (C) *Fridericus de Durrinberch* (SUB I, 840).
E: → *Dürnberg*, G Elixhausen.

DÜRRAGER, Hf, G Obertrum
D: ['dɪɐ̯raːgɐ, dɪɐ̯'raːgɐ]

E: mhd. *ouwære* 'Auer, Bewohner einer Au' mit *dürre* 'dürr, trocken'. Zu *-ager* 'Auer' vgl. → *Aug*.
L: ZILLER 1986, 69 (*Dürrager, Dürager*); FINSTERWALDER 1978, 253 (*Dürager*).

E

EBEN, W, G Hintersee
D: [eː'm]
U: **1188-1193** *Reinpreht de Ebin* (SUB I, 481).
E: mhd. *ëben(e)* 'eben; Ebene'.
L: ANB 298 (als Hofname in Koppl verbucht); SONB 132; ZILLER 1977, 36.

EBENAU
D: [eˑ'maʊ], auch [eb(ə)n'aʊ]
U: **1182** *locum Ebenowe maiorem et minorem* (SUB I, 694); **1297** *Chuonrat von Ebenov* (SUB IV, 229); **1338** *Chunrat dem Ebenawer* (SUB IV, 441); *Chunrat des Ebenawers* (SUB IV, 442); **1391** *mit unsers lieben frewntz Hainreichz des Ebenawer aigen anhangundem Insigel* (DOPPLER, MGSL 12, 254); **1863** *Ebenau* (ZILLNER, MGSL 3, 9).
E: → *-au* mit mhd. *ëben* 'eben' (→ Eben) (nach der Lage auf einer Terrasse); für eine Herleitung von einem ahd. PN *Ebo* besteht kein Anlaß.
L: ANB 299; SONB 156. – Vgl. auch *Ebenau* 1982; 2007.

EBERHARTEN, -HARTING, W, G Göming; W, G Nußdorf
D: ['eːwɐhatn]
U: **1104-1116** *Dietmar de Eberhartingin et eius filius Werinhart et nepos Ovdalrich* (SUB I, 323); vor **1190** *Wernhardus de Eberhertingen* (SUB I, 823); **1231** *nobilis domina Alheidis de Eberhartinge* (SUB I, 751).
E: PN *Eburhart* mit Suff. *-ing(en)*; die heutige Dialektaussprache ersetzt *-ing* durch *-en*.
L: ANB 299; SONB 73.

EBMAT, Hf, G Neumarkt
D: ['eːmɐt]
U: **1151-1167** *Reinbertus de Ebenode* (SUB I, 638); **1167-1188** *Reginbertus de Ebenode* (SUB I, 460); **1183-1196** *Heinricus de Ebennode* (SUB I, 708).
E: ahd. *ebanôti* 'Ebene' (ahd. *eban* 'eben' mit Suff. *-ôti*).
L: ANB 301; SONB 132.

ECHING, OBER-, UNTER-, D, G St. Georgen
D: ['eːhɪŋ], Obereching: [opˈreːŋ]
U: **788-790** (C M. 12. Jh.) *Ad Achingas ecclesia cum mansis II* (LOŠEK NA 6.26); **798-814** (C E. 12. Jh.) *in vico dicto Ehinge* (LOŠEK BN 9.6), *de proprietate sua ad Ehingen* (ib. 10.2); **1147-1167** *curtem unam apud Ehinigin* (SUB I, 453); E. **12. Jh.** *de Ehigin LX denarii* (SUB I, 513); **1196-1214** *Chovnradus de Echingen* (SUB I, 737); ca. **1230-1240** *in parrochia Echinge situm* (SUB I, 842); **1335** *hinab fuer obern Ehing und datz nidern Ehing* (SUB IV, 422); **1403** *in Echinger gericht* (DOPPLER, MGSL 13, 17); vor **1415-1501** *Primo de aduocacia in Ehing* (SLA U 4, fol. 81); **1450** *die chirichen sand Haimeran gelegen zu Nidern Ehing* (DOPPLER, MGSL 14, 47); **1493** *Sand Haymerans von Nydern Ehyng grundt* (DOPPLER, MGSL 16, 295); ca. **1780** *das Heininger Gut zu Obereching* (SLA Hieronymus Kataster Laufen I, fol. 481 und gleichlautend 482, 493), *Mayr Gut zu Oberehing* (ib. fol. 483 und gleichlautend fol. 484-492, 494); ca. **1780** *Krallengut zu Unterehing* (SLA Hieronymus Kataster Laufen I, fol. 495), *ain halber Hof zu Unter-Ehing* (ib. fol. 496; in der Folge fol. 497-522 Formen mit *-ch-* und *-h-* alternierend).
E: PN *Aho* mit Suff. *-ing(en)*, mit Primärumlaut durch das Suffix.
L: ANB 301; SONB 73; HHS 396f. (Obereching).

ECK, Sdlg, G Eugendorf
D: [ek]
U: **1140** *Vlricus nomine de Ekk ... hůbam ibidem in Ekk* (SUB I, 878); *de Ekke ... in Ekke*

(SUB I, 878); E. 12. Jh. (C M. 13. Jh.) *de Ekke LX denarii* (SUB I, 513).
E: → *-eck* (mhd. *ecke* 'Eck(e), Spitze, Winkel', in ON 'Ausläufer eines Berges, Berghang; Übergang'; häufig auch GW von Komposita, z.B. *Thalgauegg, Perfalleck*).
L: SONB 127f; vgl. auch ZILLER 1977, 36f.

ECKSCHLAG, W, G Faistenau
D: ['ekʃlɔːg]
U: **1348** *Ekmanslag* (SONB 112).
E: → *-schlag* mit PN *Ek-* (*Ekkemann*, vgl. *Ekkehart, Ekbert* u.a.); später Klammerform.
L: SONB 112; ZILLER 1986, 70 (FamN *Eckschlager*).

EDMÖDLHAM, G Seekirchen
D: [ɛd'meːdlhɔm]
U: **1625-1537** *vom obern Haimberg biß geen Edenmötlhaimb mit allen gründen herzue* (ST 15, Z. 37)
E: → *Mödlham* mit ahd. *ôdi* 'öd, wüst'.

EDT, Hf, G Anthering
D: [ɛːd]
U: **1212-1312** (C 14. Jh.) *daz guet ze Ode* (DOPPLER, MGSL 23, 46); **1405** *Oed* (ib. 46); **1482** *Ich Peter von Od gesessen in Radekher gericht* (SLA OU 1482 XII 01); **1522** *Zu dem Thomal zu Od auf ainem hawß* (SLA OU 1522 V 08); **17. Jh.** *zwischen Khraipach und Ed biß gein Paungarten* (ST 64, Z. 23) [Zuordnungen unsicher].
E: → *-öd*.

EDT, E, G Koppl
D: [ɛːd]
E: → *-öd* (mhd. *œde* 'unbebauter, unbewohnter Grund').
L: SONB 114.

EGG, E, G Elixhausen
D: [ek]
U: **1242-1259** *duo beneficia Ekke et Vochenperge* (SUB I, 510).
E: → *-eck*.
L: SONB 127.

EGLSEE, R, G Dorfbeuern
D: ['eːglsɛː]
U: **1122-1140** (C M. 13. Jh.) *Ovdalricus de Egelse* (SUB I, 787); ca. **1138** (C M. 13. Jh.) *Wolfgrim de Egilse* (SUB I, 794); ca. **1138** (C M. 13. Jh.) *ministerialibus Rvodgerus de Egelse* (ib.); ca. **1150** (C M. 13. Jh.) *Ovdalricus et Vlricus (de) Egelse* (SUB I, 801); vor **1190** (C M. 13. Jh.) *Ovdalricus de Egelse* (SUB I, 820); **1653** *Thoman Eglseer Zu Eglsee* (AES 6/48/42, lfde Nr. 89, fol. 5).
E: → *-see* mit mhd. *ëgele* 'Blutegel'; andere *Egl-seen* liegen im Quellgebiet des → *Klausbaches* und bei Schleedorf.
L: ANB 307; SONB 155.

EHRENGRABEN, R, G Elixhausen
D: ['ɛɐːŋgrɔːˈm]
E: möglicherweise liegt *(in dem) œden graben* vor, wie in den Innviertler ON *Ehrhof*, **13. Jh.** *Oedhof* und *Ehrenleiten*, **1437** *Oedenleiten*, OBOÖ 2, 33, 73. Zwischenvokalisches *-d-* konnte zu [-r-] geschwächt und vokalisiert werden, daher *œden* > [ɛɐːn]. Dort fließt der *Ehrenbach*.

EHRING, E, G Lamprechtshausen
D: ['ɛːrɪŋ]
U: **1212-1312** [1382] (C 14. Jh.) *Ereching der hof* (Nonnberger Urbar, DOPPLER, MGSL 23, 65); **1405** *Eriching* (ib.).
E: PN *Erich* mit Suff. *-ing*; zwei große Bauernhöfe gleichen Namens in Lamprechtshausen (Bruck) und Göming, der ['ɛːrɪŋ ts 'bruk] und der ['ɛːrɪŋ ts 'gemɪŋ].
L: SONB 74.

EHRINGHOF, R, G Göming
D: [ˈɛːrɪŋ]
U: **1212-1312** [1382] (C 14. Jh.) *der hof in der Obern-Gebmingen* (DOPPLER, MGSL 23, 64).
E: → *Ehring*.

EIBENSEE, GewN, G Fuschl
D: [ˈaɪ(b)msɛː]
U: ca. **1500** *Eybmsee*, **16. Jh.** *Eybensee* (ZILLER 1977, 38).
E: → *-see* mit mhd. *îbe, îwe* 'Eibe'.
L: SONB 155; ZILLER 1977, 37f.

EICHET, R, G Grödig; Sdlg, G Salzburg Stadt
D: [ˈɔɐxɐd] ([ˈs ˈɔɐxɐt] 'das Eichet' im bäuerlichen Dialekt), altmdal. [ɔɐˈd]; sonst [ˈaɪçɐt]
U: um **1550** *Grödiger Eichet* (ZILLNER, MGSL 4, 11f., 15), *grödiger Eichetmühle* (ib., 31), *grödiger Aichach* (ib., 30); **1555** *bey Gredicher Ester gegen den Aichah werts* (ib., 108); **1778** *an des Vulgo Gütlbauers an Eichet* (PEZOLT, MGSL 28, 420); **1792** *Hochgericht in dem Eichet* (ZILLNER, MGSL 4, 73); **19. Jh.** *Sägmühle an der grödiger Eichetmühle (Azet)* (ZILLNER, MGSL 4, 31); *in der Gegend des grödiger Eichets* (ZILLNER, MGSL 4, 11f); *über Gredich gegen das Eichet* (ZILLNER, MGSL 4, 15).
E: mhd. *eichach* 'Eichenwald' (Kollektivsuff. *-ahi+t* > *-acht* > *-e(ch)t* wie in *Kehricht, Dickicht*).
L: SONB 137, 143.

EICHPOINT, R, G Bergheim
D: [ˈɔɐxpoɪⁿt]
E: → *Aichpoint*
L: SONB 143.

EINGARTEN, ZH, G Straßwalchen
D: [ˈɔɐⁿgɐɐtn]
E: bair. *eingart* 'Einschicht, einsame Gegend' (SCHMELLER 1, 938; ZILLER 1995, 140; JUNGMAIR/ETZ 1978, 200).

EINLEITEN, R, G Hallwang
D: [ˈɔɐⁿlaɪˈn]
E: → *-leite* (mhd. *lîte* 'Leite, Hang, Berg') mit *ein-*, d.h. 'einzelne, abgelegene Leite'; vgl. → *Eingarten*, G Straßwalchen 'Einschicht'.

EISENHARTING, E, G Seeham
D: [ˈaɪsnhatɪŋ]
U: **1485** *Eysenharring* (SONB 72).
E: PN *Îsinhart* mit Suff. *-ing*.
L: SONB 72.

EISENMÜHLE, R, G Seeham
D: [ˈaɪsnmɪː]
E: mhd. *müle* 'Mühle' zum Gut → *Eisenharting*.

EISPING, D, G Nußdorf
D: [ˈaɪʃpɪŋ]
U: **1004** *rusticus Heinrich de Vsping* (PICHLER, MGSL 1, 66); **1072** (C M. 13. Jh.) *Eppo de Vspingan* (SUB I, 773); M. **12. Jh.** (nach 1148) *Heinricus de Vspingin* (SUB I, 574); **1424** *Perßlein von Awspyng* (DOPPLER, MGSL 13, 90); **1440** *Hannsen von Eysping* (ib., 125); **1496** *michel schneider von eysping* (DOPPLER, MGSL 16, 329); **1618** *Dienen vom halben Gärttl zu Eysfing* (!) *bey dem pach* (AES 6/54/14, lfde Nr. 97, fol. 12); **1653** *Ain Gueth zu Eisping in Nußdorffer Pfarr* (AES 6/48/43, lfde Nr. 90, fol. 7); ca. **1780** *Eispinger Viertel* (SLA Hieronymus Kataster Laufen III, nach fol.1064); *Burgergütl zu Eysping* (ib. fol.1079, 1080, 1082-1085); *Pergmanngut zu Eisping* (ib. fol.1081).
E: PN **Ûspo* mit Suffix *-ing(en)*. Umgelautetes *û* diphthongiert (*-aw-*) und entrundet (*-ey-*).
L: ANB 312; SONB 73.

EITELSBERG, W, G Lamprechtshausen
D: [aɪtlʃˈbɛrɪg]
U: vor **1190** (C M. 13. Jh.) *Perhtoldus de Eicinsperch* (SUB I, 818); ca. **1230-1240** (C M. 13. Jh.)

Perhtoldus de Ezinsperge (SUB I, 842); ca. **1240-1257** (C M. 13. Jh.) *Perhtoldus de Yzinsperge* (SUB I, 844); **1249** (C M. 13. Jh.) *Perhtoldus de Eizesperge* (SUB I, 849); **1257-1267** (C M. 13. Jh.) *Perhtoldus de Eizenperch* (SUB I, 851); **1496** *steffan von eytzelsperg* (DOPPLER, MGSL 16, 329); **1653** *Eitzlsperg* (als „Überschrift", AES 6/48/43, lfde Nr. 90, fol. 14). Kaum hierher **927** (C) *ad Hitilinperk hobam unam* (SUB I, 77), vgl. ANB 519.
E: → *-berg* mit PN *Îz(z)o* (FÖRSTEMANN 944). Die SONB 123 vorgeschlagene Herleitung vom PN *Eitel* < *Agatha* ist lautlich nicht möglich. Der Übergang von *-(t)z-* > [-t-] ist auffällig.
L: ANB 312; SONB 123; REIFFENSTEIN 1985, 366.

ELISABETH-VORSTADT, Stt, G Salzburg Stadt → *Froschheim*

ELIXHAUSEN
D: [elɪks'haʊsn]
U: **991-1023** *in loco, qui dicitur Ebidehsunhusa* (C, SUB I, 206), *mensuram incultam prope Epidesunhusun* (C, SUB I, 208); ca. **1144** *Ebedeshusen* (SUB II, 334); **1212-1312** (C 14. Jh.) *Edexhausen* (DOPPLER, MGSL 23, 44); **1334** *unser vogtay, di wir gehabt haben ze Edechshousen* (SUB IV, 406); **1348**-ca. **1400** *Primo in officio Edechshausen* (SLA U 3, fol. 81); **1405** *Elexhawssen* (ib., 44): **1461** *Oberdorff ze Edexhawsen* (Urkunden Nonnberg, MGSL 38, 225); **1477** *Achacz Smid zu Elexhausen* (Urkunden Nonnberg, MGSL 38, 242); **1625-1637** *Edtenwaldt unzt an die mautstrass, die für Elexhausen gett* (ST 15, Z. 17).
E: → *-hausen* (Dat. Pl.) mit ahd. *abbatissa, eppetissa* 'Äbtissin' (von Stift Nonnberg). Das lange (viersilbige) BW *Ebidehsun-* (Gen. Sg.) wurde seit dem 13. Jh. zu *Edex-* kontrahiert, zwischenvokalisches *-d-* wurde seit dem 14. Jh. zu *-l-* geschwächt (vgl. *Ägidius* > **Gidijes* > *Gilig, Gilg*, → *St. Gilgen*). Die Ersetzung von *-ss-* durch *-hs-* (*-chs-*) ist hyperkorrekte Reaktion auf die Entwicklung von *-hs-* > *-ss-* (vgl. *Taxenbach*, 963 *Tassinpah*).
L: ANB 314; SONB 93. – Vgl. auch ZAISBERGER 1982; WINTERSTEIGER/LÜRZER 1991.

ELLMAU (Ober-, Unter-), R, G Fuschl
D: [ɛɪ'maʊ]
U: vor **1151** *decimas et dimidium mansum in loco ... Elmůwe* (SUB I, 630); **1209** *in Elmenuvve et a valle Elmenuvve* (SUB III, 127).
E: → *-au* mit mhd. *ëlm(e)* 'Ulme'.
L: ANB 315; SONB 142; ZILLER 1977, 39.

ELLMAU, ZH, G Thalgau
D: [ɛɪ'maʊ]
U: **1335** *in officio Talgewe swaiga una dicta in der Elmawe* (SUB IV, 412; vgl. HOFMANN, MGSL 9, 162).
E: → *Ellmau*, G. Fuschl.

ELSBETHEN
D: ['ɛɪʃbeˑn, eʃ-]
U: **930** *ad Campanauam* (SUB I, 149); **1197** (C 13. Jh.) *Ovdalricus de Campanneve* (SUB II, 689); **1207** *montes Campaniuerberge* (SUB III, 92); **1271** *Vlricus de Campanif* (SUB IV, 71); ca. **1331-1385** *freysatzzones in campanif* (SLA U 1, fol. 38); **1348**-ca. **1400** *officium campanif* (SLA U 3, fol. 61); **1418** *gütlein daz gelegen ist zu Conponiff* (Urkunden Nonnberg, MGSL 37, 188); **1453** *ze Gampaniff* (Urkunden Nonnberg, MGSL 38, 212); **1469** *Gampaniff* (ib., 235); **1497** *zw Sannd Elsbeten gotzhaus in Hälinger* [Halleiner] *pfarr* (DOPPLER, MGSL 16, 340); **1536** *den Mayerhoff zu khapaniff* (SLA OU 1536 IV 28[2]); **1599** *Zu S. Elspethen* (PIRCKMAYER, MGSL 12, 409); **1617** *Gotshauß Sanct Elspethen* (AES 6/25/8, lfde Nr. 36: fol. 1); **1635** *Gut Campanif zu Elsbethen* (HOFMANN, MGSL 9, 128); **1881** *Dorf Elsbethen* (PRINZINGER, MGSL 21, 8).
E: roman. *Anava*, → *Anif* mit *campu* 'Feld', GW und BW in roman. Abfolge 'Anifer Feld'.

Der Ort liegt etwa auf gleicher Höhe mit Anif auf der anderen (rechten) Seite der Salzach. Seit dem späten 15. Jh. verdrängt der Name des Patroziniums St. Elisabeth den alten ON.
L: ANB 316; SONB 57, 97; HHS 364f.; LINDNER 2008, 23f. – Vgl. auch KARL 1990; 1994.

ELSENWANG (Vorder-), R, G Hof
D: [ˈɛɪsnwɔŋ]
U: **788-790** (C M. 12. Jh.) *in pago Salzburcgaoe locellum, qui dicitur Ellesnawanc* (LOŠEK NA 4.2); **798-814** (C E. 12. Jh.) *ex orientali sive australi parte iuxta publicam viam, quę tendit in Talgov et sic ad Eselwanch, deinde ad lacum qui vocatur Labusculo* (LOŠEK BN 7.1), *locellum, qui dicitur Eselwanch* (ib. 7.7); **1141** *ad Howberga et ad Elsinwanc* (SUB II, 299); **1144** *ad Hoiberga et ad Elsinwanc* (SUB II, 327); **1146** *ad Hoiberga et ad Elsinwanc* (SUB II, 345); **1273** *quatuor loca in Elsenwanch* (SUB IV, 83); **1397** *ze Vntzing vnd ze Elsenbankch* (HHStA Wien, AUR 1397 XI 10).
E: → *-wang* mit ahd. **elisa* 'Traubenkirsche, Elsbeere' (vgl. SCHMELLER 1, 69).
L: ANB 317; SONB 40, 104, 163; SCHWAIGER 1990, 15; vgl. auch ZILLER 1978.

ENGERREICH, D, G Schleedorf
D: [ˈɛŋɪraɪç]
U: **1115** (C 14. Jh.) *Engelreiching* (SUB I, 876).
E: PN *Engelrîch* mit Suff. *-ing*. Einer der wenigen *-ing*-ON, die das Suffix später verloren haben. Die Dialektaussprache bewahrt die ursprüngliche Form des PN (*Engel-*).
L: ANB 319; SONB 71.

ENHARTING, D, G Köstendorf
D: [ˈeⁿːhatɪŋ]
U: **1592** *Enhalting* (SONB 71).
E: PN *Enhilo* (FÖRSTEMANN 453) oder PN **Aunin-halt* (KAUFMANN 1968, 46, 170; germ. **aun-* > ahd. *ôn*, durch *-in* umgelautet zu *œn-*, entrundet > *en-*) mit Suff. *-ing*.
L: SONB 71.

ENZERSBERG, ZH, G Thalgau
D: [ˈɛntsɐsbɐɐg]
U: *Entzmannsperg* (SONB 125).
E: → *-berg* mit PN *Enzo* (Enzmann).
L: SONB 125.

ENZING, D, G Henndorf
D: [ˈɛntsɪŋ]
U: **1331** *als der alt pacch rinnet fuer deu Strazmuel und fuer Intzingermuel enhalben des paches gegen perig* (SUB IV, 395).
E: PN *Anzo* mit Suffix *-ing* (*Anzo* ist Kurzform zum Stamm *Ant-*, vgl. *Antheri*). Lautlich paßt freilich *Intzing-* nicht zu *Anzo*; wahrscheinlich hat dieser Beleg mit *Enzing* nichts zu tun.
L: SONB 71.

ERENTRUDISALM, Agh, G Elsbethen
D: [ɛɐnˈtruːdɪs]
E: nach der Hl. *Erentrudis*, der ersten Äbtissin von Stift Nonnberg, dem die Erentrudisalm gehört.

ERKA, W, G Köstendorf
D: [ˈɛɐkɐ]
U: **1506** *Zu Erckhen auf zwain hewsern* (SLA OU 1506 XII 12); **1522** *zu Erkhen auf zwayen hewsern* (SLA OU 1522 V 08).
E: unklar; *Erken*, kaum *Erker* 'Vorbau bei Hütten und Heustadeln, wo man Heu unter Dach bringen kann' (UNGER/KHULL 1903, 205); vgl. noch → *Erkenroid*, G Straßwalchen.
L: SONB 175.

ERKENROID, W, G Straßwalchen
D: [ɛɐkŋˈroɪd]
E: → *-roid* mit unklarem BW. Liegt nicht in der Nähe von → *Erka*.

ERLACH (unidentifiziert)
U: vor **1415-1501** *Item de Erlach* (SLA U 4, fol. 95).
E: ahd. *erila* 'Erle' mit Kollektivsuffix *-ahi*, 'Erlenbestand', → *Irlach*.

ERLACH (kaum in Salzburg; Bel. nach ANB 334, Erlahe)
U: **1181/82** *Diepoldus de Erlahe* (Codex Falkenstein Nr. 163); **1189** (C 15. Jh.) *Thiepoldus liber de Erlache* (KU Schotten Nr. 9 [Erlach b. St. Georgen Salzburg ?]); **12. Jh.** *Diepoldus de Erla* (Tr Berchtesgaden 189).
E: → *Erlach, Irlach*.

ERTL, Hf, G Lamprechtshausen
D: [ɛɐtl]
E: mhd. *örtel*, Dim. von *ort* 'Ende' (der Hof liegt unmittelbar am Waldrand, am Ende einer Flur und außerdem an der Landesgrenze zu Oberösterreich, früher Grenze zwischen EB Salzburg und Hzgt. Bayern) oder Kurzform eines PN wie *Erhart*.

ESCH (Ober-, Unter-), D, G Hallwang
D: [ɛʃ], altmdal. [eʃ]
U: **1315** *Esche* (SONB 119); **1336** *item ein guet genant Esche* (SUB IV, 428); **1393** *vlreich ze Esch* (DOPPLER, MGSL 12, 267); **1881** *zu Esch* (ZILLNER, MGSL 21, 28).
E: Nach SONB, *loc.cit.*, nicht identisch mit *Esche*, sondern mhd. *eʒʒisch, esch* 'Saatfeld'; [ɛʃ] ist die umgangssprl.-hochsprl. Lautung.
L: SONB 119.

ESSLING, W, G Schleedorf
D: ['e:slɪŋ]
U: **1365** *Östling* (SONB 131).
E: späte *-ing*-Ableitung von → *Ester*.
L: SONB 131.

ESTER in Morzg.
U: **1212/1312** [1382] *von dem gut pei dem Ester* (A. 14. Jh., Nonnberger Urbar, DOPPLER, MGSL 23, 53); **1405** *Ester* (ib.); ca. **1334** *Estoer* (ib., 104).

ESTER bei St.Georgen oder in OÖ.
D: ['estɐ]
U: **1479** *Steffan schuester von Esster* (DOPPLER, MGSL 15, 139).

ESTER bei Loig, G Salzburg Stadt.
U: **1778** *bey den Loiger Ester* (PEZOLT, Stadtgericht, MGSL 28, 420).

ESTERER, Gh, G Grödig
D: ['estɐ(rɐ)]
U: **1555** *die Müll ... bey Grediecher Ester* (ZILLNER, MGSL 4, 108).

ESTERER zu Liefering.
U: **1778** *Jos. Esterers an Bäbingergut zu Liefering Holztheille* (PEZOLT, MGSL 28, 421).
E: ahd. *tor* 'Tor' mit ahd. *ezzisk* 'Saat' = 'Weidegatter', mhd. *ëzzischtor*, häufiger Flur- und Hofname; → *Eßthal*.

EẞTHAL, W, G Göming
D: ['estɔɪ]
U: **1090-1104** *ad Reginpergon et ad Estor* (SUB I, 304); ca. **1167-93** (C M. 13. Jh.) *Wernhardus de Estor* (SUB I, 559); **1337** *item ze Eschtal ein halb hub* (SUB IV, 432)
E: ahd. *tor* 'Tor' mit ahd. *ezzisk* 'Saat', mhd. *ëzzischtor* 'Weidegatter'; *-tor* später umgedeutet zu *-tal*. → *Ester*.
L: SONB 134; ANB 336.

EUGENBACH, R, G Eugendorf
D: ['aɪŋbɔx], altmdal. ['oɪŋbɔ(x)]
U: vor **1147** *Cundachar de Eichanpach* (SUB I, 360); **1219-1234** *Heinricus de Evgenpach* (SUB I, 752).
E: → *-bach* mit mhd. *eichîn* 'von der Eiche; eichen'; <*Eu-*> unter Einfluß von benachbartem → *Eugendorf*.
L: ANB 338; SONB 87f.

F

EUGENDORF
D: [ˈaɪŋdɔɐf], altmdal. (bis Anf. 20. Jh.) [ˈuɪŋ-, ˈoɪŋ-]
U: **788-790** (C M. 12. Jh.) *ad Iubindorf ecclesia cum manso I* (LOŠEK NA 6.26); **798-814** (C E. 12. Jh.) *in villa, que dicitur Iupindorf* (LOŠEK BN 6.2); **930** (C) *ad Iupindorf* (SUB I, 149); **1041-1060** (C) *in loco Hiupandorf* (SUB I, 242); vor **1189** *Volrich de Ivbindorf* (SUB I, 471); **1191** *Vodalricus de Iuobendorf* (SUB II, 652); **1326** *daz gericht ze Eugendorf* (SUB IV, 361; vgl. ZILLNER, MGSL 22, 134); **1370** *witiben von Eugendorf* (ZILLNER, MGSL 22, 156); **1383** *Evgendorffer gericht* (Urk. Nonnberg = MGSL 36, 268); **1407** *gut gelegen zu Ewgendorf da der Sneider aufsiczt* (DOPPLER, MGSL 13, 30); **1408** *in Ewgendorffer gericht* (DOPPLER, MGSL 13, 37); **1409** *in Ewgendorffer gericht* (DOPPLER, MGSL 13, 40); **1411** *gütel ze Eugendorff* (DOPPLER, MGSL 13, 47); **1419** *Niclas maier von evgendorff* (Urk. Nonnberg = MGSL 37, 188); **1432** *ain guetl zue eugendorff* (PEREGRINUS, MGSL 28, 380); **1436** *Ewgendorf* (Urk. Nonnberg = MGSL 37, 210); **1474** *Hanns Ewgendorffer ... Burger zu Saltzburg* (DOPPLER, MGSL 15, 102); **1491** *Eugendorffer* (WALZ, MGSL 14, 476); vor **1615** *Eugendorf* (HAUTHALER, MGSL 13, 109); **1627** *Eugendorff* (ABERLE, MGSL 18, 246); **1883** mundartliche Aussprache *Oigndàf* (ZILLNER 1883, 178, Fn. 6); **1886** mundartliche Aussprache *Oigndorf* (VON GRIENBERGER 1886, 38).
E: romanisch-bairischer Mischname: → *-dorf* mit rom. PN *Iubi(a)no* (was lautgesetzlich †*Oibendorf* ergeben hätte; Details bei REIFFENSTEIN und LINDNER, *locc.citt.*).
L: ANB 338; SONB 87f.; ZILLNER 1883, 178, Fn. 6 (zur altmdal. Aussprache); VON GRIENBERGER 1886, 38 (zur altmdal. Aussprache), 74 (zum lat. PN *Jovinianus* u.ä.); RADAUER 1987, 5; REIFFENSTEIN 1991, 43, 47 (mit Fn. 14), 59; LINDNER 2008, 24. – Vgl. auch RADAUER 1986, 1987.

FAGER, E, G Elsbethen
D: [ˈfɔːgɐ]
U: ca. **1136** *ad Haselespach et Vagra* (SUB I, 352); **1141** *beneficium Etichonis de Glase super Uagara* (SUB II, 299); **1365/69** *Ramsaw auff der Vager* (Urbar St. Peter 171); **1414** *zway zehenthäwser di gelegen sind auf der Vager ze nachst an den czißtlär vnd sind gehaißen das huebenlehen vnd das Greymolczlehen* (DOPPLER, MGSL 13, 52); **1477** *Thoman Vorfayrer* (Urkunden Nonnberg, MGSL 38, 243), *auf der Vodrn Vager* (ib.); **1536** *auch denn Zehent ann der Vager* (SLA OU 1536 IV 28 [2]); **1610-12** *Vogtey Glasz vnd Fager* (SLA U 45, fol. 28).
E: vlat. *fāgora* 'Buchenbestand' (Kollektivum zu lat. *fāgus* 'Buche').
L: ANB 339; SONB 131; LINDNER 1995, 109; 2008, 24.

FAHRENZAGEL R, G Elixhausen
D: [ˈfɔɐntsɔgɪ], im Dialekt ungebräuchlich
U: **1424** *Greymel von Vochenczogl* (Urkunden Nonnberg, MGSL 37, 197); **1450** *Greymol von Vachenczagel* (Urkunden Nonnberg, MGSL 38, 205); **1522** *Conradt Vahenzagler zu Vahenzagl* (Urkunden Nonnberg, MGSL 40, 251).
E: mhd. *zagel* 'Schwanz' mit mhd. *vohe* 'Fuchs, Füchsin', 'Fuchsschwanz' (ursprünglich wohl PN, Übername). Die Dialektaussprache folgt der modernen Schreibung. Vgl. *Wolfzagl* bei Mödlham.

FAISTENAU
D: [ˈfɔɐstnaʊ], auch [fɔɐstˈnaʊ]
U: **1182** *usque ad Uaiztenowe* (SUB I, 694); **1241** *Vâistenowe ducentos caseos* (SUB III, 516); **1324** *des waldes in der Vaistwnoŵ* SUB IV, 352); **1624** *der Faistenauer Schaffberg* (IMHOF, MGSL 27, 123).

E: → *-au* mit mhd. *veiʒ(e)t* 'feist, fett, fruchtbar (vom Boden)' eher als zum PN *Feist* (*Vaizt*, 1330). Im Kontext der vielen Rodungs- und *-au*-Namen in der Faistenau scheint eine Bildung mit einem PN nicht sehr wahrscheinlich.
L: ANB 340; SONB 156. – Vgl. auch SCHALK 1995.

FALKENSTEIN, R, G St. Gilgen
D: [fɔɪgɐ'ʃtɔɐn]
U: **1348** *Valkenstein* (SONB 129); ca. **1348** *Valckenstein* (SONB 129); **1692** *Hannß Falckenstainer zu Falckenstain* (ZILLNER, MGSL 5, 98f.).
E: mhd. *stein* 'Stein, Fels, Berg' mit mhd. *valke* 'Falke' (auch als Wappentier).
L: SONB 129; ZILLER 1977, 41; vgl. ANB 341f.

FARCHEN, W, G St. Gilgen
D: ['fɔɐxɐ]
U: **1323** *Vorichen* (SONB 141).
E: eher Dat. Pl. mhd. *vorhen* '(bei den) Föhren' als *vorhach* 'Föhrenwald' (Kollektivbildung zu *vorhe* 'Föhre').
L: SONB 141, ZILLER 1977, 41.

FEICHTEN, W, G Berndorf
D: [faɪçtn]
U: **798-814** (C E. 12. Jh.) *coloni I ad Fiůhte* (LOŠEK BN 13.12); **12. Jh.** (C 13. Jh.) *quidam puer de Fuohten* (V Virgilio S 91 [ANB 345]).
E: ahd. *fiuhta* 'Fichte'.
L: ANB 344f; SONB 140.

FEICHTEN, R, G Mattsee; W, G Seeham
D: [faɪçtn]
U: **1617** *biß auf gegen veichten an dem gerörich schockhen, ... von feichten an biß herumb in viltschachen* (ZILLNER, MGSL 5, 96).
E: → *Feichten* (Berndorf).

FEIGLHUB, W, G Anthering
D: [faɪgl'huɐb]
U: **1612** *Feyelhueb, Pankraz Feyrhueber zu Feylhub* (SLA U 94, Laufen/Haunsberg, nach ZILLER 1986, 79).
E: → *-hub* mit mhd. *vîol* 'Veilchen' (lat. *viola*).

FELBERTAL (WERKSCHULHEIM), G Ebenau
D: ['fɛɪwɐdɔɪ]
U: **1344** *in der felben* (SONB 144).
E: → *-tal* mit mhd. *vëlwe* 'Weide'. Der Flurname bezieht sich auf das Felbertal bei Mittersill, wo das Werkschulheim 1951 begründet wurde; erst seit 1964 befindet es sich in Ebenau.
L: SONB 144.

FELDSBERG bei Nußdorf/Haunsberg (FlurN)
D: ['fɛɪtsbɛrɪ]
U: **1337** *Hainrich an dem Veldersperg* (SUB IV, 431).
E: → *-berg* mit mhd. → *feld* 'Feld, Wiese'.

FENNING, ZH, G Henndorf
D: ['fɛnɪŋ]
U: ca. **1067-1077** *predia ... Vendingin vocata* (SUB I, 287); **1125-1147** *Wezil de Uendingin* (SUB I, 358; vgl. WALZ, MGSL 14, 455); *predium suum ad Vendingin* (SUB I, 404); vor **1147** *apud villam que Uendingen dicitur* (SUB I, 409); **1147-1167** *Hawart et Goetti de Uendingin* (SUB I, 410); ca. **1147-1193** (C M 13. Jh.) *Adelgoz et Hawart filius eius de Uendingen* (SUB I, 544); **1167-1188** *Hawart de Vending(en)* (SUB I, 458); **1177** *Irmpurge ... de Vendingin* (SUB I, 469); **1212** (C 14. Jh.) *daz guet ze Fending* (DOPPLER, MGSL 23, 45).
E: PN *Fendio* mit Suffix *-ing(en)*; vgl. mhd. *vent, vende* 'Knabe, Bauer; Fußvolk'. Hierher gehören auch die zusammengesetzten Namen *Kirchfenning* (W, *D:* ['kɪrɐfɛnɪŋ]) und *Mitterfenning* (R, *D:* ['mɪtɐfɛnɪŋ]).
L: ANB 351; SONB 64, 70.

FILBLING, BergN, G Fuschl
D: ['fi:blɪŋ], altmdal. ['fi:wɪŋ]
U: ca. **1400** *vilbling*; spätere Varianten: *Felbling, Fibling, Fülb(l)ing* (ZILLER 1977, 42).
E: mhd. *vëlwe* 'Weide' mit *-ing*-Suffix; womöglich war der Seename (*Filblingsee*) früher.
L: SONB 155; ZILLER 1977, 42.

FINKENSCHWANDT, ZH, G Thalgau
D: ['fiŋkn̩ʃwɔnd]
U: *Vinchenswant (Joannes Vinkch)* (ZILLNER, MGSL 18, 250).
E: → *-schwandt* mit PN *Fink*.
L: SONB 112.

FIRLING, W, G Henndorf
D: ['fiɐlɪŋ]
U: *Vierlingen* (SONB 74).
E: mhd. *vierlinc* 'Viertellehen, geviertelter Grundbesitz'.
L: SONB 74; vgl. KLEIN 1965, 263ff (*Viertaller*); OBOÖ 11, 147.

FISCHACH, GewN, Bach bei Bergheim rechts zur Salzach
D: [o:], jünger ['fiʃɐ]
U: **788-790** (C M. 12. Jh.) *in fluenta, que vocatur Fischaha, et quidquid ad eadem villulam pertinere noscuntur* (LOŠEK NA 2.3); **798-814** (C E. 12. Jh.) *lacum vocabulo Walarsê, ubi exit Fischahâ de eodem lacu* (LOŠEK BN 1.3); **1020** *fluminis cuiusdam vulgari nomine Viscaha* (SUB II, 126); vor **1151** *iuxta fluviolum Uiskaha* (SUB I, 422); **1437** (1625) *vom Eugnpach, der Vischach nach ab biß gehen Trainmülln* (ST 15, Z. 4), *die Vischach schaidt paide gericht Altenthann und Radegg* (ST 15, Z. 7); **1506** *Eenhalb der vischach in Seekircher pfarr vnd Liechtentanner gericht gelegen* (SLA OU 1506 XII 12); **1522** *enhalb der Vischach in Liechtentanner gericht gelegen* (SLA OU 1522 V 08).
E: → *-ach* mit *fisc* 'Fisch'; die ältere Dialektaussprache [o:] 'Ache' läßt das Bestimmungswort weg.
L: ANB 361; SONB 149; STRABERGER 1974, 26f.

FISCHACH, D, G Bergheim
D: ['fiʃɐ]
U: **788-790** (C M. 12. Jh.) *locellum qui vocatur Fischaha* (LOŠEK NA 7.3); **798-814** (C E. 12. Jh.) *Isti Romani de Fischaha voluerunt illam silvam iuxta Fiscaha habere in proprio* (LOŠEK BN 14.54); ca. **963** (C) *ad Muntegilin et Fîscahâ ac Percheimum* (SUB I, 169); **1041** *in loco Vischaha* (HOFMANN, MGSL 9, 89); vor **1043** (C) *benefitium in loco Viscaha dicto* (SUB I, 234); **1147** *Hartnit de Viskaha et frater eius Marchwardus* (SUB II, 378); **1156** *Hartnidus de Visca* (SUB II, 451); **1163** *curtem Fishah* (SUB II, 520); **1167-1183** *Perhta de Vischae* (SUB I, 700); **1167-1188** *Hærtnidvs de Vischa et Marcwardus frater eius* (SUB I, 467); **1216-1231** *mansum unum in Uischahe situm* (SUB III, 196); **1243** *Heinricus Vischacher* (SUB III, 577); **1302** *datz vischach auf einer mül* (SLA OU 1302 XI 25); **1375** *Vischach* (Urkunden Nonnberg, MGSL 36, 261); **1609** *Vischacher Riegat* (SLA U 28/1+2, fol. 71).
E, L: → *Fischach*, GewN.

FISCHACHMÜHLE, W, G Köstendorf
D: ['fiʃɐmɪ:]
E: „Mühle an der Fischach", liegt am → *Tobelbach* zwischen Köstendorf und Schleedorf.

FISCHER, E, G Seekirchen
D: ['fiʃɐ]
U: **1331** *zů Vischern* (SUB IV, 397).
E: mhd. *vischære, -er* 'Fischer' (Dat. Pl.) 'bei den Fischern'.

FISCHING, R, G Mattsee
D: ['fiʃɪŋ]

U: vor **1415-1501** *Item de sagena in visching* (SLA U 4, fol. 30); **1431** *Visching* (Urkunden Nonnberg, MGSL 37, 204); **1486-1566** *Sagena media in Visching* (SLA U Nr. 11c, fol. 15); **1491** *Christann Ahawer von Visching* (Urkunden Nonnberg, MGSL 39, 114); **1496-1566** *Item Sagena in Visching* (SLA U 9a, fol. 167); **1617** *zu Visching* (ZILLNER, MGSL 5, 90), *Vißchinger* ... (ib., 96).
E: unechter *-ing*-ON, '(bei den) Fischern' (früh zu einem *-ing*-ON umgeändert).
L: SONB 71.

FISCHTAGING, D, G Seekirchen
D: ['fiʃtakɪŋ]
U: **987** *Tacginga* (SUB I, 254); **987-1025** *in loco Takkinga* (SUB I, 272); **1125-47** *Ovdalrich de Takkingin* (SUB I, 359); **1142-51** *Otto de Tæchingin et frater eius Herman* (SUB II, 300); vor **1193** (C M. 13. Jh.) *Heinricus de Tækkingen* (SUB I, 550); **1240** *Chunradus de Taechingen* (SUB III, 507); **1348**-ca. **1400** *item piscarie in Tækking* (SLA U 3, fol. 47); **1369** *Fisch-* (Urbar St. Peter II, nach SONB 70); **1422** *zway güter genant Tǎkking* (Urkunden Nonnberg, MGSL 37, 195).
E: PN *Taggo* (*Tacco*) mit Suffix *-ing(en)*, Dat. Pl., später mit Zusatz *Fisch-*, zur Unterscheidung von → *Frauentaging*.
L: ANB 219f.; SONB 70.

FISCHWENG, W, G Köstendorf
D: ['fi:ʃwɛŋ]
U: **1290** *Da ze Vischwenge* (Corp. Nr. N 446); **1496-1566** *Primo de curia vischweng* (SLA U 9a, fol. 76); **1528** *Ich Mertt schmidt zu Vischenwang aus Vischenwenger Rueget* (SLA OU 1528 II 11).
E: → *-weng* mit *visch(er)* 'Fischerwiese'.
L: SONB 164.

FISSLTHAL, D, G Straßwalchen
D: ['fi:sldɔɪ]

U: **1462** *Ich Cunradt von visseltal* (SLA OU 1462 X 25).
E: mhd. *tal* 'Tal, Senkung' mit unklarem BW (nach ZILLER 1986, 83, 91 zum FamN *Füßl, Fuessel* 'kleiner Fuß'; da würde man aber im Dialekt [fiɐsl-] erwarten).

FLACHGAU, inoffizielle Bez. des PB Salzburg Umgebung
D: ['flɔxgaʊ]
U: das Gebiet des heutigen PB Salzburg Umgebung war ursprünglich ein Teil des → *Salzburggaues*; seit dem 13./14. Jh. wird das Land nördlich der Nördlichen Kalkalpen und des Pass Lueg häufig als *Land außer Gebirg* bezeichnet (im Gegensatz zu dem alpinen *Land inner Gebirg*); **1796** *das Salzburgische flache Land* (HÜBNER 1796, 33); erst seit dem **19. Jh.** *Flachgau*.
E: *-gau* 'Region' mit Adj. *flach*, Bezeichnung des relativ flachen, ebenen Voralpengebietes im Gegensatz zum alpinen *Land inner Gebirg*.
L: REIFFENSTEIN 2013, 418.

FLAMISBERG, E, G Seekirchen
D: [flamɪʃ'bɛɐg]
U: **1437-1625** *von Tanglstetten biß gegen Flamanßperg biß geen obern Mötlhamb* (ST 15, Z. 34); ca. **1780** *Gut Flämersberg* (SLA Hieronymus Kataster Alt- und Lichtenthann I, fol.147).
E: → *-berg* mit PN **Flaman* oder *Flami* (?, FÖRSTEMANN 509).
L: SONB 123.

†FLEDERBACH(SCHLÖSSL), ursprgl. Hf, Aigen (Abfalter; Aigner Str. 13), G Salzburg Stadt
U: **1147-67** *predium ..., quale habuit Flederbah* (SUB I, 436); **1332** *Flederbach* (WALZ, MGSL 7, Anh., 12); **1360** *daz guet ze Flederpach* (Urkunden Nonnberg, MGSL 36, 39); **1411** *auf meinem haws zu flederpach* (SLA OU 1411 VI 08); **1412** *Flederpach* (Urkunden Nonnberg,

MGSL 36, 280); **1477** *zu Flederpach* (Urkunden Nonnberg, MGSL 38, 243); **1499** *ze Flederpach 3 hewser* (SPATZENEGGER, MGSL 9, 66); **1557** *Flederpachgut in Glaneggergericht* (Urkunden Nonnberg, MGSL 42, 75); **1623** *Rottenpächl [...] gerad uber in Flöderpach, gerad auf über in die Khendl auf in den Khösselprun* (ST 113, Z. 1); **1708** *auf dem Hof Flederbach Bey Minichhausen, Hochfürstl. Salzburg. Pfleggerichts Glanegg, enthalb der Salzach ligent, so Unser, vnd vnsers Closter Grundtherschaftlich vnderworffen* (SLA OU 1708 V 12); **1778** *in das Flöiderbach gräbl* (PEZOLT, MGSL 28, 421); **1691** (od. **1778**) *in Flöderbach* (ib., 422).
E: → *-bach* mit mhd. *vlader(en), vlëder(en), vloder* „fließen, fluten".

FLURNSBACH, E, G Berndorf
D: ['fluɐnʃbɔx]
U: **1040** *de Flurelspach usque in Gransse* (SUB I, 874); **1040** *de Flurnespach usque in Grabense* (F, E. 13. Jh., SUB II, 138); ca. **1167-1193** (C M. 13. Jh.) *(Vota von) Flurnspach* (SUB I, 559).
E: → *-bach* mit roman. PN *Flurin* < *Florianus*.
L: ANB 1239f., LINDNER 2008, 24.

FORSTHUB, R, G Strobl
D: ['fuɐʃtɐb]
U: **1692** *Hans Forsthueber (zu Niedertrumb)* (ZILLNER, MGSL 5, 98); *Peter Grill und Maria Koglerin auf der Forsthueb* (ZILLNER, MGSL 5, 98).
E: mhd. *huobe* 'Hube, Land' mit mhd. *vorst* 'Forst, Wald'; *Hube/Hufe* bezeichnet ursprünglich ein Landmaß verschiedener Größe, wird aber dann, wie auch *Hof*, zur Bezeichnung von 'Bauerngut' überhaupt.
L: SONB 133, 138; ZILLER 1977, 44.

FRAHAM, R, G Seeham
D: ['fra:hɔm]
U: **1163** *Frieheim* (SONB 82; nach ANB 375 nur Bel. für Fraham, PB Ried und PB Braunau, Friheim); **13. Jh.** *Heinricus de Vrachheim* (WALLMANN, MGSL 7, 17) [nicht in SUB; nur Fraham bei Au am Inn]; **1617** *zu Fröham* (ZILLNER, MGSL 5, 90); *Fröhammer* (ib., 97; 2x); **1738** *zu der Frahamer Pruggen* (IMHOF, MGSL 27, 125).
E: → *-heim* mit Adj. ahd. *frî* 'frei (von Abgaben)'. Zu der Entwicklung [aɪ] > [a] vgl. KRANZMAYER 1956, § 13e. <-ö-> in den Belegen von 1617 ist vielleicht für <ä> verschrieben.
L: SONB 82; ANB 375 (zu Fraham G. Reichersberg, PB Ried im Innkreis; dazu auch OBOÖ 2, 152).

FRAUENSTEIN, R, G St. Gilgen
D: [fraʊⁿʃtɔɐⁿ]
U: ca. **1900** *Frauenstein* (ZELLER, MGSL 40, 277; FUGGER, MGSL 31, 244).
E: Insel im Wolfgangsee, nach einem Votivbild (Liebfrauenbild).
L: SONB 96; ZILLER 1977, 44f.

FRAUENTAGING, W, G Seekirchen
D: ['frauntakɪŋ]
U: **1214** *Takkingen mansum unum* (SUB III, 185); **1212-1312** (C 14. Jh.) *daz guet ze Tákking* (DOPPLER, MGSL 23, 46); **1405** *Frawntáching* (ib., 46 = Walchgut bei Frauentaging); **1439** *zu frawntakging zway gueter* (SLA OU 1439 VII 14).
E: *Takking* (→ *Fischtaging*) mit *frouwe* 'Frau, Herrin, Jungfrau Maria'.
L: SONB 95.

FREILING, R, G Eugendorf
D: ['fraɪ(lɪ)ŋ]
E: PN *Frîlo* mit Suffix *-ing*.
L: SONB 70; vgl. OBOÖ 2, 127.

FREISAAL, Schloß, G Salzburg Stadt
D: [fraɪ'sɔ:ɪ, -sɔ:l]

U: zu **1392** *Der tenor haizt der Frëudensal nach ainem lusthaws pey Salzburg* (Überschrift zu Lied W 7 des Mönchs von Salzburg); **1483** *Jorg Zänndl Im Freidensal* (Urkunden Nonnberg, MGSL 38, 248); **1489** *eine Wiese in dem Freydensal* (PEZOLT, MGSL 40, 185); **1494** *Im Nuntal zenachst bey der wisen genant die seckawerin Vnder dem Freydensal* (DOPPLER, MGSL 16, 298); ca. **1500**-ca. **1590** *Item de pewnta circa freydnsal* (SLA U 11, fol. 34); **1565** *im Nuntall bey dem Freyen Sall* (Urkunden Nonnberg, MGSL 42, 82); **1596** *auf der Gmain bei Freisaal* (CLANNER, MGSL 25, 45); **1709** *Hochfürstl. Lust-Haus der Freysaal genannt* (SPATZENEGGER, MGSL 15, 209).

E: mhd. *sal* 'Saal, Haus' mit *vröude* 'Freude'; seit dem 16. Jh. kontrahiert zu *Frei(en)sal*. Die Überschrift zu dem Lied des Mönches von Salzburg (1392) stammt vielleicht erst von dem Schreiber des Handschrift [ca. **1465**], angeregt durch *Frëudensal* in Str. 1,2, das als ON, aber auch als Appellativ gelesen werden kann; MÄRZ 1999, 388f.). Von Schloß Freisaal aus hielt der neue Erzbischof von Salzburg Einzug in seine Bischofsstadt, erstmals bezeugt für Burkhard von Weißpriach 1462.

L: DOPSCH/SPATZENEGGER I, 529f. u.ö.; H. KLEIN, HHS 366; MÄRZ 1999, 388f.; DEHIO 651.

FRENKENBERG, W, G Thalgau
D: ['frɛŋɐbɛɐg]
U: undat. *Franckenperg, Frennckenberg* (SONB 125).
E: → *-berg* mit PN *Frank(e)*.
L: SONB 125; vgl. auch OBOÖ 1, 12 (*Franking*).

FROSCHHEIM, G Salzburg Stadt (abgekommen, heute *Elisabeth-Vorstadt*)
D: ['frɔʃhaɪm]
U: **1167-1183** *Piligrimus... de Vroskeim* (SUB I, 673); **1472** *froschaim* (HHStA Wien, AUR 1472 IV 12); **1476** *Selden ... zu Froscheim gelegen* (DOPPLER, MGSL 15, 121); **1499** *Maister Mert von Froschaim* (SPATZENEGGER, MGSL 9, 64); ca. **1500-1590** *Item de pewnta in harena trans pontem circa froschaim* (SLA U 11, fol. 34); **1608** *zu Froschhaim* (DOPPLER, MGSL 13, 83) (In Stadt Sbg, vor Osttor!); **1778** *Schuster Häußl zu Froschham* (PEZOLT, MGSL 28, 419).
E: → *-heim* mit *frosch* 'Gegend mit Fröschen'. Seit 1901 (Bau des Kaiserin-Elisabeth-Denkmals) in *Elisabeth-Vorstadt* umbenannt.
L: ANB 387; SONB 83.

FÜRBERG, G Salzburg Stadt, nur mehr im Straßennamen *Fürbergstraße* erhalten
U: vor **1415-1501** *Item in furperg* (SLA U 4, fol. 103); **1422** *Nicla Furperger* (DOPPLER, MGSL 13, 86); **1482** *auf der hueben Furperg zu pirglein gelegen sand peters Gotshawss zu Saltz(burg) vrbar* (SLA OU 1482 X 02); **1491** *zu bemeltem Pirgla. Vndten an dem Füerperg gelegen* (DOPPLER, MGSL 16, 272); **1499** *zu Fuerperg* (SPATZENEGGER, MGSL 9, 66); ca. **1525** *ob Elsenham auf dem Fürperg* (Vermerk auf 1491 DOPPLER, MGSL 16, 273).
E: → *-berg* mit Präp. *vür* 'vor' = 'vor dem Berg' oder 'vorderer Teil des Berges', der nach Osten liegende Teil des Kapuzinerberges, im Gegensatz zum → *Imberg*, dem inneren an der Stadt gelegene Berg (PRINZINGER, MGSL 15, 20f.). Zur Semantik vgl. auch → *Fürwag*.
L: MARTIN 1940, 36 (1995, 78).

FÜRBERG, W, G St. Gilgen
D: ['fɪɐbɛrɪg]
U: **1544** *Fürperg* (ZILLER 1977, 45); **1692** *Thobias im Fürperg zu Ober Trumb* (ZILLNER, MGSL 5, 98; vgl. auch FUGGER, MGSL 31, 244).
E: *Fürberg* 'Vorberg' (zur allgemeinen Nutzung und Weide); vgl. → *Fürberg*, G Salzburg Stadt.
L: ZILLER 1977, 45; 1986, 90.

FURITHAL, Hf, G Anthering
D: ['fuɪrɪtɔl]

U: **1336** *item Weber von Furthtal (verlesen aus Furchtal?) ein güt* (SUB IV, 424); **1430** *gut ze furichtal* (DOPPLER, MGSL 13, 103); **1449** *Vlreich von Fürchtol* (DOPPLER, MGSL 14, 41).
E: tal 'Tal, Senkung' mit ahd. *furh* 'Furche'.
L: SONB 134.

FÜRSTENBRUNN, D, G Grödig
D: [fiɐstn'brun]
U: vor **19. Jh.** *der Fürstenbrunnen* (ZILLNER, MGSL 1, 84, 111, 138); *Fürstenbrunner Brücke* (FUGGER, MGSL 26, 339).
E: brunn(en) mit *fürst*; der 1875 für die Trinkwasserversorgung der Stadt Salzburg ausgebaute Brunnen hatte offenbar schon früher für die Versorgung des fürsterzbischöflichen Hofes und des Schlosses Hellbrunn gedient.
L: SONB 153; HARRER 1900.

FÜRTH, Inner-, Außer-, W, G Lamprechtshausen
D: [fiɐ:d]
U: **1337** *item ze Vieht, da Faelchel oufsitzet* (SUB IV, 432); **1488** *Jörgen vischer von Viecht* (DOPPLER, MGSL 16, 245); **1489** *Jorg Vischer von vierdt* (DOPPLER, MGSL 16, 247); **1496** *Hanns Ruermair vonn Viert* (DOPPLER, MGSL 16, 319); ca. **1780**: *Ein Gütl zu Fürth* (SLA Hieronymus Kataster Laufen II, fol.680 und 681).
E: ahd. *fiohta* 'Fichte, Fichtenbestand'. Da *-rt* im Dialekt ebenso wie *-ht* als [-xt] ausgesprochen wird/wurde, kam es zur hyperkorrekten Verschriftung (ebenso bei *Fürth*, G Piesendorf, Pzg.). Die dialektale Aussprache hält noch den Schwund des *h* ([x]) in der Lautgruppe *ht* fest; vgl. → *Oichten, Schlacht*.
L: SONB 140.

FURTH, E, G Göming
D: [fuɪçt]
U: E. **12. Jh.** (C M. 13. Jh.) *de Vurte dimidium talentum* (SUB I, 513); **1337** *Heinrich von Furtt* (SUB IV, 432 4)
E: ahd. *furt* 'Furt, Flussübergang' (an der Oichten).

FÜRWAG, FlurN, Saum vor dem alten Überschwemmumgsgebiet der Salzach am Fuß des Waldsporns zwischen Pabing und Acharting (am Fuß des Haunsbergs)
D: ['fiɐwɔg]
E: → ahd. *wâg* 'Woge, Flut, Strömung, Wasser' mit *furi* 'vor', vgl. → *Fürberg*.
L: SCHWARZ 1990, 89; O. WEBER (briefl.).

FUSCHL (AM SEE); zun. GewN, dann ON.
D: [fuʃl]
U: **788-790** (C M. 12. Jh.) *vel stagnum, qui nominatur Lacusculus* (LOŠEK NA 4.2); **798-814** (C E. 12. Jh.) *ad lacum, qui vocatur Labusculo* (LOŠEK BN 7.1), *Lacus‹culus/m› et Aparnse, et in his locis venationem et piscationem* (ib. 7.7); **1141** *decimas ... de piscationibus IIIor sagenarum ad Fusculse* (SUB II, 298); **1144** *ad Fusculse* (SUB II, 327); **1146** *ad Fusculse* (SUB II, 345); **1341** *pey dem Fuschelsee in Talgaver gericht* (SUB IV, 455); **1624** *Fuschlsee* (IMHOF, MGSL 27, 122ff.).
E: splat. *lacusculus* 'kleiner See'. Die romanische Form lautete *lagusculo > (*)lavusculo; daraus wurde nach Abtrennung des Vorsilbe *la-* im Deutschen schließlich die Form *Fuschl*. Ausführliche Diskussion der lautlichen Entwicklung bei LINDNER, *loc.cit.*
L: ANB 390; SONB 39, 46, 148; ZILLER 1977, 46 (mit z.T. falschen Annahmen und problematischen Schlußfolgerungen!); LINDNER 2008, 25. – Vgl. auch ZILLER 1970 (²1981); ZILLER/KENDLER/FERSTL 1997.

G

GAGLHAM, D, G Bergheim
D: ['ga:glhɔm]
U: **991-1023** *mensuram inter loca Chemanatun et Gakilheim dicta* (SUB I, 205); **1104-1116**

Engilram de Kakilheim (SUB I, 321), *Kekilheim* (Var., ib., Anm.e); **1122-1147** *in loco dicto Gechilheim* (SUB I, 614); **1125-1147** *Adalbero de Cacilheiman* (SUB I, 350); **1147-1167** (C M. 13. Jh.) *Adalbero de Kakiln* (SUB I, 529); vor **1219** *Hartwicus de Gakilhaim* (SUB I, 741); **1279** Sept. 1 *Gekkelheim* (MARTIN, Reg. Nr. 921); ca. **1780** *Gut zu Gaeglham* (SLA Hieronymus Kataster Neuhaus, fol.146f.).
E: → -heim mit PN *Gakkilo*.
L: ANB 392; SONB 81.

GAILENBACH, Lehen, G Salzburg Stadt (erhalten im StraßenN *Gailenbachweg*); GewN (Seitenbach der Glan)
U: **1273** *item in Gailnpach curiam integram cum forestulo quercuum ibidem contiguo* (SUB IV, 83); M. **14. Jh.** *villa Gailenpach* (ZILLER, MGSL 114, 58, Urbar 1); **1348-1410** *in nydern Gaylenpach* (ib., Urbar 3); **1500-1566** *de domo et ortulo in dem Gailpach* (ib., Urbar 11a).
E: → -bach mit Adj. *geil* 'übermütig, üppig; fruchtbar (vom Boden); geil riechen, stinken'; *geile* f. 'Fruchtbarkeit des Bodens', „von überflüssiger Fettigkeit" (ADELUNG), auch 'Dünger' (DWB 4/I, 2, 2587ff., 2593) = „Bach in gutem oder morastigen Erdreich, stinkender Bach".
L: SONB 150; STRABERGER 1974, 30; ZILLER 1974, 58f.; GREULE 2014, 162.

GAISBERG, BergN, G Salzburg Stadt (1288 m)
D: ['gɔɐsbɛɐg]
U: **788-790** (C M. 12. Jh.) *a Gaizloberch usque ad pontes, que nunc vocantur Stega* (LOŠEK NA 7.8); **798-814** (C E. 12. Jh.) *a monte qui dicitur Keizperch* (LOŠEK BN 4.10); **1212-1312** (C 14. Jh.) *an dem Gaisperig* (DOPPLER, MGSL 23, 47); **1336** *in monte Caprarum* (Urkunden Nonnberg, MGSL 36, 15); vor **1419**-ca. **1500** *Item de predio auf dem Gaizzperg* (SLA U 5, fol. 14); **1499** *Gaysperg* (SPATZENEGGER, MGSL 9, 63); **1610-1612** *Hanns Zöllner am Gaisperg* (SLA U 45, fol. 32); A. **17. Jh.** *auf dem Gaisberg* (Inschrift zu 1023; WALZ, MGSL 14, Anh. 437); **1778** *an den Gaisberg* (PEZOLT, MGSL 28, 418).
E: → -berg mit ahd. *geiz(ilîn)* 'Geiß(lein), Ziege', *mons Caprarum* 'Berg der Ziegen'.
L: ANB 393; SONB 121.

GAISBERG, W, G Mattsee und E, G Obertrum
D: ['gɔɐsbɛɐg]
U: **1506** *auf ainem haws auf dem Obern gaisperg auf dem Mitterngaisperg vnd auf dem vnnderngaisperg* (SLA OU 1506 XII 12); **1522** *auf dem obern Gayßberg, auf dem Mittern Gayßperg vnd auf dem vnnderm Gayßperg* (SLA OU 1522 V 08).
E: → *Gaisberg*, Salzburg Stadt.

GAIZENBERG, R, G Anthering
D: ['gaɪtsnbɛrɪg]
U: **1336** *item Gaizzenperg ein hof* (SUB IV, 425); **1469** *Hanns Geiczenperger Ambtman zu Anthering* (DOPPLER, MGSL 15, 62); **1487** *Hanns Geiczenperger vrbar Ambtman zu Anthering* (DOPPLER, MGSL 16, 242).
E: → -berg mit PN *Gîzzo?

GÄNG, Sdlg, G Hof
D: [gɛŋ]
U: **1209** *locum, qui dicitur Wisentes Gevenge* (SUB III, 127).
E: mhd. *gevenge* 'umzäunter Weideplatz'.
L: SCHWAIGER 1990, 15.

GARTENAU, D, G Grödig
D: [gɔɐt'naʊ]
U: **1286** *Otto Cattenarius, der Gattenauer* (SUB IV, 166; vgl. ZILLNER, MGSL 4, 96, Anm. 3); *aquam, que Alben dicitur, per solitudinem sive nemus dictum Kattenowe* (SUB IV, 160; Zuordnung unsicher); **1459** *Albrecht Scheller zu Gartenau* (DOPPLER, MGSL 14, 116); *Hainreichen Gartenawer* (DOPPLER, MGSL 14, 108), *Hainreich*

Gartenawer (DOPPLER, MGSL 14, 108); **1485** *Jorg Scheller zw Gartnaw* (Urk. Nonnberg = MGSL 38, 250); **1532** *Hanns Panichner zu Gartnaw* (Urk. Nonnberg = MGSL 40, 261); **1534** *Hanns Panichner von Wolkgkerstorff zu Garttenaw* (Urk. Nonnberg = MGSL 40, 263); **1573** *zu Garttenaw* (ZILLNER, MGSL 4, 112, Anm.*).
E: → *-au* mit ahd. PN *Chatto, Katto*; später zu mhd. *garte* 'eingefriedeter Raum, Gehege; Garten' gestellt.
L: SONB 162.

GASBACH (Ober-, Unter-), W, G Eugendorf
D: [ˈgaːʃbɔ(x)]
U: **1067-1077** *predia ... Gouhsbach* (SUB I, 287); ca. **1074** (C M. 12. Jh.) *ad Goisbach* (= Gouhospach; SUB I, 587); A. **12. Jh**. *de Gouspach* (SUB I, 588); **1167-1188** *de Gouchspach* (SUB I, 472); **1167-1188** *Gauchspach* (SUB I, 472); **1183-1196** *de Gobespach* (SUB I, 708); **1185** (C M. 13. Jh.) *pred. ad. Gouschipach* (StUB I, 641); **1187** (C M. 13. Jh.) *pred. ad. Gouscipach* (StUB I, 684).
E: → *-bach* mit PN *Gouch* (s. KAUFMANN 1968, 140f.; vgl. ahd. *gouh* 'Kuckuck; einfältiger Narr'); möglich ist aber auch eine wörtliche Bedeutung 'Kuckucksbach'.
L: ANB 402.

GASPADING, W, G Anthering
D: [ˈgɔʃpɐdɪŋ]
U: **1279** *Gozpoldingen* (Martin Reg. Nr. 921); **1336** *Chunrad von Gozpolding* (SUB IV, 425); **1450** *hanns von gospolding* (DOPPLER, MGSL 14, 46) **1486** *Michel von Gaspolting* (DOPPLER, MGSL 16, 236); **17. Jh.** *zwischen des Winkhlers und Oders ins Rheinthall mitten in den see zu Gaspering* (ST 64, Z. 32); **1891** *Gaspoding* (FUGGER, MGSL 31, 257; 258).
E: PN *Gôzbald* mit Suff. *-ing*.
L: SONB 72.

GASTAG, R, G Oberndorf
D: [ˈgɔstɔg]
E: mhd. *stîg* 'Steig, Weg' mit Adj *gâch* 'jäh, steil'; d.h. 'steil ansteigender Weg' (häufiger FlurN für markante Wegsteigungen).
L: ANB 402; SONB 172f.; OBOÖ 1, 22; WEITZENBÖCK 1929, 209ff.

GASTAG, ZH, G Eugendorf
D: [ˈgɔstɔg]
U: **1297** *lehen ... eins auf dem Gaistœig* (SUB IV, 229); **1436** *guet auf dem Gastag* (Urkunden Nonnberg, MGSL 37, 210).
E: → *Gastag*.

GASTAG, E, G Thalgau; G Faistenau (Gasteg)
E: → *Gastag*.

GASTEIN, R, G Nußdorf
D: [gɔsˈtaɪⁿ]
U: ca. **1147-1193** (C M. 13. Jh.) *Marchwardus de Gastune* (SUB I, 539), Zeugen: Haunsberg, Itzling, Asten, vgl. Reg. SUB III: *hier ein Marquard de-, zu Bad- und Hofgastein* (ANB 403 ordnet den Beleg unter *Gastein, Hof-, Bad-* ein); ca. **1780**: *Ain Gütl zu Gastein* (SLA Hieronymus Kataster Laufen III, fol. 943).
E: die Realprobe (markant ansteigende Straße) läßt → *Gastag* ([ˈgɔstɔg, ˈgɔʃtɐg, -ʃtɐg] o.ä.) erwarten. Wie es zur Umdeutung zu *Gastein* kam, bleibt unklar; der Beleg von 1147-1193 gehört möglicherweise nicht hierher.

GAUESED, Hf, G Obertrum
D: [ˈgaʊɪsɛd]
U: undat. *Gaulsödt* (SONB 115); **17. Jh.** *das pächel, so zwischen Pomed und Gaußöd herab rint, biß gen Parstedt an die Aichleütten* (ST 64, Z. 15).
E: → *-öd* mit mhd. *gûl* 'Gaul, Hengst' = „Hengsthof".
L: SONB 115.

GEIERSBERG, W, G Berndorf
D: ['gaɪʃbɛrɪg]
U: **1521** *ain guet Geyrsperg darauf yetzo Jorg sitzt* (SLA OU 1521 VIII 14).
E: → *-berg* mit mhd. *gîr* 'Geier' (Gen. Sg.).
L: SONB 124.

GENNERALM, AlmN, G Hintersee
D: ['gɛnɐ(ɔɪm)]
U: **1881** *über die Genner-Alpen in das Thal von Hintersee* (PRINZINGER, MGSL 21, 18).
E: Das Vorderglied ist wohl zu lat. *iānua* 'Öffnung, Tür' zu stellen und reiht sich somit in das Ensemble romanischer Toponyme in der Umgegend (vgl. → *Alpigl*, → *Fuschl*, → *Lidaun*) gut ein; es bezeichnet den freien Blick auf die Almlandschaft, der sich nach dem Aufstieg von → *Lämmerbach* aus eröffnet. Unwahrscheinlich bzw. unmöglich sind die von ZILLER, *loc.cit.*, vertretenen Deutungen (zum PN *Genno* oder von mhd. *kenel/kener* 'Kanal, Rinne, Wasserlauf' nach den Wasserzuleitungen zu den Kasern, d.h. Almhütten; letzteres geht lautlich nicht auf, da die Ausprache *[khɛnɐ] sein müßte).
L: SONB 43; ZILLER 1977, 49; vgl. REITZENSTEIN 1991, 91 (zu *Jenner*).

GENSBRUNN, Ober-, Unter-, Hf, Aigen, G Salzburg Stadt
D: [gɛns'brun]
U: **1212-1312** (C 14. Jh.) *di wisen, di pei Gennspruenn da ligt* (DOPPLER, MGSL 23, 47), *Item Obern-Gennspruenn, ... , Item Nidern-Gennspruenn* (ib. 47), *Chunrat von Gensprúnn* (ib. 102); ca. **1334** (C 2.H. 14. Jh.) *Chuono Kensprunn* (ib. 102); **1405** *Wissen Obern-Genspruen* (2x), *Nidern-Gensprun* (ib. 47); **1422** *Götel Gennsprunner* (DOPPLER, MGSL 13, 86); **1477** *auf den baiden Höuen zu Gensprwnn* (Urkunden Nonnberg, MGSL 38, 242); **1487** *zw Gensprunn* (ib., 252); **1478** *Gensprunn* (PEZOLT, MGSL 40, 173), *Rupert Habreler vom Gryntpüchl gelegen unter Gensprunn* (ib.).

E: → *-brunn* mit *gense* 'Gänse', „Gänseweiher".

GERPERDING, W, G Köstendorf
D: ['gɛɐpɐdɪŋ]
U: **1188-1193** *predium quoddam ad Gerboltingin* (SUB I, 479); *Gerpolding* (vgl. ZILLNER, MGSL 22, 109), *Gerpolting* (ib., 108).
E: PN *Gêrbolt* mit Suff. *-ingen*.
L: ANB 409; SONB 74.

GERSBACH, R, G Eugendorf
D: ['gɛɐʃbɔ(x)]
U: **1369** *Gerhalmsbach* (SONB 31).
E: → *-bach* mit PN *Gerhalm*.
L: SONB 31.

GERSBERG, Stt, G Salzburg Stadt
D: ['gɛɐʃbɛɐg ,'gɛɐsbɛɐg]
U: **1125-1147** *predium super montem, qui Gerherisperch vocatur* (SUB I, 374); **1272** *in Gerhersperge* (ZILLNER, MGSL 21, 59); **1477** *Guet ze Garasperg* (Urkunden Nonnberg, MGSL 38, 242); **1778** *in des Veiten Schauers an Gerathsperghag* (PEZOLT, MGSL 28, 418), *Schauers Hag nach biß zu außgang dessen über die Gersperger strasse* (ib.).
E: → *-berg* mit PN *Gêrheri*.

GETREIDEGASSE, G Salzburg Stadt (alte Geschäftsstraße zwischen Rathaus und Bürgerspital)
D: [gə'traɪdəgɔssn, -ɛ] (keine alte Dialektausprache)
U: **1215** *quatuor areas in civitate Salzburgensi, ... quartam vero in strata Trabgaz* (SUB III, 194); **1222** *dominus Walchůnuz de Trabgazzen* (SUB III, 300); **1324** *deu můl in der Traugazzen* (SUB IV, 351); **1324** *Müll in der Trägazzen* (WALZ, MGSL 7, Anh. 12); **1336** *in der Tracgazzen ouf der Alben* [Almbach, vgl. ZILLNER I, 371] *ze Saltzburch in der stat* (SUB IV, 425); **1341** *in der Tratgazzen* (SUB IV, 455); **1366**

Traegazzen (HHStA Wien, AUR 1366 IX 29); **1471** *in der Trägassen* (ZILLNER, MGSL 4, 101); **1481** *Trägassen* (DOPPLER, MGSL 16, 212); **1486** *Tragassen* (DOPPLER, MGSL 16, 235); **1499** *Tragaßen* (SPATZENEGGER, MGSL 9, 61); **1560** *Trägassen* (PIRCKMAYER, MGSL 21, 117); **1645** *Tragassen* (PICK, MGSL 29, 283); **1709** *in die lange Traitgaßen* (SPATZENEGGER, MGSL 15, 213); **1776** *Niederlagmühle in der Traidgaße* (SCHALLHAMMER, MGSL 5, 67).
E: vermutlich *Trabgasse*, zu *Trab* (der Pferde); auch in Eugendorf gab es eine *Trägasse*, die Straße der Pferdefuhrwerke. Die Getreidegasse ist seit alters eine Straße der Verkaufsläden, die mit Fuhrwerken beliefert werden mußten. Möglicherweise wurde -*b* > -*w* lenisiert und zu -*u* vokalisiert (vgl. 1324 *Traugasse*); mhd. *au/ou* konnte sich zu [a] verändern (<ä>). Der Name hat jedenfalls nichts mit *Getreide* zu tun (so die volksetymologische Deutung seit dem 18. Jh.; vgl. MGSL 28, 217).
L: MARTIN 1940, 39 (1995, 85); DWB 11/I/1, 927 (dort auch die Form *träb* 'Trab' belegt); WBÖ 5, 219 (*Trab* I).

GFALLS, ZH, G Elsbethen
D: [gfɔɪs], üblicher ['ɛʃbe'nɐ bɐɐg] 'Elsbethener Berg'
U: ca. **1350** *Geuals* (Urb. I, SONB 42).
E: lat. *caballos* 'die Pferde' (**735-785** *donavimus ... duos caballos* SUB I, 897), benachbart der *Hengstberg*.
L: SONB 42; LINDNER 2008, 26.

GIMBERG, R, G Thalgau
D: ['gimbɐɐg]
U: **1336** *Gigenperch* (SONB 125).
E: -*berg* mit PN *Gi(l)g* (aus Ägidius).
L: SONB 125.

GIMELSBERG, W, G Seeham
D: ['gimɪʃbɛrɪg]

U: **1527** *Gymlsperg* (Salbuch Köstendorf, nach ZILLER 1986, 96); ca. **1780** *Ein halbes Gut zu Gimmelsperg* (SLA Hieronymus Kataster Mattsee II, fol. 576f.).
E: → -*berg* mit PN-Stamm *Gim-* (KAUFMANN 1968, 147).

GIRLING, R, G Elixhausen
D: ['giɐ:lɪŋ]
U: **1212-1312** (C 14. Jh.) *gut ze Gieling* (DOPPLER, MGSL 23, 45); **1212-1312** *Item Nider-Gieling ... Obern-Gieling* (ib., 101); **1405** *Gieling ... Daz ander Gieling* (ib., 45); **1461** *Perenhart Kristan von Gieling* (Urkunden Nonnberg, MGSL 38, 225); **1469** *Gieling* (ib., 235).
E: unklar; mhd. *giel* 'Rachen, Schlund' (vgl. auch SCHMELLER 1, 892) mit Suffix -*ing*? Heute hyperkorrekte Schreibung, da -*ie*- und -*ir*- im Dialekt gleich lauten ([iɐ]).

GITZEN, G Bergheim (Häusergitzen W; Dexgitzen W; Hintergitzen R; Schwabgitzen E; Niedergitzen; BergN Hochgitzen, 676 m.); R, G Ebenau; Sdlg, G Hof
D: [gitsn]
U: **1169** *cum vinea in loco qui dicitur Guts* (SUB II, 545); um **1169-1170** *vineam in loco qui dicitur Gutse* (SUB I, 672); **1298** *Gute auf dem Gutzen* (HOFMANN, MGSL 9, 161); **1485** *gut genannt am Gützen das gelegen ist in Perckhaimer Pharr vnnd Radegker gericht* (DOPPLER, MGSL 16, 228); **1485** *Connrad Hertzog gesessen an dem Gützen in perckheimer pharr vnd Radecker gericht* (ib., 229); **1491** *Conrad Güczner in Radegker gericht* (ib., 266); **1494** *Conradem Am Gützn* (ib., 301).
HINTERGITZEN, R, G Bergheim
U: **1430** *den Hindtern Güczen in Perkchaimer pfarre* (DOPPLER, MGSL 13, 103).
NIEDERGITZEN, G Bergheim
U: **1491** *gut Nidergützen* (DOPPLER MGSL 16, 266).
OBERGITZEN, G Bergheim
U: **1491** *Micheln am Obergützen* (DOPPLER,

MGSL 16, 266); **1494** *Gorigen Am Obern Gützn* (ib., 301)
E: keltorom. **kúk-ĭno-* 'Bergkopf, -kuppe' (Wz. **kuk-* 'Erhebung' wie in *cucullus* > *Kuchl* mit Diminutivsuff. *-ĭnus*). Rom. Schwächung von *c-* (*k-*) > *g-*, Palatalisierung von *-k-* vor *i* > [-ts-].
L: ANB 413; SONB 43; SCHWAIGER 1990, 15 (abwegig); FINSTERWALDER 1990-1995, 502ff.; LINDNER 2008, 34.

GIZOLL, Hf, G Elsbethen
D: [gɪˈtsoɪ]
U: ca. **1500** *Gutzull* (ZILLER, FamN 97).
E: unsicher; roman. ON, evt. rom. **cazzale* zu rom. *cazza* 'Jagdgebiet' (Anreiter briefl. bei LINDNER 2008, 34).
L: SONB 175; ZILLER 1986, 97 (Erklärung sehr unsicher); LINDNER 2008, 34.

GLAN, Glanbach, GewN, links zur Salzach, G Salzburg Stadt
D: [glaːⁿ]
U: **798-814** (C E. 12. Jh.) *super rivulum Glane* (LOŠEK BN 12.3); nach **923** *iuxta fluviolum Glana* (SUB I, 256); **1623** *allain die vischwaid in der Glon riegt man zu der pfleg Glanegg* (ST 113, 5. Art.); **1817** *Glon Bach* (STRABERGER 1974, 34).
E: kelt. **glana* 'die Klare, Lautere'.
L: ANB 414; SONB 50; STRABERGER 1974, 34f.; LINDNER 2002, 542f.; GREULE 2014, 176f.

GLAN(HOFEN), Stt, G Salzburg Stadt, und Glansiedlung, G Wals-Siezenheim.
D: [glaⁿhoːfm]
U: **798-814** (C E. 12. Jh.) *in villa, que dicitur Glana* (LOŠEK BN 2.4), *in loco dicto ad Glana* (ib. 12.3); **987** *ad Glana* (SUB I, 254); **1147-1167** (C M. 13. Jh.) *Rahwin de Glana* (SUB I, 530); **1207** *Meingoz et filii eius Meingoz de Glane* (SUB III, 92); **1222** *hube in Glan* (SUB III, 299); **1224** *apud Glanhouen silva* (SUB III, 321); **1224** *Wezelo de Glan* (SUB III, 321); **1231-1234** *in Chlan* (SUB III, 397); **1238** *apud Glan* (SUB III, 492); nach **1242** *Wezilinus de Glan* (SUB I, 506), *Wezilo de Glan* (ib.); **1242-1259** *Wezlone de Glan* (SUB I, 507); **1251** *Chunradus de Glanhoven* (SUB IV, 16); **1348-ca. 1400** *Glan in prehaus* (SLA U 3, fol. 35); vor **1415-1501** *Glan in prewhaus* (SLA U 4, fol. 41), *Primo de curia in prehaus* (ib.); **1433** *das Alberlehen mitsambt seiner zugehoerunge gelegen zu Glan* (SLA OU 1433 V 16); **1441** *lanndtrichter zu Glan* (Urkunden Nonnberg, MGSL 37, 222); **1499** *Glanhofen* (SPATZENEGGER, MGSL 9, 63); **1522** *die hetzlhueben gelegen Zu Glan bey der kirchen* (SLA OU 1522 V 08); **1525** *Hannsen Steckhperger Verwalter des Hofvrbargerichts vnd Lanndtgericht zu Glan* (DOPPLER, MGSL 10, Misz. 13); **1628** *Land- und Urbar-Richter In Glan* (WALZ, MGSL 14, Anh. 381); **17. Jh.** *die vischwaid in der Glon* (ST 113, Z. 26); **1778** *Land- und Urbar-Gericht Glonn* (PEZOLT, MGSL 28, 418).
E: → *-hof* (Dat. Pl.) mit → *Glan* (Bach).
L: ANB 415; SONB 104; STRABERGER 1974, 34f.

GLANEGG, D, Schloss, G Grödig
D: [glaˈnek]
U: **1353** *Glanekk* (SONB 127); **1398** *Mertein Rawter Pfleger ze Glanekg* (DOPPLER, MGSL 12, 298); **1422** *Glanekker gericht* (Urk. Nonnberg = MGSL 37, 195); **1449** *gen Glanegk ... von Glanegk* (DOPPLER, MGSL 14, 59); **1452** *Phleger zu Glanekch* (Urk. Nonnberg, MGSL 38, 210); **1453** *In Glanecker gericht* (Urk. Nonnberg, MGSL 38, 212); **1459** *Wolfgang Chaczpekch Landt Richter zu Glanegk* (DOPPLER, MGSL 14, 101); **1505** *in Glannecker gericht* (Urk. Nonnberg, MGSL 39, 137); **1522** *zu Glaneckh* (Urk. Nonnberg, MGSL 40, 252); **1536** *in Glanegger gericht* (Urk. Nonnberg, MGSL 41, 50); **1544** *Landrichter zu Glaneck* (Urk. Nonnberg, MGSL 41, 59); **1547** *zu Gredj Glanegger gericht* (Urk. Nonnberg, MGSL 41, 61); **1600** *im Glanegger Gericht; Glanegger Gerichts*

(Urk. Nonnberg, MGSL 42, 119); **1620** *in die Weyer zu Glanegg* (ZILLNER, MGSL 4, 116); **1671** *Glanegensem* (PILLWAX, MGSL 14, 23); **1671** *Pfleger zu Glanegg* (PILLWAX, MGSL 14, 25); **1705** *glanegger weyer* (ZILLNER, MGSL 4, 14); **1778** *Glanneck* (PEZOLT, MGSL 28, 418); *Glannek* (PEZOLT, MGSL 28, 420).
E: → *-eck* mit → *Glan*; BurgenN.
L: SONB 109, 127; HHS 367; DEHIO 129.

GLAS, D, G Salzburg Stadt
D: [glaːs]
U: **798-814** (C E. 12. Jh.) *villam cum tributalibus viris super Salzaha, quę dicitur Clasâ* (LOŠEK BN 4.3); **931** *ad Glasam in eodem pago* (= *in Salzpurcouue*) (SUB I, 123); **991-1023** *mensuram prope rivulum, qui fluit iuxta locum qui dicitur Glasa* (SUB I, 207); **1122-1147** *Otto de Gleise* (SUB I, 606); **1124-1130** *Uvolmar de Glâse* (SUB II, 217); ca. **1143** zu 1117 *Glæse* (SUB II, 188); **1144** *Glæse* (SUB II, 334); **1180** *Ottonem de Glase* (SUB II, 584); **12./13. Jh.** *Otto ... de Glaese* (MG Necr. 2, Sbg.S.Rudberti 147); **1212-1312** (C 14. Jh.) *daz ampt ze Gláz* (MGSL 23, 46f.); **1273** *Glese* (Urkunden Nonnberg, MGSL 35, 23); **1334** *unser vogtay, ... ze Glaes und ze Vygaun* (SUB IV, 406); **1335** *advocacias villarum .., in Glaes* (SUB IV, 412); **1348**-ca. **1400** *Officium in Glaes* (SLA U 3, fol. 85); vor **1415-1501** *Item de Smidlehen in Glaes* (SLA U 4, fol. 89); vor **1415-1501** *Item Glaes Walis et vihawsen* (SLA U 4, fol. 81); **1447** *in Glaser Ambt* (Urkunden Nonnberg, MGSL 38, 198); **1459** *Christan Schuster von Glas* (DOPPLER, MGSL 14, 107); **1487** *zu gläs* (Urkunden Nonnberg, MGSL 38, 252); **1498** *Hanns Prehauser von Glas* (Urkunden Nonnberg, MGSL 39, 127); **1544** *Glas* (Urkunden Nonnberg, MGSL 41, 59); **1566** *zu Gläß* (Urkunden Nonnberg, MGSL 42, 83); **1610-1612** *Vogtey Glasz vnd Fager* (SLA U 45, fol. 28); **1803** *im Amte Glaß* (HOFMANN, MGSL 9, 198)
E: kelt. *glasa 'die Grüne'; erklärungsbedürftig der Sekundärumlaut *ä*: ahd. neutrale *ja*-Ableitung von einem kelt. Wort? GREULE 2014, 177f. germ. *glē^{j}sa-* ‚Bernstein', mit *j*-Suffix zur Stellenbezeichnung (?)
L: ANB 416; SONB 56f.; STRABERGER 1974, 35f.; LINDNER 2002, 543; GREULE 2014, 177f.

GLASENBACH, D, G Elsbethen; GewN
D: [ˈglaːsnbɔx]
U: **1207** *ubi duo alvei Stadilbach et Glaserbach in unum confluunt* (SUB III, 92); **1212-1312** *der Gláserpach* (DOPPLER, MGSL 23, 102); **1212-1312** *die mul in dem Glaserpach* (Urbar Nonnberg, DOPPLER, MGSL 23, 46); **1241** *apud Gleserpach* (SUB III, 516); ca. **1334** *Gláserpach* (Urbar Nonnberg, DOPPLER, MGSL 23, 102); **1375** *Hainrich von Gläserpach* (Urkunden Nonnberg, MGSL 36, 261); **1446** *Hanns Glassenpacher ze Glassenpach* (Urkunden Nonnberg, MGSL 37, 228); **1459** *Hannsen Gläsenpacher* (DOPPLER, MGSL 14, 101); **1477** *In dem Gläsnpach* (Urkunden Nonnberg, MGSL 38, 243); **1491** *Lienhart Getzenpacher aus dem Gläserpach* (Urkunden Nonnberg, MGSL 39, 115); **1553** *Matheus Springer, Mülner im Glaserpach* (Urkunden Nonnberg, MGSL 41, 69), **1617** *Lorentz Mülner (...) auf dem Glasmpach* (AES 6/25/8, lfde Nr. 36, fol. 11).
E: → *-bach* mit ON → *Glas*. Der Name ist heute gebräuchlich als ON und in dem Namen *Glasenbachklamm*; der Bach, der diese Klamm durchfließt, heißt jedoch → *Klausbach*. Das sog. Lager Glasenbach, das nach 1945 als amerikanisches Anhaltelager für führende Nationalsozialisten diente (Camp Marcus W. Orr), lag nicht in Glasenbach, sondern auf der linken Salzachseite (Josefiau) etwas flußabwärts von Glasenbach in ehemaligen Baracken der deutschen Wehrmacht (Gebirgspionier-Bataillon).
L: SONB 56; STRABERGER 1974, 36; DOHLE 2011; KARL 1994, 33.

GMAIN → Großmain, Kleinmain, Kleingmainberg

GNEIS, D, G Salzburg Stadt
D: [gnaɪs]
U: **1212-1312** [1382] (C 14. Jh.) *Obern-Genáls* (DOPPLER, MGSL 23, 53); ca. **1334** *supra Gneuls* (ib., 103); nach **1337** *Iacoben ab dem Gnäls* (Urbar 1334, SUB IV, 435); **1348**-ca. **1400** *Item supra Gnås* (SLA Urbar 3, fol. 79); **1405** *Obern-Gnels* (Nonnberger Urbar, MGSL 23, 53); **1435** *Hannsen ab dem Obern gnäls* (Urkunden Nonnberg, MGSL 37, 209); **1483** *auf dem gnals* (Urkunden Nonnberg, MGSL 38, 248), *auf den gnäls* (ib.); **1499** *ain gut auf dem Gnälls* (SPATZENEGGER, MGSL 9, 65); **1522** *Hanns Ramler aufm Gnals* (Urkunden Nonnberg, MGSL 40, 253); **1533** *fur den Weiher auf dem Gneis* (Urkunden Nonnberg, MGSL 40, 262); **1555** *Hanns Rambler auf dem Gneiß* (Urkunden Nonnberg, MGSL 42, 71); **1562** *am Obern Gneilß* (Urkunden Nonnberg, MGSL 42, 80); **1778** *Neumayr guet am gneiß* (PEZOLT, MGSL 28, 421).
E: lat. *canalis* 'Kanal', d.h. → *Almkanal*. Das Wort wurde natürlich erst nach dem Bau des Kanals im 12. Jh. zum ON eingedeutscht. Dabei wurde lat. *c-* durch [g-] substituiert, der Akzent blieb auf der 2. Silbe, wodurch das vortonige erste *-a-* synkopiert wurde; *-i-* der Endung bewirkte Sekundärumlaut des *-a- > -ä-*. Die Schreibungen *Gnäls* belegen diese Veränderungen. Seit dem 16. Jh. führt die Vokalisierung des postvokalischen *-l-* zur Schreibung *Gneis* (Erstbeleg schon 1334 in der Schreibung *Gneuls*), d.h. gesprochenes [aɪ] wird durch <ei> verschriftet.
L: SONB 41; LINDNER 2008, 26.

GNIGL, Stt, G Salzburg Stadt
D: [gniːgl]
U: **1415** *die New mül in der Gnygel ligt in häperger gericht* (DOPPLER, MGSL 13, 53); vor **1415-1501** *Item de molendino in der Gnigel dicto Stegmul* (SLA U 4, fol. 101); **1479** *auf halber NewnMül ... gelegen bey Saltzburg in der Gnygel in hewperger gericht* (DOPPLER, MGSL 15, 141); **1490** *In der gnig*l (SPATZENEGGER, MGSL 9, 59); ca. **1500**-ca. **1590** *Item kalichofen in Gnigl* (SLA U 11, fol. 28); **1653** *Ain orth Grundt vom hengstpichl gebrochen in der vndtern Gnigl* (AES 6/21/9, lfde Nr. 55, fol. 10), **1653** *Vom Newn freidhof in der Gnigl* (AES 6/21/9, lfde Nr. 55, fol. 27); **1653** *Von ainem clainen verkhaufften flöckhl grundts vom Gniglmoß* (AES 6/21/9, lfde Nr. 55, fol. 11); **1664** *Mayr in der Gnigl* (SITTE, MGSL 22, 228); **1778** *gegen der Gnigl* (PEZOLT, MGSL 28, 418); **1796** *Expositus in der Gnigl* (HÜBNER 1796, 163).
E: → *Gniglerbach*. Der Gebrauch als Fem. (*in der Gnigl*), d.h. als FlurN, ist bis heute üblich. Der Name ist bis ins 15. Jh. ausschließlich GewN und bezeichnet den Alterbach (→ *Gniglerbach*) als 'kleine Glan' (lat. *Glanicula*). Eine vergleichbare Namensgleichheit zweier gegenüber liegender Zuflüsse zu einem Hauptgewässer liegt bei *Ober-* und → *Niederalm* vor. Seit 1415 wird der Bachname in Verbindung mit den Mühlen auch auf die Gegend übertragen (*die new mül in der Gnygel*); das Dorf Gnigl entstand erst im 16. Jh.
L: SONB 50; KOLLER/MÜLLER 1989, 179–194; LINDNER 2002, 543; 2008, 26; VEITS-FALK/ WEIDENHOLZER 2010; → *Gniglerbach*.

†GNIGLERBACH, GewN, rechts zur Salzach, G Salzburg Stadt; heute → *Alterbach*, *Söllheimerbach*.
U: **798-814** (C E. 12. Jh.) *in Salzburgowe super rivulum, qui dicitur Glanicle* (LOŠEK BN 12.1); **1271** *in fluvio Gnigel dicto* (SUB IV, 70); **1282** *super flumen Genigelam* (SUB IV, 125); **1326** *molendinum in flumine Nigel* (SUB IV, 363); **1405** *in ain wasser (haisset die Gnigel)* (ST 109, Z. 23); vor **1415-1501** *in rippa Gnygel* (SLA U 4, fol. 85); ca. **1500**-ca. **1590** *Item de Area circa Ripam Gnigl* (SLA U 11, fol. 27).
E: lat. **Glanicula* 'kleine Glan', mündet etwa gegenüber der → *Glan* in die Salzach; vgl. das gleiche Bezeichnungsverhältnis zwischen *Almbach* (Oberalm) r. zur Salzach und *Almfluß* (Niederalm) l. zur Salzach. In dem Beleg von

1326 (*Nigel*) wird *Ge-* als vermeintliches Präfix abgetrennt. → *Gnigl*.
L: ANB 415 (*?Glanicle*); SONB 50; STRABERGER 1974, 36f.; GREULE 2014, 182.

GOIGING, E, G Köstendorf
D: ['gɔɪgɪŋ]
U: **1219** *dotis sue in Gukingen* (SUB III, 255); **1219** *Sigboto de Gukingen* (SUB III, 256); **1506** *Zu Gewking auf zwain hewsern* (OU 1506 XII 12); **1522** *zu Genkhing* (!) *auf zwayen hewsern* (SLA OU 1522 V 08).
E: PN **Geuggo, Giuggo, *Gauca-* (KAUFMANN 1968, 140f.) mit Suff. *-ing*.
L: SONB 74.

GOIS, D, G Wals-Siezenheim
D: [gɔɪs]
U: nach **1060** *item Hizila de Collis* (Mon.Necr.2, Sbg.S.Rudb. 107); **1125-1147** *Altman et Kraft frater eius de Collis* (SUB I, 367); **1125-1147** (C M. 13. Jh.) *Walchůn de Gols* SUB I, 519); **1127** *Walchun de Colle* (SUB I, 337); vor **1147** *Waldman et eius gener Walchun de Collis* (SUB I, 369); **1147-1167** *Altmannus de Colles* (SUB I, 441), *Altman de Golles* (ib., 434), *Golse* (Var. ib., Anm.c); **1149** (C M. 13. Jh.) *Altman de Gols* (SUB I, 523); **1199-1231** *Otto de Golse* (SUB I, 495); **1242-1259** *Heinrico necnon Ottone de Gols* (SUB I, 507), *Heinricus Golser* (ib.); **1348-**ca. **1400** *Item in Gols feuda duo* (SLA U 3, fol. 80); vor **1415-1501** *Item in Gols feoda* (SLA U 4, fol. 104); **1459** *Jörigen von Golß* (DOPPLER, MGSL 14, 101).
GOIS, FlurN, G Salzburg Stadt (Aigen); G Anif (Niederalm)
D: [gɔɪs]
1499 *Ulrich Schilher von Gols vnd sein erben haben ze lehen ain wysen in der graben wiß* (SPATZENEGGER, MGSL 9, 63); **1881** (von Glas kommend) *an dem nahen Aigen mit seinem Gois vorbei nach Abfaltern-Parsch* (PRINZINGER, MGSL 21, 9 [dort 8: der Thurnberg (St. Jakob) „mit den 3 Gütern Gois"]).

E: lat. *collis* 'Hügel', häufiger Flurname, vor allem im PB Hallein. Die heutige Schreibung folgt der Dialektaussprache mit Vokalisierung des postvokalischen *-l-* (die sonst in der Regel nicht bezeichnet wird; vgl. aber auch → *Gols*).
L: ANB 424; SONB 41; KLEIN 1967, 49–55; LINDNER 2008, 26f.

GOLDENSTEIN, Schloß und Sdlg, G Elsbethen
D: ['gɔldⁿʃtaɪn]
E: Burg- und SchloßN *stein* mit Adj. *golden*, erbaut im 14./15. Jh. durch die Herren von Haunsperg.
L: DEHIO 83; HHS 365.

GOLLACKEN, D, G Anthering
D: ['gɔɪɔkɐ]
U: **1336** *item Heinrich der Goldacker ein halbeu* (SUB IV, 424); **1415** *Chunrad von Goldakcher* (DOPPLER, MGSL 13, 58); **1497** *Wolfganngen von Gollakhen* (DOPPLER, MGSL 16, 347).
E: mhd. *acker* 'Acker' mit *gold* 'Gold' (Hinweis auf Goldbeigaben in prähistorischen Gräbern? [so ZILLER]; eher in übertragener Bedeutung 'sehr gut').
L: ZILLER 1986, 98.

†GOLS bei Morzg (Montforterhof), G Salzburg Stadt
U: **1212-1312** [1382] (C 14. Jh.) *hueb ze Gols* (DOPPLER, MGSL 23, 53); **1286** *montem, qui dicitur Golse* (SUB IV, 164), *Berchtoldo Golser* (ib., 165 [Zeuge]); **1292** *montem qui dicitur Golse* (SUB IV, 204); **1324** *Niclo von Golls* (SUB IV, 351); ca. **1334** *In Gols, 2 predia* (A.2.H. 14. Jh., MGSL 23, 103); **1405** *Gols* (ib. 53.); **1375** *Seydel von Gols, Schaffer auf Nunburg* (Urkunden Nonnberg, MGSL 36, 261); **1453** *Vlreich Golsser zu Gols* (Urkunden Nonnberg, MGSL 38, 211), *am Gols* (ib.); **1499** *auf dem Gols* (SPATZENEGGER, MGSL 9, 65); **1550**

Golser oder Geierhof zu Morzg (Urkunden Nonnberg, MGSL 41, 65).
E: → *Gois*.

GÖMING
D: ['gemɪŋ]
U: ca. **1090** *Tagnino de Gebiningon* (SUB I, 291); **1125-1147** *Alwinus de Gebiningin* (SUB I, 389); **1147-1167** *Albun de Gebiningen* (SUB I, 447); ca. **1150-1160** (C M. 13. Jh.) *Lieuwin de Geweninge*n (SUB I, 802); **1151-1167** *Albun de Gebeingen* (SUB I, 631); vor **1159** *Liutwini de Gebening* (SUB I, 654); **1167-1188** *Albuinus iunior de Gebningen* (SUB I, 464); ca. **1230-1240** *Karolus de Gebning* (SUB I, 842); **1212-1312** (1382) (C 14. Jh.) *der hof in der obern-Gebeningen* (DOPPLER, MGSL 23, 64); **1347** *hintz gebning* (SLA OU 1347 VI 11); **1405** *Obern-Gibning* (ib.); **1441** *Gebming* (Urkunden Nonnberg, MGSL 37, 223); **1489** *leonhart von gebming* (DOPPLER, MGSL 16, 248); **1521** *Mer ain guet Gebming in hawnsperger gericht* (SLA OU 1521 VIII 14); **1535** *Hof ze Obergelbming* (Urkunden Nonnberg, MGSL 41, 49); **1552** *Hans Eringer zu Geming* (Urkunden Nonnberg, MGSL 41, 67); **1796** *Filialkirche zu Kirchgöbming* (HÜBNER, Erzstift 1, 116).
E: PN *Gëbino* mit Suff. *-ing*, Dat. Pl. *-ingen*.
L: ANB 426; SONB 73. – Vgl. auch FELBER 1989.

GÖPFERING, E, G Henndorf
D: ['gepfɐdɪŋ]
U: **1188-1193** *H. de Gotfridingin* (SUB I, 481); **1188-1193** *Heinricus de Gotfridingin* (SUB I, 481).
E: ahd. PN *Gotfrid* mit Suffix *-ing* (Dat. Pl. *-ing(en)*).
L: ANB 427; SONB 70.

GOTTSWINDEN, W, G Schleedorf
D: [gods'windn]
U: **1486** *Kotzwentn* (SLA U 11c, Mattsee); **1527** *Kozweunten* (SLA U 107c, Köstendorf); **1608** *Khozwindten* (SLA U U 108, Mattsee); **1612** *Michael Gottswindtner zu Schalkham*; alle Bel. nach ZILLER 1986, 99.
E: unklar; die von ZILLER, *loc.cit.*, vorgeschlagene Herleitung vom PN *Gozwin* ist nicht möglich; die Anbindung an *-wind* ist sekundär (volksetymologisch).

GÖTZING, R, G Seekirchen
D: ['ge:dsɪŋ]
U: **1303-1304** *Getzing, una domus* (KLEIN 1965, 268, Anm. 25 = MIÖG 54, 17ff.); **1482** *Ich hanns Getzinger zu getzing* (SLA OU 1482 XII 01).
E: PN *Gez(z)o* (FÖRSTEMANN 625f.) mit Suff. *-ing*.
L: ANB 433; SONB 71.

GRABEN, W, G Schleedorf
D: [grɔ'm]
U: **1459** *ain guet im graben in Kessendorffer pfarr vnd liechtentanner gericht da Fridreich aufsitzt* (DOPPLER MGSL 14, 125)
E: mhd. *grabe* 'Graben'.
L: SONB 135.

GRABENHÄUSER, W, G Faistenau
D: ['grɔ:mɐ(haɪsɐ)]
E: nahe dem → *Lettengraben*, am Rand von → *Lidaun*, 'Häuser beim (im) Graben'.

GRABENMÜHLE, ZH, G Obertrum; Mü, G Neumarkt
D: ['grɔmɐmɪ:]
E: 'Mühle im Graben'.

GRABENSEE, See ö. Berndorf
D: ['grɔmsɛ:]
U: **1040** (C 14. Jh.) *de Flurelspach usque in Gransse* (SUB I, 874); **1040** (C 14. Jh.) *de Flurnespach usque in Grabense* (F?, SUB II, 138), *Gramsse* (Var., C 14. Jh.); **1617** *im Grambsee*

(ZILLNER, MGSL 5, 96); **1738** *Grabensee* (IMHOF, MGSL 27, 125), *das Seegstadt am Grambsee* (ib.).
E: → *-see* mit PN *Grâman* (vgl. → *Gransdorf* am Grabensee, *Gramannesprunnin*). Im 8. Jh. war ein *Graman* Graf im Traungau (DOPSCH 1990, 67); auch der Name des Weilers *Gramsam*, 1280 *Gramsheim* bei Tittmoning ist mit diesem PN gebildet (VON REITZENSTEIN 1990, 404).
L: ANB 436; SONB 154; GREULE 2014, 436.

GRAFENDORF, E, G Seekirchen
D: [baɪn ˈgraːdsaɪ]
U: **1437-1625** *von obern Mötlhamb biß geen Gräfendorff* (ST 15, Z. 35).
E: → *-dorf* mit ahd. *grâfo* 'Graf' (oder PN Graf). Im Dialekt heute Koseform des PN *Pankraz* (HofN).
L: SONB 88.

GRAFENHOLZ bei Bergheim
U: **1252** (C 13. Jh.) *ius succidendi ligna per hyemem in nemore nostro, quod vulgariter dicitur Grauinholtz* (SUB IV, 19).
E: → *-holz* mit *grafe* 'Graf'.

†GRAMANNESPRUNNIN, um Salzburg oder Seekirchen?
U: **1041-1060** *in loco Gramannesprunnin dicto* (SUB I, 231), *Gramannesprunnun* (ib., Anm. a als Glosse dazu; Vorbemerkung: nach Urbar in Gegend um Salzburg und Seekirchen, nach Koch-Sternfeld sö. von München, bei Tittmoning oder Mühldorf); **1090-1104** *de Gramannespruonin* (SUB I, 310).
E: → *-brunno* mit PN *Grâman*, vgl. → *Grabensee*.
L: ANB 438 (unermittelt).

GRAMLING, D, G Köstendorf
D: [ˈgramlɪŋ]
U: **12. Jh.** *Gremlingen* (OÖ Stiftsurbar, Prov. Mondsee 1,196); vor **1419**-ca. **1500** *Item de predio Gramling* (SLA U 5, fol. 13); ca. **1500**-ca. **1590** *Item in Gramling* (SLA U 11, fol. 15).
E: PN *Gramilo* mit Suff. *-ingen*.
L: ANB 439.

GRANSDORF, D, G Berndorf
D: [ˈgrɔːnstɔɐ̯f]
U: **892-893** *beneficium ... ad ... Gramannesdorf* (Tr Regensburg Nr 164 – hierher?). Beleg aus ANB 439.
E: → *-dorf* mit PN *Grâman*; → *Grabensee*.
L: ANB 439; SONB 154.

†GREIMOLZLEHEN auf der Fager bei der Zistel
U: **1414** *zway zehenthäwser di gelegen sind auf der Vager ze nachst an den cziẞtlär vnd sind gehaißen das huebenlehen vnd das Greymolczlehen* (DOPPLER, MGSL 13, 52).
E: mhd. *lêhen* 'Bauerngut' mit PN *Grîmolt*.

GREISCHBERG, E, G Henndorf
D: [ˈgraɪʃbɛrɪg]
U: *Grevlsperch, Greylsperg, Greisberg* (SONB 123).
E: Das Vorderglied ist eher zu mhd. *kröuwel* 'Kräuel, Gerät zur Stallreinigung' (vgl. → *Kreised*) als zum PN *Kreil, Greil* zu stellen (der als Bauern-ÜberN aber ohnehin identisch ist mit der Bez. des Werkzeugs; vgl. FINSTERWALDER 1978, 369 [s.v. *Kraler*]).
L: SONB 123.

GRESENBERG, W, G Lamprechtshausen
D: [ˈgrɛːsnbɛrɪg]
U: vor **1207** (C M. 13. Jh.) *Marquradus de Grosen-perch* (SUB I, 826); **1229** *silvam Crôsenperge* (SUB III, 370); **1322** *Gresenberg* (REIFFENSTEIN 1985, 366).
E: → *-berg* mit PN *Grôso*; Umlaut durch Gen.-Endung *-in* (*Grôsin-*).

GRÖDIG
D: ['gredɪg]
U: **788-790** (C M. 12. Jh.) *ad Crethica ecclesia cum territorio* (LOŠEK NA 6.26); **930** *ad Gretticham* (SUB I, 149); **987** *Cretthicha cum decima* (SUB I, 254); **987** *ęcclesiam ad Gretich* (SUB I, 254); **991-1023** *proprietatem ... in loco, qui dicitur Chretticha* (SUB I, 208); **11. Jh.** (zu 985) *possessiunculas ... Cretchicha cum decima* (Restaur SPetriSalisb S. 1056); ca. **1007** *fidelis quidam nomine Gotascalch de Crettich* (SUB I, 284); ca. **1077** *predium suum quod habuit ad Crettich* (Var. *Gretich*) (SUB I, 288); **1077-1090** *N(omine) Marchuuarth de Greticha* (Var. *Grettich*) (SUB I, 289); **1090-1104** *de Cretticha* (SUB I, 310f.); **1119-1125** *in uilla Grettich* (Tr Berchtesgaden Nr. 2); vor **1125** (C M. 13. Jh.) *Waldmanno de Gretich* (SUB I, 512); *in villa Grettich* (Var. *Grettihc*) (Tr. 12. Jh., SUB II, 199); **1125-1147** *predium quale ipsi habuerunt apud Cretich* (Var. *Gret(t)ich*) (SUB I, 341); **1141** *ęcclesiam ad Crettih cum decima* (SUB II, Nr. 204); **1159** *necnon fratre nostro Adlone de Grettich plebanis* (SUB I, 483); vor **1193** *beneficium ... apud Gretich situm* (SUB I, 486); **1212** (C 14. Jh.) *daz ampt ze Gredich* (DOPPLER, MGSL 23, 53); **1233-1234** *Friderico de Gretche* (SUB III, 613, Nr. 1066a); **1270-1288** *in Gretich situm* (SUB IV, 65); **1286** *Pilgrinus de Grediche* (SUB IV, 165 = ZILLNER, MGSL 4, 96, Anm.3); ca. **1334** (C II 14. Jh.) *in Gredich* (DOPPLER, MGSL 23, 103); **1372** *Gredich* (ZILLNER, MGSL 4, 16) **1459** *Cristan Saler Ramler von Gredig* (DOPPLER, MGSL 14, 101); *Meindlein von Gredig* (DOPPLER, MGSL 14, 101); *Jörigen Liendl von Gredig* (DOPPLER, MGSL 14, 101); *Chunradten Saler von Gredig* (DOPPLER, MGSL 14, 107); **1547** *gelegen zu Gredj Glanegger Gericht* (Urk. Nonnberg, MGSL 41, 61); **1555** *bey Gredicher Ester* (ZILLNER, MGSL 4, 108); **1559** *Daniel Gadt zu Gredig* (Urk. Nonnberg, MGSL 42, 76); **1566** *ob Gredich* (ZILLNER, MGSL 4, 109); *zw Weingartten unnd Gredich* (ZILLNER, MGSL 4, 110); **1596** *Stain ob Gredig* (ZILLNER, MGSL 4, 115); **1680-1690** *zu Gredich* (ZILLNER, MGSL 4, 24); **1691** *zu Grödtig Leiten* (PEZOLT, MGSL, 421); **1778** *zu Grödtig* (PEZOLT, MGSL 28, 421); **1803** *gleich ober Grödig* (SITTE, MGSL 22, 227).
E: romanischer Appellativname: **gretica* 'Felsspalte' [vgl. *crep(a)tura* 'Riss, (Fels-)Spalte', zu lat. *crepitare* 'reißen, platzen'; friaul. *cret* 'Bergspitze', ital. *cretta*]. Die Anlautgruppe *cr-* wurde bereits in romanischer Zeit zu *gr-* leniert; inlautendes *-d-* für *-t-* ist spätere mittelbairische Konsonantenschwächung, der ursprüngliche Auslaut *-ich* erscheint zu *-ig* abgeschwächt (analog *Mattig* < *Matich[a]*). Eine kelt. Ausgangsform **Gradica* ist hingegen unwahrscheinlich.
L: ANB 452; SONB 41f; LINDNER 2002, 548; 2008, 27. – Vgl. auch *Grödig* 1968; 1990.

GRÖM, W, G Seeham; W, G Seekirchen
D: [gre'm]
U: **1465** *Vno Feodolo ... dicto in Greben* (DOPPLER, MGSL 15, 46).
E: ahd. *grabo* 'Graben', Dat. Sg. *grebin* 'bei dem Graben'.

GRÖM-GRABEN, R, G Göming
D: [grem grɔ'm], HofN ['grɔ'mɐ]
E: 'Graben bei den Gräben'.

GROßENEGG, W, G Berndorf
D: [grɔussn'ek]
U: **1475** oder **1527** *Grossenegkh* (STADLER 1989, 202); ca. **1780** *Ein Häusl zu Grueb bey Perndorf in Grossenegger Feld* (SLA Hieronymus Kataster Mattsee II, fol.488); *Ain Gut zu Grossenegg* (ib. fol.490 und gleichlautend fol.491f.); benachbart: *Kleinegg* (ib. fol.486f.).
E: → *-eck* mit *groß*.
L: SONB 127.

GROßGMAIN
D: [(gros)'gmɔɐn]
U: **788-790** (C M. 12. Jh.) *in Nana et Mona*

(LOŠEK NA 7.6); **798-814** (C E. 12. Jh.) *in Monâ et in Nanâ* (LOŠEK BN 4.6), i*n Salinis et in Muen* (ib. 14.23), *in Mŭn* (ib. 14.49), *in eadem Mŭn* (ib.); **931** (C) *ad muonam in Salzpurcgouue* (SUB I, 123); vor **1023** (C) *proprietatem, qualem habuit in loco Walahuuis et Muona dictis* (SUB I, 202); **1025-1041** (C) *mensuram in loco Mvono* (SUB I, 226); **1139** *mansum unum super montem Movna situm* (SUB I, 353); **1144** *capellam s.Marie Mŭna* (KU St.Zeno 2); **1342** *daz Guet auf dem Puchel Muener Pfarr* (VON REITZENSTEIN 2006, 33); **1478** *vnnser lieben frawen Kirchen auf der gmain* (DOPPLER, MGSL 15, 136); **1483** *gotzhauß vnser lieben frawen auf der gemain* (DOPPLER, MGSL 16, 214), *Her Sewaßtian Kolbn pfarrer auff der gemain* (ib.); **1575** *4 Urbarsgüter auf der Gmain* (HOFMANN, MGSL 9, 170); **1778** *auf die gmain* (PEZOLT, MGSL 28, 421), *gegen der gmain* (ib.); **1796** *Pfarrvikar auf der Gmein* (HÜBNER, Erzstift 1, 129).
E: idg. *mōna* 'Berg' (Wz. *men- 'emporragen', vgl. lat. *mons*; beachte auch die Bel. *super montem, auf dem Puchel*). Da mhd. *uo* und *ei* (*ai*) vor Nasal in [ɔɐⁿ] zusammenfielen, kam es seit dem 15. Jh. zur falschen Verschriftung durch <ai> (wie z.B. auch in → *Trainting*, 1115 *Truᵒnting*) und weiter zur volksetymologischen Umdeutung zu *Gemaine* 'Gemeinde, gemeinschaftlicher Besitz'. Zusatz *Groß-* erst seit dem 19. Jh. (zur Unterscheidung von → *Kleingmain*, Salzburg Stadt und von *Bayerisch Gmain*).
L: ANB 421; SONB 56; LINDNER 2002, 543; VON REITZENSTEIN 2006, 33. – Vgl. auch LANG/SCHNEIDER 1995.

GRÖSSING, R, G Eugendorf
D: altmdal. ['grɛsɪŋ], jetzt ['gresɪŋ]
U: vor **1147** *predio Crosingen et molendino* (SUB I, 629); nach **1225** *curia Grezzingen* (SUB III, 613).
E: ahd. PN *Grōso* mit *-ing*-Suffix (s. KAUFMANN 1968, 153); vgl. → *Gresenberg*. Allerdings ist die Schärfung zu *-ss-* ungewöhnlich.
L: ANB 453; SONB 74; ZILLER 1986, 103.

GRUB, W, G Berndorf; W, G Dorfbeuern
D: [gruɐb]
U: **1450** *Linhart gesessen in der Grueb in Perndarffer Pfarr* (DOPPLER, MGSL 14, 47); **1507** *Item Zu grueb aus vier hewsern* (SLA OU 1507 VI 03).
E: mhd. *gruobe* 'Bodensenke, Vertiefung, Graben'.

GRUBERALM, AlmN, G Hintersee
D: ['gruɐbɐ(ɔlm)]
U: **1624** *Der Koenigsberg und Grueb* (IMHOF, MGSL 27, 124).
E: → *-alm* mit mhd. *gruobe* ('Grube, Loch, Höhle, Steinbruch'; in ON 'lokal begrenzte Senke'), später zum PN *Gruber*.
L: HOND 328.

GRÜNAU, W, G Faistenau
D: [gri'nau]
E: mhd. *gerüne* 'umgestürzte Bäume'; → *Grünberg* (G Seekirchen).

GRÜNAU, R, G Wals-Siezenheim
D: [grɛɐ'nau]
E: *-au* mit mhd. *grüen* 'grün'.

GRÜNBERG, W, G Seekirchen
D: ['grimpɐ]
U: vor **1419**-ca. **1500** *Item de Grunperig* (SLA U 5, fol. 27); undat. *Grindtperg* (SONB 124).
E: → *-berg* mit mhd. *gerüne*, Koll. zu *rone* 'umgestürzter Baum'.
L: SONB 124.

GSCHAID, Hf, G Elixhausen
D: [gʃɐd]
U: **1212-1312** (C 14. Jh.) *daz guet dacz Geschaid* (DOPPLER, MGSL 23, 45); **1212-1312** *Item Nidern-Geschaid ... Obern-Geschaid* (ib., 101); **1405**

Geschaid ... das ander Geschaid (ib., 45); **1422** *Hainrich von Geschaid* (Urkunden Nonnberg, MGSL 37, 196); **1437-1625** *der Moßpach, der zwischen Obermoß und Schlipfenpach herab rint ... biß geen Gschaidt* (ST 15, Z. 12); **1439** *Mertein von Gschaid* (Urkunden Nonnberg, MGSL 37, 214); **1490** *Peter von Geschaid* (MGSL 38, 255).
E: mhd. *gescheide* 'Grenze'.
L: SONB 172.

GSCHWAND, D, G St. Gilgen
D: [(iⁿ dɐ) ʃwɔⁿt]
E: → *schwandt* mit Kollektivpräfix *ge-*.
L: SONB 132; ZILLER 1977, 52.

GSCHWENDT, R, G Strobl
D: [kʃwɛnd]
U: **1891** *Gschwand* (FUGGER, MGSL 31, 244).
E: mhd. *geswende* 'Platz, wo Wald geschwendet wird' (→ *-schwand*).
L: SONB 112; ZILLER 1977, 52.

GUGGENTAL, R, G Koppl
D: [gʊkŋ'dɔɪ]
U: **1272** *sub Nochstain apud Gukkental* (SUB IV, 74); ca. **1500**-ca. **1590** *Item de Gugkental* (SLA U 11, fol. 28); **1642** *Hof u. Mühle in Guggenthal* (HOFMANN, MGSL 9, 152); ca. **1780**: *Mühl in Graben zu Guggenthall* (SLA Hieronymus Kataster Neuhaus, fol. 301 und gleichlautend 302f.).
E: *-tal* mit bair. *gugku* 'Kuckuk' (SCHMELLER 1, 886). WIESINGER OBOÖ 1, 22, s.v. *Guggenberg*: PN *Gukko*, aber dann wäre [gukɐ-] zu erwarten; es heißt aber in allen Belegen und im Dialekt *Guggental* [gukŋ-]. Es wird also der Kuckuk (*Gugg*) namenbildend gewesen sein.
L: SONB 135. – Vgl. auch *Guggenthal* 1983.

GUGLMOOS, W, G Mattsee
D: [gʊgl'mo:s]
E: → *-mos* mit mhd. *gugele* 'Kapuze' (als Bezeichnung für eine Kuppe, evt. den Buchberg?).

GUMERSIL, E, G Seekirchen
D: [gʊmɐ'se:]
U: vor **1415-1501** *Item de Gumarsel* (SLA U 4, fol. 10); **1439** *der hof und ain guetel zu Gumersil* (SLA OU 1439 VII 14).
E: → *-sel* 'Haus' mit PN *Gundmar*. Das benachbarte → *Oberhausen*, G Eugendorf, hieß im 12. Jh. *Seli, Sele*. Vgl. auch → *Söllheim*. Zur Schreibung *-sil* vgl. *Mitter-, Niedernsill* (Pzg.); die Dialektaussprache bewahrt *e*.
L: SONB 117.

GUMPRECHTING, Schön-, Koth-, D, G Seekirchen
D: ['gumpɐdɪŋ]
U: ca. **1077** *qualem ad Gumprehtingin habuit* (SUB I, 286); **1125-1147** *Ovdalricho de Gumprethtingin* (SUB I, 385), *Ovdalrich de Cumprehtingin* (ib., 374); vor **1139** *Volrich de Gvmprethingin* (SUB I, 693); ca. **1151** *Volricus de Cumpertingen* (SUB I, 615); ca. **1331-1385** *w. de gumprechting* (SLA U 1, fol. 13); **1437-1625** *von Schengumpprechtinger gründ mit allen gründen herzue, von Schengumprechting gegen Creüczegg – auf das Paurnegg* (ST 15, Z. 43).
E: PN *Gundbrëht* mit Suff. *-ing(en)*. Die Zusätze *Schön-* 'gut' und *Kot-* 'schlecht' (mhd. *quât* 'schlimm, böse') sind jünger.
L: ANB 463; SONB 72.

GUNSERING, W, G Göming
D: ['gunsɐrɪŋ]
U: ca. **1230-1240** (C M. 13. Jh.) *in Biwern predium suum in Gunthering situm apud ripam* (SUB I, 842); **1634** *Gunthering* (REIFFENSTEIN 1985, 367).
E: PN *Guntheri* mit Suff. *-ing*. Die Schwächung von *-t-* > *-s-* ist ungewöhnlich, begegnet aber

auch in Innviertler ON: *Ginshöring*, G Tarsdorf, **1240** *Gvnteringen*; *Ginshöring*, G Schwand im Innkreis, **1240** *Gvnteringen*, OBOÖ 1, 18 (dort ein Erklärungsversuch), 99.
L: SONB 73; Reiffenstein 1985, 367; OBOÖ 1, 18.

H

HAAG, W, G Mattsee
D: [hɔ:g]
U: **1617** *von der Sanndtgrueben am vndersee an biß hinab an den Khuchlhag* (Zillner, MGSL 5, 96).
E: ahd. *hag* 'eingefriedetes Stück Land, Umzäunung' mit mhd. *kuchel* 'Küche', „Küchengarten"; → *Hag*.

HAARBRUCK, Hf, G Nußdorf
D: [huɐ'bruk]
U: **1216** *loca ze Horbrukke dicta iuxta Hunsberch* (SUB III, 199)
E: → *-bruck* mit ahd. *horo* 'feuchte Erde, Schmutz' (vgl. *Harbruck*, G Pfarrwerfen, ANB 490).

HAARLACKEN, W, G Straßwalchen
D: [hɔɐ'lɔkɐ]
E: mhd. *lache, lacke* 'Lacke, stehendes Gewässer' mit mhd. *hor* 'Schmutz' oder *har* 'Flachs'.

HABACH, ZH, G Koppl
D: ['ha:bɔ(x)]
U: **1332** *Heupach* (SONB 165).
E: → *-bach* mit mhd. *höuwe, houwe* 'Heu, Gras'.
L: SONB 165.

HABERG, W, G Seekirchen
D: ['ha:bɐɐg]
U: **1439** *der hof zu haperig* (SLA OU 1439 VII 14).
E: mhd. *höuberg* 'Heuberg'; vgl. → *Heuberg*.

HABERLANDER, W, G Wals-Siezenheim
D: ['hɔ:wɐlɔntnɐ]
E: *land* 'Anbaufläche' mit mhd. *haber* 'Hafer'.

HAG, W, G Lamprechtshausen
D: [hɔ:g]
U: **1122-1140** (C M. 13. Jh.) *Livpoldus et frater eius Hartwicus de Haga* (SUB I, 789); ca. **1135** (C M. 13. Jh.) *Hartwicus et Liutpoldus frater eius de Hage, Liutpoldus filius Wichpotonis de Hage* (SUB I, 792); ca. **1150-1160** (C M. 13. Jh.) *Livtpoldo et eius fratre Hainrico de Haga* (SUB I, 802); ca. **1176** (C M. 13. Jh.) *Hainricus de Hage* (SUB I, 814).
E: ahd. *hag* 'eingefriedetes Stück Land', → *Haag*.
L: ANB 479; SONB 146.

HAG (Hagwiese), G Nußdorf
D: [hɔ:g]
U: **1433-1450** *auf dem hag pey der Oytten neben dez (dem) Mülvelld in hawnsperger gerichtt* (Doppler, MGSL 13, 107; MGSL 14, 46); **1469** *wisen genannt dy Hagwisen gelegen In hawnsperger gericht vnd in nusdorffer Pfarr* (Doppler, MGSL 15, 64); **1493** *wisen genant die Haagwisen gelegen vnter dem Warttperg In Hawns perger gericht zwischen Sand Haymerans von Nydern Ehyng grundt* (Doppler, MGSL 16, 295); **1516** *etlich grunt gruematwisen etzen vnd annder wissen betreffent genant Im hag hawnsperger gerichts* (SLA OU 1516 V 09).
E: ahd. *hag* 'eingefriedetes Stück Land', → *Haag*.

HAGENAU, D, G Bergheim
D: ['hɔgenaʊ]
U: vor **1415-1501** *Item in hagenaw* (SLA U 4,

fol. 83); ca. **1500**-ca. **1590** *Item in hagenaw* (SLA U 11, fol. 22).
E: → *-au* mit PN *Hagano* „Au des Hagen".
L: SONB 146.

HAGING, R, G Seekirchen
D: [ˈhaːgɪŋ]
U: E. **12. Jh.** (C M. 13. Jh.) *de Hagnigin V solidi* (SUB I, 519); **1439** *zway gueter zu obernhaging* (SLA OU 1439 VII 14).
E: PN *Hagino* mit Suff. *-ingen* (Dat. Pl.).
L: ANB 482; SONB 70.

HAID, E, G Lamprechtshausen
D: [hɔɐd, ˈhɔɐdɐbaʊɐ]
U: möglicherweise hierher ca. **1230-1240** *hveba in Hard iuxta Weidental sita* (SUB I, 841), *huebam in Harde iuxta Widintal sitam* (ib.).
E: entweder ahd. *hart* 'Wald' oder mhd. *heide* 'unbebautes Land, Heide'; der Hof liegt am Waldrand.
L: SONB 163.

HAIDACH, D, G Straßwalchen
D: : [ˈhɔɐdɐx]
E: mhd. *heide* 'unbebautes Land, Heide' mit Koll.-Suffix *-ach* 'Heideland'.
L: SONB 163.

HAINACH, W, G Elixhausen
D: [ˈhɔɐⁿnɐx]
U: ca. **1167-1193** (C M. 13. Jh.) *Rûbertus de Hainach* (SUB I, 558); **1441** *Jörig von Haynach* (Urkunden Nonnberg, MGSL 37, 222); **1471** *Görig von Haynach* (DOPPLER, MGSL 15, 72).
E: ahd. *haganahi* 'Dornengestrüpp'.
L: ANB 485.

HAINBACH, W, G Nußdorf/Haunsberg
D: [ˈhɔɐⁿbɔx]

U: E. **12. Jh.** *de Hanebach xxx denarii* (SUB I, 513); **1212-1312** [1382] (C 14. Jh.) *Perrhaim de hof ze Hainpaech* (DOPPLER, MGSL 23, 65).
E: → *-bach* mit PN *Hagino* (ANB: PN *Hano*, dagegen spricht aber der jüngere Bel. und die heutige Form und Aussprache des ON).
L: ANB 485.

HAINED, Hf, G Elixhausen
D: [hɔɐⁿnɛd]
U: **17. Jh.** *zwischen des Winkhlers und Oders ins Rheinthall mitten in den see zu Gaspering* (ST 64, Z. 32).
E: → *-öd* mit ahd. *hagan*, kontr. *hain* 'Dornbusch'. Das Kompositum war offensichtlich noch im 17. Jh. unfest (die Identifizierung von *Oder* = *Öder* mit *Hained* ergibt sich aus dem Zusammenhang mit → *Winkl* und → *Gaspading* zweifelsfrei).

HALBERSTÄTTEN, W, G Seekirchen
D: [hɔɪwɐˈʃdeːdn]
U: **991-1023** (C) *proprietatem, qualem ecclesia Heilpurgstei habuit* (SUB I, 208), Randgl. *Heilpurgasteti*; **1212-1312** (C 14. Jh.) *ze Halberstetten daz guet* (DOPPLER, MGSL 23, 45), *di 4 guet von Halberstetten* (ib., 101); **1348**-ca. **1400** *Item hainricus prozzel d(e) halbersteten* (SLA U 3, fol. 82); **1405** *Halbersteten* (ib., 45) (4x); **1457** *Stephan von Halberstetten* (Urkunden Nonnberg, MGSL 38, 217).
E: → *-statt* (Dat. Sg. *steti*) mit PN *Heilburga*.
L: ANB 486.

HALLBACH, W, G Hof
D: [ˈhɔɪbɔ(x)]
U: **1125-1147** *G. de Hadalbach tradiderit hûbam unam ibidem sitam* (SUB I, 339).
E: → *-bach* mit ahd. PN *Hadalo*.
L: ANB 487; SONB 169.

HALLER, Hf, G Schleedorf
D: ['hɔɪɐbaʊɐ]
E: FamN *Haller* (zu *Hall* 'Saline'), entweder Herkunftsname (aus Reichenhall?) oder 'Salzarbeiter, -frächter').

HALLWANG
D: ['hɔɪwɔŋ], altmdal. ['hɔɪmɪŋ]
U: **991-1023** *mensuram in loco Haldinvvanc* (SUB I, 198); nach **1121** *Adelbertus de Haldenwanch cognomento prenno* (SUB I, 320); **1126** *apud Haldenwanch locum quendam aptum ad construendam molendinum* (SUB I, 589); *Adelpreth de Haldenwanch* (SUB I, 598); **1141** *beneficium ... ad Haldinwanc* (SUB II, 204); *ad Haldinwanc* (SUB II, 299; vgl. SUB I, 343); **1144** *beneficium ... ad Haldenwanc* (SUB II, 226); *ad Haldenwanc* (SUB II, 327); *Wezelo de Haldenwanc* (Tr. 12. Jh., SUB II, 317); **1146** *benefitium ... ad Haldenwanc* (SUB II, 241); *ad Haldenwanc* (SUB II, 346); nach **1242** *Haldenwanc(h)* (SUB I, 756); **1297-1313** *Hainrichen von Haldenwanch* (SUB IV, 227); **1334** *daz Lantgerichtt ze Halbenwanch* (SUB IV, 406); *Halbenwang* (ZILLNER, MGSL 17, 191); *Holbang* (WALLMANN, MGSL 9, 298); **1375** *zu Halbenwang ... ze Halbenwanch* (Urk. Nonnberg, MGSL 36, 261); **1378** *Halbenwang* (Urk. Nonnberg, MGSL 36, 265); **1419** *Jans von halbenbanch* (Urk. Nonnberg, MGSL 37, 188); **1430** *in Halmbanger gerichte ... zu Halmbang* (DOPPLER, MGSL 13, 103); *pfarrläwt zu Halmbang ... Halmbang* (DOPPLER, MGSL 13, 104); *Halmbang ... in Halbenwang filialium ecclesiarum* (DOPPLER, MGSL 13, 105); **1435** *dem gotshaws gein Halbenwang* (DOPPLER, MGSL 13, 111); **19. Jh.** *Halbang* (RIEDL, MGSL 3, 376); *Dietraming-Haldenwang* (ZILLNER, MGSL 23, 289).
E: → *-wang* mit ahd. *halda* 'Halde, (Berg-)Abhang, abschüssige Gegend'. Die mdal. Form ist durch mehrfache Assimilation entwickelt worden: aus *hald(e)n-* über *halmwang* zu *halmang* und Abschwächung des Zweitglieds letztlich zu einem unechten *-ing*-Namen *Halming*.

Vgl. aber KAUFMANN 1968, 170: zum PN *Halda-*.
L: ANB 488; SONB 75, 163. – Vgl. auch SEIGMANN 1989.

HALTENSTADL, E, G Henndorf
D: ['hɔɪ(d)nʃtɔ'l]
U: **1331** *in dem Ha‹l›tenstadel* (SUB IV, 397).
E: mhd. *stadel* 'Stadel, Scheune' mit mhd. *halte* 'Weideplatz'.
L: HOND 368.

HALTINGER, W, G Neumarkt
D: ['hɔɪdɪŋɐ, ɐ dɐ 'hɔɪd]
E: mhd. *halte* 'Viehweide, Halt' mit Suff. *-ing* (junger *-ing*-ON), vgl. → *Haltenstadel*, G Henndorf.

HAMBERG, W, G Obertrum; E, G Seekirchen
D: ['hampɐ, 'hampɛɐg]
U: **12. Jh.** *Rovdunch de Hânperc* (Tr. Herrenchiemsee Nr. 241); **1377** *Ruedolff von Hänperg* (DOPPLER, MGSL 12, 211), *guet ze Hänperg chlain vwd grozzen* (ib.), *Heinrich von Hänperg* (ib.); **1437/1625** *von Gräfendorf biß geen obern Haimberg ... vom obern Haimberg biß geen Edenmötlhaimb* (ST 15, Z. 36f.).
E: → *-berg* mit PN *Hano*, Gen. *Hanin* (*-in* bewirkt den Umlaut).
L: ANB 488; SONB 123.

HAMOSAU, W, G Faistenau
D: ['ha:məsaʊ], auch [hamə'saʊ]
U: ca. **1348** *Hämansaw* (SONB 158).
E: zum PN *Haman*.
L: SONB 158.

HANGENDENSTEIN, R, G Grödig
D: [hɔŋɐd(n)'ʃtɐɐⁿ]
U: E. **15. Jh.** *bei den Werch* (verschrieben/verlesen für *Wer, *Wuehr) *bei dem hengendenstain* (C 1803, ZILLNER, MGSL 4, 102); **1555**

von dem hangenden Stain (ZILLNER, MGSL 4, 108); **1566** *bey dem hanngunden stain* (ZILLNER, MGSL 4, 109); *von der Wuer bey dem hanngenden stein* (ZILLNER, MGSL 4, 110); **1573** *bey dem Neuen Pruch vnnder dem hanngenden Stain* (ZILLNER, MGSL 4, S.112); **1596** *von dem hangunden Stain ob Gredig* (C, ZILLNER, MGSL 4, S.115); **1620** *von der Wuehr, vnnd zu nechst bey dem hangenden stain* (ZILLNER, MGSL 4, 116); **1628** *bey dem hangentenstain* (ZILLNER, MGSL 4, 117); *zu Unterhaltung des Wuehrs bey dem hangenten Stain* (ib. 118); **1776** *vom hangenden Stein bis in die Stadt* (ZILLNER, MGSL 4, 123); *von Anfang des Hangenden Stein bis zu dem Ausfluß in die Salzach* (SCHALLHAMMER, MGSL 5, 68); **1798** *im Passe hangenden Stein* (ZILLNER, MGSL 4, 127); **19. Jh.** *am hangenden Stein* (ZILLNER, MGSL 1, 131).
E: Das *Wehr* (mhd. *wer* n. 'Flußwehr', dial. [wiɐ, wiɐ]) bei der Abzweigung des → *Almkanals* von der Königsseeache (dort eine deutliche Stromschnelle der Königseeache). Syntagma aus *hangend* und *Stein*. Vgl. auch → *Stein*, Stt Salzburg Stadt.

HANITHAL, W, G Faistenau
D: ['hɔ:nɪdɔɪ]
E: → *-tal* mit *Hanichel* 'dürrer Fichtenstamm, Zaunstecken' (aus *Hanichel*; vgl. SCHMELLER 1, 1114); oder aber *Hanif* 'Hanf' am Fuß des Grünbergs.

HANKHAM, D, G Henndorf
D: ['hɔŋghɔm], auch ['hɔŋkɔm]
U: **1212** (C 14. Jh.) *daz guet ze Hanghaim* (DOPPLER, MGSL 23, 46); **1343** *daz guet ze Hanghaim* (Urk. Nonnberg, MGSL 36, 25); **1373** *ein guet datz Hanghaim zu freyer stift* (Urk. Nonnberg, MGSL 36, 260); **1390** *gelegen ze Hanghaim in dem dorff in Chessendorffer pfarr* (DOPPLER, MGSL 12, 252); **1394** *das Gut zu Hanghaym* (Urk. Nonnberg, MGSL 36, 274); **1405** *Hanghaim* (DOPPLER, MGSL 23, 46); **1444** *ein Gut genannt Hangheim* (Urk. Nonnberg, MGSL 37, 227); **1498** *ain gut genannt hanghaim* (DOPPLER, MGSL 16, 360); **1501** *Gute zu Hannghaym* (Urk. Nonnberg, MGSL 39, 135); **1553** *Wolfgang Hörmann zu Hannghaim in Höndorffer pfarr* (Urk. Nonnberg, MGSL 41, 69).
E: → *-heim* mit PN-Stamm *Hang-* (*Ha(n)gbert, Hangrat*); doch ist auch Bildung zum Appell. mhd. *hanc* 'Hang' nicht unwahrscheinlich (vgl. dazu die „Reimnamen" →*Bankham*, →*Wankham* in der Nachbarschaft).
L: SONB 82.

HANSLED, Hf, G Lamprechtshausen
D: [hansl'ɛ:d]
E: → *-öd* mit PN *Johann*, Dim. *Hansl*.

HARTING, W, G Eugendorf
D: ['hɐɐxdɪŋ]
E: ahd. PN *Harto* mit *-ing*-Suffix.

HASLACH, Sdlg, G Elsbethen
D: ['hɔ:slɔ(x)]
U: ca. **1331-1385** *Wernlinus filius leupoldi de haslach* (SLA U 1, fol. 38); **1617** *Michael Lindtmoßer (...) im haßlach* (AES 6/25/8, lfde Nr. 36, fol. 10).
E: mhd. *hasel* 'Hasel(staude)' mit Kollektivsuff. *-ahi*.
L: SONB 146.

HASLACH, W, G Straßwalchen; W, G Neumarkt
D: ['hɔ:slɐ]
U: vor **1419**-ca. **1500** *Item predium haslach* (SLA U 5, fol. 14); **1462** *Ich andre von haslach* (SLA OU 1462 X 25); **1491** *Mer ain guet zw wimer haslag* (SLA OU 1491 X 20).
E: → *Haslach*, G Elsbethen.

HASLAU, Hf, G Elsbethen
D: [hɔ:s'laʊ]

U: vor **1415-1501** *Item de curia in haslaw* (SLA U 4, fol. 48).
E: → *-au* mit *hasel* 'Haselstaude'.
L: SONB 146.

HASLAU, R, G Hof; R, G Ebenau; → G Elsbethen.
D: [ˈhɔːslɐ]
E: → *-au* mit mhd. *hasel* 'Hasel(strauch)'.
L: SONB 146; SCHWAIGER 1990, 15.

HASLWALD, W, G Fuschl
D: [haːslˈwɔɪd], auch [ˈhaːslwɔɪd]
U: ca. **1600** *Häßlguett im Waldt* (SONB 146).
E: zum FN *Hasl* 'Häslein'; unhaltbar ist die Herleitung ZILLER (*loc.cit.*) aus *(Matt)häus > Häuss, Heuß*.
L: SONB 146; ZILLER 1977, 55, 151f.; 1986, 113; vgl. FINSTERWALDER 1978, 324 (s.v. *Heisl/Heiss*).

HAßBERG, R, G Nußdorf
D: [ˈhɔssbɛɐrɪg]
E: → *-berg* mit unklarem BW (zu mhd. *haz* 'Haß'? Die Straße ist dort sehr steil, „hassenswert"?)

HATTING, W, G Henndorf
D: [ˈhatɪŋ]
E: ahd. PN *Hatto* mit *-ing*-Suffix (vgl. KAUFMANN 1968, 178f.).
L: SONB 71.

HATZ, W, G Faistenau (in der Tiefbrunnau)
D: [hɔtsn]
E: *hatz* 'Hetze' (jägersprachlich, oberdt., vgl. DWB 4/II, 560f.).

HAUNHARTING, W, G Köstendorf
D: [ˈhaʊnɐdɪŋ]
U: **1290** *Da ze Havnoltinge* (Corp. Nr. N 446); **1506** *auf dem dorff zu hawnolting ist vier hewser* (SLA OU 1506 XII 12; ebenso 1522 V 08); **1594** *Haunhalting* (SONB 71); hierher auch **1347** *hintz hauwning* (OU 1347 VI 11)?
E: PN *Hunolt* mit Suffix *-ing*.
L: SONB 71.

HAUNSBERG, BergN, G Anthering, Nußdorf, Obertrum, Seeham, Berndorf; Adelsgeschlecht auf der Burg Haunsberg bei St. Pankraz (→ *Schlössl*), G Nußdorf; alter Gerichtsbezirk
D: [ˈhaʊⁿʃbɛɐrɪg, -bɛɐg]
U: **798-814** (C E. 12. Jh.) *ad Nuzdorf iuxta montem, qui vocatur Hunsperch* (LOŠEK BN 14.39); **1104-1116** *Fridarich de Hunispergan* (SUB I, 324); **1135** *Fridericus de Hůnisperch* (SUB II, 247); **1147-1167** *in castello Hunesperc* (SUB I, 430); **1211** *castrum Hvonsperch* (SUB III, 150); **1270** *Hertnido de Hovnsperch* (SUB IV, 486); **1040** (C E. 13. Jh., F) *super montem qui dicitur Hounsperch* (SUB II, 138), *Haůnsperch* (C 14. Jh., ib., Anm. f); **1309** *daz guet ze Pæbing, daz da leit pei dem Havnsperg* (SUB IV, 299); **1337** *in den gerichten ze Hovnsperch und ze Ehing* (SUB IV, 431), *in Hovnsperger gericht* (SUB IV, 431); **1403** *Michael Hawnsperger* (SPATZENEGGER, MGSL 5, 182); **1448** *an dem Hawnsperg* (DOPPLER, MGSL 14, 29); **1525-30** *Hannsen Hawnsperger* (SPATZENEGGER, MGSL 7, 360); **1552** *Haůnsperger gericht* (Urkunden Nonnberg, MGSL 41, 67); **1615** *Havnsperg* (WALZ, MGSL 14, Anh. 347); **1680** *Hansen Haunsperg* (SPATZENEGGER, MGSL 10, Misz. 18).
E: → *-berg* mit PN *Hûn(i)*, Gen. Sg. (nicht mit dem Völkernamen *Hûni* 'Hunnen').
L: ANB 500; SONB 65, 122; HHS 177.

HAUSER, R, G Anthering
D: [ˈhaʊsɐ]
U: **1336** *item datz hous ein hůb* (SUB IV, 424); **1345** *auz der leitten ... di gelegen ist ob dem hauser* (SLA OU 1345 XII 13); **1449** *Liendl von Haws* (DOPPLER, MGSL 14, 42); **1450** *hanns ab*

haws (ib., 45); **17. Jh.** *zwischen Hauß und der Khraipacher gründ, darnach hinumb zwischen Khraipach und Ed biß gein Paunpacher gründ* (ST 64, Z. 22).
E: → *-haus* „einer vom Gut Haus".

HAUSER (bei Eching), G St. Georgen
D: ['haʊsɐ]
U: **1464** *hanns hawser von Niderehing* (DOPPLER, MGSL 15, 32), *leonhart hawser von oberehing* (ib.); **1470** *Hannsen Hawser* (ib., 67), *Lienhart Hawser* (ib.); **1479** *des Lienhart Hawser von Ober-Ehing säligen Sun* (ib., 137); **1479** *Margareth Hawserin des Lienharten Hawser von OberEhing säligen Tochter* (ib., 137); **1496** *des Leonhartn Hauser von Oberehing säl. sun* (DOPPLER, MGSL 16, 318).
E: → *Hauser*, G Anthering.

HAUSMONING, D, G Lamprechtshausen
D: ['haʊsmɔnɪŋ]
U: **1257-67** (C M. 13. Jh.) *Heinricus de Hvsmening* (SUB I, 850); **1489** *Hausmaning* (PEZOLT, MGSL 40, 185).
E: ahd., mhd. *hûsman* 'Hausbewohner, Hausknecht (?)' mit Suff. *-ing*.
L: SONB 73.

HAUSSTATT am Mattsee (zwischen Graben-, Matt- und Obertrumersee)
D: ['haʊʃtɔt]
U: **1617** *an die hausstatt* (ZILLNER, MGSL 5, 96); **1738** *ein Mooßgrund ..., so zum hochfürstl. Zellhof gehörig, die Hausstadt genannt* (IMHOF, Jagdwesen, MGSL 27, 125), *Hausstadtgraben* (ib.).
E: → *-statt* mit → *hûs* 'Platz eines Hauses, Hofes'.
L: SONB 106.

HELLBRUNN, Stt, Salzburg Stadt, Schloss, Park
D: [hɛɪ'brun]
U: **1617** *Hellbrunn* (RIEDL, MGSL 4, 273); **1668** *Lustgarten hellbrun* (PILLWAX, MGSL 14, 31); **1691** *Hellebrun* (PEZOLT, MGSL 28, 422); **1707** *Hellbrunn* (ZILLNER, MGSL 4, 120).
E: → *-brunn* mit Adj. *hell* 'hell, klar'.
L: SONB 153.

HELLMÜHLE, D, G Köstendorf
D: ['hɛɪmɪ:]
E: mhd. *müle* 'Mühle' mit mhd. *hel* 'tönend, laut' (vgl. auch SCHMELLER 1, 1081)? vgl. → *Helming*.

HELMBERG, R, G St. Georgen
D: ['hɛɪmbɐɐg]
U: undat. *Helmperg* (SONB 123).
E: → *-berg* mit PN-Stamm *Helm-* (Helmbreht o.ä.).
L: SONB 123.

HELMING, W, G Köstendorf
D: ['hɛɪmɪŋ]
U: **1365** *Helmling* (SONB 71); **1506** *zu helbming das Dorff bey Syben hewsern* (SLA OU 1506 XII 12; **1522** *zu helming* (SLA OU 1522 V 08).
E: PN-Stamm *Helm-* mit Suff. *-ing*.
L: SONB 71.

HENGSTBERG, Hf, G Seekirchen
D: ['hɛŋʃpɐ]
U: vor **1415-1501** *Item de Hengsperg* (SLA U 4, fol. 10); **1419**-ca. **1500** *Item de hengstperg* (SLA U 5, fol. 28); **1496-1566** *Item de predio hengstperg* (SLA U 9a, fol. 79).
E: → *-berg* mit mhd. *hengest* 'Hengst'.

HENGSTBERG, BergN, G Elsbethen
D: ['hɛŋstbɐɐg], üblicher ['ɛʃbe'nɐ bɐɐg] 'Elsbethener Berg', vgl. → *Gfalls*.
E: → *-berg* mit mhd. *hengest* 'Hengst'. Deutsche Entsprechung zum romanischen ON → *Gfalls* ?

HENNDORF
D: [ˈhɛⁿdɔɐf]
U: **788-790** (C M. 12. Jh.) *in pago vero Salzburgaoe tradidit idem dux in loco, qui dicitur Eondorf* (LOŠEK, NA 3.2; Var. Endorf); **798-814** (C E. 12. Jh.) *Hohindorf* (LOŠEK, BN 14.8, 14.42, 14.51); **1147-1167** (C 13. Jh.) *Perhterus de Hondorf* (SUB I, 528); (C E. 13. Jh.) *(Eberhard von) Hondorf* (SUB I, 529); **1177-1216** (C u. 1250) *curtis [in] Hohendorf* (Urb. Salzbg.-Erzst. = MGSL 75, 173); **1326** *mit dem gerichtt datz Hŏndorf als verr daz get* (SUB IV, 367); **1331** *daz gericht ze Chessendoriff und daz Hŏndorf* (SUB IV, 395); *datz Hŏndoriff* (SUB IV, 395, vgl. ZILLNER, MGSL 22, 138/139); *in Hondorffer gericht* (SUB IV, 397); *ain vreyung habnet ze Hŏndorff* (SUB IV, 397); **1338** *Chunrat [von Hŏndorf]* (SUB IV, 441); *Chunrat von Hŏndorf* (SUB IV, 442); *gen Hŏndorf sent Veit ein pfunt pfennig* (SUB IV, 441); **1379** *Gericht zu Höndorf* (ZILLNER, MGSL 22, 158); **1422** *Zacharews von höndorf* (Urk. Nonnberg, MGSL 37, 194); **1501** *in Höndorffer pharr* (Urk. Nonnberg, MGSL 39, 135); **1553** *in Höndorffer pfarr* (Urk. Nonnberg, MGSL 41, 69); **19. Jh.** *Höhndorf* (ZILLNER, MGSL 22, 139); **1828** *Henndorf* (WEBER 1992, 36) **1883** *Höhndorf* (ZILLNER, MGSL 23, 203).
E: → *-dorf* mit ahd. *hôh* 'hoch'; als appellativische Fügung *(ze dëmo) hôhin dorf* ('zum hohen Dorf') nach der Lage über dem Wallersee (Umlaut durch *-i-* der Endung). Der spätere Bezug von *Henn-* auf *Henne* (vgl. Gemeindewappen, Wappentier der Herren von Tann) ist volksetymologisch. Der Erstbeleg *Eondorf* wird wohl Verschreibung sein (vgl. REIFFENSTEIN, *loc.cit.*).
L: ANB 510f.; SONB 88; REIFFENSTEIN 1991, 47 (Fn. 14). – Vgl. auch WEISS/EHRENFELLNER/FALK 1992, WEBER 1992a.

HERRENAU, ZH, G Salzburg Stadt (Liefering)
D: [hɛɐˈnaʊ]
E: → *Herrnau*, Stt Salzburg (im Mündungsgebiet der Saalach in die Salzach, früher herrschaftliches Jagdgebiet mit nachweislich hochfürstlichem Wildhüter und Jäger [O. WEBER]).
L: WEBER 1997, 420 f. [Ein frühes Zeugnis der Lieferinger Jagd, Verein Stadtteilmuseum Salzburg-Liefering, Der Lieferinger Kultur-Wanderweg (Tafel) 437 mit Plan gegenüber].

HERRNAU, Stt, G Salzburg Stadt
D: [hɛɐˈnaʊ]
E: → *-au* mit *herre* 'Au des/der Herren' = „herrschaftliches Augebiet", FlurN des großen Augebietes zwischen dem Nonntal und Hellbrunn, seit 1631 Name von Schloss *Herrenau* (DEHIO 682). Der Stadtteil *Herr(e)nau* wurde erst nach 1935 entwickelt. Vgl. → *Josefiau*.
L: FISCHER 1987, Abb. 98 (um 1930 noch völlig unverbaut).

HERZOGSTATT, E, G Seekirchen
D: [ˈhiɐtsɪŋ]
E: → *-statt* mit *herzog* 'Herzog' oder PN; *-statt* wurde später durch das Suff. *-ing* ersetzt (oder evt. umgekehrt, und der Dialekt bleibt bei der alten Form, wie in → *Sieghartstein*). [iɐ] für *er* wie in [iɐlɐ] 'Erlach'.
L: SONB 75, 106.

HEUBERG, R, BergN, G Salzburg Stadt
D: [ˈhaɪbɛɐg] (alt [ˈhaːbɛɐg])
U: **1141** *que dantur episcopis ad Talagowa et ad Howberga et ad Elsinwanc* (SUB II, 299); **1144** *ad Talagowa et ad Hoiberga et ad Elsinwanc* (SUB II, 327); **1177-1216** (C ca. 1250) *swaiga in Hævperch* (KLEIN, MGSL 75, 172); **1272** *super Heuperch in loco, qui Grŭb dicitur* (SUB IV, 74); **1299** *den guete an dem Hayperge* (SUB IV, 247); **1348**-ca. **1400** *Hæuperch* (als Überschrift, SLA U 3, fol. 53); **1393** *Ain zehent auf dem Hawperg* (DOPPLER, MGSL 12, 267); **1408** *an dem Häperig in Ewgendorffer gericht* (DOPPLER, MGSL 13, 37); **1479** *in der Gnygel in hewperger gericht* (DOPPLER, MGSL 15, 141); **1499** *super Hewperg* (SPATZENEGGER, MGSL 9, 66);

1548 *von dem Heyperg* (ZILLNER, MGSL 4, 63).
E: → *-berg* mit ahd. *houwi* 'Heu'.
L: SONB 165.

HEUBERG, BergN, G Koppl
D: ['haɪbɛrɪg]
E: *-berg* mhd. *höuwe* 'Heu, Gras'; → *Heuberg*, Salzburg Stadt.

HIASNGUT, Hf, G Elsbethen
D: [bɐn 'hiɐsn]
E: PN *Matthias* (Kf. *Hias*).

HILGERTSHEIM, W, G Köstendorf
D: ['rikɪsɔm]
U: **808** (C E.9. Jh.) *de Hiltigeresdorf* (OÖUB I, Tr Mondsee nr. 118); **828** (C E. 9. Jh.) *De Hiltigersdorf* (SUB I, 904), *in pago Salzpurcgauue in loco ad Hiltigeresdorf* (ib., 905); **972-994** *locum que dicitur Hiltigerasheima* (SUB I, 911); **1185-1195** *Swithart de Hiltegersheim* (Tr Asbach 94); **1188-1193** *Chunr. de Hilgersheim* (SUB I, 491); **1362** *in Hylkersheim* (SUB I, 885); **15. Jh.** *predium Hilchärsaim situm in Chessendorff* (SUB I, 770); **1459** *ain Huben ze Hilkershaim in Kessendorffer pfarr vnd liechtentanner gericht gelegen* (DOPPLER, MGSL 14, 125); **1609** *Hilgershaim* (SLA U 28/1+2, fol. 109).
E: → *-dorf* bzw. → *-heim* mit PN *Hiltigêr*. Es ist auffällig, dass die ON-Bildung mit *-dorf* ab dem 10. Jh. durch jene mit *-heim* abgelöst wird. An der Dialektaussprache ist die Ersetzung von [h-] durch [r-] auffallend (kaum Metathese, wie im SONB 83 angenommen).
L: ANB 516; SONB 83.

HIMMELREICH, D, G Wals-Siezenheim
D: ['hɪmɪraɪç]
E: bezeichnet die günstige, waldfreie Lage des Platzes.
L: SONB 167; OBOÖ 1, 62.

HIMMELSBERG, E, G Schleedorf
D: [hɪmɪʃ'bɛ:rɪg]
E: bezeichnet die günstige, waldfreie Lage des Platzes.

HINTERGRUBENBACH, E, G Hintersee
D: ['gruɐwɐbɔ(x)]
E: *Grubenbach* mit lokaler Relation (*hinter*). Nach ÖK 50 *Vorder-* und *Hintergrubenbach*, aber der Bach und die Alm heißen *Gruberbach/-alm*, wahrscheinlich heißt auch der Hof *Gruberbach* (vgl. die mdal. Aussprache).
L: SONB 150.

HINTERREIT, Sdlg, G Großgmain, bei der Burg Plain
D: ['hintɐraɪt]
U: **1139-1140** *Rvte dictam iuxta Plagien castrum* (SUB I, 354).
E: → *-reut* mit *hinter*.

HINTERSCHROFFENAU → *Schroffenau*

HINTERSEE, GewN; danach D
D: ['hintɐsɛ:], auch [hintɐ'sɛ:]
U: **1624** *Hinderseeische Gejaider* (IMHOF, MGSL 27, 122f.); **1624** *Fruemal bei dem Hintersee* (IMHOF, MGSL 27, 124); **1863** *Hintersee, das Vicariat* (RIEDL, MGSL 3 (1863), 380). — Frühe Belege mit anderem Bestimmungswort: **1299** *den Wærtzse* (SUB IV, 248); **1304** *ain see haizzet der Wertzsee* (SUB IV, 272). — *Feuchten(bach), Feichten*: **1244** *silvam nomine Vevhtenpach* (SUB III, 592); **1624** *bei einem Bauern zu Veichten* (IMHOF, MGSL 27, 124).
E: Der See hieß zunächst *Wärtzsee* (dessen Vorderglied ungeklärt ist), die Gegend hinter dem See *Hintersee*, die davor *Vordersee* (eine ähnliche Relation, z.B. *Au – Vorau* 'vor der Au' – *Enterau* in Dorfbeuern). *Feichten* ist ein HofN in Hintersee (vgl. südl. von Hintersee *Feuchtenstein*

und *Feuchtensteinalm* sowie urk. *Vevhtenpach*, was auf mhd. *viuhten* 'Fichten(bestand)' zurückgeht). Aus einem nicht mehr bekannten Grund übernimmt der *Wärtzsee* dann den Namen des Weilers *Hintersee* (der ja schon vor seiner Erhebung zur Pfarre 1785 der Hauptort des Tales gewesen sein muß, denn sonst hätte man ihn nicht zur Pfarre gehoben).
L: SONB 140.

HINTERWINKL, ZH, G Elsbethen
D: ['hintɐwɪŋgɪ]
E: → *-winkel* mit *hinter*.
L: SONB 136.

HIPPING, W, G Seekirchen
D: ['hipɪŋ]
U: 1104-1116 *Perht(olt) de Hippinpin* (SUB I, 322); 1125-1147 *Perhtolt calvus de Hippigin* (SUB I, 341); 1125-1147 *Perhtolt et frater eius de Hippingin* (SUB I, 370); 1125-1147 *Iovb de Hippingen* (SUB I, 395); 1131-1139 *Perhtold et frater eius Iaub de Hippingin* (SUB I, 363); 1219 *Heinricus de Hippingen* (SUB III, 256); vor 1419-ca. 1500 *Primo de cur(ia) in hipping* (SLA U 5, fol. 24); 1496-1566 *Item curia hipping* (SLA U 9a, fol. 79).
E: PN *Hippo* mit Suff. *-ing(en)*; *-p-* statt *-g-* im Erstbeleg ist verschrieben oder verlesen.

HIRSCHPOINT, W, G Faistenau
D: ['hiɐʃpɐⁿd]
E: → *-pointe* 'eingefriedetes Stück Land' mit *Hirsch* (Platz für die Hirschjagd am Hintersee).

HIRSTEIG, Hf, G Elsbethen
D: ['hiɐʃtaɪg]
U: 1207 *locum Hirzesstige* (SUB III, 92); 1477 *Zwayn Hewsern ze Hiersteig* (Urkunden Nonnberg, MGSL 38, 243).
E: mhd. *stîc* 'Steig' mit *hirz* 'Hirsch' (Gen. Sg.).

HITZERBICHL, Hf, G Seekirchen
D: ['hitsɐbi:hl]
U: 1212-1312 (C 14. Jh.) *dacz Wiczenpuhel* (Urbar Nonnberg, DOPPLER, MGSL 23, 46); 1405 *Hyczenpühel* (ib. 46); 1439 *Jakob von Hytzopüchel* (Urkunden Nonnberg, MGSL 37, 214); 1492 *ze Hitznpühel* (Urkunden Nonnberg, MGSL 39, 116).
E: ahd. *buhil* 'Hügel' mit PN *Hitzo*. *W-* im Erstbeleg ist verlesen oder verschrieben.

HOCHBERG, KG, G Nußdorf
D: ['hoʊbɐɐɪg]
E: → *-berg* mit Adj. *hôch*, zur Unterscheidung von dem benachbarten → *Kleinberg*?

HOCHTHRON, Berchtesgadener, BergN (→ *Untersberg*)
D: ['ho:xtron]
U: 1449 (Feststellung der Grenze zwischen dem EB Salzburg und dem Stift Berchtesgaden:) *von dem Weyssenpach* [Weissbach bei Großgmain] *... ... in den Rotofen* [Lattengebirge] *... ... zu dem Tottenman* [Berg w. Bischofswiesen] *... auf den Stain..., von dem Stain auf in die weyßwanndt, von der weyßenwannt vncz an den hohendram vnd von den hohendram den Vnttarsperg über an den Chuestain* (Ins. i. 1454, DOPPLER, MGSL 14, 59), *die gemerckt von Glanegk gen Schelmperg ... heben sich an in dem weisbach der da fleust her derhalben des guets genannt zum Tor* [Thorer] *... vnd vom vrsprung des weispachs* [bei der Toni Lenz-Hütte] *vncz an den vrsprung des pachs genant Rotenmain* [Rothmannbach, entspringt unter der Ostwand des Berchtesgadener Hochthrons], *von demselben pach den gemercken nach in den vnttersperg wider vntz an den hohendram* (ib.); 17. Jh. *in dem Weißpachen gerad auf zu dem hochen Tramb miten auf dem Untersperg, von demselben Dramb ...* (ST 113, Z. 11); 1691 (od. 1778) *ab in Weisbach und Grad auf zu den hohen Tram, mitten auf den Untersberg, von demselben*

Tram ... (PEZOLT, MGSL 28, 422 [die Grenzbeschreibung folgt im ganzen der von 1449]); neuere Karten: *Hochtramm*.
E: mhd. *trâm* 'Holzbalken' mit Adj. *hôch*, paßt sachlich gut zu den Süd- und Ostabstürzen des Berchtesgadener Hochthrons; die geographischen Angaben passen eindeutig für den Berchtesgadener, nicht den Salzburger Hochthron. Später umgedeutet in *Thron*.

HOF (BEI SALZBURG)
D: [hoːf]
U: ca. **1350** *von den houen* (SONB 104); **1692** *die würth zu Prunn vnd am Hof* (ZILLNER, MGSL 5, 103).
E: → *-hof*; junge Siedlung im ehemaligen Waldgebiet, die aus der *curia* in *Elsenwanch* (→ *Elsenwang*) hervorgegangen ist; ahd., mhd. *hof* 'eingezäunter Raum, Gehöft' (Wirtschaftshof), später als allgemeine Bezeichnung von Gut (Lehen); Dat. Pl. *hoven*.
L: SONB 104. – Vgl. auch FELBER/LAKNER/SCHWAIGER 1990.

HOF (zu Anthering)
D: [hoːf]
U: **1336** *Chunrat von Hol (!) einen hof* (SUB IV, 424), *Chunrat am Hof einen Hof* (ib.); **1447** *petter von hoff* (DOPPLER, MGSL 14, 26); **1448** *der Lanndsidel Vlreich ab dem Hof gesessen zu Anthering bey dem pach* (ib., 29); **1471** *Petern von Anthering am Hof* (DOPPLER, MGSL 15, 72), *gut ze Anthering am Hof* (ib.).
E: → *hof* 'Hof, Bauerngut'.

HOF (zu Elixhausen)
U: **1441** *Jorg Haiczer von Hof* (Urkunden Nonnberg, MGSL 37, 222).
E: → *hof* 'Hof, Bauerngut'.

HOFSTÄTTER, E, G Anthering
D: [ˈhoːʃtedɐ]
U: **1336** *item datz Hofsteten ein halben* (SUB IV, 424); **1496** *Augustin vonn hofstetten* (DOPPLER, MGSL 16, 319).
E: → *-statt* mit → *hof* 'Bauerngut'; die Ableitung mit mit dem Suff. *-er* nennt den Eigentümer des Gutes *Hofstätt* (vgl. → *Mitterstätt*). Wiederkehrender HofN.
L: SONB 106.

HOHENGARTEN W, G Obertrum
D: [hɔʊnˈgɔɐˣtn]
U: **1486** *Nicklas Schneyder von hohenngarten gesessen In Anntheringer gericht* (DOPPLER, MGSL 16, 238).
E: mhd. *garte* 'eingefriedeter Grund, Gehege' mit *hôch*.
L: SONB 162.

HOHENSALZBURG, Festung, G Salzburg Stadt
D: [ˈfestʊŋ]
U: **1144** *in Castro Salzburgensi* (SUB II, 332); **1144** *in castro Salzburc* (SUB II, 335); **1170-1177** *Castrum ... quod civitati Salzpurgensis supereminet, ab archiepiscopo Gebehardo inceptum* (Vita Chunradi, MG SS XI, 74.20); **1181** *castella ... in monte Salzpurch et Werven* (Jüngere Vita Gebehardi, MG SS XI, 39); **1481** (C Anf. 16. Jh.) *in das Slos Saltzburg* (SPATZENEGGER, MGSL 5, 198); **1526** *Gepeu innerhalb des Sloß Salzburg; Sloßberg* (PILLWAX, MGSL 17, 58); **1535** *Geschloßperg* (JORDAN, Sbg. Chronik, 21); **1540** *Inventar der Hohen Festung* (PILLWAX, MGSL 17, 65); **1605** *auf dem fürstlichen Haubtschloß Salzburg* (ib., 70); **1639** *Inventarium des hochfürstlichen Hauptschloßes Hohensalzburg* (ib., 72); **1709** *auf der Festung Hochen Saltzburg* (SPATZENEGGER, MGSL 15, 214); **1727** *Vestung Hochen Saltzburg* (ib., 223).
E: Der Bau des *castrum* Hohensalzburg wurde 1077 von EB Gebhard begonnen. Das ältere *castrum superius* lag vermutlich an der Stelle des Klosters Nonnberg; lat. *castrum, castellum* 'Burg'; frnhd. *slôß, geslôß* 'Schloss', *(fürstliches)*

Haubtschloss; 1540 und seit dem 18. Jh. *Festung Ho(c)hen Salzburg*.
L: ANB 905ff.; DOPSCH 1977a.

HÖHENWALD, ZH, G Elsbethen
D: [hɛ'wɔɪd]
E: mhd. *wald* mit *hôhi* 'Höhe' oder Adj. *hôch*, Dat. Sg. *(in dem) hôhin walde*.

HOLZHAUSEN, D, G St. Georgen
D: [hɔɪts'haʊsn]
U: **788-790** (C M. 12. Jh.) *villulam que vocatur Hulthusir ... in pago Salzburcgaoe* (LOŠEK NA 6.24); **798-814** (C E. 12. Jh.) *villam, quę dicitur Holzhûs* (LOŠEK BN 13.8), *ad Holzhus super Diezzen* (ib. 19.4); **991-1023** *proprietatem, qualem habuit Holzhuse* (SUB I, 263); um **1035** *ad Holzhusun* (SUB I, 890); **1188-1193** *curtem unam ad Holzhusin* (SUB I, 478); **1335** *von Roting hin gegen Holtzhousen* (SUB IV, 422), *datz Holtzhovsen ein gůt* (ib. 423); **1348**-ca. **1400** *curia in holtzhausen* (SLA U 3, fol. 46); vor **1415-1501** *Item de curia in holtzhausen* (SLA U 4, fol. 97); **1490** *Im Reit bei Holczhausen In Sand Jörgen pfarr* (DOPPLER, MGSL 16, 261); **1496-1566** *Primo de holtzhausen* (SLA U 9a, fol. 163).
E: → *-haus* mit ahd. → *holz* 'Wald'. Zur archaisierenden Form des Erstbeleges mit unverschobenem *-t* (*Hult-*) vgl. zuletzt WAGNER 1991, 161–174; anders (als echten Beleg für unverschobenenes *t*) SCHWARZ 1927, 242ff.; FINSTERWALDER 1990–1995, 71ff.
L: ANB 533; SONB 93; SCHWARZ 1927, 242ff.; FINSTERWALDER 1990-1995, 71ff.; WAGNER 1991, 161–174.

HOLZLEITEN W, G Lamprechtshausen
D: [hɔɪds'laɪtn]
U: **1199-1231** *Chunr(at) de Holzlivten* (SUB I, 500), *de Holzlivten Chunr(at)* (ib.); **1337** *item ze Holtzleitten, da Lůdel oufsitzet, ein halb hůb vier metzen habern* (SUB IV, 432); **1653** *Holtzleitten* (als „Überschrift", AES 6/48/43, lfde Nr. 90, fol. 16).
E: ahd. *liut* 'Leute' mit ahd. *holz* 'Wald'. Die Schreibung *-leiten* seit 1337 zeigt die dialektale Entrundung von <äu> zu [aɪ] und Umdeutung zu → *-leite* 'Abhang, Leite', die sich auch in der Dialektlautung ohne Lenierung des *-t-* nach Diphthong niederschlägt. Tatsächlich handelt es sich um eine sanfte Leite, der Erstbeleg bedeutet aber eindeutig 'Waldleute'.
L: ANB 534; SONB 128.

HOLZLEITEN, R, G Thalgau
D: ['hɔɪtslaɪ'n]
U: **1489** *ein Gut Holzleyten im Talgew* (PEZOLT, MGSL 40, 185).
E: → *Holzleiten*, G Lamprechtshausen.

HOLZMANN bei Obertalhausen, G Dorfbeuern
D: ['hɔɪdsmɔⁿ]
U: **15. Jh.** *predium Holczman in Obertalhausen* (Reg. 15. Jh., SUB I, 770).
E: mhd. *man* 'Mann' mit → *holz* 'Wald'.

HOLZMANNBERG, E, G Nußdorf
D: [hɔɪds'mɔⁿ]ₑ
U: **1337** *item Ŏrel an dem Holtzmansperg* (SUB IV, 431).
E: → *-berg* mit → *Holzmann*.

HOLZMEISTER, R, G Eugendorf (unterhalb des Zifanken)
D: ['hɔɪtsmœɐstɐ]
E: mhd. *meister* 'Meister, Vorsteher' mit → *holz* 'Wald'.

HÖPFLING, W, G Berndorf
D: ['hepflɪŋ]
U: **1025-1041** (C) *mensuram ad Hephilingun* (SUB I, 216); ca. **1230-1240** (C M. 13. Jh.) *Vol-*

ricus de Hepheligne (SUB I, 837); **1618** *Wolf Paumgartner zů grossen höpfling* (Urbar Pfarre Berndorf fol. 42).
E: PN *Hepfilo* mit Suff. *-ing(en)*.
L: ANB 535; SONB 72.

HUB (bei Anthering)
D: [huɐb]
U: **1336** *item datz Hůb ein hůb* (SUB IV, 425).
E: → *-hub*.
L: SONB 133.

HUB Zistel-Fager, Hf, G Elsbethen
U: **1414** *zway zehenthäwser di gelegen sind auf der Vager ze nachst an den cziβtlär vnd sind gehaißen das huebenlehen vnd das Greymolczlehen* (DOPPLER, MGSL 13, 52).
E: → *-hub*.

HURRER, Hf, G Schleedorf
D: [huɐɐ, huɐn]
E: unklar.

HUTTEN, W, G St. Georgen
D: [hutn]
E: unklar.

HÜTTENSTEIN, R, G St. Gilgen
D: [ˈhitnʃtɔɐⁿ]
U: **1326** *castrum Huetenstain* (SONB 129); **1459** *Hanns Scheffherr pfleger zu Hüttenstain* (DOPPLER, MGSL 14, 116); **1515** *Georgen Alber Pfleger zu Huettenstain* (DOPPLER, MGSL 10, 12); **1692** *die Hiettenstainische Fischer* (ZILLNER, MGSL 5, 101f.).
E: → *-stein* 'Stein, Fels', hier: 'Burg' mit mhd. *huote* 'Behütung, Bewachung', d.h. 'Wachburg' (vgl. Erstbeleg mit lat. Übersetzung *castrum*); heutige Aussprache nach der Schreibung.
L: SONB 129; ZILLER 1977, 61.

HUTTICH, R, G Seekirchen
D: [ˈhuɐrıç]
U: **1167-1188** *Heinr(ich) de Hůtich* (SUB I, 458); **1188-1193** *Heinr(ich) de Hůtich* (SUB I, 484); **12. Jh.** E. (C M. 13. Jh.) *de Hůtich XL denarii* (SUB I, 512); **1216** *Chunradus de Hůtich* (SUB III, 200); **1437** *von der Hueticher an der Carlsreütter gründ – von Carlsreith biß in das Pöchl – biß in den Schelmlach"* (ST 16, Z. 12); ca. **1780** *Ein Gut zu Heutich* [sicher verschrieben für *-ue-*] (SLA Hieronymus Kataster Alt- und Lichtenthann I, fol. 236); **1783** *Ein Gutt zu Huettich* (ib., fol.256).
E: PN ahd. *Huotuhh*, später *Huotihh* (da kein Umlaut eingetreten ist, muß das Suff. *-ihh* jünger sein), abgeleitet von germ. *Hōd-* (KAUFMANN 1968, 191).
L: ANB 545.

HUTZING W, G Anthering
D: [ˈhutsıŋ]
U: **1212-1312** (C 14. Jh.) *das guet ze Huczing* (Urbar Nonnberg, DOPPLER, MGSL 23, 44); **1336** *Chunrad von Hutzing* (SUB IV, 425); **1405** *Huczing* (MGHSL 23, 44); **1422** *Huczing* (Urkunden Nonnberg, MGSL 37, 195).
E: PN *Hutzo* (Koseform von *Hug-*) mit Suff. *-ing*.
L: SONB 72.

I

IBERTSBERG, W, G Obertrum
D: [iːwıtʃˈbɐɐrıg]
U: ca. **1780** *Ein Gut zu Ibetsperg* (SLA Hieronymus Kataster Mattsee I, fol.260f.); undat. *Yflsperg, Ydfridsperg* (SONB 123).
E: → *-berg* mit PN *Ilfrid*?
L: SONB 123.

IMBERG, G Salzburg Stadt, BergN, heute Kapuzinerberg, erhalten im Straßennamen *Imbergstraße*
D: ['ɪmbɐɐg]
U: **1261** *paludem ad montem Ninperg* (F. 15. Jh., SUB IV, 45); **1415** *an dem Mynnberg* (DOPPLER, MGSL 13, 56); **1437** *Wilhelm Pfleger auf Mynnberg* (WALZ, MGSL 7, Anh. 36); **1459** *an den ynnberg* (DOPPLER, MGSL 14, 112); **1459** *Sigmund Kewczel pfleger auf dem Innberg* (ib., 116); **1499** *guglpewnt hintten am Nynberg* (Urbar, Registrum, SPATZENEGGER, MGSL 9, 64); **1502** *Uxor Ernesti de Graben, praefecti castri Imberg* (WALZ, ib., 479); **1517** *vidua Ernesti de Graben, praef. castri Imberg* (WALZ, MGSL 14, Anh., 484); vor **1615** *auf dem Ynperg* (HAUTHALER, Wolf-Dietrich, MGSL 13, 48); vor ca. **1620** *Nümberg* (ib.); **1631-1649** *Von ainer hausstatt auf dem Stain Ennhalb der Pruggen gegen dem Innberg gelegen* (SLA U 14, fol. 8); **1861** *Innberg (Imberg) oder Kapuzinerberg* (PRINZINGER, MGSL 1, 38); undat. *St. Johanns am Imberg* (MGSL 2, 78).
E: → *-berg* mit Adv. *inne* 'innen, inwendig', wahrscheinlich der 'innere Berg' (die der Stadt zugewandte Westseite des Kapuzinerberges), im Gegensatz zum → *Fürberg*; *-berg* mit *minne* 'Liebe' macht wenig Sinn (PN *Minno*, FÖRSTEMANN 1125). Seit dem 17. Jh. bürgerte sich der Name *Kapuzinerberg* (nach dem dort 1594 errichteten Kapuzinerkloster) ein. In der NS-Zeit wurde aus kirchenfeindlichen Motiven die Wiederbelebung des alten Namens versucht. Die *Imbergstraße* wurde nach der Regulierung der Salzach im ausgehenden 19. Jh. angelegt und benannt.
L: MARTIN 1940, 53 (1995, 110).

IMMELSBERG, W, G Dorfbeuern
D: [ɪmɪʃ'bɐɐrɪg]
U: **1431** *Ymelsperig*, **1502-1583** *Hymilsperg*, **1594** *Imelsperg* (Belege nach REIFFENSTEIN 1985, 367); **1653** *Imelsperg* („Überschrift", AES 6/48/42, lfde Nr. 89, fol. 9).
E: → *berg* mit PN *Imili* (Diminutiv) oder *Immin*.

IRLACH, Hf, G Anthering; W, G Nußdorf
D: ['iɐlɐ]
U: **1336** *item datz Erlach ein viertail* (SUB IV, 424); **1469** *Hanns Tischlär von Erlach* (Urkunden Nonnberg, MGSL 38, 236); **1502** *zu Erllach in Nustorffer pfarr* (SLA OU 1502 VI 26)
E: ahd. *erila* 'Erle' mit Suff. *-ahi* 'Erlenbestand' mit dialektaler Hebung von *e* vor *r* > [i]. Vgl. → *Erlach*.
L: SONB 143.

IRLACH, R, G St. Georgen
D: ['iɐlɐ]
U: vor **1415-1501** *Item de Erlach* (SLA U 4, fol. 95).
E: → *Irlach*, G Anthering.

IRLACH, ZH, G Thalgau
D: ['iɐlɐ]
E: → *Irlach*, G Anthering.

IRLREIT, Sdlg, G St. Gilgen
D: ['iɐlraɪt]
U: **1348** *Ygelstat sive Yegelsraeut* (SONB 143).
E: → *-reit* mit PN *Ygel* (Eggel, Eckl); später nach benachbartem *Erlach* (*Irling*) als 'Erlenrodung' umgedeutet (SONB, loc.cit.). *Yegel-* paßt freilich zu keiner dieser ON-Formen, hingegen könnte die mdal. Form durchaus auf *Yegel* zurückgehen (*Uogilo* zum PN *Uogo*, vgl. KAUFMANN 1968, 275 und OBOÖ 1, 55 [*Jeging*]). Die spätere Annäherung an *Erl-* ist plausibel, aber nicht zwingend, da man zu [iɐl-] auch von *Üegel-* kommen kann.
L: SONB 143; ZILLER 1977, 40.

IRRSBERG, BergN (844m), G Neumarkt/ Straßwalchen
D: ['iɐʃbɐɐg]
U: ca. **816-829** *partem Ursesperge* (SUB I, 902); 2.H. **10. Jh.** *Mons ille qui dicitur Urisesperc* (SUB I, 913); **1882** *Irschberg, Yrsch-* (ZILLNER, Tann, MGSL 22, 107, 109).

E: → *-berg* mit roman. PN *Ursus*, → *Irrsdorf*.
L: ANB 561; SONB 123; OBOÖ 4, 7.

IRRSDORF, D, G Straßwalchen
D: ['iɐʃtɔɐf]
U: ca. **735/748-785** (C 9. Jh.) *in Ursisdorf* (SUB I, 897); **798-814** (C E. 12. Jh.) *ad Urisesdorf* (LOŠEK BN 14.53); **824** (C E.9. Jh.) *Actum in loco ad Ursesdorf* (SUB I, 903); **828** (Tr E. 9. Jh.) *Actum in loco ad Ursisdorf* (SUB I, 905); **972-994** (Tr 2.H. 10. Jh.) *ecclesie que est in Ursesdorf* (SUB I, 911); **1107** *usque ad Vrsdorf* (OÖUB II, Nr. 90; Mondsee); **1338** *gen Versdorf unserr vrowen ain pfunt, gen Lengawe* [Lengau, n. Straßwalchen, OÖ] *dem pfarrer ain pfunt* (SUB IV, 442); **1462** *Ich Michel hetzl von vrstarf* (SLA OU 1462 X 25); **1496** *dem Strobl von Vrstorff aws ainem viertail* (SLA OU 1496 IX 05; ebenso SLA OU 1505 IV 26); **1600-1617** *Thoman im Pirach Zů Vrsdorf* (AES 7/80/2, lfde Nr. 61 fol. 6); **1875** *Irschdorf* (PRINZINGER, MGSL 15, 9); **1882** *Yrschdorf* (ZILLNER, MGSL 22, 108f.).
E: → *-dorf* mit roman. PN *Ursus*. Umlaut von *u* > *ü* vor der ahd. Endung *-is* des Gen. Sg. (erst sehr spät bezeichnet; entrundet > [i]).
L: ANB 561; SONB 65, 88; OBOÖ 4, 60 (*Irrsee*); GREULE 2002, 275–280; LINDNER 2008, 28.

ISCHL, GewN, G Strobl (FlN, ON, Salzkammergut, OÖ)
U: reiche Beleglage seit dem 9. Jh. (*Iscula, Iscala*), s. ANB 562f., OBOÖ 6, 42f.
E: alter FlN, voreinzelsprachlich oder keltisch (vgl. kelt. **esc* 'Wasser').
L: ANB 562f.; SONB 52; OBOÖ 6, 42f.; ZILLER 1977, 61f.; LINDNER 2002, 544.

ITZLING, Stt, G Salzburg Stadt
D: ['itslɪŋ]
U: **788-790** (C M. 12. Jh.) *villulam nuncupante Uzilinga in iam dicto pago Salzburchgaoe* (LOŠEK NA 2.1); **798-814** (C E. 12. Jh.) *villa Uzilinga ... super Salzaha fluvium* (LOŠEK BN 5.1; Var. *Vzilingam*); **1104-1116** *Megingoz de Vzilingin et eius filius Gerhoh* (SUB I, 321); **1122** *Marchwart et filii eius Hartnit et Gerloh de Vzilingin* (SUB I, 330); **1122-1164** *Hartnid de Uzelinge* (WALLMANN, MGSL 9, 295), **1182** *Rudgerus de Uzling* (ib. 297), ca. **1190-1193** *Chunradus de Uzling* (ib.); **1152-1164** (C 12. Jh.) *Hærtnît et frater eius Marquart de Uzelingen* (SUB II, 408); **1203** *Heinricus de Vzelingen* (SUB III, 41); **1218** *Hainricus de Vozlinge* (SUB III, 241); **1348**-ca. **1400** *item curia in Vtzling* (SLA U 3, fol. 49); vor **1415-1501** *Item de molendino in Vtzling* (SLA U 4, fol. 101); **1511** *ain Solden zu Vtzling* (SLA OU 1511 III 06); ca. **1500**-ca. **1590** *Item curia in Vtzling* (SLA U 11, fol. 21), *Item Molendinum in Vtzling* (ib. fol. 35); **1511** *ain Solden zu Vtzling ... gelegen in Saltzburger pharr vnd newhawser gericht* (SLA OU 1511 III 06); **1525** *Vtzling* (HHStA Wien, AUR 1525 I 21); **1631-1649** *Von der Müll zu Ytzling* (SLA U 14, fol. 16); **1778** *die Itzlinger* (PEZOLT, MGSL 28, 419).
E: PN *Utzilo* mit Suff. *-ing(en)*. Umlaut *u* > *ü* (spät bezeichnet, entrundet > [i]) vor dem Suff. *-ilo*.
L: ANB 564f; SONB 69.

I(U)VARUS, FlN, → *Salzach*

J

JAGDHUB, D, G Straßwalchen
D: ['jɔgthuɐb]
E: → *-hub* mit *jaget*, 'Hof für die Jagdaufsicht'? (vgl. → *Voglhub*).
L: SONB 133.

JAUCHSDORF, D, G St. Georgen
D: ['jaʊkʃtɔɐf]
U: **1335** *item ein gůt datz dem Hertzogen von*

Jaevstorf geit sechs gerichttmetzel habern (SUB IV, 422); **1337** *item ze Iaeustorf, da der Hertzog oufsitzt* (SUB IV, 432).
E: → *-dorf* mit PN *Jûdas* (mit Schwund des *-d-*), vgl. FINSTERWALDER 1990–1995, 341: *Jaud*. Die heutige Schreibung mit *-chs-* (und die Aussprache [ks]) läßt sich als falsche Wiederherstellung von *-chs* < *-s* verstehen (Hyperkorrektion des Lautwandels *-hs* > *s*, wie in *Taxenbach*, 963 *Tassinpah*). Ebenfalls möglich ist ein Kompositum mit ahd. *jûh* 'Joch', aber mit welcher Bedeutung des ON? Außerdem widersprechen die historischen Belege.
L: SONB 88.

JOSEFIAU, Stt, G Salzburg Stadt
D: [joˈsɛfiaʊ]
E: der der Salzach zugewandte Teil der → *Herrnau*. Sie reichte früher vom alten Landeshauptschießstand (jetzt Justizgebäude) bis zur Hellbrunner Brücke. Der Name kommt von der Kapelle, die Abraham Zillner, der Besitzer des späteren Kasererhofes, um 1677 zu Ehren des hl. Josef erbaute, worauf der Hof *Josefihof* und auch ein großer Teil der Au *Josefiau* benannt wurde.
L: MARTIN 1940, 56 (1995, 116); FISCHER 1987, 258.

JUDENBERG am Gaisberg (*Judenbergalm*, seit ca. 1951 Hotel *Kobenzl*; neuerdings wieder *Judenbergalm* [schon wieder aufgegeben]), G Salzburg Stadt
D: [ˈjuːʼnbɛɐɡˌɔlm]
U: ca. **1331-1385** *Jacobus in dem Juden perig* (SLA U 1, fol. 38); um **1390** *Judenstat* (H. KLEIN 1965, 635 [Anm. 17] = 1960, 68); **1442** *Tann an dem obern Judenberg* (ib.).
E: → *-berg* mit PN *Jude* (KLEIN, ib.), kein jüdischer Besitz.
L: SONB 90.

K

KÄFERHEIM, D, G Wals-Siezenheim
D: [ˈkhɛːfɐhɔɐm]
U: **1309** *der Cheuerheimer* (SONB 81).
E: → *-heim* mit PN **Kefari* oder mhd. *kefer(e)* 'Käfer'.
L: SONB 81.

KAI, Stt, G Salzburg Stadt (Kaigasse, Kaiviertel)
D: [khaɪ] (keine Dialektlautung)
U: **1214** *Ortolfus miles in Gihei* (SUB III, 181); **1224** *Ortolfus de Gehai* (SUB III, 321); **1268** *dom. Or. de Gehay* (Urkunden Nonnberg, MGSL 35, 19); **1325** *in der stat auf der alben* („über dem → *Almkanal*") *in dem gehai* (SLA OU 1325 IV 10); **1336** *auf der hofstat in dem gehay ze nachst pay sant Laurentzen da des vorgenanten bischolf haus auf stat* (SLA OU 1336 III 26); **1338** *in Salzburga in vico dicto Gehay* (SUB IV, 438); ca. **1382** [1212-1312] *in dem Gehai* (A. 14. Jh., DOPPLER, MGSL 23, 97); **1401** *in dem Gehay* (DOPPLER, MGSL 13, 3); **1405** *im Ghay* (ib., 23); **1412** *in dem Ghay* (ib., 48); **1421** *in dem gehey* (Mayer, MGSL 23, 119); **1512** *im Khay pey den rörlprun* (ABERLE, MGSL 18, 245); vor **1615** *im Khay* (HAUTHALER, MGSL 13, 53f.; 107); **1662** *in Khay* (DOPPLER, MGSL 13, 90); **1759** *ain Hauß in Kay an Egg bei Prun Franz Khäserer Gastgeb* (ABERLE, MGSL 18, 245).
E: mhd. *gehege*, *gehei(e)* 'Einfriedung, Gehege' (Uferverbauung an der Salzach).
L: MARTIN 1940, 57 (1995, 121).

KAISERBUCHE, Gh, G Obertrum
D: [ˈkhaɪsɐbaːm]
E: „Kaiserbaum", anläßlich des Besuches Kaiser Josephs II. 1779 gepflanzt (2004 vom Wind geworfen, 2007 in Anwesenheit von Otto Habsburg neu gepflanzt).
L: HHS 377.

KÄLBERPOINT, R, G Seeham
D: ['khewɐboɪⁿd]
E: → *-peunte* '(eingezäuntes) Grundstück, Wiese' mit *kelber* 'Kälber' = 'Kälberweide'.

KALCHGRUB, W, G Berndorf
D: ['khɔɪ(ç)gruɐb]
U: **1521** *Item ain guet kalhgrueb darauf Thoman sitzt* (SLA OU 1521 VIII 14).
E: mhd. *gruobe* mit *kalch* „Kalkgrube".

†KALCHGRUB, G Salzburg Stadt (Raum Fürberg - Bürglstein)
U: **1478** *zu Pirgla ob der Kalichgrueb* (PEZOLT, MGSL 40, 173); **1499** *Kalichgrueb zway tail zehent (Decime in Pirglein;* SPATZENEGGER, MGSL 9, 66); **1495** *Hannsen Kalichgruber* (ib., 36); **1490** *Cristan kalichgruber* (ib., 56).
E: → *Kalchgrub*; über den Kalkofen am Fürberg vgl. PRINZINGER, MGSL 15, 7.

KALHAM, D, G Eugendorf
D: ['kɔɪhɔm]
U: **1122-1147** *Hertwich de Chaleheim* (SUB I, 611); ca. **1124** *Wicpoto de Chalaheim* (SUB I, 598); ca. **1125-1130** *Chaleheim* (KL Herrenchiemsee 13, fol. 4); **1125-1147** *Wichpotone de Chalheiman* (SUB I, 346); *Otto et frater eius Chonradus de Chalheimin* (SUB I, 371); ca. **1140** (C 12. Jh.) *Pernger (de) Cholahaim* (Tr. Mondsee, Nr. 184); ca. **1143** *Tagene de Chalheim* (SUB II, 309); *Ottone de Kaleheim* (SUB II, 316); **1147-1167** *Chunradus de Chalahaimen* (SUB I, 440); *Rudbertus de Chalaheim* (SUB I, 440); **1147-1193** (C 13. Jh.) *Perngeri de Chalhaim* (SUB I, 542); nach **1147** *Chonradus de Chalcheim* (SUB II, 381); **12. Jh.** *T. de Chaleheim* (Tr. Au, Nr. 43); E. **12. Jh.** *Adelbert min s. R. de Chalheim* (Necr 2, 126); **12./13. Jh.** *Mathilt l. de Chalheim* (Necr 2, 106); **1201** *Wolricus de Kalahaim* (SUB III, 15); **1273** *curiam in Chalheim* (SUB IV, 85); **1326** *Chunrat von Chalheim* (SUB IV, 361); **1393** *ain guet chalhann* (DOPPLER, MGSL 12, 267); **1447** *anna von kalhaim* (DOPPLER, MGSL 14, 25); **1629** *Balthasar Chalhamer* (WALZ, MGSL 14, 499); *Susanna Chalhaimerin* (WALZ, MGSL 14, 499).
E: → *-heim/-ham* mit PN-Stamm *Kal- (Chadalhoh)* eher als mit ahd. *kalo*, mhd. *kal* 'kahl'; da es dort nicht kahl, sondern eher waldig ist (war) und der *-heim*-ON doch ziemlich alt ist (und eine Ritterburg war), ist ein Komp. mit dem PN plausibler.
L: ANB 574; SONB 23, 82, 122.

KALTENREIT, E, G Thalgau
D: [kɔɪ'n'raɪt]
U: Chaltenrewt in dem Thalgaueck (ZILLNER, MGSL 18, 258).
E: → *-reit* mit mhd. *kalt* 'kalt' (vgl. mhd. *kalte, kelte* 'Kälte, Frost').
L: SONB 111.

KAPAUNBERG (BergN, Brunnen) am Gaisberg
D: [khɐ'paʊⁿbɐɐg]
U: **1778** *auf das Kapounzen Bründl* (PEZOLT, Stadtgericht, MGSL 28, 418).
E: unklar, wohl roman.
L: LINDNER 2008, 36.

KAPELLN Ober-, Unter-, E, G Seekirchen
D: [khɔ'pɛɪn]
U: **1219** *Gotscalcus de Chapellen* (SUB III, 256); **1336** *item Chappeller ein halbe* (SUB IV, 424); **1437** *geen Khrimplstetten biß an Capeller grund mit allen gründen herzue, von Capelln an Pruederstätter grund* (ST 15, Z. 39).
E: ahd. *kapella* 'Kapelle'.

KAPUZINERBERG, BergN, G Salzburg Stadt
D: [khapʊ'tsinɐbɐɐg]
U: **1378** *Die Grueberische Behausung auf der Capucinerstiegen* (DOPPLER, MGSL 12, 215); **1499** *von dem haws an sand Johanns weg auf den perg* (SPATZENEGGER, MGSL 9, 62); **1709**

Capuciner Berg (SPATZENEGGER, MGSL 15, 213); **1727** *Capuciner Berg* (SPATZENEGGER, MGSL 15, 223); **1778** *Kapuzinerberg* (PEZOLT, MGSL 28, 418); **1862** *auf dem Im- oder Kapuzinerberge* (PICHLER, MGSL 2, 35).
E: Der K. hieß vor Errichtung des Kapuzinerklosters Ende des 16. Jhds → *Imberg* oder *Innberg*, 'der innere an der Stadt gelegene Berg', im Gegensatz zum → *Fürberg* ('Vorberg'), wie der nach Osten liegende Teil des Kapuzinerberges noch heute heißt (PRINZINGER, MGSL 15, 20).

KARELLEN Ober-, Unter-, W, G Berndorf
D: [khɐˈrɛin]
U: **1874** Flur und Ortschaft „*Korellen*" (Spuren röm. Wohnstätten) (PRINZINGER, MGSL 14, 67).
E: unklar, (vor-)roman.? Vgl. rom. → *Flurnsbach* in der Nachbarschaft.
L: LINDNER 2008, 36.

KARLBAUER, W, G Neumarkt
D: [khɔɐl(baʊɐ)]
E: Bauer mit PN *Karl*.

KARLSREIT, Hf, G Seekirchen
D: [khɔɐlsˈraɪd]
U: **1437-1625** *von der Hueticher an der Carlsreütter gründ – von Carlsreith biß in das Pöchl – biß in den Schelmlach, vom Schelbmlach (!) biß in die Wengerlach an den see* (ST 16, Z. 12); undatiert *Charlasrewt* (ZILLNER, MGSL 18, 255; nach Urbar).
E: → *-reut* mit PN *Karl*.

KASERN, Stt, G Salzburg Stadt
D: [ˈkhaːsɐn]
U: **991-1023** *proprietatem ... in loco, qui dicitur Chasira* (SUB I, 197; nach ANB unermittelt); **1273** *cum curia villicali dimidia dicta Keser* (SUB IV, 83), *Kæser* (Var, ib.); **1315** *Chaessern* (HHStA Wien, AUR 1315 III 25); **1424** *Hannsen von Chäsar* (Urkunden Nonnberg, MGSL 37, 197).
E: ahd. *kasari* 'Hütte' (aus mlat. *casaria*), später verengt auf 'Sennhütte' (vgl. *Vierkaser-*, *Zehnkaseralm* auf dem Untersberg). Auffällig ist, daß der Almname hier im Tal vorkommt. Aber die Bedeutung der wenigen ahd. Belege ist ohnehin 'Hütte' (*camera pastorum* 'Hirtenhütte', AWB 5, 51). Wenig wahrscheinlich ist, daß dem ON die Berufsbezeichnung mhd. *kæser* 'Käseerzeuger, -händler' zugrunde liegt.
L: SONB 117f.; FINSTERWALDER 1990-1995, 596; LINDNER 2008:36; ANB 190 (unermittelt, Etymologie unklar).

KATZELSBERG, W, G Obertrum
D: [khatslsˈbɛɐrɪg]
U: **1486-1566** *Item predium katzleinsperg* (SLA U 11c, fol. 6).
E: → *-berg* mit PN *Katzili* oder mit Dim. *Kätzlein* (?).

KATZMOOS, E, G Elixhausen
D: [khɔtsˈmoːs, khats-]
E: → *-moos* mit ahd. *kazza* 'Katze (Wildkatze?)'.

KAUFHAUSEN, W, G Eugendorf
D: [ka(ʊ)fˈhaʊsn]
U: **1125-1147** *predium ... ad Choufhuson* (SUB I, 340); *Chuofhusen* (SUB I, 340, Randglosse); E. **12. Jh.** (C M. 13. Jh.) *de Chuofhusen LX denarii* (SUB I, 513).
E: Wohl zu mhd. *koufhûs* 'Kaufhaus, -halle'; oder aber steckt doch der PN *Kouffulus* dahinter?
L: ANB 587; SONB 94; vgl. OBOÖ 4, 235.

KEFLAU, W, G Faistenau
D: [kɛfiˈaʊ]
U: **1552** *Khef(f)lau* (ZILLER 1977, 64).
E: wohl von einem FamN *Kefel*, *Käfer*.
L: ZILLER 1977, 64.

KEHLBACH, GewN, r.z. Salzach; bei Anthering
D: [ˈkhɛɪbɔx]
U: **1336** *zwischen des Chelpachs und des Weizzenpachs mitten* (SUB IV, 424).
E: → -*bach* mit ahd. *kela* 'Kehle, Schlund' = 'tief eingeschnittener Bach'.
L: STRABERGER 1974, 58.

KEMATING, D, G Göming
D: [ˈkɛmɐtɪŋ]
U: **1041-1060** *in loco Cheminatingun* (SUB I, 241); vor **1190** *Hainricus de Chemnatin* (SUB I, 824); **1199-1231** *in predium ecclesię sancti Petri Chemenaten dictum* (SUB I, 499); ca. **1230-1240** *Gerungus de Chemnaten* (SUB I, 837); ca. **1780** *Kematinger Viertel* (SLA Hieronymus Kataster Laufen II, nach fol. 669); *Langgut zu Kemating* (ib. fol.672); *Oichtnergut zu Kemathen* (ib. fol.673 und gleichlautend fol.674f.).
E: ahd. *keminâta* 'beheizbarer Raum', seit 1780 und heute mit Suff. -*ing(en)*, sekundärer -*ing*-ON. Vgl. auch → *Plain-Kemating*, G Bergheim.
L: ANB 588; SONB 67–69; LINDNER 2008, 28.

KENDL, G Salzburg Stadt (Raum Bürglstein)
U: **1499** *dy Chenndel* (SPATZENEGGER, MGSL 9, 66).
KENDL, G Salzburg Stadt (Parsch-Gaisberg)
U: **1691** (od. 1778) *über in Flöderbach, gerad auf über in die Kendl, und von der Kendl auf in den Kößtlbrunn* (PEZOLT, MGSL 28, 422).
KENDL am Heuberg [super Hewperg]
U: **1499** *dy Chenndl* (SPATZENEGGER, MGSL 9, 66).
KENDEL bei Anthering
U: **1336** *item Chaendel einen halben hof* (SUB IV, 424).
E: mhd. *kanel, kenel* 'Wasserrinne, Kanal' (< lat. *canalis*).
L: SONB 152.

KENDLBACH, E, G Ebenau
D: [ˈkɛⁿ(d)lbɔ(x)]
U: **1209** *rivo Chenlebach* (SUB III, 127).
E: → -*bach* mit mhd. *kenel* (Lehnwort aus lat. *canalis* 'Röhre, Rinne', in ON 'Abzugsgraben, kleiner Bach'); → *Kend(e)l*, G Salzburg Stadt, Anthering, *Kendling*, G Göming.
L: SONB 150; vgl. LINDNER 2008, 26.

KENDLING, Hf, G Göming
D: [ˈkhɛndlɪŋ]
U: **1430** *gut ze Chendling in Haunsperger gerichte* (DOPPLER, MGSL 13, 103).
E: → *Kendl* mit sekundärem Suff. -*ing*.
L: SONB 74.

KERATH, W, G Bergheim
D: [ˈkhɛɐɐt], HofN [ˈkhɛrɛstɐ]
U: **1494** *Hanns an der Köröd in Radegker gericht* (DOPPLER, MGSL 16, 302); ca. **1780** „*ein halber Hof zu Korb Kerath*", „*der andere halbe Hof zu Kerath*" (SLA Hieronymus Kataster Neuhaus fol. 241f.); **1830** *Kerrath* (SLA Franziszäischer Kataster KG Voggenberg I).
E: → -*öd* mit ahd. *kêra* 'Biegung, Wendung (eines Weges)' oder ahd. *kêrida* 'Umkehr, Wendung'; die Lage der Höfe am Ende einer Sackgasse paßt zu dieser Erklärung gut; der HofN dürfte ein Komp. von → *ester* 'Weidegatter' mit *kêra* sein. Eine Ableitung von mhd. *keren* 'fegen' ist aus lautlichen Gründen nicht möglich.
L: SONB 175.

KIENBERG, W, G St. Gilgen
D: [ˈkɛɐⁿbɛrɪg]
U: **1492** *Herrn Rudolffen von Kyenberg als pharrer vnd Thumbherr zu Saltzburg* (DOPPLER, MGSL 16, 287); **1492** *Herr von Kyenburg* (DOPPLER, MGSL 16, 287); **1495** *Herrn von Kienberger* (SPATZENEGGER, MGSL 9, 36); **1511** *dem Kienberger Zerung gen Golling* (SPATZENEGGER, MGSL 7, 111).

E: → *-berg* mit mhd. *kien* 'Kien, Kiefer'.
L: ZILLER 1977, 65.

KIRCHBERG, R, G Eugendorf
D: ['kirɐbɛrɪg]
U: **1255** *Act in Chirchperch* (SUB IV, 30); **1383** *guet ze Chirhperg* (Urk. Nonnberg = MGSL 36, 268).
E: → *-berg* mit mhd. *kirche* 'Kirche'.
L: SONB 100.

KIRCHSTÄTT, Sdlg, G Obertrum
D: [kırɐ'ʃte:d]
E: → *-statt* mit *Kirche*.

KIRSCHBERG, W, G Anthering
D: ['khiɐʃpɐ]
U: **1446** *Kielsberg*; **1626** *Khürsperg*; **1630** *Khiehrlperg* (alle Bel. nach SCHWARZ 1990, 40).
E: → *-berg* mit PN **Kiol*, **Kiel* 'Kiel' (KAUFMANN 1968, 221) oder (weniger wahrscheinlich) mit ahd. *giol*, *chiel* (AWB 4, 275 s.v. *giol*), mhd. *giel* 'Maul, Schlund'. Die wellige Geländeform macht den bildhaften Vergleich immerhin denkbar. Der ON hat jedenfalls nichts mit *Kirschen* (['khɛɐʃn]) zu tun.
L: SCHWARZ 1990, 40.

KLAUSBACH, GwN, G Elsbethen
D: ['glaʊsbɔx]
E: nach der Klause (für die Holztriftung) beim Austritt des Baches aus dem → *Eglsee* in die *Glasenbachklamm*, die der Klausbach durchfließt; bei der Einmündung in die Salzach war ein Holzrechen (dort heute der *Rechenwirt*) (zu *Klause* vgl. SCHMELLER 1, 1339). Am Ursprung des *Klausbaches* liegt der *Klausbauer* (**1653** *Klaushüterhäusl*).
L: KARL 1994, 33.

KLAUSGRABEN, E, G Hintersee
D: ['glaʊsgrɔ'm]
E: *Graben* mit mhd. *klûs(e)* 'Klause, Felsspalte, Engpaß' (auch 'Schleuse zur Aufstauung eines Gebirgsbaches für die Holzflößerei').
L: SONB 136.

KLAUSHOF, W, G Faistenau
D: ['glaʊshof]
E: → *-hof* mit mhd. *klûs(e)* (→ *Klausgraben*).
L: SONB 136.

KLEEFELD, Agh, G Strobl
D: ['gle:fɛɪd]
U: ca. **1400** *Klefeld* (SONB 165); **19. Jh.** *Kleefeldgut* (EIGL, MGSL 35, 123).
E: → *-feld* mit mhd. *klê* 'Klee'.
L: SONB 165; ZILLER 1977, 65.

KLEINBERG, W, G Nußdorf
D: ['glɔɐⁿbɐɐrɪg]
E: → *-berg* mit Adj. *klein*, zur Unterscheidung von dem benachbarten → *Hochberg*? vgl. noch benachbart → *Haßberg*, *Kletzlberg*.

KLEINEGG, W, G Berndorf
D: [glɔɐⁿnek]
E: Das *kleine Eck* im Gegensatz zum → *Großenegg*.
L: SONB 127.

KLEINGMAIN, Stt, G Salzburg Stadt
D: [klɔɐⁿ'gmɔɐⁿ]
U: **1596** *auf der Gmain bei Freisaal* (CLANNER, MGSL 25, 45).
E: mhd. *gemeine* 'Gemeinschaftsbesitz'. Der Zusatz *Klein-* erst seit dem 19. Jh. zur Unterscheidung von → *Großgmain*.
L: SONB 56; MARTIN 1940, 62 (1995, 228).

KLEINGMAINBERG, BergN bei Fürstenbrunn, G Grödig (nach ÖK 63 *Groß-, Kleingmainberg*).
D: ['gmɔɐⁿbɐɐg]
Ü: **1623** *gmainperg zu Grödich* (ST 120, Z. 14); **1875** *In geringer Entfernung von Glaneck erstreckt sich ein waldiger Höhenrücken die Kleingmain gegen das Viehhauser* [→ Viehhausen] *Moos hinüber* (PRINZINGER, MGSL 15, 18, Anm. 30).
E: mhd. *gemeine* 'Gemeinschaftsbesitz'; zufällige Namensübereinstimmung mit → *Kleingmain*. Kein Zusammenhang mit → *Großgmain*.

KLEßHEIM, G Wals-Siezenheim, seit 1732 Schloß
D: ['klɛshaɪm]
U: **1547** *Martein Kleshaimer/Kleßhaimer* (Urkunden Nonnberg, MGSL 41, 61); **1604** *Gervasio Fabricio in Kleshaim* (WALZ, MGSL 14, Anh. 320); **1607** *Tobiae Fabricio in Kleshaim* (ib., Anh. 330); **1732** *Weeg ... nach Cleßheimb hinauß* (ZILLNER, MGSL 6, 309); **1750** *Cleßhamb* (MGSL 2, 222); **1778** *gegen Kleßheim* (PEZOLT, MGSL 28, 419), *nebst dem luft ort Kleßheim* (ib.); **1862** *Klesheim, Kleßheim* (MGSL 2, 197. 213. 225); **1885** *Kleßheim* (PRINZINGER, MGSL 25, 100).
E: → *-heim* mit PN *Clef* (?) (Name eines lgbd. Königs, KAUFMANN 1968, 82, *Clip-*). Vgl. *Klesham*, LK Erding, 1199 *Chlefesheim* (Trad. Freising 1574); *Kleßheim*, LK Fürstenfeldbruck, 1212 *Chlefshaim* (Hundt, Indersdorf); 1329 *Chlepshaim* (Reg. Boica 6, 310); WALLNER 1924, Nr. 1030. Etymologie unsicher. Das Schloß sollte den Namen *Favorita* tragen, der aber den Namen des Vorgängergutes nicht verdrängen konnte (WEBER 2006, 189).
L: SONB 81.

KLETZLBERG, E, G Nußdorf
D: ['glɛ:dslbɐɐg]

U: **1618** *Dienen vom Guett am khletzlperg* (AES 6/54/14, lfde Nr. 97, fol. 15).
E: → *-berg* mit FamN *Kletzl* (ZILLER 1986, 141), Abl. von mhd. *klæzen* 'spalten'; ein *Klæ(t)zzel* ist jemand, der Holz für Faßdauben spaltet (SCHMELLER 1, 1341). Die *Kletzler* (*Kleizler*) hatten die Aufgabe, die Faßdauben für die Salzfässer (z.B. in der Saline Hallein) herzustellen.

KNOTZINGER, Hf, G Lamprechtshausen
D: ['gno:dsɪŋɐ]
U: **1335** *nach Hovnsperger gerichtt* (!) *untz ouf her gegen Chnotzing und von Chnotzzing wider her ze Louffen* (SUB IV, 422), *item datz Chnotzing ein guet* (ib. 423); **1343** *Ein hueb ze Chnoczing* (DOPPLER, MGSL 11, 74); **1416** *auf der wisen zu Chnoczing* (HHStA Wien, AUR 1416 IV 24).
E: PN *Knuz* (SONB 70) oder mhd. *knotze* 'Knorre' (ANB 607. s.v. *Knutzing*) mit Suff. *-ing*. Vgl. auch → *Knutzing*, G Eugendorf.
L: SONB 73.

KNUTZING, Sdlg, G Eugendorf
D: ['gnu(n)tsɪŋ]
U: **1151-1167** *Marchwart de Chnuzing* (SUB I, 664); ca. **1170** *Marcqwardus et frater eius Ekkehardus de Chuzingen* (SUB I, 675); **1183-1196** *Ekehardus de Chnozingen et frater eius Otto* (SUB I, 706); *Ekkehardus de Chnozzingen et frater eius Otto* (SUB I, 708); *Ekehardvs de Chnotzingen* (SUB I, 723); *Ekkart de Chnodzing* (SUB I, 479); (C 13. Jh.) *Chnodzing* (SUB I, 479); **1196-1214** *Ekkehardus de Chuzingen* (SUB I, 736); **1219-1234** *curiam, que dicitur Chnotzingen* (SUB I, 752); **1299** *ein lehen ze Chnutzing* (SUB IV, 248); **1393** *Daz guet chnotzing* (DOPPLER, MGSL 12, 267); **1407** *Chnoczinger Tochter* (DOPPLER, MGSL 13, 29).
E: eher mhd. *knotze* 'Knorre' mit Suffix *-ing* als zum PN *Chnuz*; in der mdal. Aussprache häufig mit benachbartem → *Unzing* eingekreuzt; vgl.

auch → *Knotzinger*, G Lamprechtshausen.
L: ANB 607; SONB 70.

KOBL, R, G Anthering
D: [ˈkhoːwɪ]
U: **12. Jh.** *Meinhardus de Chobel* (Tr Berchtesgaden 204); ca. **1211** *Meinhardus de Chobel* (SUB III, 139); **1336** *item Chopel ein halbe* (SUB IV, 424); **1449** *Mertl von Kopel* (DOPPLER, MGSL 14, 42).
E: mhd. *kobel* 'einfaches, schlechtes Haus'; zu <p> vgl. OBOÖ 1, 23 s.v. *Kobl*.
L: SONB 118f.

KOHLBERG, Hf, G Neumarkt
D: [ˈkhoɪbɐɐg]
U: vor **1415-1501** *Item in Cholperg* (SLA U 4, fol. 99).
E: → *-berg* mit mhd. *kol* 'Kohle' = 'Köhler'.
L: SONB 124.

KOHLHUB, E, G Koppl
D: [ˈkoɪhuɐb]
U: **1177-1216** (C ca. **1250**) *mansus 1/2, qui dicitur Chollehen* (Urb. Sbg.-Erzst., S. 172).
E: mhd. *lêhen* 'Lehen, geliehenes Gut' (später durch *-hub[e]* ersetzt) mit mhd. *kol* 'Kohle'.
L: ANB 608.

KÖLLERN, W, G Obertrum
D: [ˈkheːɐn]
E: mhd. *koler, köler* (Dat. Pl.) 'bei den Köhlern'.
L: SONB 171.

KÖLLERSBERG, W, G Seekirchen
D: [kheʃˈpɐɐg]
E: *berg* mit mhd. *köler*, → *Köllern*.

KOLLMANNSROID, R, G Neumarkt
D: [khoɪmɐsˈroɪd]

E: → *-reut* mit PN *Koloman*.
L: SONB 111.

KOLOMAN(N)SBERG, BergN, G Thalgau
D: [ˈkoɪmɔⁿsbɐɐg]
E: nach dem Hl. *Koloman*.

KÖNIGSBERG, D, G St. Georgen
D: [ˈkhinɐʃbɐɐrɪg, ˈkhenɪgsbɐɐg]
U: **1335** *item der Rot datz Chuenreitsperch ein gůt* (SUB IV, 423); **1337** *item ze Chůnhainsperch, da Hainrich sitzt* (SUB IV, 432); **1425** *Linhart von Oberchunasperg* (DOPPLER, MGSL 13, 91), *hoff zu Oberchunasperg der gelegen ist hinder dem gotshawz ze Sandgeorgen* (ib.), *lindl von chunasperg* (ib., 92); **1486** *wolffgangen des vincentzen Sun von oberen Künischperch* (DOPPLER, MGSL 16, 233), *vincentzn salig von oberkunischper* (ib.); **1499** *Steffel Vincentzen von oberkünisperg seligen elicher sonn* (ib., 372), *auff der Hueb ackers zw oberkünigsperg* (ib.).
E: → *-berg* mit PN *Kuonrât*, volksetymologisch umgedeutet zu mhd. *künic* 'König'.
L: SONB 107, 123.

KÖNIGSBERG, E, G Anthering
D: [ˈkhinɐʃbɐɐrɪg, ˈkhenɪgsbɐɐg]
U: **1336** *item Chunigsperg ein viertail* (SUB IV, 425); **1449** *Hannsen ze niderchünigsperg* (DOPPLER, MGSL 14, 33), *ze Nidernchunigsperg* (ib.); **1450** *Liendl von NiederenKünisperg* (DOPPLER, MGSL 14, 44), *Hainrich vnd Kunigund von Künigsperg* (ib.); **1461** *Obernchunigelsperg* (DOPPLER, MGSL 15, 5); **1467** *Peter Puechmair von Oberenkuniglsperg* (ib., 53), *guet zwe Oberen Kunigelsperg* (ib.); **1481** *Hanns von nyderkunigsperg* (DOPPLER, MGSL 16, 208).
E: → *-berg* mit mhd. *künic* 'König'. Lautgleichheit mit dem – etymologisch nicht identen – *Königsberg*, G St. Georgen wohl nur zufällig.
L: SONB 123.

KÖNIGSBERGALM, AlmN, G St. Gilgen
D: [ˈkinɐʃbɛrɪg]
U: **10.-12. Jh.** *ad Chunigesperc* (SUB I, 912); **12. Jh.** *Chunisperch* (SUB I, 912); undat. *Chunigesperch* (Trad. Mans. 157, am Abersee; ZILLNER, MGSL 23, 179).
E: → *Königstatt*.
L: SONB 107; ZILLER 1977, 66f.

KÖNIGSTATT, E, G Hintersee
D: [ˈkinɐʃtɔd], älter [khɔɐnɐ-]
U: *Khainestat* (SONB 107); **19. Jh.** *Königstatt* (FUGGER, MGSL 31, 246, Tafel XI).
E: nicht zu *König*, sondern zum PN *Kuono*; von diesem Gut kommt auch der Name von → *Königsberg(-Alm)*.
L: SONB 107; ZILLER 1977, 66f.

KOPFSBERG, W, G Obertrum
D: [ˈkhopfʃbɛrɪg]
U: **1219** *Chapfsberch* (SONB 123).
E: → *-berg* mit PN *Kapfo*.
L: SONB 123.

KOPLWIESE (bei Lengfelden bei Bergheim)
U: **13. Jh.** 1.H. (C 13. Jh.) *in prato sancti Iohannis hospitalis, quod dicitur Chopel* (SUB IV, 477).
E: mhd. *kuppel, kupel, -o-* 'Koppel, Revier (bes. Weide), an dem mehrere gleiches Recht haben' (< frz. *couple*, lat. *copula*). Vgl. → *Koppl*.

KOPPELTOR, E, G Seekirchen
D: [khowɪˈduɐ]
U: vor **1415-1501** *Item [...] in Choppelchor* (SLA U 4, fol. 10).
E: mhd. *tor* 'Tor, Gatter' mit mhd. *kuppel, kupel, -o-* 'Koppel' (→ *Koplwiese*); das inlautende *-p-* wurde > *-b-* leniert. <-chor> verlesen oder verschrieben für *-thor*.
L: SONB 118; LINDNER 2008, 37.

KOPPL
D: [ˈkʰoːwɪ]
U: **1289** (C 14. Jh.) *predium in Chopel* (SUB I, 888); **1459** *ain Zehent gelegen in der Kopel ... auf zwain Häwsern* (DOPPLER, MGSL 14, 123); **1532** *Hanns Ebmauer in Kopler gericht unnd Seekircher pfarr* (Urk. Nonnberg, MGSL 40, 261); **1536** *in der Kopl* (Urk. Nonnberg, MGSL 41, 50); — vgl. Bürger der Stadt Salzburg: **1459** *Hainrich Chopler von Salczburg* (DOPPLER, MGSL 14, 110); *Chopler* (DOPPLER, MGSL 14, 110); *hannsen Chopler haws* (DOPPLER, MGSL 14, 110); *Hanns Chopler* (DOPPLER, MGSL 14, 110).
E: mhd. *kup(p)el, ko(p)pel* 'Koppel, Revier (bes. Weide), an dem mehrere gleiches Recht haben' (< frz. *couple*, lat. *copula*); die mundartliche Aussprache ([ˈkhoːbɪ], jünger [ˈkhoːwɪ]) ist auf mittelbairische Lenierung (*-p-* > *-b-* > *-w-*) zurückzuführen.
L: SONB 118 (mit falscher Datierung des Erstbelegs auf 888, was auf eine Verwechslung mit der Seitenzahl im SUB [I, 888] zurückzuführen ist). — Vgl. auch *Koppl* 2000.

KORNTOBEL, W, G Obertrum →*Tobel*

KÖSTENDORF
D: [ˈkhestndɔɐf]
U: **ca. 748-ca. 854** in *Chessindorf* (SUB I, 909); **798-814** (C E 12.Jh.) *villa que dicitur Chessindorf* (LOŠEK BN 14.11); **808** *in loco nuncupante Skessindorf* (SUB I, 900); **820** *in loco qui dicitur ad Chessindorf* (SUB I, 902), *actum in loco ad Chessindorf in illo campo* (ib.); **1167-1188** *Wernherus de Chessindorf* (SUB I, 460), *Reginhardus de Chessendorf* (ib.); **12. Jh.** (1165-1174) *Chessendorf* (Codex Falkenstein 11, 12); E. **12. Jh.** (C M. 13. Jh.) *de Chessindorf* (SUB I, 513); **1225** *Heinricus de Kessendorf* (SUB III, 334); **1278** *plebanis et ecclesiis in Sechirchen et Kessendorf* (SUB IV, 100); **1331** *daz gericht ze Chessendoriff* (SUB IV, 395); **1338** *Liebharden dem pfarrer ze Kessendorf* (SUB IV, 442); **1346**

di gelegen sind in chessendorfer pfarr (HHStA Wien, AUR 1346 VII 13); **1390** *in Chessendorffer pfarr* (DOPPLER, MGSL 12, 252); *vor* **1415-1501** *Primo in Chessendorf* (SLA U 4, fol. 98); **1433** *Pfarrer in Kestendorf* (Urkunden Nonnberg, MGSL 37, 207); **1444** *Kestendorf* (Urkunden Nonnberg, MGSL 37, 227); **1459** *in Kessendorffer pfarr* (3x) (DOPPLER, MGSL 14, 125); **1476** *Kestendorf* (DOPPLER, MGSL 15, 122); **1489** *Ckessendorff* (PEZOLT, MGSL 40, 185); **1518** *rector in Kestendorf* (WALZ, MGSL 14, Anh. 485); **1519-1540** *pharrer zu Mühlberg oder Kesstendorf* (ZILLNER, MGSL 5, 87); **1525** *Plebanus in Kestendorf* (WALZ, MGSL 14, Anh. 376); **1566** *Kestendorf* (HOFMANN, MGSL 9, 118); **1609** *Khestendorffer Riegat* (SLA U 28/1+2, fol. 73), *Zway thail zehent in Khestendorffer Pfarr Liechtenthanner Gerichts gelegen* (ib., fol. 107), *Khlain Khestendorf* (ib., fol. 110).
E: → *-dorf* mit PN *Kasso* < lat. (roman.) *Cass(i)o*. Primärumlaut durch die ahd. Genetivendung *-in*. Seit dem 15. Jh. Einschub von *-t-* wie z.B. auch in [khestl] 'Kessel' (SCHMELLER 1, 1301); <ö> steht für geschlossenes [e].
L: ANB 613; SONB 88; LINDNER 2008, 28. – Vgl. auch *Köstendorf* 1984; VOGL 1985.

KÖSTLBRUNN (am Gaisberg)
U: **1691** (od. **1778**) *von der Kendl auf in den Kößtlbrunn, von dem Kößtlbrunn auf Schnur gerecht auf den Gaißberg* (PEZOLT, MGSL 28, 422); **1691** *Köstlbrünnl herunter der Cistlerfelder* (ib., 422, Anm. 1).
E: → *-brunn* 'Quelle' mit *kezzel* ?

KOTHGUMPRECHTING → Gumprechting

KOTHINGSTRAß, W, G Obertrum
D: [khɔudɪŋ'ʃtrɔss]
E: mhd. *strâze* 'Straße' mit Adj. *quât, kôt(ig)* 'böse, schmutzig', bair. 'erdig'; vgl. → *Schönstraß* und → *(Kot-/Schön-)Gumprechting*.

KRAIBACH, W, G Seekirchen
D: ['grɔɐbɔx]
U: **1104-1116** *cum vestitura Chreipach dictum* (SUB I, 315); **1188-1193** *predium suum ad Creibah* (SUB I, 479), *Chreibah* (ib., Anm. b); **1437-1625** *von Khraigpach unzt geen Tanglstetten ... biß geen Flamanßperg biß geen obern Mötlhamb* (ST 15, Z. 32); **17. Jh.** *zwischen Hauß und der Khraipacher gründ, darnach hinumb zwischen Khraipach und Ed biß gein Paunpacher gründ* (ST 64, Z. 22).
E: → *-bach* mit ahd. *krâ(a)*, Nebenform *kraia* 'Krähe'.
L: SONB 81.

KRAIHAM, Sdlg, G Seekirchen
D: ['grɔɐhɔm]
U: **14. Jh.** *Chradheim* (KLEIN 1965, 267 = MIÖG 54, 17 ff.); *Chraidham* (ib.); **1609** *Khrayham* (ib.).
E: → *-heim* mit ahd. *krâ, krâia* 'Krähe' (in den Frühbelegen mit fälschlich eingeschobenem *-d-*).
L: SONB 81.

KRAIMOOS, R, G Eugendorf
D: [grɔɐ'mo:s], auch ['grɔɐmo:s]
U: **1167-1183** *predia ... Creimos* (SUB I, 685).
E: mhd. *mos* 'Sumpf, Moor' mit mhd. *krâ, kreie* 'Krähe, Kranich'.
L: ANB 614; SONB 24, 81; vgl. auch ZILLER 1977, 68.

KRAIWIESEN, Sdlg, G Eugendorf
D: [grɔɐ'wi:sn], auch ['grɔɐwi:sn]
U: **1272** *Krainwiesen* (ZILLNER, MGSL 21, 59); **1272** *Krainwiese* (ZILLNER, MGSL 21, 75); **1272** *Chraywisen* (SONB 24).
E: mhd. *wise* 'Wiese' mit bair.-mhd. *chrân* 'Krähe, Kranich' (SCHMELLER 1, 1357); später wie → *Kraimoos* zu mhd. *krâ, kreie* 'Krähe, Kranich'.
L: SONB 24, 81.

KRAVOGL, W, G Obertrum
D: ['gra:fogɪ]
U: **17. Jh.** *Haunsperg, bis zu abfallung des wassers zu beeden seiten – hinumb geen Khrävogel an das haag – herab in das pächel, do zwischen Pomed und Gaußöd herab rint* (ST 64, Z. 14).
E: ahd. *fogal* 'Vogel' mit ahd. *krâ(a)* 'Krähe'.

KREISED, W, G Berndorf
D: [graɪs'ɛ:d]
U: undat. *Khreylsedt* (SONB 115); **1527** *krälsöd* (STADLER 1989, 202).
E: → *-öd* mit mhd. *kröuwel* 'Kräuel, Kratze' (Stallwerkzeug).
L: SONB 115 (mit vermutlich unrichtiger Etymologie [PN *Greil*]).

KREUZECK, W, G Seekirchen
D: [graɪds'ek]
U: **1437-1625** *von Schengumpprechting geen Creüczegg ... auf das Paurnegg* (ST 15, Z. 43).
E: → *-eck* mit mhd. *kriuze* 'Kreuz'.

KREUZERLEITEN, R, G Oberndorf
D: ['graɪdsɐlaɪtn]
E: → *-leite* mit *kriuz* 'Kreuz', vgl. → *Kreuzeck, Kreuzweg* (unklar, warum *Kreuzer-*).

KREUZWEG, W, G Berndorf
D: ['graɪdsweg]
E: *weg* mit *kreuz* 'Feldkreuz'.

KRIECHHAM (Ober-/Unter-), W, G Seekirchen
D: ['griɐxhɔm]
U: **1122-1147** *Duringus de Chriecheim* (SUB I, 618); **1122-1147** *Duringus de Chrichaimen* (SUB I, 622); **1303-1304** *Nidern Chriecheim, due domus* (KLEIN 1965, 268, Anm. 25 = MIÖG 54, 17ff.); **1437** *von Wintterreith geen obern Khürchhaimb ..., von obern Khürchhaimb geen untern Khürchhaimb* (ST 16, Z. 6f.).
E: → *-heim* mit ahd. *krieche* 'Kriechenpflaume' (bei *Khürchhaimb* liegt eine Verwechslung vor; im Textzusammenhang kann es sich nur um *Kriechham* handeln).
L: ANB 62; 5SONB 82.

KRIMPELSTÄTTEN, W, G Seekirchen
D: [grimpɪ'ʃdedn]
U: **14. Jh.** *Gumprechtstetten* (KLEIN 1965, 267 = MIÖG 54, 17 ff.); *Chumprehtzstettenl* (ib.); **1437** *geen Khrimplstetten biß an Capeller grund mit allen gründen herzue, von Capelln an Pruederstätter grund* (ST 15, Z. 39); **1478** *Johannes Chrümpelsteter, vir Erndrudis* (WALZ, MGSL 14, Anh. 467); **1609** *Khrumpelstetten* (KLEIN 1965, 267 = MIÖG 54, 17 ff.).
E: → *-statt* mit PN *Gumpreht*; schon seit 1437 umgedeutet zu (oder ersetzt durch) **krumbil*, einer alten Erweiterung von mhd. *krump* 'krumm' = „Platz an einer Biegung, Krümmung". Vgl. auch *Krimml*, 1246 *in der Chrumbel* (SUB III, 629), dazu FINSTERWALDER 1990-1995, 275, 602ff. und das *Krumltal* in der Rauris.
L: SONB 107; ZILLER 1986, 152.

KRIN, W, G Faistenau
D: [gri:ⁿ]
E: mhd. *ron(e)* 'umgestürzte (Baum-)Stämme, Aufräumeholz', mhd. *gerüne* (Kollektivbildung: 'umgehauene Baumstämme'), also 'Gegend mit viel liegengebliebenen Bäumen'.
L: SONB 145; ZILLER 1977, 70.

KRISPLSTÄTT, W, G Berndorf
D: [griʃpɪ'ʃte:d]
U: vor **1207** *Tiemo de Chrispelstetn* (SUB I, 826); **1207-1216** *Tiemo de Chrispelstetten* (SUB I, 833).
E: → *-statt* mit mhd. *krisp* 'kraus', mhd. *krispel* 'Krauskopf' = 'Hof eines Krauskopfes' oder 'krispelig bewachsener Platz'.
L: SONB 107; LINDNER 2008, 28 (s.v. *Krispl*).

KRÖGN, R, G St. Georgen
D: [greːŋ]
U: **1335** *gegen Chregen an daz mos und von Chregen wider umb nach Hovnsperger gerichtt* (SUB IV, 422); **1467** *Jörig Kregner aus kregen* (DOPPLER, MGSL 15, 53); **1486** *Gorg Krenger von Kreng* (DOPPLER, MGSL 16, 233); ca.**1780** „*ein halber Hof zu Krögn*", „*zway Viertel des Hofes Krögn*" (SLA Hieronymus Kataster Laufen fol 545 f; Grundherrschaft: Domkapitel Salzburg); **1830** *Krögn* (SLA Franziszäischer Kataster KG Holzhausen).
E: unklar, kaum eine Variante von ahd. *krâa* 'Krähe' (mhd. *kreje, kreige* u.ä.).

KROISBACH, W, G Nußdorf
D: [ˈgrɔɪsbɔx]
U: **1424** *Haynreich der chrewspacher zu Olhyng* (DOPPLER, MGSL 13, 91); **1618** *Dienen von einem Guett khreuspach genannt* (Urbar Pfarrhof Berndorf, fol. 25).
E: → -*bach* mit mhd. *krëbez* 'Krebs'.
L: SONB 150.

KROT(T)ENSEE, GewN, G St. Gilgen
D: [ˈgrotnsɛː]
U: **1302** *Chrôtensê* (ZILLER 1977, 70).
E: → -*see* mit mhd. *krot(e)* 'Kröte'.
L: SONB 155; ZILLER 1977, 70.

KUCHLHAG (Mattsee) → *Haag*

KUGELSTATT, Hf, G Wals-Siezenheim (Walser Berg)
D: [ˈkhuːglʃtɔtɐ]
U: vor **1415-1501** *Primo de swaiga in Chugelstat* (SLA U 4, fol. 96); ca. **1500**-ca. **1590** *Primo de Swaiga in kugelstat* (SLA U 11, fol. 12).
E: In der (benachbarten?) Kugelmühle wurden Kugeln aus Untersberger Marmor hergestellt (ZILLER 1986, 154 [s.v. *Kugelstatter*]).
L: SONB 106; ZILLER 1986, 154.

KÜHBACH → *Kühstein*

KÜHBERG, BergN, bei Gnigl, G Salzburg (711 u. 683 m)
D: [ˈkhiɐbɐɐg, ˈkhüːbɐɐg]
U: **1600-1617** *Sanct Johannes Gotshauß auf dem khueperg* (AES 7/80/2, lfde Nr. 61, fol. 38); **1778** *biß in den Kühberg bey der Schneid* (PEZOLT, MGSL 28, 418).
E: → -*berg* mit mhd. *kuo*, Pl. *küe* 'Kuh, Kühe'.

KÜHMOSEN W, G Seekirchen
D: [khɛɐⁿmoːsn]
U: **1212-1312** (C 14. Jh.) *daz gut ze Chiem-Môsen* (DOPPLER, MGSL 23, 46. 101); **1405** *2 güter ze Chimosen* (ib. 46).
E: → -*moos* mit mhd. *kien* 'Kien, leicht brennbares Holz, Kiefer'.
L: SONB 159 (unzutreffend).

KÜHSTEIN, BergN, G Grödig (Untersberg, 1396 m, bei der Schwaigmühlalm), **KÜHBACH**, GewN , G Grödig (Quellbach der → *Glan*; älter auch *Kühlbach*)
U: **1449** *von dem Chuestain an den Chuepach vnd von dem Chuepach vntz gen Glanegk* (Ins. in Or. 1454, DOPPLER, MGSL 14, 59); **1691-1778** *auf den Kuestein, wo die Wande hinauf die Gränz ... sich scheidet* (PEZOLT, MGSL 28, 420), *von dem Hochegg ab in den Küenbach, von dem Küenbach auf die Taxlöcher* (ib., 422); **17. Jh.** *Khürpaach* (ST 113, Z. 13); **1862** *Kühlbach* (STRABERGER 1974,66).
E: mhd. *stein* 'Felsen, Berg' mit mhd. *küe* 'Kühe' (Weidevieh der Schwaigmühlalm?); der *Kühbach* entspringt beim *Kühstein*, davon der Name.
L: STRABERGER 1974, 65f. (s.v. *Kühlbach*).

L

LACKNERWINKEL, R, G Plainfeld
D: [ˈlɔknɐwiŋı]
U: **1196-1214** *predium ... Lachen dictum* (SUB I, 736).
E: mhd. *lache* 'Lache, Pfütze, Sumpf'; später mit *Winkel*.
L: ANB 637.

LADAU, R, G Koppl
D: [ˈlɔːdaʊ]
U: **1167-1183** *I. de Ladowe* (SUB 1, 683); **1167-1183** *I. de Ladowe* (SUB 1, 699); **1167-1188** *Ch. de Ladŏwe* (SUB 1, 458); **1214** *Chvnradus de Ladowe* (SUB III, 181,1). *Chunradus de Ladaw* (SUB 3, 188, 16).
E: → *-au* mit ungeklärtem Vorderglied; vielleicht handelt es sich um eine alte Ladstätte. Ob zu kelt. **latava* 'feuchtes Gelände'?
L: ANB 638.

LAIHARDING, E, G Elixhausen (so ÖK; OV Leiharting)
D: [ˈlɔɐhɐdıŋ]
U: **1212-1312** (C 14. Jh.) *der hof ze Laidrating* (DOPPLER, MGSL 23, 44. 101); **1405** *die swaig ze Laidrating* (ib. 44); **1393** *Andre von Laydräting* (DOPPLER, MGSL 12, 270); **1424** *Niclasen Vogel von Layträting* (Urkunden Nonnberg, MGSL 37, 198).
E: PN *Leidrat* mit Suff. *-ing*. Nach der Lenierung und Tilgung von *-tr-* wurde zur Vermeidung des Hiatus [-ɔɐ-ɐ-] ein [-h-] eingeschoben, vgl. → *Acharting*.

LAIM, D, G St. Gilgen; W, G Faistenau
D: [lɔɐm]
U: um **1330** *auf dem layme* (ZILLER 1977, 72).
E: mhd. *leim* 'Lehm'; vgl. OBOÖ 1, 44 (*Luim*).
L: SONB 112; ZILLER 1977, 72.

LÄMMERBACH, R, G Hintersee
D: [ˈlɛmːɐbɔ(x)]
E: → *-bach* mit mhd. *lam* 'Lamm'.
L: SONB 150.

LAMPRECHTSHAUSEN
D: [lɔmprɛçtsˈhaʊsn]
U: **798-814** (C E. 12. Jh.) *ad Lamprehtshusen* (LOŠEK BN 13.12); **1072** (C M. 13. Jh.) *Hadimar de Lamprehtshausen* (SUB I, 773), *Lamprethusen* (Var., Anf. 12. Jh., Nachtrag, SUB IV, 493 zu SUB I, 771); **1150** (C 13. in C 19. Jh.) *Eberhardus de Lampreteshusen* (UB Stmk. I, 289); **1150-1160** *Gisiloldo de Lanprehtshausen* (SUB I, 804); **1241** *barrochiam in Lamprehtshv̂sen* (SUB III, 525); **1277-1285** (C M. 13. Jh.) *super aram sancti Martini in Lamprechtshausen* (SUB I, 854); **1494** *in Lamprechtshawser pharr* (Urkunden Nonnberg, MGSL 39, 120); **1499** *Lamprechtshawsen* (SPATZENEGGER, MGSL 9, 66); **1552** *Lambrechtshausen* (Urkunden Nonnberg, MGSL 41, 67); **1653** *Vrbarium oder Dienstbuechl (...) zu Lambprechtshausen* (AES 6/48/43, lfde Nr. 90, fol. 4); **1890** *Lambrechtshausen* (MGSL 30, 227).
E: → *-haus* (Dat. Pl.) mit PN *Lantbrëht*.
L: ANB 643; SONB 65, 93.

LANGFELD, E, G Hintersee
D: [lɔŋˈfɛɪd]
E: → *-feld* mit *lang*.
L: ZILLNER 1977, 72f.

LANGGASSEN, D, G St. Gilgen
D: [lɔŋˈɡɔsn]
E: Die „lange Gasse" entlang dem Zinkenbach.
L: ZILLER 1977, 73.

LANGREITH, W, G Hintersee
D: [lɔŋˈraɪt]
E: → *-reith* mit *lang*.
L: ZILLNER 1977, 72f.

LANGWIED, G Salzburg Stadt
D: [lɔŋ'wi:d]
U: **1369** *ain holtz und Grunt ... in der langwat* (Urkunden Nonnberg, MGSL 36, 257); vor **1415-1501** *Item de pewnta in langwid* (SLA U 4, fol. 86); **1499** *Hanns Pramß von Langwat von dem haws an sand Johanns weg auf den perg* (SPATZENEGGER, MGSL 9, 62); ca. **1500**-ca. **1590** *Item de pewnta in Lanngwid* (SLA U 11, fol. 28); **1564** *Ain vierthel auß ainer wisen an der Lanngwaidt ... Im Stattgericht Saltzburg* (SLA Erzstift 1564 V 22); **1653** *Wegen reckhung des Langwiderpachs* (AES 6/21/9, lfde Nr. 55, fol. 12); **1756** *ain ausser der gnigl an obern guett Langwid anligentes Peuntl* (SLA Domkapitel OU 1756 I 27).
E: ahd. *wat* 'Furt' mit ahd. *lang* 'lang'; der FlurN bezeichnet die lange Furt über den Söllheimer- und Schleiferbach von Gnigl nach Söllheim; das Grundwort wurde früh umgedeutet zu *wit* 'Holz'. Die Einordnung unter die ON mit ahd. *witu* 'Holz' bei SONB 139 trifft, wenn die Belege von 1369, 1499 und 1564 richtig zugeordnet sind, nicht zu.
L: SONB 139. – Vgl. VON REITZENSTEIN 2006, 151 (Langquaid); DONB, 2012, 351 (Langquaid), 352 (Langweid a. Lech).

LANSCHÜTZERHÜGEL, FlurN, G Bürmoos
D: ['lɔnʃitsɐ hi:gl]
E: FamN *Lan(d)schützer* (ZILLER 1986, 157; der ursprünglich lungauische FamN kommt nach ZILLER auch im Flachgau vor).

LATEIN, R, G Straßwalchen
D: [in dɐ lɔ'daın]
U: **1591**, **1696-1803** *in der Latein* (Urbar Straßwalchen, SLA U 179c, fol. 2; U 179½, fol. 8. 19. 173. 302); *in der Latein* (ZILLNER, MGSL 22, 108).
E: Jedenfalls handelt es sich um einen spät (bald nach 1100, mit bewahrtem roman. Akzent) eingedeutschten romanischen ON. Man dachte etwa an *villa Latina* 'bei den Walchen', s. LINDNER 2008, 29. Gegen diese lautlich befriedigende Erklärung spricht m.E. der Gebrauch des ON als Flurname (*in der L.*, so auch jetzt noch). Eine Entsprechung zu unserem ON bildet der Flurname *Ladein* (in der *Ladein*) für den inneren Talboden der Eng im Karwendel (Tirol). FINSTERWALDER 1990-1995, 674 und 47 stellt ihn zu lat. *lutum* 'Kot', *lutīna* 'kotiger Boden'. Die Wiedergabe des unbetonten *-u-* durch den Indifferenzlaut [ɐ] hat Gegenstücke. Auffällig ist hingegen die fehlende Lenierung von lat. *-t-* > roman. *-d-* (wie in → *Lidaun* < *litōne* oder in dem PN *Ledi*, BN 3, 1).
L: REIFFENSTEIN 2004, 463f.; LINDNER 2008, 29.

LAUSENHAM, Hf, G Köstendorf
D: ['laʊsnhɔm]
U: **14. Jh.** *predium in Lausenhaim* (Nachtrag 14. Jh. in Calendarium, SUB I, 882); **1311** *predium, quod dicitur Lausenhaim* (Tr. 14. Jh., SUB I, 887); **1316** *denarios reddituum in Lausenhaim* (Tr. in Calendarium, SUB I, 884); **1506** *auf zwain hewsern zu Lawfenhaim* (SLA OU 1506 XII 12); **1522** *Zu lawfenhaim auf ainem hawß* (SLA OU 1522 V 08).
E: → *-heim* mit PN *Liuzo*? (KAUFMANN 1968, 233 *Leuz-*). Ist *Laufenhaim* verschrieben oder (eher) verlesen?
L: SONB 83.

LAUTERBACH, D, G Nußdorf/Haunsberg
D: ['laʊtɐbɔ:]
U: **798-814** (C E. 12. Jh.) *ad Lovftinpach* (LOŠEK BN 13.12); ca. **1025** *predium in villa Livterbach in pago Salzburgensi situm* (F. 13. Jh., SUB II, 127); **1040** *usque ad flumen quod dicitur Ogete, deinde Liuterbach usque Riute* (F. A. 14. Jh., SUB II, 138); **1125-1247** *Maganum de Luturbach* (SUB I, 338); nach **1125** *ecclesiam in Lauterpach* (SUB I, 788); vor **1190** (C M. 13. Jh.) *Wernhardi de Lvterbach* (SUB I, 824); vor ca. **1193** (C M. 13. Jh.) *Azin de Livter-*

bach (SUB I, 825); **1360** *Johann Ebran von Lautterbach Sbger Stadtpfarrer* (vgl. SPATZENEGGER, MGSL 9, 41); **1450** *magistro Johanne Lawtterbach in Snaitsee* (Insert. i. 1454, DOPPLER, MGSL 14, 63); **1487** *Albrecht hundt zu lautterbach Anwald und Urbar Richter in der Tuembrobstey zu Salczburg* (DOPPLER, MGSL 16, 242) **1516** *Albrecht Hund zu Lauterbach* (WALZ, MGSL 14, Anh. 434); *1618 Guett (...) Zů Lautterbach,* (Urbar Pfarre Berndorf fol. 26).
E: → *-bach* mit ahd. *lûtar* 'hell, rein'. Erstbeleg entstellt (verschrieben).
L: ANB 652, SONB 152.

LEHEN, GROß-, KLEIN-, Hgr, G Anthering
D: ['lɛ:hɐ]
U: **1336** *item datz Michellohaern ein hof, item datz Loehaern ein viertail* (SUB IV, 425); **1486** *Georgen von Lohen Zechbrobsten unser lieben Frawen kirchen zu Anthering* (DOPPLER, MGSL 16, 235); **1487** *Gilig mair ansessen zu löhen in Antheringer pfarr* (DOPPLER, MGSL 16, 242), *an dem hof zu löhen* (ib.), *Steffan von löhen* (ib.), *hof zu löhen* (ib.); **1493** *Gilg von lohen* (ib., 297), *Steffan von lohen* (ib.), *guets lohen gelegen im Ambt Anthering* (ib.), *Andreen von lohen* (ib.); **1495** *Hanns von lohen* (SPATZENEGGER, MGSL 9, 35).
E: ahd. *lôh*, mhd. *lôch, -hes* 'Wald, Gebüsch', Dat. Pl. „bei den Gehölzen", im Erstbeleg schon mit dem Zusatz *michel-* 'groß'. Auffallend, aber nicht ungewöhnlich ist der umgelautete Pl. *lœh, lœher*; er findet sich z.B. bei Oswald von Wolkenstein 2, 29; 83,4 und schon in bair. Urkunden des 13. Jhs. (WMU 2, 1151); vgl. noch DWB 6, 1127. Durch die Entrundung des *œ* fällt *lœhen* mit *lêhen* 'Lehen' lautlich zusammen.

LEHEN, R, G Elixhausen [Ober-, Nieder-Lehen]
D: [lɛ:hn]
U: **1212-1312** (C 14. Jh.) *daz guet ze Lehen* (Urbar Nonnberg, MGSL 23, 45); **1212-1312** *Ober-Lehen ... Nider-Lehen* (ib., 101); **1405** *Vom Lehen ... daz ander Lehen* (ib., 45); **1422** *Jans vom Lechen* (Urkunden Nonnberg, MGSL 37, 196).
E: mhd. *lêhen* 'Lehen, verliehenes (Bauern)gut'.

LEHEN, W, G Seekirchen
D: [lɛ:xŋ]
U: **1437-1625** *von Winckhl an das Lechen – geen Pabengrueb – geen Matseereutt* (ST 16, Z. 3)
E: → *Lehen*, G Elixhausen.

LEHEN, Stt, G Salzburg Stadt
D: [lɛ:'n]
U: **1478** *Hanns von lehen* (DOPPLER, MGSL 15, 133); **1631-1649** *Von der Wissen im Lechen* (SLA U 14, fol. 15); **1798** *Schredl Mülle, Aringer Mülle, Kaserer Mülle, Mehl Nigl Mülle, letztere 4 im Lechl* (ZILLNER, MGSL 4, 126).
E: → *Lehen*, G Elixhausen.
L: HOFFMANN/MÜLLER/STRASSER 1982.

LEIHARTING → *Laiharding*

LEITEN, Ober- u. Unter-, am Heuberg/Sbg.
D: [laıtn]
U: **1499** *das gut zu Obernleitten* (Urbar, Registrum (?), SPATZENEGGER, MGSL 9, 66), *zu Nider-lewtten 2 hewser* (ib.).
E: → *leite*.

LEITEN, W, G Hintersee
D: [laı'n]
E: mhd. *lîte* 'Leite, Hang, Berg'.
L: SONB 128.

LEITGERMOOS, R, G Mattsee
D: [laıkɐ'mo:s]
E: → *-moos* mit PN *Lîtger* oder mit mhd. *lîtgebe* 'Schankwirt' (vgl. Hof- und FamN *Leitgeb*).

LEITHEN, ZH, G Thalgau
D: [laɪ'n]
U: **19. Jh.** *Leithen bei Thalgau* (RICHTER, MGSL 21, 93).
E: mhd. *lîte* 'Leite, Hang, Berg'.
L: SONB 128.

LENGFELDEN, D, G Bergheim
D: [lɛŋ'fɛɪ'n]
U: **930** (C) *in orientali plaga fluminis Salzaha hobas X inter duo loca, id est Lenginueld et Puoche* (SUB I, 148), *mancipia Lenginueld* (ib., 149); **1025-1041** (C) *in loco Lenginuelt dicto* (SUB I, 212); **1193-1195** (C A. 13. Jh. in C 19. Jh.) *Gotfridus de Lengenuelt* (SUB II, 662); **1196-1214** *Heinricus de Lengenuelde* (SUB I, 730); **1238** (C) *Wernherus miles de Lengenvelt* (SUB III, 489); **1309** *Lengvelde* (MARTIN Reg. Nr. 906); **1348-ca. 1400** […] *de Lengveld* (SLA U 3, fol. 51); **1424** *Hannsen Oberen Mayr von Lenguelden* (Urkunden Nonnberg, MGSL 37 197); **1463** *Item ain gut genannt Obmynn bey lenngfelden in Radegker gericht; Item ain Mül zu lenngguelden auch in Radegker gericht* (SLA OU 1463 II 07).
E: → *-feld* mit ahd. *lang* (Dat. Sg. *lengin*) 'lang'.
L: ANB 663.

LENGRIED, W, G Schleedorf
D: [lɛŋ'riɐd]
E: ahd. *riot* 'Ried, mit Schilf bewachsener Ort' mit Adj. *lang*.

LENGROID, W, G Neumarkt
D: ['lɛŋrɔɪd]
E: → *-reut* mit Adj. *lang*.
L: SONB 110.

LEOPOLDSKRON, Schloß, Stt, G Salzburg Stadt
D: [leopɔɪts'kro:n], keine Dialektlautung; für das Schwimmbad ['lɛpɪ]
U: **1792** *Mayrschaft Leopoldskron* (ZILLNER, MGSL 4, 71), *Leopoldskronn* (ib.), *Hofmark Leopoldskrone* (ib.).
E: Krone mit PN *Leopold* (EB Leopold Anton von Firmian, der 1736-1740 das Schloß für seine Familie erbaute).
L: KNORZ 1902, 155-183; MARTIN 1940, 69 (1995, 142).

LEOPOLDSKRONER WEIHER
U: Der Weiher gehörte im 16. Jh. zu einem bäuerl. Besitz, *dem Weiherhäusl*, und führte den Namen *Küh-Weiher* (KNORZ, MGSL 42, 166); **1566** *Weyer zu Glanegg vnnd am Moß* (ZILLNER, MGSL 4, 110); **1620** *die Weyer zu Glanegg, vnd am Moß* (ib., 116); **1622** *Weiherhäuschen* (FUGGER, MGSL 31, 255); **1778** *über den Leopoldskron Weyer* (PEZOLT, MGSL 28, 421).

LETTENGRABEN, W, G Faistenau
D: [lɛtn'grɔ:m], [lɛ'n'grɔ:m]
E: mhd. *graben* 'Graben' mit ahd. *letto*, mhd. *lette* 'Letten, Lehm', beim Eingang in die Strubklamm, 'lehmiger Graben'.

LETTENSAU, W, G St. Georgen
D: [lɛtns'aʊ]
U: **1125-1247** *predium quod habuit ad Luitmannesowe* (SUB I, 357), *Liutmansaw* (Rgl 15./16. Jh., ib. Anm. a); **1147-1167** *curtem cum silva, que est Luitensowe* (SUB I, 447).
E: → *-au* mit PN *Liutman* (Gen. Sg.).
L: ANB 667; SONB 157.

LICHTENTANN, Jh, G Henndorf
D: [liɐxdn'dɔn]
U: **1282** *Liechtentanne* (SONB 140); **1411** *Ain gut in Liechtanner gericht* (DOPPLER, MGSL 13, 46); **1501** *Liechtentanner gericht* (Urk. Nonnberg, MGSL 39, 135); **1553** *Liechtenthanner gericht* (Urk. Nonnberg, MGSL 41, 69).
E: mhd. *(ze dem) liechten tanne* 'lichter (Laub-) Wald' (Dat. Sg.).
L: SONB 140.

LIDAUN, ZH, G Faistenau
D: [lɪˈdaun]
U: **19. Jh.** *Lidaun* (PRINZINGER, MGSL 21, 18).
— **1209** *amnem qui vocatur Lintovvespach* (SUB III, 127).
E: rom. **litōne* 'großer (Ufer-)Abhang' (lat. *lītus* 'Ufer' + Augmentativsuffix *-ōne*; vgl. *Vigaun*); der ON bezeichnet die große Uferterrasse oberhalb der Strubklamm und hat mit dem *Lintovvesbach* (≈ *Lindau*) vermutlich nichts zu tun.
L: SONB 39f.; LINDNER 2008, 29 (*Lidaun*), 31 (*Vigaun*).

LIEFERING, Stt, G Salzburg Stadt
D: [ˈliːfɐrɪŋ]
U: **788-790** (C M. 12. Jh.) *in pago Salzburgaoe in loco, qui dicitur Liueringa* (LOŠEK NA 6.10); **798-814** (C E. 12. Jh.) *in vico Liueringe* (LOŠEK BN 6.9), *in vico, qui dicitur Liueringe* (ib. 14.9), *in villa Liuaringa* (ib. 14.21); **930** (C) *iuxta Salzpurg ad Liberingam* (SUB I, 135, 149); ca. **1077** *in loco, qui dicitur Liuiringovn* (SUB I, 288); **1147-1167** *Perhtolt de Liueringin* (SUB I, 430); vor **1151** *Perhtoldus de Liuering* (SUB I, 427); **1177-1216** (C ca. 1250) i*n officio Liferinge* (KLEIN, MGSL 75, 1935, 174); **1274** *officia in ... Liveringen* (SLA OU 1274); **1348**-ca. **1400** *molendino in Lyfring* (SLA U 3, fol. 40); v. **1415-1501** *predia dicta Chauberlehen sita prope lifring* (SLA U 4, fol. 47); **1444** *Hainreich dawnawer von liffring* (DOPPLER, MGSL 14, 14); **1495** *... vir Ursulae Lifringerin* (WALZ, MGSL 14, Anh. 477); **1620** *Leühard Ehrgott zu Lifring* (WALZ, MGSL 14, Anh. 364); **1629** *Ludwig Griming zu Niedernrhain, Lifering* (WALZ, MGSL 14, Anh. 347); **1778** *Bäbingergut zu Liefering* (PEZOLT, MGSL 28, 421); **1798** *Habermülle zu Liefering* (ZILLNER, MGSL 4, 126)
E: roman. PN **Libero/Livero* mit Suff. *-ing(en)*.
L: ANB 671; SONB 69; LINDNER 2008, 29. – Vgl. auch *Liefering* 1982; DORFER/KRAMML 1997; *Lieferinger Kultur-Wanderweg* 2006.

LIELON, Berg und Hf nächst Michaelbeuern, G Dorfbeuern
D: [ˈliɐ]
U: ca. **1230-1240** *Chunradus de Lielan* (Tr M. 13. Jh., SUB I, 838); ca. **1230-1240** *Chunradus de Lielein* (Tr M. 13. Jh., SUB I, 841); ca. **1230-1240** *Chŭnradus de Lielan* (Tr M. 13. Jh., SUB I, 842); **1249** *Chvonradus de Lylæin* (Tr M. 13. Jh., SUB I, 849); **1257-1267** (Tr M. 13. Jh.) *Chŭnradus dux de Lilein* (SUB I, 850)
E: unklar, vorrömisch (keltisch?).
L: SONB 142; LINDNER 2002, 550.

LIERSCHING, W, G Nußdorf
D: [ˈliɐʃɪŋ]
U: nach **1147** *Otto de Lisce et fratres eius Geroldus et Huch* (Tr M. 13. Jh., SUB I, 798); vor **1190** *Waltherus de Lisching* (Tr M. 13. Jh., SUB I, 821); **1257-1267** *Fridericus de Licesking* (Tr M. 13. Jh., SUB I, 852); **1414** *Lirsching* (REIFFENSTEIN 1985, 367); **1430** *den drittail Zehencz ze Liesching auf dem Hoff* (DOPPLER, MGSL 13, 103).
E: ahd. *lisca*, mhd. *liesch* 'Grasart, Schilf', später mit Suff. *-ing*. Die Aussprache [iɐ] für mhd. *ie* führte zu der hyperkorrekten Schreibung <*i(e)r*>.
L: ANB 672; SONB 74.

LINDACH, R, G Oberndorf
D: [ˈlindɐ]
U: **987-1025** *qualem in loco Lintah vocitato habuit* (SUB I, 261), *Lintaha, Lintâh* (Var, C 13. Jh., ib., Anm. c); vor **1188** (C M. 13. Jh.) *Wernhardus de Linta* (SUB I, 558; vielleicht Lindach, G Schalchen, OÖ).
E: ahd. *linta* 'Linde' mit Koll.-Suff. ahd. *-ahi* = 'Lindenbestand'.
L: ANB 676; SONB 142.

†LINDEN, Schallmoos, G Salzburg Stadt
U: **1490** *Peter bey der Linden* (SPATZENEGGER, MGSL 9, 60); **1499** *Linden. Von den hofen bey*

den Linden außerhalb der perckstraß (SPATZEN-EGGER, MGSL 9, 63).
E: ahd. *linta* 'Linde'.

LINNA, Hf, G Obertrum; **LINA**, E, G Seekirchen; E, G Seeham
D: ['li:nɐ]
U: undat. *Lintach* (SONB 142); **1212-1312** (C 14. Jh.) *daz guet dacz der Linden* (Urbar Nonnberg, DOPPLER, MGSL 23, 46), *Chunrad dacz der Linden ... Hainreich dacz der Linden* (ib., 101); **1405** *Linden ... daz ander Linden* (ib., 46); **1437-1625** *von Mothalbm gründen an der Lindtner günd – geen Winckhl – an das Lechen – geen Pabengrueb* (ST 16, Z. 1); **1496** *Georius ab der Linden* (WALZ, MGSL 14, Anh. 478, Cust. Rechn., IV, 95).
E: ahd. *linta* 'Linde' mit Koll.-Suff. ahd. *-ahi*, → *Lindach*.
L: SONB 142.

LOFER, W, G Mattsee
D: ['lo:fɐ]
U: undat. *Loberer* (SONB 55).
E: unklar.
L: SONB 55; vgl. LINDNER 2002, 545f.

LOI(T)HARTING, Sdlg, G Eugendorf
D: ['loɪɐdɪŋ], auch ['loɪ(d)hɐtɪŋ]
U: **1122-1147** *predium suum Liuthartingin* (SUB I, 617); ca. **1170** *I. de Liuthartingen* (SUB I, 674); **1196-1214** *D. de Liuthartingen* (SUB I, 736).
E: ahd. PN *Liuthart* mit Suffix *-ing(en)*.
L: ANB 682; SONB 70.

LOIG, W, G Wals-Siezenheim
D: [loɪg]
U: vor **1147** *off(iciu)m in Levge* (ZILLNER, MGSL 4, 9); **13. Jh.** *Megingoz de Leoge* (verlesen für *Leuge*? PICHLER, MGSL 1, 66); nach **1242** *Meingoz de Levge* (SUB I, 507); nach **1293** (C 13. Jh.) *Alberonem de Leug* (SUB I, 571), *Albero de Levge* (Var, ib. Anm. c); **1778** *an den Loigerzaun* (PEZOLT, MGSL 28, 420), *bey den Loiger Ester* (ib., 420); *Loigerfelder* (MGSL 101, 105).
E: voreinzelspr.-alteurop. **leug-ā* zu idg. **leu-g-* 'schwärzlich; Sumpf'.
L: SONB 148; LINDNER 2002, 546.

LOIPFERDING, W, G Lamprechtshausen
D: ['loɪpfɐdɪŋ]
U: **1212-1312** (C 14. Jh.) *pei Lauffen ze Leutfriding* DOPPLER, MGSL 23, 64); **1405** *Lawtfriding* (ib., 64); **1452** *Nickel ze Lewtfriding* (Urkunden Nonnberg, MGSL 28, 209); **1457** *Conradten von Lewtfriding* (ib., 217), *hoff zw Lewfriding* (ib.); **1494** *Lewtfriding* (Urkunden Nonnberg, MGSL 39, 120, 121, 122); **1552** *Christan von Leutfriding* (Urkunden Nonnberg, MGSL 41, 67); **1653** *Leopfreting* (als „Überschrift", AES 6/48/43, lfde Nr. 90, fol. 17).
E: PN *Liutfrid* mit Suff. *-ing*.
L: SONB 73.

LUGING, Hf, G Anthering
D: ['lu:ɪŋ]
U: **1279** *Lůgingen* (MARTIN Reg. Nr. 921); **1336** *datz Lůging ein viertail* (SUB IV, 425).
E: mhd. *luoc* 'Höhle, Schlupfwinkel' mit Suff. *-ing* (junger *ing*-ON). Zu [u:] im Hiatus statt zu erwartendem [uɐ] für mhd. *uo* vgl. → [bu:ɐ] *Buchach*, G Dorfbeuern.
L: SONB 74.

LUKASEDT, R, G Nußdorf
D: [lukɐ'sɛ:d]
U: undat. *Luchenöd* (SONB 115).
E: → *-öd* mit PN *Lukas* (weniger wahrscheinlich mit mhd. *lücke, lucke* 'Lücke, Enge').
L: SONB 115.

M

MAIERHOF, W, G Berndorf; W, G Neumarkt
D: ['mɔɐhof]
U: **1465** *Leonhardus Mairhauser de Predio Mairhaws in parrochia Perndorf et Prefectura Hawnsperg sito* (DOPPLER, MGSL 15, 45).
E: → -*hof, -haus* mit ahd. *meior, meier* < lat. *maior* 'der Größere', mhd. *meier* '(Guts)verwalter, Vorsteher', später 'großer, alleinstehender Bauernhof', → *Mayerhof, Meier-*.
L: SONB 101ff.

MAIS, W, G Faistenau
D: [mɔɐs]
E: mhd. *meiz* 'Holzschlag, Lichtung' (im Faistenauer Graben).

MANGERBERG, W, G Berndorf
D: [mɔŋɐ'bɛɐrɪg]
E: *berg* mit ahd. *angar* 'Anger', mit agglutiniertem *-m* aus dem Artikel (Dat. Sg.), vgl. dazu WBÖ 1, 238 (vereinzelt [mɔŋɐ]); vgl. auch ANB 703f. über den HofN *Mangelberg* in Geretsberg (Innviertel).
L: ANB 703f.; SONB 123; WBÖ 1, 238.

MANGLBERG; W, G Berndorf
D: [maŋgl'bɛɐrɪg]
U: **1521** *Item mer ain guet zu manglperg* (SLA OU 1521 VIII 14).
E: berg mit PN **Manag-ilo* (KAUFMANN 1968, 247).

MARIA-BÜHEL, G Oberndorf (Wallfahrtskirche)
D: ['bi:hɪ, ma'ria 'bi:hɪ]
E: „Maria am Bühel" (oberhalb von Oberndorf – Laufen), ahd. *buhil* 'Hügel'.
L: DEHIO 288ff.; HHS 398.

MARIA PLAIN, G Bergheim (Wallfahrtskirche)
D: [blɔɐⁿ]
U: **1760-1771** *Maria Plain* (SPATZENEGGER, MGSL 8, 35).
E: → *Plain*.

MARIA SORG, G Bergheim
D: [mariɐ 'sɔɐg]
E: Missionshaus *Maria Sorg*.
L: DEHIO 40; RINNERTHALER 2009.

MARSCHALLN, W, G Seekirchen
D: [mɔɐ'ʃɔɪn]
U: **1125-1147** *predium quale habuit ad Marscalchin* (SUB I, 340); **1437-1625** *Im Marschalcher rüeget hebt sich an vom Eugnpach* (ST 15, Z. 4).
E: ahd. *marahscalc* 'Pferdeknecht, Pferdeverwalter' (Dat. Pl.).
L: ANB 713; SONB 74.

MATH, R, G Straßwalchen
D: [mɔt]
E: unklar.

MATTICH, W, G Obertrum
D: ['ma:dɪç, -ɾ-]
U: **12. Jh.** *Pabo quidam clericus de Maticha* (SUB I, 587); **1122-1147** *Witigo de Matechen* (SUB I, 611); **1152-1167** *Liutpold de Matchê* (SUB I, 652); **1188** *Otto de Mættich* (SUB II, 626); **1219** *Růdgerus de Mætiche* (SUB III, 256); **1290** *da ze Metich* (Corp. Nr. N 446); **1437-1625** *Ob Maticher riegat hebt sich an zu Wolfzagl mit allen gründen herzue nach dem Regnermoß auf unzt in Alnpächl* (ST 15, Z. 25).
E: → *Mattig*.
L: ANB 715; SONB 49.

MATTIG, GewN (Fluss)
D: ['ma:dɪç, -ɾ-]

U: **796** *super fluvio Matucha* (Tr. Passau 44); **1040** (C 14. Jh.) *deinde in flumen Maeticha* (F.?, SUB II, 139), *Maticha* (Var, C 14. Jh., ib., Anm. q); vor **1151** *iuxta fluviolum Matcha* (SUB I, 428), *Maticha* (Var., 2. Tr. C 13. Jh., ib., Anm. a); **1195** (C 1262) *in flumine Matcha* (KU Ranshofen 14), *Maetichen* (Var, C 14. Jh., ib.); **1738** *nach dem Fluß, die Ach genannt, bis zum Obersee allwo diese Ach einen Einfluß hat* (IMHOF, MGSL 27, 125), *oberhalb der Ach gegen Seeham* (ib.). ***E:*** voreinzelsprachl.-alteurop. **mádikā* (*?-ukā*) zur idg. Wz. **mad-* 'nass, feucht (sein)'; im Beleg von 1738 Wechsel mit dem Appellativ *Ache*. Das *-u-* des Suffixes wurde zu *-i-* abgeschwächt und bewirkte den Sekundärumlaut. ***L:*** ANB 715; DOTTER 1987, 248–252; OBOÖ 1, 76 (*Mattighofen*); LINDNER 2002, 546; GREULE 2014, 340f.

MATTSEE
D: ['mɔtsɛ:]
U: **817** *Monasterium Mathaseo* (Dr. 1629, MG Cap. Reg. Franca. I, Nr. 171); **860** (C 14. Jh.) *monasterio quod vocatur Matheseum* (SUB I, 873); **993** *Matahse* (HU Passau 21 = MGD 2, 523, Nr. 112); A. **11. Jh**. *monasterium sancti Michaelis iuxta lacum Matheseo* (HU Passau Domkapitel 1 = MGDKg 3, 243, Nr. 161); **1013-1045** *supra aram sancti Michahelis in Matheseo* (14. Jh., SUB I, 873); ca. **1013-1045** (C 14. Jh.) *in cenobio Maticensi* (SUB I, 875); **1035** *Maticense* (Passau 109 b); ca. **1035** *Maticensis, manu tunc advocati supra Matseo* (2.H. 11. Jh., SUB I, 889); **1035** *supra Maticense cenobium* (2.H. 11. Jh., SUB I, 891); nach **1045** (C 14. Jh.) *aram sancti Michahelis in loco qui vocatur Matuse* (SUB I, 876); **1052** *Matiseo* (HU Passau 30 MGD 5, 408, Nr.300); **1063** *Matiseo* (HU Passau 35 = MGD 6, 150, Nr. 114); **1070-1100** *Gebehart de Matse* (Passau 434); **11./12. Jh**. *Engilhart de Matse* (MG Necr. 2, Sbg. S. Rudberti, 142); **1172** *Walchunus de Mathese* (HU Passau Domkapitel 12); **1188** *prepositus Werenherus de Matheseo* (HU Passau Domkapitel 14); **1189** *Marquardus de Mathseo* (KL Formbach 3,9´); **1242** (C 14. Jh.) *canonicorum in Matze* (SUB III, 537); **1242** (C, 14. Jh.) *canonicis Matizensibus* (SUB III, 538); **1272** *Matse* (MARTIN Reg. Nr. 626); **1290** *die chorherren von Matse* (Corp. Nr. N 446); **1301** *Matzsee* (MARTIN Reg. Nr. 560); **1305** *Matsew* (MARTIN Reg. Nr. 755); **1348** *in Matzê* (Codex maticensis MS, ZILLNER, MGSL 22, 140); **14. Jh**. *ecclesie nostre Maticensi* (Cal., SUB I, 883); **14. Jh**. *parrochiales Matze* (SUB I, 884); **1349** *Perichtoldus dictus Edelman civis Maticensis; Wernherus de Matzsee* (*vel Matzseär* [als Nachtrag]) (SUB I, 885); **14. Jh**. *Oswaldus canonicus Maticensis* (Cal., SUB I, 886); **14. Jh**. *Tassilo dux illustris Wawarie et fundator nostre Maticensis ecclesie* (SUB I, 888); **14. Jh**. *decanus Matizensis* (SUB I, 888); **1377** *phleger ze Matzse* (DOPPLER, MGSL 12, 211); **1415** *Techants vnd Capitels zu Maczsee* (DOPPLER, MGSL 13, 56); v. **1419**-ca. **1500** *In iudicio matzse* (SLA U 5, fol. 15); **1459** *Matseer gericht* (DOPPLER, MGSL 14, 125); **1465** *in Lacu Matsee* (DOPPLER, MGSL 15, 46); **1485** *Magistrum Jacobum Widmer Canonicum Ecclesie Collegiate in Mattsee* (DOPPLER, MGSL 16, 224), *Maister Jacoben Widmer Korherrn zw Mattsee* (ib., 225); **1486-1566** *Hic infra designatur decima ad castrum Mattsse. Item primo in parrochia Perndorf* (SLA U 11c, fol. 13), *Pensio officii Matzsee* (ib., fol. 17); **1496-1566** *In Judicio Matsee* (SLA U 9a, fol. 79); **1507** *Ich Wilhalbm vischer zu weyer in matseer gericht vnd pfarr* (SLA OU 1507 VI 03); **1514** *Thomas Stainer de Maczsee, pbr. mon.* (WALZ, MGSL 14, Anh. 482); **1525** *Pfleger zu Mattsee* (DOPPLER, MGSL 10, Misz., 12); **1606** *Schloß Mattsee* (HAUTHALER, MGSL 13, 95); *Dorf Mattsee früher eingeteilt in Ober-* und *Unterdorf* (WALLMANN, MGSL 7, 18).
E: → *-see* mit idg. **mad-* 'nass', vgl. → *Mattig* (im Unterschied zu *Mattig* ist in *Mattsee* kein Sekundärumlaut eingetreten); lat. *Maticensis*. Der Name bezeichnet ursprünglich den See und von Anfang an das von Herzog Tassilo gegründete Stift und später den Ort.

L: ANB 717f., 1251; SONB 49. 154; DOTTER 1987, 252–257; GREULE 2014, 340 (*Mattig*). – Vgl. auch *Mattsee* 2005.

MATTSEE, GewN
D: ['oːwɐsɛː, 'niːdɐsɛː, 'drumɐsɛː]
E: Die Fischer unterscheiden zwischen *Ober-* und *Niedersee*, der Obertrumersee heißt im nichtprofessionellen Sprachgebrauch *Trumersee*, der Mattsee auch *Niedertrumersee* (an seinem Nordende, schon in der G Lochen, OÖ, der Weiler *Niedertrum*), aber überwiegend ['mɔtsɛː], umgangssprachlich-touristisch ['matseː].

MATTSEEROID, E, G Seekirchen
D: [mɔtsɛ'rɔɪd]
U: **1122-1147** *predium suum Marcenruit* (SUB I, 619; vgl. Vorbem. 652, Nr. 140); **1135** *Walchůn de Marcinrůte* (SUB II, 247); **1138** (C, 13. Jh.) *Walchun de Marcinrůte* (HL Passau 2,18); **1144** *Walchoᵛn de Marcinroᵛte* (KU Passau, St. Nikola 10); **1211-1218** *Marzenrivᵒt* (SUB III, 138); **1437-1625** *von Pabengrueb geen Matseereutt ..., von Matseereuth geen Windterreith* (ST 16, Z. 5).
E: → *-reut* mit PN *Marzo*, seit dem 15. Jh. an → *Mattsee* angelehnt.
L: ANB 718; SONB 110; DOTTER 1987, 257f. (*Mattseeroider Bach*).

MATZING, D, G Seeham
D: ['matsɪŋ]
U: vor **1419**-ca. **1500** *Item de predio in Matzing* (SLA U 5, fol. 14); **1430** *gut ze Maczing in Sehaimer pfarre* (DOPPLER, MGSL 13, 103); ca. **1500**-ca. **1590** *Item in Matzing* (SLA U 11, fol. 19); **1617** *biß an das Mäzinger ortt* (ZILLNER, MGSL 5, 96), *von Mäzinger orth* (ib., 97); **1653** *Von ainem Guett zu Mätzing* (AES 6/21/9, lfde Nr. 55, fol. 23).
E: PN *Matzo* mit Suff. *-ing*.
L: SONB 72.

MATZING, W, G Neumarkt am Wallersee
D: ['matsɪŋ]
E: → *Matzing*, G Seeham.
L: SONB 71.

MATZING, W, G Hallwang
D: ['matsɪŋ]
U: **1151-1167** *predium, quod habuit in loco Mazingen dicto* (SUB I, 647); *Mæzingen* (SUB I, 647, Anm. b); **1196-1214** *Sifridus miles de Mazin* (SUB I, 734); **1199-1231** *Sifridus de Mæzingen* (SUB I, 497); **1419** *Rupert der Maczinger* (Urk. Nonnberg = MGSL 37, 188); **1433** *Marichart der Mäczinger, Rueprechten des Maczinger Sun ... Hanns Mäczinger* (Urk. Nonnberg = MGSL 37, 208); **1441** *Äckerl von Mätzing* (Urk. Nonnberg = MGSL 37, 222); **1450** *halbs guett zu Mäzing mit sambt seiner zuegehorunge In Perckhhamer Pfarr vnd Radegkher gericht gelegen* (OU 1450 II 13).
E: → *Matzing*, G Seeham.
L: ANB 718; SONB 70.

MAXDORF, D, G Lamprechtshausen
D: ['maksdɔɐf]
U: **798-814** (C E. 12. Jh.) *donatio Matholui ad Mahtolueshusin ... iuxta Ehinge* (LOŠEK BN 13.12); undat. *Machstorf* (SONB 88).
E: → *-haus* (Dat. Pl.) mit PN *Mahtolf* (beachte: der im ON genannte *Mahtolf* erscheint hier tatsäch-lich als der Donator), später verändert zu → *-dorf*.
L: ANB 721; SONB 88.

MAXGLAN, Stt, G Salzburg Stadt
D: [maks'lɔⁿː, maks'glaːn]
U: **1461** *Capellam Sancti Maximiliani* (DOPPLER, MGSL 15, 13), *Sancti Maximiliani ecclesiam* (ib.); **1465** *Capellam sancti Maximiliani extra portam Ciuitatis Salzeburgensis sitas* (ib., 36); **1489** *guet zw Sand Maximilian genant auff dem pühl* (ZILLER, MGSL 114, 60); **1566** *Maxlon*

(Apians Karte, SONB 97); **1570** *zw Glan bey S. Maximilian* (ZILLER, MGSL 114, 60); **1650-1686** *Mäxlohn* (ib.); **1666** *Maxlon* (DÜCKHER 1666, 238); **1732** *Maxlaner Underdanen* (ZILLER, MGSL 114, 60); **1763** *Filial Gottshauß S. Maximiliani an der Glann* (ib., 61); **1798** *Walcher Mülle zu Maxglan* (ZILLNER, MGSL 4, 126); alle Belege für → *Glan(hofen)* siehe dort.
E: PN *S. Maximilian*, seit dem späten 18. Jh. umgedeutet zu *Max(imilians)-Glan*. Seit dem 15. Jh. (1461) wird der ON → *Glan(hofen)* durch den Namen des Kirchenpatrons *S. Maximilianus* ersetzt, der bald in dialektaler Aussprache üblich wird (*Maxlan, Maxlon*). Seit dem späten 18. Jh. erklären Salzburger Landeshistoriker (zuerst F. Th. KLEINMAYRN 1784) diese dialektale Variante von *Maximilian* irrig als Kompositum aus dem verkürzten Namen des Kirchenpatrons und dem alten ON *Glan* und schreiben entsprechend *Maxglan*. Unter dem Einfluß der prominenten Autoren setzte sich diese Schreibung rasch durch (ZILLER 1974, 61ff.).
L: SONB 97; ZILLER 1974, 57–64. – Vgl. auch HÄUFLER/MÜLLER/WIEDEMAIR 1990.

MAYERHOF, Ober- / Unter-, W, G Mattsee
D: ['mɔɪhof]
E: → *Maierhof*, → *Obermayerhof*.

MAYERLEHEN, W, G Seekirchen
D: [mɔɐ'lɛ:hn]
U: **1212/1312** (C 14. Jh.) *daz guet ze Mairlehen* (Urbar Nonnberg, MGSL 23, 46); **1212-1312** *daz Mairlehen 2 guet* (ib., 101); **1405** *Maierlehen ... daz ander gut ze Mayerlehen* (ib., 46).
E: → *Lehen* mit → *meier*; → *Maierhof*, G Berndorf.

MAYRWIES, D, G Hallwang
D: [mɔɐ'wi:s]
U: **987** (C 11., 13. Jh.) *Mainvuisa, Meinwisa* (SUB I, 254); **1141** *Meinuuisin* (SUB II, 204); *Meinuuisin* (SUB II, 298); **1144** *Meinwisin* (SUB II, 226); *Meinwisin* (SUB II, 327); **1146** *Meinwisin* (SUB II, 345); **E. 12. Jh.** (C M. 13. Jh.) *de Mainwisin VI solidi* (SUB II, 513); **12. Jh.** *pratum Mainwisin* (ZILLNER, MGSL 21, 28); **1490** *auf der maywiesen* (SPATZENEGGER, MGSL 9, 60); **19. Jh.** *Mayerwies* (WALLMANN, MGSL 7, 12).
E: ahd. *wisa* 'Wiese' mit ahd. *meio* 'Mai' (weniger wahrscheinlich zu PN *Me(g)in-*, z.B. in *Meinhard*); bis ins 16. Jh. *Mein-*, später auf *Meier-* umgedeutet.
L: ANB 722; SONB 164.

MEIERHOF, Mh, G Lamprechtshausen
D: ['mɔɪɐ ɪn 'ho:f]
E: „Meier im Hof", → *Maierhof*, G Berndorf.

MICHAELBEUERN → *Beuern, Michael-*

MIRABELL, Schloss, G Salzburg Stadt
D: [mɪrɐ'bɛl, mɪrɐ'bœ:], keine Dialektaussprache
U: **1615** *sollchen Pau Altenauen genent, ... haißet jetztmalen Mirabella* (STAINHAUSER, MGSL 13, 93); ca. **1620** *jetzt Mirabel genannt* (ib., 107); **1649** *Mirabell* (PILLWAX, MGSL 14, 13); ca. **1650** *Pallast Mierabel* (DOPPLER, MGSL 13, 35); **1727** *Lusstorth Mirabell* (SPATZENEGGER, MGSL 15, 215), *Residenz Mirabell* (ib., 244); **1750** *Mirabell* (MGSL 2, 222); **1760-1771** *in den Mirabell, in die Mirabell Capellen* (SPATZENEGGER, MGSL 8, Misz., 28).
E: Ursprünglicher Name des von EB Wolf Dietrich 1606 für seine Mätresse Salome Alt erbauten Schlosses war *Altenau*. Der neue Name ('die Wunderschöne') stammt von EB Markus Sittikus (1612-1619).
L: DEHIO 632; MARTIN 1940, 77 (1995, 157).

MITERING, E, G Hallwang
D: ['mɪɐdərɪŋ]
U: **1315** *Mutring* (SONB 74); **1441** *Hainreich Muttringer* (Urk. Nonnberg = MGSL 37, 222);

19. Jh. *Miedering* (ZILLNER, MGSL 22, 109).
E: PN *Muotheri, Muothart* mit Suffix *-ing*.
L: SONB 74.

MITTERLEHEN, Hf, G Elsbethen (Fager)
D: ['mɪtɐlɛːn]
U: **1477** *auf dem Mitterlehn* (Urkunden Nonnberg, MGSL 38, 243).
E: mhd. *lêhen* 'Bauerngut' mit Adj. *mittar* 'mittel'.

MITTERSTÄTT, W, G Anthering
D: ['mɪtɐʃted]
U: **1336** *item datz Mitterstet ein halbe* (SUB IV, 424); **vor 1415-1501** *Item de Mittersteten* (SLA U 4, fol. 47); **1415** *gut ... genant Mittersteten gelegen an dem Hawnsperg in Antheringer gericht* (DOPPLER, MGSL 13, 57); **1444** *christan von miterstet* (DOPPLER, MGSL 14, 14); **1448** *zu Anthering (...) daselbs ain gut genant Mitterstett gelegen an dem Hawnsperg In Anteringer gericht* (ib., 29), *guet mitterstet* (ib., 29, 30), *guet mittersteten* (ib.); **1462** *vlreichen von Mitterstett* (DOPPLER, MGSL 15, 16).
E: → *-statt* mit Adj. ahd. *mittar* 'mittel'.

MODHALM, R, G Seekirchen
D: ['moːdhɔlm]
U: **1437-1625** *an den Mothalder grund ... von Mothalbm gründen an der Lindtner gründ ... geen Winckhl ... an das Lechen ... geen Pabengrueb* (ST 15, Z. 46f.).
E: mhd. *halde* 'Abhang' mit *mot* 'schwarze, torfartige Erde' (vgl. auch SCHMELLER 1, 1693).

MÖDLHAM, G Seekirchen
D: ['meːdlhɔm]
U: **1125-1147** *predium suum ad Mettilhaimen* (SUB I, 395); **E. 12. Jh.** *de Metilhaimin dimidium talentum* (SUB I, 512); **1444** *hanns von mettelhaim* (DOPPLER, MGSL 14, 14); **1437-1625** *von Tanglstetten biß gegen Flamanßperg biß geen obern Mötlhamb ... von obern Mötlhamb biß geen Gräfendorff* (ST 15, Z. 34); **1604** *Rosina Medlhammerin* (WALZ, MGSL 14, Anh. 319).
E: → *-heim* (Dat. Pl.) mit PN *Metilo*. Der jüngste Beleg zeigt wie die heutige Schreibweise die Konsonantenlenierung *-t-* > [-d-].
L: ANB 743; SONB 82.

MÖLKHAM, W, G Schleedorf
D: ['meːçʰɔm]
U: **1337** *predium in Melcheim* (Cal. Mattsee, SUB I, 883).
E: → *-heim* mit PN *Meliho* ? (vgl. KAUFMANN 1968, 258 *Mil-, Mel-*).
L: SONB 83.

MÖNCHSBERG, BergN, G Salzburg Stadt
D: ['möŋksbɛɐg]
U: **1335** *Munichsberg* (MARTIN Reg. Nr. 952); **1403** *Munichsperg* (Urkunden Nonnberg, MGSL 36, 277); **1465** *ad Montem Münichperg* (DOPPLER, MGSL 15, 43); **1480-1490** (1495; C 1803) *durch den minichberg* (ZILLNER, MGSL 4, 102), *in den Minichberg* (ib., 102); **1522** *ainen garten genant Rosental (...) gelegen hie auf dem Munichperg* (SLA OU 1522 V 08); **1526** *Minnichperg* (PILLWAX, MGSL 17, 58); **1566** *Münich-Perg* (ZILLNER, MGSL 4, 109); **v. 1615** *Münchperg* (HAUTHALER, MGSL 13, 34); **1610-1612** *Münichperg* (ib., 121); **1645** *Thurn und die Behausung am Mönichberg* (PICK, MGSL 29, 283); **1666** *Minichberg* (PILLWAX, MGSL 14, 29 = Manuskript von DÜCKHERS Chronik); **1680** *auf dem Münichberg* (SPATZENEGGER, MGSL 10, 17); **1709** *Münch und Capuciner Berg* (SPATZENEGGER, MGSL 15, 213); **1727** *Münch und Capuciner Berg* (SPATZENEGGER, MGSL 15, 223); **1776** *Mönchsberg* (ZILLNER, MGSL 4, 123).
E: → *-berg* mit mhd. *munich, münech* 'Mönch', nach dem am Fuß des Mönchsberges liegenden Kloster St. Peter.
L: SONB 126.

MONDSEE, GewN, danach ON; Salzkammergut (OÖ).
D: ['mɔⁿsɛ:], altmdal. ['ma:nsɛ:]
U: reiche Beleglage seit dem 8. Jh. (*Maninseo*, lat. *Lunae(-)lacus*), s. ANB 747ff., OBOÖ 4, 23ff.
E: → *-see* mit ahd. *māno* 'Mond' (ob konkret nach der zweifach sichelförmigen Gestalt oder mythologisch-personifiziert?) oder mit PN *Māno* (PN-Stamm *Mān-* in *Manhart, Mangold* u.ä.). In Hinblick auf die Realprobe erschließt sich die sichelförmige Gestalt freilich vom Schafberg und nicht vom Ufer aus; dies würde eher für den PN sprechen.
L: ANB 747ff, 1252; OBOÖ 4, 23ff; ZILLER 1977, 79; LINDNER 2008, 37; GREULE 2014, 357.

MONTFORTERHOF → *Gols*

MOOS (Leopoldskron-Moos), Ober-, Unter-, Mittermoos, Wildmoos, G Salzburg Stadt
D: [mo:s]
U: **1124-1125** *paludem que dicitur Uilzmos pervenit ad villam que vocatur Anaua* (→ *Anif*) (12. Jh., SUB II, 200); **1156-1212** *paludem quae dicitur Vilzmos* (ZILLNER, MGSL 4, 13, Anm.); **1348-ca. 1400** *item judicium in dem mos* (SLA U 3, fol. 46); **v. 1615** *auf das Mos gegen den Undersperg, in Mos* (STAINHAUSER, MGSL 13, 63); **1620** *in die Weyer zu Glanegg, vnd am Moß* (ZILLNER, MGSL 4, 116); **1778** *über das ... Mooß, auf die sogenannte Biberschwelle* (PEZOLT, MGSL 28, 421), *über das Mooß und wiesen* (ib. 420).
E: → *moos*; bair. *filz* 'mooriger Boden mit Unterholz, Gestrüpp'.
L: SONB 159; vgl. ANB 754 (nicht dieses *Moos*).

MOOS, D, G Obertrum
D: [mo:s]
U: **1750** *Ruperto Moser, colono zu Mos* (PIRCKMAYER, MGSL 26, 325).
E: → *Moos* (Leopoldskron).

MOOS, G Salzburg Stadt → *Schallmoos*

MOOSACH, GewN, G St. Georgen
D: ['mo:sɐ]
U: **1496** *Ain Hueben zu Wenng in bemellter Sand Georigen Pfarr enhalb der Mosach gelegen* (DOPPLER, MGSL 16, 334).
E: → *-ache* mit → *moos*.
L: STRABERGER 1974, 77f.

MOOSHAM, Sdlg, G Elixhausen
D: ['mo:shɔm]
U: **1090-1104** *De Mosaheim* (SUB I, 310); **1104-1116** *Lantfrit de Mosihamin* (SUB I, 323); **1125-1147** *Lantfrido de Mosahaman* (SUB I, 348); ca. **1167-1193** (C M. 13. Jh.) *Walchunus de Mosheim* (SUB I, 558); E. **12. Jh.** (C M. 13. Jh.) *de Mosehaimin* (SUB I, 513); **1216** *tres curias suas apud Moseheim* (SUB III, 199); **1242-1259** *Ditmarus de Mosheim* (SUB I, 510).
E: → *-heim* (*-ham*) mit → *moos*.
L: ANB 757; SONB 82.

MOOSLEITEN, W, G Straßwalchen
D: [mos'laɪtn]
U: vor **1151** *Otto de Mosaliten miles Liutoldi comes de Plegin* (SUB I, 422); vor **1151** *et Roᵛdolfus de Pleigen, Otto de Mosilita milites predicti comitis* [sc. Liutoldi de Pleigin] (SUB I, 426); (unsicher, ob richtig identifiziert).
E: → *-leite* mit → *mos*.

MOOSMÜHLE, R, G Eugendorf
D: ['mo:smɪ]
U: **1293** Seelgerätstiftung der Diemut von Unzing, u.a. *die Moosmühle, und das Gut Oede* (HOFMANN, MGSL 9, 160).
E: mhd. *müle* 'Mühle' mit *mos* 'Sumpf', d.h. 'Mühle in, bei sumpfigem Gelände'; → *Moosmühle*, G Köstendorf.

MOOSMÜHLE, E, G Köstendorf
D: ['moːsmɪ]
U: **1506** *an der Mosmul zway hewser* (SLA OU 1506 XII 12); **1600-1617** *Gillg an der Moßmull* (AES 7/80/2, lfde Nr. 61, fol. 10).
E: mhd. *müle* 'Mühle' mit → *moos* = „Mühle in, bei sumpfigem Gelände"; → *Moosmühle*, G Eugendorf.

MOOSPIRACH, W, G St. Georgen
D: [moˈspirɐ]
U: **1335** *item datz Pirichaᵉch ein hof* (SUB IV, 423); **1441** *Vlreichen von mospirchach* (DOPPLER, MGSL 14, 3); **1481** *Chunczen von mospirach* (DOPPLER, MGSL 16, 208); **1489** *hoff zu Mospirchach* (ib., 247); **1489** *Leonhart von Mospirchach* (ib., 248*), hoff zu Mospirhach* (ib.); **1499** *Hanns schmidt von moßpirroch* (ib., 372).
E: ahd. *birka, -rch-* 'Birke' mit Kollektivsuff. *-ahi* 'Birkenbestand' mit → *moos* (vgl. → *Bürmoos*).
L: SONB 142; STRABERGER 1974, 77 (s.v. *Moosach*).

MORNPEUNT, Hf, G Seekirchen
D: [mɔnˈbɐɐ⁽ⁿᵈ⁾]
U: **1122-1147** *Gerhardus quidam de Morenpiunth* (SUB I, 617); **1125-1147** *Garhart de Morinbuint* (SUB I, 362); **1154-1157** *Gerhardus de Morpoᵛnth* (Herrenchiemsee, 12. Jh., SUB II, 430); **1167-1188** *molendinum quoddam apud Morinbiunth* (SUB I, 460); **1158** *Gerhardus de Morenbiunt* (SUB II, 468); **1167-1183** *Heinricus de Morenbiud* (SUB I, 673), *predium suum Morenbiud* (ib. 674); **1409** *Hainreich des Morenpeuntner* (DOPPLER, MGSL 13, 41).
E: → *-peunt* mit PN *Môro* (Gen. *Môren*). Zur Aussprache [bɐɐⁿd] 'Beunde' → *Aichpoint*.
L: ANB 758; WMU 1, 265.

MORZG, Stt, G Salzburg Stadt
D: [mɔɐtsk]
U: **798-814** (C E. 12. Jh.) *Villa ... super Salzaha, que dicitur Clasâ, et aliam Marciago* (LOŠEK BN 4.3); **930** (C) *ad Morzagam* (SUB I, 149); **1117** *cum viculis suis, Glæse, Morzige* (ca. 1143, SUB II, 188); **1139** *de ecclesia Morzig* (F. ca. 1164, SUB II, 279); ca. **1144** *viculis suis Glæse Morzige* (SUB II, 334); **1147** *Morzigae* (HOFMANN, Dotation, MGSL 9, 100); **1214** *Marquardus de Morcigen* (SUB III, 186); **1214** *Heinricus morcigare* (Urkunden Nonnberg, MGSL 35, 12); **1273** *Mortzech* (ib., 23); **1212-1312** (1382; C 14. Jh.) *ampt ze Marczikch* (DOPPLER, MGSL 23, 52), *der hof dacz Marczikch* (ib., 52), *Ott der Mair von Marczikch* (ib., 96); **1318** *Hainrich der Mulnaer von Martzich* (Urkunden Nonnberg, MGSL 36, 6); ca. **1334** *In Mortzich curia villicolis* (A. 2.H. 14. Jh., DOPPLER, MGSL 23, 104); **1394** *Seiboten dem schuester ze Martzk* (DOPPLER, MGSL 12, 275), *ain guet genant die widem vnd daz gelegen ist dacz sand Veit in dem Dorff ze Martzk* (ib.); **1405** *Marczk* (DOPPLER, MGSL 23, 52), *Seidel von Marczk* (ib., 96), *di hub ze Marczk* (ib., 54); vor **1415-1501** *Item in mortzk* (SLA U 4, fol. 105); **1420** *Morkz* (Urkunden Nonnberg, MGSL 37, 190); **1422** *ain guet genannt Morczk* (ib., 195); **1453** *Morkchcz* (Urkunden Nonnberg, MGSL 38, 211); **1467** *ze Morktz* (ib., 232); **1490** *Mortzgks* (ib., 255); **1491** *Veit Reichschl von Morgks* (Urkunden Nonnberg, MGSL 39, 115); **1497** *Mortzk* (ib., 125); **1499** *Morzg* (ib., 132); **1537** *halbn grundt des Geirhofs gelegen zu Mortzg* (SLA OU 1537 IV 24); **1562** *Mortz beym Gattern* (Urkunden Nonnberg, MGSL 42, 81); **1592** *Morzg* (Urkunden Nonnberg, MGSL 42, 114); **1694** *zu Morzg* (HOFMANN, MGSL 9, 144).
E: lat. PN *Martius* mit keltoroman. Suff. *-ācum* (Prädienname).
L: ANB 759; SONB 56; LINDNER 2002, 546; 2008, 38.

MOSEN, Hf, G Seekirchen
D: [moːsn]
U: **1214**? *Mosen curtem unam* (Urkunden Nonnberg, MGSL 35, 11); **1219** *Heinricus de*

Mosen (SUB III, 256, 556, 599); **1245** (C) *Hainricus de Mosen servi nostri* (SUB III, 609); **1348**-ca. **1400** *de hůba in Mosen* (SLA U 3, fol. 70).
E: → *Moos* (Dat. Pl.).

MÜHLBACH, D, G Obertrum
D: ['mi:bɔx]
U: **1430** *ze dienmülpach ain gut In Drumar pfarre* (DOPPLER, MGSL 13, 103).
E: → *-bach* mit ahd. *muli(n)* 'Mühle' „Bach an der / mit Mühle"; *dien-* unklar.
L: SONB 152; vgl. ANB 762ff. (häufiger ON).

†MÜHLBACH, GewN, im Nonntal, G Salzburg Stadt
U: **ca. 1382 [1212/1312]** *pei dem Mulpach* (A. 14. Jh., DOPPLER, MGSL 23, 94), *an dem Muelpach* (ib., 94); **1405** *pei dem Mulpach* (ib., 100); **1409** *in dem nuntvl* [= *nuntal* ?] *pey dem Mulpach* (Urkunden Nonnberg, MGSL 36, 278).
E: → *Mühlbach*, G Obertrum.

MÜHLBACH, GewN, in Gnigl, G Salzburg Stadt
U: **1778** *biß zu dem Müllbach gegen über der bey dem amthaus stehenden Linden, weitters mitten in erwähnten Bach herauf zu dem Brükel bey des Andree Mayrs neuerbauten Fleisch-Bänkel* (PEZOLT, MGSL 28, 418).
E: → *Mühlbach*, G Obertrum.

MÜHLBACH, GewN, heute Achartinger Bach; W, G Anthering
D: ['mi:bɔ]
U: **1040** *flumen quod dicitur Muᵉlbach* (SUB I, 874); **1040** *deinde super montem qui dicitur Hounsperch usque ad flumen quod dicitur Mulebach, deinde Puchperch usque ad lapidem qui dicitur Wartstaine* (F ca. E. 13. Jh., SUB II, 138); **1336** *Oᵉrtel von Muᵉlpach* (SUB IV, 425), *item datz Muᵉlpach ein halbeu* (ib., 424); **1462** *Conradt von Mülpach, Zechmaister des Gotzhawss zu Anthering* (DOPPLER, MGSL 15, 16).
E: → *Mühlbach*, G Obertrum.
L: ANB 764; STRABERGER 1974, 80.

MÜHLBACH, GewN, Bach bei Straßwalchen (Irrsdorf)
D: ['mü:bɔx], zu erwarten wäre *['mi:hɪbɔx]
U: **10.-12. Jh.** *de Mihlinpah autem vadit per supercilicium montis qui vocatur Rihtiperc* (10. Jh., SUB I, 912), *Michilnpach* (Var., 2. H. 12. Jh, ib. Anm. m); **1796** *Mitten durch den Markt* (Straßwalchen) *schlängelt sich der sogenannte Mühlbach* (HÜBNER 1796, 212).
E: → *-bach* mit ahd. *mihil* 'groß'.
L: ANB 764; DOTTER 1987, 276 (dort 263 mehrere *Michelbach*).

MÜHLBERG, Sdlg, G Eugendorf
D: ['mi:bɛrɪg]
U: **1122-1147** *Reinhart de Mulberg* (SUB I, 618); *Reginhart de Mulperga* (SUB I, 374); *Reginhart de Muliperch* (SUB I, 381); *Mulberch* (SUB I, 381); **1136** *Reginhart de Mulberch* (SUB II, 255); **1147-1167** *Reinhardus de Mulberh* (SUB I, 444); (C M. 13. Jh) *Reginher de Mulberch* (SUB I, 528); **1197** *Folchmarus de Můlberch* (SUB II, 691 = KU St. Zeno 21); **1198** *Volchmarus de Mulberch* (KU Herrenchiemsee 13); **1219** *Volchmarus de Můlberch* (SUB III, 256); **1370** *gen Mülberg* (ZILLNER, MGSL 22, 156); **1519-1540** *pfarrer zu Mühlberg oder Kesstendorf* (ZILLNER, MGSL 5, 87).
E: → *-berg* mit mhd. *müle* 'Mühle'.
L: ANB 764f.

MÜHLBERGER, Hf, G Schleedorf
D: ['mi:bɛrɪgɐ]
U: **1439** *das gut am muliperig* (SLA OU 1439 VII 14).
E: → *-berg* mit mhd. *müle* 'Mühle'.

MÜHLFELD, E, G Nußdorf am Haunsberg
D: ['miːfɛɪd], heute ist dafür als Haus- und Schreibname *Ganisel* (['gɔnɪsl]) üblich.
U: **1433** *auf dem hag pey der Oytten neben dez* (r. *dem*) *Mülvelld in hawnsperger gericht* (DOPPLER, MGSL 13, 107); **1450** *wysen gelegen auf dem Hag bey der Oytten neben dem Müluelld* (DOPPLER, MGSL 14, 46).
E: → *-feld* mit mhd. *müle* 'Mühle'.

MÜLLN, Stt, G Salzburg Stadt
D: [miːn, müln]
U: **798-814** (C E. 12. Jh.) *quod habuit in Salinis et ad Muln* (LOŠEK BN 14.20); **1148** *in capella beate dei genitricis Marie in introitu civitatis nostre loco qui vulgo ad Molendina dicitur* (SUB II, 382); **1125-1147** *Plidolfus de loco Molendini* (SUB I, 350); ca. **1147-1193** (C M. 13. Jh.) *O͜vdalricus de Molendino* (SUB I, 543); vor **1164** (C M. 13. Jh.) *V̊lrico de Mullen* (SUB I, 556); **1183-1196** *Hartwicum de Muln* (SUB I, 716); **1242-1259** *molendinum apud Muln* (SUB III, 530); **1298** *ecclesia sancte marie in muln* (SLA OU 1298 III 28); **1298** *leprosis iuxta dictam nostram versus Mů̈ln* (SUB IV, 239); **1318** *padhause ze Muln* (Urkunden Nonnberg, MGSL 36, 6); **1340** *Mullen* (MARTIN Reg. Nr. 1204); **1405** (C 14. Jh.) *von der Nidern-Mul ze Mülln* (DOPPLER, MGSL 23, 54); **1445** *Mülln* (Urkunden Nonnberg, MGSL 41, 60); **1461** *Capellam beate dei genitricis Marie in Molendinis* (DOPPLER, MGSL 15, 13), *Cappellam B. V. M. in Müln* (ib.); **1465** *ecclesiam beate Marie Virginis in Mullen ante portam Civitatis Salzeburgensis sitam* (ib., 35); **1493** *Am pach in Mülln* (WALZ, MGSL 14, Anh. 476;), *Capellam beate dei genitricis Marie in Mülln* (DOPPLER, MGSL 15, 36), *Capellam beate dei genitricis Marie in Molendinis* (DOPPLER, MGSL 15, 37); ca. **1500**-ca. **1590** *Item de domo super Gsteten in Mulln* (SLA U 11, fol. 34), *Item de domuncula in Mulln* (ib.); **1514-1559** *zu Müln* (DOPPLER, MGSL 15, 49); A. **17. Jh.** *Ain guet zu Mülln an das Augustiner Kloster stossend* (CLANNER, MGSL 25, 40); **1618** *bey dem Kreuz zu Mülln* (DOPPLER, MGSL 15, 49); **1631-1649** *Von der Schmidten zu Mülln* (SLA U 14, fol. 11); **1760-1771** *Kloster Millen* (SPATZENEGGER, MGSL 8, Miszellen, 29), *Kirchen Müllen* (ib.).
E: lat. *molendinum* 'Mühle', daneben von Anfang an die ahd. Bezeichnung *mulin* 'Mühle' (Sg.; vgl. BRAUNE/REIFFENSTEIN 2004, § 211, Anm. 3, c; AWB 6, 822).
L: ANB 767.

†MÜNCHHAUSEN, G Salzburg Stadt (später Weichselbaumhof in Parsch)
U: **987** *Munichohus* (SUB I, 254); **1141** *Munihhus* (SUB II, 298); **1144** *Munihhus* (SUB II, 327); **1146** *Munihhus* (SUB II, 345); ca. **1167-1193** (C M. 13. Jh.) *Heinricus de Munichusin* (SUB I, 543); n. **1266** (C M. 13. Jh.) *Fridricus Mvnichv͜oser* (SUB I, 569); **1271** *Engilbertus faber de Mvnichavsen* (SUB IV, 71); **1499** *Der hof Munichhawsen* (SPATZENEGGER, MGSL 9, 64); **1528** (C 18. Jh.) *herrn Hannsen Munich von Munichhausen, pfleger zu Tettlhaim vnd Halbmperg* (LEIST, MGSL 27, 407).
E: ahd. *hûs* 'Haus' mit *munich* 'Mönch' (im Erstbeleg Gen. Pl., d.h. 'der Mönche' [des Stifts St. Peter]).
L: ANB 767.

MUNTIGL, D, G Bergheim
D: ['muntɪgl]
U: **788-790** (C M. 12. Jh.) *in pago Salzburgaoe in loco nuncupante Monticulus super fluvio Salzaha* (LOŠEK NA 6.12); **798-814** (C E. 12. Jh.) *in loco dicto Monticulus super Salzaha fluvium* (LOŠEK BN 12.2); ca. **936** (C) *ad Muntegilin* (SUB I, 169, 170); **1122-1147** *ap(ud) Muntigilin* (SUB I, 594); **1122-1147** *Ekkehart de Monticulo* (SUB I, 606); **1125-1147** *Ekkahart de Montigilin* (SUB I, 367); ca. **1127** *Ekkehardus de Montiglin* (KU Formbach 3); **1130** *Ekkhart de Montigil* (SUB II, 222); **1144-1147** *Ekkehardus de Montigel* (Herrenchiemsee, 12. Jh.,

SUB II, 317); **1147-1151** *Ekehardo de Monticulo* (SUB II, 360); **1285** *Montigl* (MARTIN Reg. Nr. 1198); vor **1415-1501** *Item de montigel* (SLA U 4, fol. 27); **1444** *Anna dez chern tochter von münttigel* (DOPPLER, MGSL 14, 14); **1449** *Anna Chunraden des Kern von Munttigl tochter* (ib., 35); **1459** *Muntigel* (DOPPLER, MGSL 14, 124); **1463** *Item ain Mul zu Montig(e)l in Radegker gericht* (SLA OU 1463 II 07); **1493** *Item der Vrsula ist zuegetailt ain Mul zu Munntig(e)l in Radegker gericht* (SLA OU 1493 III 07); **1499** *Paul von Muntigl* (DOPPLER, MGSL 16, 297); ca. **1500**-ca. **1590** *item de Muntigel* (SLA U 11, fol. 23); **1520** *ain Mull zu Muntigl in Radegker gericht* (SLA OU 1520 V 25).
E: lat. *monticulus* 'kleiner Berg' (einige Belege des 10.-12. Jhdts. mit ahd. Diminutivsuffix *-in*). Die Eindeutschung des Namens erfolgte nach der Durchführung der 2. Lautverschiebung (ca. 7./8. Jh.), aber mit Verlegung des Akzents auf die 1. Silbe (vor ca. 1000). Hebung des roman. *o* > *u* (wie in lat. *molina, monachus* > ahd. *mulin, munich*) jedenfalls seit dem 10. Jh. (936 *Muntegilin*), die jüngeren *o*-Schreibungen in Anlehnung an lat. *monticulus*, das mindestens bis in 12. Jh. als ON weiter verwendet wurde.
L: ANB 769; SONB 38; KLEIN 1967, 49–55; LINDNER 2008, 30.

N

†NANDICHESUUANK (bei Köstendorf?)
U: ca. **700-798** (C 1004) *Nendichesuuank* (SUB I, 51), *Nendingiswank* (ib. Var.); **798-814** (C E. 12. Jh.) *tradiderunt res eorum in Nandiheswanch* (LOŠEK BN 14.41, unmittelbar daneben *Spanswanch* → *Spanswag*).
E: ahd. *kirihha* 'Kirche' bzw. *wang* 'Wiese, Leite' mit PN *Nandich / Nendich* (KAUFMANN 1968, 264).
L: ANB 782.

†NENDILCHIRCHEN
U: nach **1167** *Otto de Nendilchirchen* (SUB I, 459), Zeugen: Laufen, Anthering, Haunsberg, Göming, Nußdorf, Itzling u.a.

NETZTHAL, Hf, G Nußdorf
D: ['netsdɔɪ]
U: **1618** *Dienen vom Guett zu Netztall* (AES 6/54/14, lfde Nr. 97, fol. 17).
E: tal mit mhd. *etze* 'Weideplatz' mit agglutiniertem *n-* oder mit mhd. *nezzel* '(Brenn-)Nessel', vgl. SCHUSTER 1994, 15 (*Nesseltal, Nestelberg, -tal*).
L: SONB 134.

NEUFAHRN, D, G Neumarkt am Wallersee
D: ['naɪfɔɐn]
U: **798-814** (C E. 12. Jh.) *de territorio ad Niwarin* (LOŠEK BN 13.12), *in Pinzgô atque Nivuarin* (ib. 14.2), *et quod habuit in Niwarn* (ib. 14.51); **972-994** *partem hereditatis suę ad Niuvarun* (SUB I, 911); **1104-1116** *Wecil de Nuuarin ..., Reginhart de Nuuarin frater Wecilini, ... Rudiger de Nuuarin* (SUB I, 323); **1272** *Niwevarn* (MARTIN Reg. Nr. 614); **1279** *Nevuarn* (MARTIN Reg. Nr. 918); **1411** *Ain gut in Liechtentanner gericht genant Newuarn* (DOPPLER, MGSL 13, 46); **1463** *Neufarn* (CLANNER, MGSL 25, 30); **1493** *ain gut zu Newfarn am ansidl in Liechtentanner gericht* (SLA OU 1493 III 07); **1520** *Ain gut zu Newfarn am Ainsidl* (SLA OU 1520 V 25); **1600-1617** *Gorg (...) von farnperg* (AES 7/80/2, lfde Nr. 61, fol. 10); **1600-1617** *Wolf hessenperger zů Neufarn* (ib., fol. 11); **1885** *Neufarn* (MGSL 25, 30); ZILLNER, MGSL 23, 180.
E: ahd. **faro* 'Ankömmling, Nachkommenschaft, Fahrtgemeinschaft' mit Adj. *niuwi* 'neu'.
L: ANB 784; SONB 116; VOLLMANN 1925-1926, 202–207; BACH 1952-1956, § 174 (mit Lit.); VON REITZENSTEIN 2006, 177.

NEUHAUS Schloß, Gnigl, G Salzburg Stadt
D: ['nɔɪhaʊs] keine Dialektlautung
U: **1252** *Ludwicus de Nouo-Castro* (SUB I, 762); **1254** *mansum unum sub novo castro situm, quem Chvnradus quondam castellanus Salzburgensis noscitur possedisse* (SUB IV, 29); **1278** *Gothschalcus dictus de Nevhaus* (SUB IV, 100); **1278** *dominus Gotschalcus de Nevnhoᵥs* (SUB IV, 103); **1281** *Gotschalcus de Castro novo* (SUB IV, 119); **1281** *Gotschalich von dem Newenhous* (SUB IV, 122); **1282** *Gotschalcus miles de Castro Novo* (SUB IV, 125); **1288** *Gotschalch der ritter von dem Newenhouse* (SUB IV, 176); **1489** *zum Newnhaus* (Urkunden Nonnberg, MGSL 38, 254); **1522** *Neunhauser gerichts* (Urkunden Nonnberg, MGSL 40, 251); **1525** *Pfleger zum Newhawß* (DOPPLER, MGSL 10, 12); **1525-1530** *Hannsen Newhawser* (SPATZENEGGER, MGSL 7, 360); **1778** *Neuhauß* (PEZOLT, MGSL 28, 418f.).
E: lat. *novum castrum* 'neue Burg'; → *-haus* mit Adj. mhd. *niuwe* 'neu'.
L: SONB 94.

NEUHOFEN, R, G Eugendorf
D: ['naɪhofm], auch [naɪ'hofm]
U: **991-1023** *in loco, qui dicitur Niuenhoun* (SUB I, 195); **1167-1183** *Wolfram de Niwen{h}owe* (SUB I, 685); **vor 1183** *Wichardi di Niwenhouen* (SUB I, 681); *Wolframmo de Niwenhouen* (SUB I, 681); ca. **1225** *Heinrico de Nevnhouen* (SUB III, 614).
E: → *-hof* mit ahd. *niuwi* 'neu' (Dat. Pl.).
L: ANB 785; SONB 103f.

NEUMARKT am Wallersee, Stadt
D: [naɪ'mɔɐkt]
U: **1284** *novum forum* (SONB 110); **1306** *Niwenmarcht* (MARTIN Reg. Nr. 798); **1348**-ca. **1400** *Pensio bonorum in nouo foro* (SLA U 3, fol. 67); **1415-1501** *Nouum forum et Schalchaym* (SLA U 4, fol. 98); **1419-1500** *Newmarcht* (als „Überschrift", SLA U 5, fol. 14); **1506** *zum Newnmarckht im burckfrid* (SLA OU 1506 XII 12); **1522** *ain Zehennt des zway tail sind gelegen zu Newnmarkht im Burckhfrid* (SLA OU 1522 V 08); **1616** *zu Neumarkht* (RIEDL, MGSL 4, 268); **17. Jh.** *Vrbar oder Stufftpiechl (...) zu Neumarckht* (AES 7/80/1, lfde Nr. 60, Deckblatt); **1600-1617** *Zů Neumarckht* (AES 7/80/2, lfde Nr. 61, fol. 31).
E: lat. *novum forum* 'neuer Markt'; mhd. *market* 'Markt' mit Adj. *niuwe* 'neu' (1366 Marktrecht). Stadt seit 2000.
L: SONB 110; HHS 395. – Vgl. auch ENZINGER 1967; 2000; GOINGER 1993; DEINHAMMER 2001.

NIEDERALM, D, G Anif
D: ['ni:dɐɔɪm]
U: **930** *ad Albinam inferiorem* (SUB I, 149); **1193** *predium quoddam situm in villa que dicitur Alben* (SUB II, 664); **1198** *a Pabensteine usque ad villam Alben et usque ad terminos Grauengademen* (SUB II, 706); **1340** *Heinricus perpetuus vicarius in Alben* (SUB IV, 448); **1348**-ca. **1400** *in nyder alben* (SLA U 3, fol. 57); **1365-1368** *item im Alben et in Rif h(abe)mus terciam partem* (Urbar St. Peter, 61); vor **1415-1501** *Item de molendino in nidern alben* (SLA U 4, fol. 90); **1435** *ecclesia parochialis in Alben* (ZILLNER, MGSL 21, 67); **1467** (C Anf. 16. Jh.) *Hanns strasser von Albm* (SPATZENEGGER, MGSL 5, 191); **1610-1612** *Vogtey Zu Nidern Albm* (SLA U 45, fol. 15); **1623** *von den vier dörfern Gorzg [= Morzg] ... Nideralbm, Grädich* (ST 113, Z. 30f.), *Nidernalbm* (ST 116, Z. 19), *Niderolbm* (ST 118, Z. 27); **1788** *Ober Albm* (3x, ZILLNER, MGSL 4, 27), *undter Albm* (ib.).
E: → *Alm*. *Nieder-* nach der orographisch „niedrigeren", unteren Einmündung der *Alm* in die Salzach im Verhältnis zum → *Almbach* (Oberalm, PB Hallein).
L: SONB 50; LINDNER 2008, 30f. (zu *Rif*).

NIEDERGADENALM, AlmN, G Strobl
D: ['niɐdɐgɔm(ɔɪm)]

***U:* 1608** *Albm Nidergaden* (SONB 117).
E: → *-alm* mit mhd. *gadem* 'Kammer, Haus mit einem Stockwerk' und Relationsbegriff *nieder-*.
L: SONB 117; ZILLER 1977, 83.

NIEDERREIT, W, G Lamprechtshausen
D: [raɪt, 'niːdɐraɪt]
***U:* 1337** *item ein halb hůb daz Nidernreut vier metzen habern* (SUB IV, 432); **1653** *Niderreith* (als „Überschrift", AES 6/48/43, lfde Nr. 90, fol. 20).
E: → *-reut* mit mhd. *nider* 'nieder, unter', vgl. → *Oberreit*.

NOCKSTEIN, 1042 m, BergN,
NOCKSTEINSIEDLUNG, G Koppl
D: [nok'ʃtɔɐⁿ]
***U:* 984** (C E. 13. Jh.) *ab ecclesia sancti Martini qui respicit contra monticulum qui vulgo Nochstein nuncupatur* (SUB II, 109); **1027** *contra Nocsten* (SUB II, 134); **1051** *monticulum, qui vulgo Nocstein nuncupatur* (SUB II, 149); **1199** *monticulum qui vulgo Nochstein nuncupatur* (SUB II, 722); **1272** *Nochstein* (MARTIN Reg. Nr. 617); **1272** *sub Nockstein apud Gukkental* (SUB IV, 74); **1299** *in Loco, qui dicitur Nochkstain* (SUB IV, 250); **1343** *Nochstein* (MARTIN Reg. Nr. 1298); vor **1415-1501** *Item de noua derra* (!) *subtus Nochstain* (SLA U 4, fol. 85).

NOCKSTEIN, Name einer abgekommenen Burg und einer Ministerialenfamilie
U: vor **1181** *Heinricus de Nochstein* (SUB I, 688); **1182** *Livpoldus de Nokstain* (KU Neustift b. Brixen 10); **1188-1193** *Liupoldus de Nohstæin* (SUB I, 481); **1219-1234** *Albertus de Nôchstein* (SUB I, 750); nach **1242** *ministeriales de Nohstæin* (SUB I, 756); **1277** *Hainricus mancus de Nohstein* (SLA OU 1277 X 19).
E: ahd. *stein* 'Felsen' mit bair. *nock* 'Bergspitze, knorriger Fels(gipfel)' (häufiges Wort in Bergnamen).
L: ANB 793.

NONNBERG, Benediktinerinnenkloster unterhalb von Hohensalzburg, G Salzburg Stadt
D: ['nɔnbɐɐg]; keine Dialektaussprache
***U:* 788-790** (C M. 12. Jh.) *monasterio puellarum quod constructum est in honore sancte dei genitricis semperque virginis Marie iuxta ipsum episcopatum in castro superiore* (LOŠEK NA praef. [7.1]); **798-814** (C E. 12. Jh.) *in superiori castro sepedicti Iuvavensis oppidi construere ecclesiam ac monasterium sacris virginibus* (LOŠEK BN 4.1); **1189** *in monasterio nostrę civitatis quod Nunnenburch dicitur* (SUB II, 635); **1189** *Gerderudis abbatissę de Noᵛnninburc* (SUB II, 628); **1212-1312** (C 14. Jh.) *von Nunburch, ze Nunburch* (DOPPLER, MGSL 23, 44. 101f.); **1242** *domine Gertrudi de lapide abbatisse in Nunninburg* (SUB III, 544); **1252** *Nunneburch* (MARTIN Reg. Nr. 126); **1266** *Nunnburch* (MARTIN Reg. Nr. 466); **1266** *conventum in Nunnburch* (SUB IV, 56); **1297** *an der vogtei uber Nvnnbvrgær leut* (SUB IV, 229); **1301** *convent von Nunnenburch* (SUB IV, 264); **1307** *Ich Ortolf der schriber von Nvnnbůrch* (SUB IV, 288); **1423** *auf dem Nunnburg ze purkchrecht* (SLA OU 1423 IV 18); **1454** *auf dem Nunburg* (DOPPLER, MGSL 14, 74); **1460** *gelegen ist am Perg an Nunberger wagnweg* (ib., 132); **1465** *auf dem Nunburg ze Salczburg* (DOPPLER MGSL 15, 33); **1472** *... soror abbae in Nunburga* (WALZ, MGSL 14, Anh. 465); **1484** *sannd Erundraut gotshaws auf dem Nunnberg* (MGSL 9, 51); **1489** *im ghay an den Nunnburgweg* (DOPPLER, MGSL 14, 258); **1539** *Nonburch* (WALZ, MGSL 11, Anh. 189), **1552** *Nunburg* (ib., 203), **1554** *Nunberg* (ib. 212); **1613** (C) *am Nunburg* (PIRCKMAYER, MGSL 21, 122); **1614** *Gotteshaüsz Nünberg* (WALZ, MGSL 14, Anh. 345); **1680** *am Nunberg* (WALZ, MGSL 15, Anh. 67); **1760-1771** *Nunberg* (SPATZENEGGER, Miszellen, MGSL 8, 29).
E: lat. *castrum superius* 'obere Burg, obere Siedlung' (Reste eines römischen Castrums?), wo der hl. Rupert für seine Nichte Erentrudis ca. 712-715 ein Frauenkloster bauen ließ; ahd. *burg* 'Burg, befestigter Platz, Siedlung' mit *nunna*

'Nonne' (Gen. Pl. *-in* , *-en*, seit M. 13. Jh. Apokope der Endung), Erstbelege des deutschen Namens 1189. Seit M. 15. Jh. Wechsel des Grundwortes von *-burg* > *-berg* (schon vorher Genuswechsel von fem. zu mask.: 1423 u.ö. *auf dem Nunnburg*; zu dem Nebeneinander von *burg* und *berg* vgl. SCHRÖDER ²1944, 202). Der Wechsel von [nun-] zu [nɔn-] (nach der hochsprachlichen Aussprache von *Nonne*) ist jung (frühestens 18./19. Jh.).
L: ANB 794; SONB 123.

NONNTAL, Stt, G Salzburg Stadt
D: ['nɔntɔɪ, -tɔl] keine Dialektaussprache
U: **1326** *mit dem chrautgarten in dem Nvnnetal* (SUB IV, 364); **1348-ca. 1400** *Item Chunrad(us) nouus Wyshaim in dem nuntal* (SLA U 3, fol. 66); **1354** *aus dem Nüntal* (DOPPLER, MGSL 11, 80); **1382** [1212-1312] (C 14. Jh.) *in dem Nuental* (2x) (Nonnberger Urbar, DOPPLER, MGSL 23, 94); **1405** *von der mul in dem Nuental* (ib. 54); **1423** *haws und hofstat mit sambt dem gartten an einander gelegen in dem Nunntal* (SLA OU 1423 IV 18); **1482** *Im Nunthal* (DOPPLER MGSL 16, 211); **1552** *im Nuntall* (PIRCKMAYER, MGSL 21, 121); **1691** (od. **1778**) *Wißhag im Nunnthall* (PEZOLT, MGSL 28, 422); **1709** *von dem sogenanten Nunthall-Thor* (SPATZENEGGER, MGSL 15, 213); **1789** *Nonnthal* (SPATZENEGGER, MGSL 9, 72); **1792** *Brunnhaus im Nonnthall* (ZILLNER, MGSL 4, 71); **1874** *Nonnthal* (MGSL 14, 37).
E: mhd. *tal* 'Tal, Senkung, Niederung' mit *nunna* 'Nonne' (Gen. Pl., im Erstbeleg noch ein Rest der Endung, dann Apokope der Endung) 'Ansiedlung unterhalb des Klosters → *Nonnberg*'.

NOPPING, W, G Lamprechtshausen
D: ['nopɪŋ]
U: **1135** (C M. 13. Jh.) *Gisinolt de Noppingen* (SUB I, 790); **ca. 1135** (C M. 13. Jh.) *Gysiloldus et Egilolf de Noppingen* (SUB I, 792); **1147-1167** *Tiemo de Noppingin* (SUB I, 453); **1196-1214** *Siboto de Noppingen* (SUB I, 737); **12/13. Jh.** *Siboto I. de Noppingn* (MG Germ S. Rudberti 108); **1228** (C M. 13. Jh.) *Siboto de Noppinge* (SUB I, 835); **1257-1267** *dominus Hernidus de Nopping* (M. 13. Jh, SUB I, 850); **1271** *Hertnido de Noppingen* (SUB IV, 70); **1343** *Seybot von Nopping* (SUB IV, 460); **1425** *Seybold Noppinger* (DOPPLER, MGSL 13, 91); **1565** *Rosina... von Nopping* (WALZ, MGSL 11, Anh. 222); **1653** *Nopping* (als „Überschrift", AES 6/48/43, lfde Nr. 90, fol. 18).
E: PN *Noppo* mit Suff. *-ing(en)*.
L: ANB 795; SONB 73.

NOTWINKL, R, G Seekirchen; E, G Köstendorf
D: [nɔʊd'wiŋgɪ]
U: **1183-1196** *Hartwicus de Notwinchel* (SUB I, 716); **1506** *zu Notwinckhl auf zwain hewsern* (SLA OU 1506 XII 12).
E: → *-winkel* mit mhd. *nôt* 'Not, Drangsal',d.h. 'Ort, zu dem man sich (in Bedrängnis) zurückziehen kann' oder 'schlechter, mühseliger Platz'.
L: SONB 136.

NUSSDORF am Haunsberg
D: ['nusdɔɐ̯f]
U: **798-814** (C E. 12. Jh.) *ad Nuzdorf iuxta montem, qui vocatur Hunsperch* (LOŠEK BN 14.39); **926** (C) *in loco Nuôzdorf* (SUB I, 86); **927** (C) *duo loca Nuzdorf et Steinpach dicta* (SUB I, 87); **1147-1167** *Heinricus de Nuzdorf* (SUB I, 453); **ca. 1170** (C M. 13. Jh.) *Heinricus de Nûzdorf* (SUB I, 812); vor **1190** (C M. 13. Jh.) *Livpirch de Nvzdorf* (SUB I, 818); **1257-1267** (C M. 13. Jh.) *Vlricus de Nuzdorf* (SUB I, 851); **1338** *Heinrici de Nuzzdorf tunc plebani in Lauffen* (SUB IV, 440); **1344** *herr Hainreich von Nustorf* (SLA OU 1344 III 12); **1369** *Ulreich der Nuzzdorfer* (ZILLNER, MGSL 22, 153); **1424** *in Nustorffer pharr* (DOPPLER, MGSL 13, 90); **1469** *in nusdorffer Pfarr* (DOPPLER MGSL 15, 64); **1483** *des Edlen Martein Nustorffer pfleger zw plain* (DOPPLER MGSL 16, 215); **1515**

Sabine Nusdorferin (WALZ, MGSL 14, Anh. 484); **1599** *Herr von Nustorf* (PIRCKMAYER, MGSL 12, 404); **1618** *Vrbarium vnd Stüfftbuech des Würdigen St. Georgen und Margarethen Gottshauß zu Nusdorf* (AES 6/54/14, lfde Nr. 97, fol. 2).
E: → *-dorf* mit mhd. *nuz* 'Dorf mit/bei Nußbäumen'.
L: ANB 799; SONB 87. – Vgl. auch MAYREGG/MAYREGG 2002.

NUẞDORF, W, G Salzburg Stadt (südl. Söllheim am Gniglerbach)
D: ['nusdɔɐf]
U: **798-814** (C E. 12. Jh.) *locum et alias possessiones ad Nuzdorf cum manentibus XIII et cum omni appendicio eorum in Salzburgowe super rivulum, qui dicitur Glanicle* (LOŠEK BN 12.1); **1104-1116** (C) *proprietatem, qualem ad Nustorf habuit* (SUB I, 320); **1104-1116** (C) *predium ad Nuztorf* (SUB I, 322).
E: → *Nußdorf* am Haunsberg.
L: ANB 799; SONB 86.

O

OBERASCH, R, G Hintersee
D: ['o:wɐrɔʃ]
U: **19. Jh.** *In Karten unseres Landes steht ... Ogras statt Oberasch* (PRINZINGER, MGSL 1, 35).
E: mhd. *asch, esche* 'Esche' mit Relationsbegriff *ober*.
L: SONB 142.

OBERECHING, D, St. Georgen, → *Eching*
D: [op're:ŋ]
U: **1335** *hinab fůr obern Ehing und datz nidern Ehing* (SUB IV, 422).
E: → *Eching*.

OBERGITZEN, G Bergheim
U: **1491** *Micheln am Obergützen* (DOPPLER, MGSL 16, 266); **1494** *Gorigen Am Obern Gützn* (DOPPLER MGSL 16, 301), *Gorig Am Obern Gützen* (ib.).
E: → *Gitzen*.

OBERGRUB, E, G Elixhausen
D: ['o:wɐgruɐb]
U: **1212-1312** (C 14. Jh.) *der hof ze Grueb* (Urbar Nonnberg, MGSL 23, 44), *daz guet ze Grueb* (ib. 45), *in der Grueb* (ib. 101), *item Oberngrueb* (ib. 101); **1405** *Grub die swaig* (ib. 44), *Grueb* (ib. 45).
E: → *Grub* mit Adj. mhd. *ober* 'höher, ober'.

OBERHAUSEN, R, G Eugendorf
D: ['o:wɐhaʊsn], auch [owɐ'haʊsn]
U: **1122-1147** *predium suum Seli* (SUB I, 594); **1151-1167** *predium suum n(omine) Sele* (SUB I, 650); *predium n(omine) Sele* (SUB I, 651); **1167-1183** *predium Sele vocatum* (SUB I, 680).
E: → *-sel(de)*, vgl. → *Gumersil*, *Söllheim* (ahd. **seli* 'Haus, Wohnung'; vgl. ahd. mhd. *sal* 'Haus, Hof, Gebäude, Herrenhof'); heute: *Oberhausen*.
L: ANB 1005; SONB 94.

OBERHOF, E, G Seekirchen
D: [o:wɐ'ho:f]
U: **1212-1312** (C 14. Jh.) *daz guet ze Oberhof* (Urbar Nonnberg, MGSL 23, 45), *der Oberhof* (ib., 101); **1405** *Oberhof* (ib., 45).
E: *-hof* mit Adj. mhd. *ober* 'höher, ober'.

OBERHOLZ, G Elixhausen
D: ['o:wɐhoɪts]
U: **1447** *hanns smit von oberholcz* (DOPPLER, MGSL 14, 26).
E: → *-holz* mit Adj. mhd. *ober* 'höher, ober'.

OBERHUB (bei Untereching)
U: **1335** *datz Roting Heinrich auf der Hůb ein gůt* (SUB IV, 423).
E: → *-hub*.

OBERMAYERHOF, W, G Mattsee
D: [oːwɐˈmɔɪhof]
U: **1326** *di drei hǒf der ober mayer hof, der nider mayer hof und der pauhof* (SUB IV, 367).
E: 'der obere → *Mayerhof*'.

OBERNDORF, Stadt
D: [ˈowɐndɔɐf, s ˈoːwɐ dɔɐf]
U: **v. 1141** *ecclesia sancti Nicolai in lǒfen* ([Nikolauskirche in Oberndorf] SUB I, 812); **1197** *in loco qui dicitur Oberndorf* (Tr. Berchtesgaden, 13. Jh., SUB II, 689); **1242** *Otto de Oberndorf* (SUB I, 506); ca. **1240-1257** *dominus Otto de Oberndorf* (SUB I, 843); **1271** *Ch(unrado) de Obrendorf* (SUB IV, 79); **1271** *Obrendorf* (MARTIN Reg. Nr. 598); **1320** *herrn chunrats von Oberndorf* (ZILLNER, MGSL 17, 186); **1326** *Chunrat von Oberndorf* (SUB IV, 361, 366f.); **1347** *hintz sand nicla* (SLA OU 1347 VI 11); **1348-ca. 1400** *an dem oberndorf* (SLA U 3, fol. 63); **1354** *guet ... dez Oberndorfer* (WALZ, MGSL 7, 10); **1365/69** *item Oberdorf una dom. est ecclesie* (Urbar St. Peter, 63); **1399** *Marschalk von Oberndorf* (ib. 11); **v. 1415-1501** *Item Seyfridus de Oberndorf* (SLA U 4, fol. 107); **1493** *zw lauffen Im oberdorf hinder Nickla* (DOPPLER MGSL 16, 290).
E: 'Das (im orographischen Sinn) obere Dorf' (als ehemaliger Stadtteil von Laufen). Im Erstbeleg und in dem von 1347 ist zwar der ON *Oberndorf* nicht genannt, die *ecclesia sancti Nicolai* ist aber die Kirche von Oberndorf. Oberndorf war bis 1816 Ortsteil der bis damals salzburgischen Stadt Laufen (heute Landkreis Berchtesgadener Land, Bayern). Die Laufener Schiffleute lebten fast nur rechts der Salzach oberhalb der alten Salzachbrücke im *oberen Dorf* (so oft in den Matrikelbüchern) und in der → *Altach* unterhalb der Brücke, wo sich die wichtigste Schiffländ befand. Die Salzach ist erst seit 1816 Staatsgrenze. Das heutige Ortszentrum von Oberndorf entstand seit 1903 nach der großen Überschwemmung 1899. Stadt seit 2001.
L: ANB 802; SONB 87; WEBER 2005, 119ff. – Vgl. auch DOPSCH/ROTH 1998.

OBERNDORF, G. Elixhausen (lt. Reg. Peterbauergut zu Elixhausen)
U: **1212-1312** (C 14. Jh.) *ze Edexhausen daz guet Oberndarf* (DOPPLER, MGSL 23, 46); **1334** (C 2. H. 14. Jh.) *Item ze Oberndarf* (ib. 101); **1405** *Oberdorf* (ib. 46); **1441** *gelegen ist in dem oberndarff* (SLA OU 1441 VIII 05); **1461** *oberdarff ze Edexhausen* (Urkunden Nonnberg, MGSL 38, 225)

OBERNDORF, G Mattsee
U: **1617** *Oberdorffer* (ZILLNER, MGSL 5, 96); WALLMANN, MGSL 7, 18 (Teil von Mattsee; *Oberndorf* heißt noch heute eine Häusergruppe in Mattsee)

OBERNWIESEN (Pfarre Köstendorf)
U: **1489** *Gut zu Obernwisen* (PEZOLT, MGSL 40, 185).

OBERREIT, E, G Lamprechtshausen
D: [ˈoːwɐraɪt]
U: **1618** *halben hof zů Obernreutt in Lamprechtshauser pfarr gelegen* (Urbar Pfarre Berndorf, fol. 27); **1653** *Oberreith* (als „Überschrift" (AES 6/48/43, lfde Nr. 90, fol. 20).
E: → *-reut* mit Adj. *ober* 'höher, ober', vgl. → *Niederreit*.

OBERRIED, W, G Köstendorf
D: [owɐˈriɐd]
E: ahd. *riot* 'Ried, mit Schilf bewachsener Ort' mit *ober-* (im Gegensatz zu *nider-*).

OBERTIEFENBACHALM, AlmN,
G Hintersee
D: ['o:wɐdiɐfmbɔ(xɔɪm)]
U: **1624** *Der Tieffenpach* (IMHOF, MGSL 27, 124).
E: → *alm* mit *Tiefenbach* und Relationsbegriff *ober.*
L: ZILLER 1977, 32 (zu *Tiefenbach*).

OBERTRUM
D: [drum]
U: **1143** *Druma* (Ins. i. 1305, SUB II, 312); **1145-1146** *Gerhohus de Drum* (Ins. i. 1295, SUB II, 338); **1147-1167** (C 14. Jh.) *Gerhart de Drum et filius eius Uvolftrigil* (SUB I, 430); **1290** *Da ze Drum* (Corp. Nr. N 446); **1328** *ecclesie parrochiales in drum* (SLA OU 1328 III 13); **v. 1415-1501** *de oberndrum* (SLA U 4, fol. 28); **1430** *ze dien mülpach ain gut In Drumar pfarre* (DOPPLER, MGSL 13, 103); **1443** *gut genannt zw Stainmawr gelegen in drumer pfarr vnd in Matseer gericht* (SLA OU 1443 V 05; ebenso OU 1445 IV 27); **1459** *das guet zu Spitzleinsöd in Oberdrumer pfarr* (DOPPLER, MGSL 14, 125); **1460** *Ich Oswald von Erlach die czeit vrbar amptman zw matzse in dem obern ampt zw drum* (SLA OU 1460 V 26); **1486-1566** *Item drum curia* (SLA U 11c, fol. 5), *Item predium linden in parrochia drum situm* (ib., fol. 7), *Sagena media in Niderndrum* (ib., fol. 15); **1617** *Obersee* (ZILLNER, MGSL 5, 86), *Ober vnd nidersee* (ib.); **1692** *zu Ober Trumb* (ZILLNER, MGSL 5, 98).
E: Ahd. mhd. *drum* 'Endstück, Ende', nhd. *Trumm.* Obertrum liegt am orographisch oberen Ende des Sees, wo die → *Mattig* in den See einmündet. Der Zusatz *ober-* wird spät fest. Vgl. *Niedertrum* (Gem. Lochen, OÖ) am unteren Ende des Niedertrumer Sees = Mattsees und → *St. Gilgen.*
L: ANB 288; SONB 133; OBOÖ 1, 41. – Vgl. auch ZAISBERGER 1975; MASTNAK 1993; *Obertrum* 2000.

†OBER-WEYER, Anif
*U:***1526** *Hans am Ober-Weyer* (in Amt Anif) (PIRCKMAYR, MGSL 23, 31).
E: mhd. *wîwære, wîer* 'Weiher' mit *ober* 'höher, ober'.

OCHSENHARING, W, G Mattsee
D: [oksn'harıŋ]
U: **14. Jh.** *Ochsenhering* (SONB 71).
E: unklar; fraglich, ob zu mhd. *har* 'Haar, Flachs'.
L: SONB 71.

ÖD, G Anthering (zu → *Hained,* G Elixhausen?)
D: [ε:d]
U: **1336** *item an der Ǫ̈d ein virtail* (SUB IV, 424), *Vlrich an der Ǫ̈d* (ib.); **1462** *Liennhart Oeder pharrer zu Perchaim* (DOPPLER, MGSL 15, 16); **1471** *Bernart Oeder* (ib., 72); **1482** *Ich Peter von Od gesessen in Radekher gericht* (SLA OU 1482 XII 01); **1522** *Zu dem Thomal zu Od auf ainem hawß* (SLA OU 1522 V 08).
ÖD, G Elixhausen
U: **1441** *Cristan des Pintter von Öd sälig Sün* (Urkunden Nonntal, MGSL 37, 221).
E: → *Edt*

ÖDENFELDEN bei Seekirchen (lt. Reg.)
U: **1212-1312** (C 14. Jh.) *daz guet ze Oedenfelden* (DOPPLER, MGSL 23, 45), *der hof ze Odenfelden* (ib., 101); **1405** *Odvelden* (ib., 45); **1424** *Thoman von Ödenfelden* (Urkunden Nonnberg, MGSL 35, 197).
E: → *-fëld* (Dat. Pl.) mit Adj. ahd. *ôdi* 'öde, wüst, leer'.

OFENLOCHBERG → *Rainberg*

OICHTEN, GewN, rechts zur Salzach bei Oberndorf
D: [oɪçtn]

U: vor **1023** *iuxta fluvium qui Ogata vocatur* (SUB I, 275); **1040** (C 14. Jh.) *ad flumen quod dicitur Ogete* (SUB II, 138 und SUB I, 875, Anm. k), (C 14. Jh.) *Ayten* (SUB II, 138, Anm. m); **1041-1060** (C) *Ozini molendine locum ad Ogtna situm* (SUB I, 241); ca. **1150** (C M. 13. Jh.) *pratum quoddam iuxta Oiten* (SUB I, 800), *iuxta Fluvium Oitan* (ib.); **1199-1231** *Heinr(ich) de Oyten faber* (SUB I, 499); E. 1**2. Jh.** (C M. 13. Jh.) *de Oyten XXX denarii* (SUB I, 513); **1337** *item der Nidernmůllner von Oyten* (SUB IV, 432); **1433** *auf dem hag pey der Oytten* (DOPPLER MGSL 13, 107); **1450** *wysen gelegen auf dem Hag bey der Oytten* (DOPPLER MGSL 14, 46); **1585** *ein Pach, die Oitten genannt* (OBOÖ 1, 63); **17. Jh.** *der vischer in der oitn* (ST 59, Z. 19), *von ainem sechssär ob der Oitten* (ST 89, Z. 37); **1787** *Oichten* (STRABERGER 1974, 85 [zit. SCHÜTZ, nicht verifizierbar]). – Vgl. auch den PN *Oitner*.
E: voreinzelsprachl.-alteurop. **ógatā* (dissimiliert aus **ugʷ-otā* zur Wz. **wegʷ-/*ugʷ-* 'benetzen; feucht'; *oget-* > *oit-* kontrahiert (wie *voget* > *voit*); *oit-* > *oicht-*: da der velare Spirant [x] in alter Mundart vor *t* schwinden konnte (z.B. [gnɛ:d] 'Knecht'), konnte es dialektal zur hyperkorrekten Wiederherstellung des velaren Spiranten kommen (wie z.B. in [gniçtl] 'Knüttel', im Hofnamen *Feichtl* < *Feitel* 'Vitus' am Schönberg, G Dorfbeuern oder in → *Schlacht*). Eine Ortschaft *Oichten* liegt im Quellbereich des Baches in der G Feldkirchen bei Mattighofen, PB Braunau.
L: ANB 808; SONB 49f.; OBOÖ 1, 63f.; STRABERGER 1974, 85; WIESINGER 1980, 265f.; LINDNER 2002, 547.

OLCHING, W; G Nußdorf am Haunsberg
D: ['oıçıŋ]
U: vor **1023** *locum, qui dicitur Adalhohingin* (SUB I, 275); **1041-1160** (C) *in loco Adalhohihun* (SUB I, 241); **1104-1116** (C M. 13. Jh.) *Wezil de Alchŏingin* (SUB I, 318); **1122-1147** *predium suum quod habuit apud Adelhoinken* (SUB I, 611); E. 1**2. Jh.** (C M. 13. Jh.) *de Adalhohingin dimidium talentum* (SUB I, 513); **1222** *in Alochingen* (SUB III, 299); **1257-1267** *Gerungus de Alhoing* (SUB I, 850); **1424** *Haynreich der chrewspacher zu Olhyng* (DOPPLER MGSL 13, 91); **1496** *Hanns schmidt Vonn Olhing* (DOPPLER MGSL 16, 319); **1618** *Guett Olching bey der Capellen St. Lorentz(en)* (Urbar Pfarre Berndorf fol. 24), *holtz zu Olching* (Urbar Pfarre Berndorf fol. 45).
E: PN *Adalhôh* (kontrahiert *Âlhôh*) mit Suffix *-ing*, Dat. Pl. *-ingen*. Mhd. *â* > [o], postvokalisches *l* > [i] vokalisiert.
L: ANB 809; SONB 73.

OELLING, D, G Henndorf
D: ['elıŋ]
U: **1231** *Elling* (SONB 67).
E: ahd. PN *Ello* mit Suffix *-ing*.
L: SONB 67; vgl. OBOÖ 1, 13 (*Elling*).

ÖLLING, D, G St. Georgen
D: ['elıŋ]
U: **1147-1167** (C 13. Jh.) *de Ellingin* (SUB I, 534); **1188-1193** *Otto [de] Ellingin* (SUB I, 481); **1335** *hintz sand Goᵉrgen und der strazze nach datz Eling durch daz dorf und von Eling der strazze durch daz dorf daz Roting* (SUB IV, 422); **v. 1419-**ca. **1500** *Item de (1/2) huba in Elling* (SLA U 5, fol. 21); **1425** *lindl hintermair von elling* (DOPPLER MGSL 13, 92); **1420** *guet ze elling gelegen in lebenawer gericht vnd in sand Jorigen pfarr* (ib., 76); **1441** *Hannsen des Häel von Elling* (DOPPLER MGSL 14, 3); **1450** *Hanns Häbel von Elling* (ib., 45); **1488** *zu elling auf einem Jauch acker* (DOPPLER MGSL 16, 245); **1489** *Jauch zu elling* (DOPPLER MGSL 16, 248).
E: PN *Ello* (aus *Allio*) mit Suffix *-ing*, Dat. Pl. *-ingen*. Unsicher, ob der Beleg 1188-93 hierher gehört oder zu *Elling*, G Moosdorf, PB Braunau (OBOÖ 1, 13). <ö> ist Bezeichnung des geschlossenen [e] (im Gegensatz zu <e> für [ɛ]).
L: ANB 811; SONB 73; OBOÖ 1, 13.

OSTERHORN, BergN, G Strobl.
D: [oːstɐˈhɛɐⁿndl]
U: **16. Jh.** *an das Osterhorn* (ZILLER 1977, 85).
E: *-horn* mit mhd. *ôster* 'östlich', also 'das im Osten gelegene Horn (ma. Hörndl)'.
L: ZILLER 1977, 85.

OTTWIESE, FlurN, G St. Georgen
U: **1407** *dew Wisn zw Ehing, dew da haist dew Ottwis auf dem Freythof lechen* (DOPPLER MGSL 13, 33); **1464** *Ottwisen ... gelegen in sand Jörgen pfarr vnd lebenawer gericht* (DOPPLER MGSL 15, 32).; **1479** *In der Ottwisen* (ib., 137).
E: mhd. *wise* 'Wiese' mit PN *Ott-*.

P

PABENSCHWANDT, Mh, G Plainfeld
D: [ˈbɔˈmʃwɔnd]
U: **1269** *Chunradus de Pabenswant* (SUB IV, 64); **1297** *her Heinreich von Babenswant* (SUB IV, 229); **1298** *her Heinrich von Pabenswant ritter* (SUB IV, 245); **1400** *Pabinswant in iudicio radek* (ZILLNER, MGSL 18, 250).
E: → *-swant* 'Schwende' mit ahd. PN *Pabo*.
L: SONB 112; ZILLER 1977, 18.

PABENWANG, G Eugendorf
D: [ˈbɔˈmwɔŋ]
U: **1302** *Puebenwang* (SONB 164);
E: → *-wang* mit ahd. PN *Puobo* (Gen. *Püebin-*); später Anlehnung an andere Namen mit ahd. PN *Pabo* (*Pabenbichl, Pabenschwandt, Pabing*).
L: SONB 164.

PABING, ZH, G Nußdorf am Haunsberg
D: [ˈbawɪŋ]
U: **788-790** (C M. 12. Jh.) *in villula que vocatur Papinga* (LOŠEK NA 6.6); **798-814** (C E. 12. Jh.) *in villa quę dicitur Papinga* (LOŠEK BN 14.4), *in Pappingn* (ib. 14.18); **1090-1104** *de Papingin* (SUB I, 310); E. **12. Jh.** (C M. 13. Jh.) *de Pabingin VII solidi* (SUB I, 513); **1104-1116** *Pŭbo et Erchehart de Pabingin* (SUB I, 322); **1125-1147** *Rahauuin filius Pûbonis de Pabigin* (SUB I, 339), *Pæpingin* (Var, C 13. Jh, ib. Anm. e); **1131-1139** *Rahwin et frater eius Heinrich de Babingin* (SUB I, 263); **1147-1167** *de Pabingen* (SUB I, 415), *de Pepingen* (Var ib. Anm. f.- C 13. Jh); **1167-1193** (C M. 13. Jh.) *Fridericus et Heinricus de Pebingen* (SUB I, 556); **1216** *Chunradus de Paebingen* (SUB III; 200); **1272** *Pebinge* (MARTIN Reg. Nr. 621); **1309** *daz guet ze Pæbing, daz da leit pei dem Havnsperg* (SUB IV, 299), *vorgenanten guet ze Pebing* (ib.); **1337** *Őrtel von Påbing* (SUB IV, 432), *sechs metzen habern von dem hof ze Påbing* (ib.).
E: PN *Babo* mit Suff. *-ing(en)*. Die frühen Belege zeigen die Lautverschiebung auch des inlautenden *-b-* > *-p-*. Seit dem 13. Jh. wird der Sekundärumlaut des *a* bezeichnet (<å, æ, e>).
L: ANB 56; SONB 73.

PALFEN, BergN, G Strobl
D: [ˈbɔɪfm]
E: mhd. *balme, balve* '(bewachsener) steiler Fels' [*Palfen, Balfen, Palm, Balm* m., *Palfe, Balfe* f.; aus mlat. *palma*, rom. *balma* 'Felsen, Grotte'. Substratwort (Alpenwort) wohl vorindogermanischer Herkunft; ausführliche Diskussion bei SCHMIDT, *loc.cit.*].
L: SONB 36, 130; ZILLER 1977, 18; WBÖ 2, 113; SCHMIDT 2009, 160–170.

PALTINGMOOS, W, G Mattsee
D: [bɔɪdɪŋˈmoːs], üblich [moːs]
E: → *-moos* mit ON *Palting* (PN *Paldo* mit Suff. *-ing*); ein Zusammenhang mit dem nicht sehr nahen ON *Palting* in OÖ (OBOÖ 1, 37) erscheint nicht sehr wahrscheinlich.

PARSCH, Stt, G Salzburg Stadt
D: [paː(r)ʃ] keine Dialektlautung
U: **1122** *ad Porras* (SUB I, 330), *Porss* (Randglosse 15./16. Jh., ib. Anm. j); **1130** *hŏbas unam ad Porras* (SUB II, 220f.); **1177-1183** *predium quoddam dictum Porris* (SUB I, 468); **1214-1231** (C) *predium apud Porris* (SUB III, 177); **1271** *Porris* (MARTIN Reg. Nr. 611); **1272** *Porris* (MARTIN Reg. Nr. 611; ZILLNER, MGSL 21, 59 [Chron. Nov. 294]); **1336** *ein gůt genant Parrs und ein wisen daselbs* (SUB IV, 428); **1495** *Gorg Peckin von Pars* (SPATZENEGGER, MGSL 9, 45); **1631-1649** *Von der wissen zu Parss* (SLA U 14, fol. 9).
E: unklar. Vielleicht zu ahd. *borse* 'Sumpf-Porst, wilder Rosmarin', bair. *Porst* 'Moor-Porst' (WBÖ 3, 631), 'Gegend, in der viele dieser Pflanzen wuchsen' (dem widersprechen aber die Bel. mit *-rra-, -rri-*). Zu SONB 55: die heutige Aussprache *paː(r)sch* ist eher jung und schriftorientiert. Die dort erwogene lautliche Erklärung (*ou > o > a*) ist für unseren ON verfehlt.
L: ANB 63; SONB 55; LINDNER 2002, 548.

PEBERING, R, G Eugendorf
D: [ˈbɛːwɐrɪŋ]
U: **1157** *Peberar* (SUB II, 458); **1157** *Poberar* (HOFFMANN, MGSL 9, 102); **1289** *Pebraren* (MARTIN Reg. 1, 1343); **1334** *unser vogtay ... ze Pebrarn* (SUB IV, 406); **1334** *Pebrärn* (ZILLNER, MGSL 17, 191); **1334** *Pebarn* (WALLMANN, MGSL 9, 298); **1335** *ad vocacias villarum ... in Pebrarn* (SUB IV, 412); **1419** *Paul von Prebarenn ... Fridreich von Prebarrn* (Urk. Nonnberg, MGSL 37, 188); **1422** *Hainreich Pebringer* (Urk. Nonnberg, MGSL 37, 194).
E: unechter *-ing*-Name ungeklärter Herkunft. Nicht zu slaw. **bebrъ* 'Biber' mit Suff. slaw. *-arъ* (diese Etymologie in ANB, *locc.citt.*, nach *Pöbring*, NÖ); wenn das zuträfe, wäre *Pebering* der nördlichste slawische Name im Bundesland Salzburg.
L: ANB 68, 121; SONB 70.

PERFALL, W, G Fuschl
D: [ˈbɛɐfai]
U: **1608** *Perfall*; später auch *Perfahl* (ZILLER 1977, 20).
E: unklar; ob der Name von einer Bärenfalle kommt?
L: ZILLER 1977, 20.

PERLING, R, G Elixhausen
D: [ˈbɛɐlɪŋ]
U: **1151-1167** *predium suum Porningen* (SUB I, 659). (Vorbemerkung SUB I, 658: *Perling* ist eine Einschicht im Urbar von 1690, Amt Anthering zwischen *Gaspolding* und *Reitbach*. Im Volksmunde heißt es *Pering*.)
E: PN *Borno* mit Suff. *-ing(en)*.
L: ANB 80.

PERTILL, E, G Ebenau
D: [bɛɐˈtiː]
U: **19. Jh.** *Pertil* (PRINZINGER, MGSL 21, 19).
E: zum Familiennamen *Pertiller* (von slow. *predel* 'Übergang, Passhöhe').
L: SONB 178; ZILLER 1986, 41; LINDNER 2008, 39.

PFAFFENBERG, W, G Mattsee
D: [pfɔfmˈbɛɐrɪg]
U: **1216-1231** *mansum unum Phaffenberch* (SUB III, 197).
E: → *-berg* mit ahd. *pfaffo* 'Pfaffe, Geistlicher' (dem Stift Mattsee dienstbar).
L: SONB 124.

PFENNINGLANDEN, W, G Straßwalchen
D: [pfɛnɪŋˈlɔntn]
E: unklar.

PFONGAU, D, G Neumarkt am Wallersee
D: [ˈpfoŋɡaʊ]
U: ca. **735/748-785** *in Fangauuę* (SUB I, 897);

ca. **748**-ca. **854** *in Fangauuę* (SUB I, 909); ca. **748-854** *in loco qui dicitur ad Fangauuhe* (SUB I, 910); ca. **772** *in loco qui vocatur Fangauui* (SUB I, 910); **816** *in pago Matachcauuae in loco nuncupante ad Fangauuę* (SUB I, 900); **n. 816** (C E.9. Jh.) *ad Fangauuhe* (OÖUB I, Tr Mondsee Nr. 123, gepr.); **834** *in loco nominato Fangauui* (SUB I, 906); nach **1121** *predium nomine Phangowe* (SUB I, 588); **1125-1147** *in loco qui vulgo Phangowi dicitur* (SUB I, 356); **1125-1147** *Liutolt et Otto de Phangowi* (SUB I, 374); vor **1151** *Perhtoldus de Phango*ᵛ (SUB I, 427); **1151-1167** *Wecel de Phangov* (SUB I, 638); **1167-1188** *Wezelinus de Phangowe* (SUB I, 460); **1167-1188** *Perhtolt de Phango*ᵛ*e* (SUB I, 472); **1290** *Da ze Phangev* (Corp. Nr. N 446); **1600-1617** *Hannß haslinger Zů Pfanngaw* (AES 7/80/2, lfde Nr. 61, fol. 10); **1609** *Pfanngauer Riegat* (SLA U 28/1+2, fol. 77); **1727** *Wolff Ludwig Anton Graff von Yberäcker Freyherr in Sighartstein und Pfongau* etc. (SPATZENEGGER, MGSL 15, 219).
E: ahd. *gouwi* 'Land, Gegend' mit urgerm. **fanja,* ahd. *fenni* 'Sumpf, Moor' (erklärungsbedürftig ist der fehlende Umlaut von *-a-* im Bestimmungswort).
L: ANB 93; SONB 85f.; EWAhd 3, 152ff.

PICHL, ZH, G Eugendorf
D: [ˈbiːhɪ]
U: **1635** *auf dem Pühel* (HOFMANN, MGSL 9, 128).
E: mhd. *bühel* 'Bühel, Hügel'.
L: ZILLER 1977, 22.

PIERACH, E, G Straßwalchen
D: [ˈbiᵊrɔx]
U: **1600-1617** *Thoman im Pirach Zů Vrsdorf* (AES 7/80/2, lfde Nr. 61 fol. 6).
E: mhd. *birke, birche* 'Birke' mit Suff. *-ach* 'Birkenbestand'; vgl. → *Pürach, Moospirach*.
L: SONB 143.

PIFUß, W, G Köstendorf
D: [ˈbiːfʊs]
E: unklar; ob vom *Beifuß*?

PILLSTEINALM, AlmN, G. Hintersee
D: [ˈbiːʃtɐⁿ]
U: **1416** *Peylnstain,* **1537** *Pailnstain* (ZILLER 1977, 20).
E: Nach ZILLER, *locc.citt.*, Vorderglied viell. zu *peilen* 'auslugen'; allerdings bleibt es unsicher, ob die angeführten Belege überhaupt zu *Pillstein* gehören.
L: ZILLER 1977, 20 (*Beinstein*), 22 (*Pillstein*).

PINKENREIT, E, G St. Gilgen
D: [ˈbiŋkŋraɪt]
U: ca. **1330** *Pynkenrewt, Pinkenreut* (ZILLNER, MGSL 18, 254; ZILLER 1977, 23).
E: → *-reit* mit mdal. *pink* 'Fink' (nach ZILLER, *loc.cit.*), was aber in den Wörterbüchern nicht belegt ist.
L: SONB 111; ZILLER 1977, 23. – SCHMELLER 1, 394 *Pienk* 'Bergfink'.

PINSWAG, D, G Nußdorf am Haunsberg
D: [ˈbinswɔg]
U: **1395** *Guet ze pynnswang daz gelegen ist in hawnsperger gericht* (HHStA Wien, AUR 1395 I 22); **1412** *pinswankch* (HHStA Wien, AUR 1412 I 07).
E: ahd. *wang* 'Wiese, Leite' mit *binuz* 'Binse, Schilf'.
L: SONB 164; REIFFENSTEIN 1985, 367.

PLAIK, W, G Faistenau
D: [blɔɐk]
E: ahd. *bleihha,* mhd. *bleiche* 'Bleiche, bleiche Stelle'; bair. *bleiche* in der Bed. 'Abrutschung an einem Berghang, Erdrutsch, bloßgelegter Hang' u.ä. verbr. *bleicke,* WBÖ 3, 348f. Weitere *Plai(c)k*-Güter in St. Wolfgang, Hallein (Dürn-

berg), Abtenau, St. Johann im Pg.; → *Plaike(n)*.
L: ZILLER 1977, 23f., 180; WBÖ 3, 348f.

PLAIKE(N), BergN, G Henndorf (*Große Plaike*); häufiger FlurN
D: [ˈblɔɐk(n)]
U: **1416** *Plaickhen, playckhen* (FlurN; ZILLER 1977, 23).
E: mhd. *bleiche* 'bleiche Stelle'; 'Abrutschung an einem Berghang'; → *Plaik*.
L: SONB 131; ZILLER 1977, 23f.

PLAIN, Ru, G Großgmain, Grafen von Plain
D: [blɔɐⁿ]
U: **1108** *comes Blainn* (AÖG 6, 1851, 295); **1120-1132** *Lewtolt Pleigen* (Tr Regensburg St. Paul 45a); **1132-1147** (C12. Jh.) *comes Liutoldus de Plein* (SUB II, 227); **1133** *Perhtoldus et frater eius Rŏdolfus de Plagien* (Tr. 12. Jh., SUB II, 234); **1142-1151** *Perhtoldus de Plagio et Rŏdolfus frater eius de Plagio* (Tr. 12. Jh., SUB II, 300); **1147** *Liutoldus comes de Pleigin* (SUB II, 380f.;); **1249** *Livtoldi comitis de Plæien* (SUB I, 848); **1150** *comes Liutoldes de Plain* (SUB II, 394); **1150** *Liuttoldus comes de Bleien* (SUB II, 396); **1167-1183** *comitis Liŭpoldi de Plaien* (SUB I, 686); **1167-1188** *Heinricus comes de Plagen* (SUB I, 463); **12. Jh.** *V̊ta c̊om de Plaigen* (MG Necr.2, 387, Sp. 106); **1207** *comes Conradus de Plain* (SUB III, 98); **1208** *Chunradus de Bleigen* (SUB III, 110); **1244** *comes Chunradus de Plœin* (SUB III, 580); **1275** *de Plain comites* (SUB IV, 89); **1285** *dem graven von Playn* (SUB IV, 146); **1291** *daz geriht ze Plain* (SUB IV, 198); **1292** *deu burch ze Plaien* (SUB IV, 206); **1321** *in emptione casearie, qui dicitur Tanne prope Playn* (SUB IV, 334); **1419** *püchel in Playner gericht* (Urkunden Nonnberg, MGSL 37, 189); **1491** *guet zw Nyderplain ...in demselben gericht zw Plain* (DOPPLER, MGSL 16, 273); **1525** *Walthasarn Turner Pfleger zu Plain* (DOPPLER, MGSL 10, Misz. 12); **1796** *Das Schloß Plain* (HÜBNER, Erzstift 1, 134).
E: roman. *plagiu, -a* 'Hang, Leite', → *Plain-Kemating*.
L: ANB 113–116; SONB 38; LINDNER 2008, 30.

PLAINBERG, BergN, G Großgmain
D: [ˈblɔɐⁿbɐɐg]
U: **1803** *Plainberg* (SITTE, MGSL 22, 227).
E: → *-berg* mit → *Plain*.

PLAINFELD
D: altmdal. [ˈblaɪⁿfɛɪd], jünger [ˈblɔɐⁿfɛɪd]
U: **1151-1167** *Engilschalcus de Pluginuelt* (SUB I, 632); **1177-1216** (C 1250) *in Plidenvelt V mansi* (Urb. Sbg.-Erzst., 168); **1348** *Pleydenueld* (SONB 161); **1393** *zway güter in pleydenfeld in Talgawer pfarr* (DOPPLER, MGSL 12, 266).
E: → *feld* mit ungeklärtem Vorderglied. Wie der älteste urkundliche Beleg *Pluginuelt* auf späteres *Pliden-* zu beziehen ist, ist nicht klar. Bei *Pliden-* handelt es sich um den PN *Blīdi* (vgl. KAUFMANN 1968, 64); ein Bezug auf die Plainer Grafen, wie auch angenommen wurde, ist wegen der originalen ma. Aussprache ([plaim-] bzw. [plaiⁿ-]; [ploaⁿ-] ist jünger und von *Plain* sekundär beeinflußt) und wegen der Belege ausgeschlossen.
L: ANB 116; SONB 161. – Vgl. auch *Plainfeld* 2003

PLAIN-KEMATING, D, G Bergheim
D: [blɔɐⁿ; ˈkhɛmətɪŋ]
U: (Plain) **1348-ca. 1400** *officii in playn* (SLA U 3, fol. 45); **1393** *zway güter vnder dem Playn* (DOPPLER, MGSL 12, 266); **v. 1415-1501** *Item das Jegermad pey playn* (SLA U 4, fol. 96); **v. 1415-1501** *Item in iudicio playn curia in puhel* (SLA U 4, fol. 103); **1441** *Conrat Ascherman abm Playn* (Urkunden Nonnberg, MGSL 37, 222). – (Kemating) **991–1023** *mensuram inter loca Chemanatun et Gakilheim* (SUB I, 205); **1125-1147** *predium suum ad Cheminatan* (SUB

I, 378); **1125-1147** *Pertolfum de Cheminata* (SUB I, 361); ca. **1500-1590** *Primo curia in Obernkematen, Item curia Niderkematen* (SLA U 11, fol. 21).
E: → *Plain*, G Großgmain; → *Kemating*, G Göming.

PLANKENMOOS, AlmN, G St. Gilgen
D: [ˈblɔŋkŋmoːs]
U: **ca. 1420** *plankenmos* (ZILLER 1977, 24).
E: mhd. *mos* 'Sumpf, Moor' mit mhd. *blanc* 'blank, baumfrei'.
L: SONB 157; ZILLER 1977, 24.

PLATHUB, E, G Thalgau
D: [ˈblɔ(t)huɐb]
U: **1635** *Gut Platthub im Gerichte Thalgau* (HOFMANN, MGSL 9, 128).
E: Hube (→ *Forsthub*) mit mhd. *blat* 'Blatt, Laub'.
L: HOND 850.

PLOMBERG, R, G St. Gilgen (auch G St. Lorenz, OÖ)
D: [ˈblɔⁿbɛrɪg]
U: **14. Jh.** *Plonperch* (SONB 166); **1624** *Wildmooß und hohe Planperg* (IMHOF, MGSL 27, 123).
E: → *-berg* mit mhd. *plan* 'ebene Fläche, Aue'.
L: SONB 166; OBOÖ 4, 3; ZILLER 1977, 23.

POINTING, R, G Salzburg Stadt
D: [ˈbɔɪntɪŋ]
U: **1778** *zu den Stügl an den Pointingerzaun* (PEZOLT, MGSL 28, 420), *nach dem Pointinger zaun biß zur Reichenhallerstrassen* (ib., 420).
E: → *point* mit sekundärem Suff. *-ing*.
L: SONB 69.

POINTING, W, G Faistenau
E: → *Pointing*, G Salzburg Stadt.

POINTLAU, R, G Nußdorf
D: [bɛɐⁿdlˈaʊ]
E: → *-au* mit → *point*.

POINTLER, E, G Mattsee
D: [ˈbɛɐⁿdlɐ]
E: 'Bewirtschafter einer → *Point*'.

PÖLLACH, D, G St. Gilgen
D: [ˈbøɪɐ], altmdal. [ˈbeɪɐ]
U: **15. Jh.** *datz den Poeln* (SONB 192; ZILLER 1977, 25).
E: → *-ach* mit *Pelle* 'Buchweizenhüllen' (WBÖ 2, 960); nicht zum PN *Pöll*; früher *Baumgarten*.
L: SONB 191f.; ZILLER 1977, 25, 216f.

PÖLZLEITEN, W, G Straßwalchen
D: [betsˈlaɪtn]
E: → *-leite* mit FamN *Pölz* (Übername als FamN, bair. *Pelz* abwertend für 'Mensch mit schlechtem Benehmen, unsauberer Mensch, Faulpelz' BWB 2, 225; WBÖ 2, 971 oder *Bolz, -ö-* 'Bolzen' als Übername für einen gedrungenen, kräftigen Mann).
L: ZILLER 1986, 49 (s.v. *Pölz, Pölzleitner*).

POMED, E, G Anthering
D: [bomˈɛːd]
U: **17. Jh.** *das pächel, so zwischen Pomed und Gaußöd herab rint, biß gen Parstedt an die Aichleütten* (ST 64, Z. 15).
E: → *-öd* mit ahd. *bodam* 'Boden'. Der alte Wortausgang auf *-m* blieb nach *-d-* erhalten, der Ausgang *-dem* wurde zu [-m] assimiliert (so noch heute in den Dialekten des Flachgaues), vgl. auch → *Wimm* (in der Standardsprache wurde *-m* an *-d-* > [n] assimiliert).

PONGRUB, Hf, G Seekirchen
D: [pɔŋˈgruɐb]

U: **1437-1625** *von Winckhl an das Lechen – geen Pabengrueb – geen Matseereutt* (ST 16, Z. 3)
E: mhd. *gruobe* 'Senkung, Grube' mit PN *Pabo*.

POSCHENAU, ZH, G Dorfbeuern
D: [boʃˈnaʊ]
U: vor **1217** *Otto de Poschenawe* (SUB I, 832); **1653** *Poschenaw* (AES 6/48/42, lfde Nr. 89, als „Überschrift", fol. 10).
E: → *-au* mit *bosch(e)*, bair. *Boschen* 'Gebüsch, Sträucher'.

PÖTZELSBERG, ZH, G Obertrum
D: [ˈbetslsbɐɐɡ]
E: → *berg* mit PN *Pölzel*, → *Pölzleiten*.

PRÄHAUSER, HofN, Heuberg; E, G Grödig (R, G Puch)
D: [ˈbrɛːhaʊsɐ]
U: **1499** *Prehawser* (am Heuberg; SPATZENEGGER, MGSL 9, 66). — **1459** *Hanns(en) Prewhawser* (*von Nydern Albn*) (DOPPLER, MGSL 14, 107f.).
E: PN *Prähauser* (zu *haus-* mit lat. *prae* 'vor'; lat. Lehnpräfix, das altmdal. verbreitet war und einen Vorteil oder Vorzug zum Ausdruck brachte, s. SCHMELLER 1, 465, WBÖ 3, 798 [*Prę*]; vgl. modernsprachlich lat. *super-*, griech. *mega-*); demnach ist das *Prähaus* ein 'Hauptgut', aus dem die anderen Güter durch Teilung hervorgegangen sind. Freilich bleibt zu beachten, daß die Belege von 1459 hingegen auf einen *Bräuhauser* (zu *Bräuhaus*) weisen und es hier immer wieder Einkreuzungen gibt.
L: SONB 94; vgl. MARTIN 1995, 177.

PRIEL, Hf bei Hausmoning, G Lamprechtshausen
D: [ˈbriɐl]
U: ca. **1180**-ca. **1200** *Hartwic et frater suus Wernhart de Prüle* (SUB I, 914).

E: mhd. *brüel* 'bewässerte, buschige Wiese, Brühl'.
L: SONB 157.

PROSSING, W, G Seekirchen
D: [ˈprosɪŋ]
U: **1422** *zway Güter ze Prossing* (Urkunden Nonnberg, MGSL 37, 195).
E: PN *Brozo* (FÖRSTEMANN 338) mit Suff. *-ing*.
L: SONB 74.

PRUNN (bei Eching)
U: **1337** *ze Niderehing ein hof ouf Prunn* (SUB IV, 432); **1486** *auf dem Prunhof* (DOPPLER, MGSL 16, 231); s.a. → Prunnmair.
E: → *brunne*.
L: SONB 152.

PRUNNMAIER (Untereching)
U: **1477** *Jörgen prunnmair von ehing* (DOPPLER, MGSL 15, 128); **1486** *Anndreen Prünmair weylent gesessen zu Nidereching* (DOPPLER, MGSL 16, 231).
E: → *-meier* mit → *brunn*.

PUCHA, D, G St. Gilgen
D: [ˈbuxɐ]
E: *Pucher* 'Pochwerk', Ableitung von *puchen* 'pochen, (bergmannssprachlich) Gestein zertrümmern' (WBÖ 3, 1266f., 1268f.); Ort einer aufgelassenen Glashütte, im *Pucher* wurde der Kies für den Schmelzofen zerstoßen.
L: ZILLER 1977, 29.

PUCHMAIR, Hf, G St. Georgen
U: **1425** *Petern dem Puchmair* (DOPPLER, MGSL 13, 92); **1461** *Margredt... Petern Puchmair von Obernchunigelsperg tochter* (DOPPLER, MGSL 15, 5); *Petern puechmair* (ib., 5f.); **1461**

Barbara des Peteren Puechmair von Oberenkünigelsberg tochter (DOPPLER, MGSL 15, 6); **1467** *Peter Puechmair von Oberenkuniglsperg* (DOPPLER, MGSL 15, 53).
E: → *-meier* mit mhd. *buoche* 'Buche'.

PÜRACH, W, G Seekirchen
D: ['birɔx]
U: **1506** *Ain gůt zu Pirhah in Seekircher pfarr gelegen hat Inn Lienhart Pirhinger* (SLA OU 1506 XII 12).
E: → *Pierach*.

Q

QUENGERT, D, G Straßwalchen
D: ['gwɛŋɐt]
E: → *-weng* mit Kollektivpräfix *ge-* und dem Suffix ahd. *-ôti* (vgl. → *Ebmat*).

R

RABLSTÄTT, ZH, G Obertrum
D: [raːwɪ'ʃteːd]
U: undat. *Räblstet* (SONB 107).
E: → *-statt* mit PN *Rabilo*.
L: SONB 107.

RADECK, D, G Bergheim (Burgruine)
D: [ra'dek]
U: **1250** *domino Gerhoho de Radeke* (SUB IV, 11); **1273** *Heinricus de Radekke* (SUB IV, 83), *partem ... castri in Radekke* (ib.); **1282** *Heinricus de Radekk* (SUB IV, 128); **1297-1313** *Gerhoch von Radekk* (SUB IV, 228); **1333** *an der Radekker meiner ôheim gericht* (SUB IV, 402), *hern Růgers von Radekk* (ib.); **1334** *brůder von Radekk* (SUB IV, 406), *ouf der půrg ze Radekk* (ib.); **1348-ca. 1400** *Pensio aduocacie siue bonorum emptorum [a] Radekkariis* (SLA U 3, fol. 81); **1348-ca. 1400** *radegk* (ib. fol. 50); **v. 1415-1501** *Item de predio in Radeck* (SLA U 4, fol. 84); **1424** *Gilig der Hayder pfleger zu Radekg* (Urkunden Nonnberg, MGSL 37, 197); **1460** *Radegker Gericht* (Urkunden Nonnberg, MGSL 38, 225); **1485** *zw Radegk* (WALZ, MGSL 8, Anh. 118); **1615** *Radegg* (Grabstein, WALZ, MGSL 14, Anh. 347). **1334** wurde die Burg verkauft, die Herren von Radeck gehen nach Schlesien.
E: → *-eck* mit *rad* (nach dem Rad im Wappen des Geschlechts, das sich hinfort nach der Burg nannte).
L: SONB 127; HHS 401.

†RÄDLHOF (abgekommen, in der Riedenburg, G Salzburg Stadt; später Meierhof von Schloß → *Leopoldskron*)
U: Im **16. Jh.** bäuerl. Besitz *Weiherhäusl*; A. **17. Jh.** im Besitz von Johann Mair, **1622** Christoph Pramberger, **1626** Christoph Mayr, **1637** Niclas Seeleutner, **1644** Christoph Rädl, daher **1728** *Rädlgut*.
L: KNORZ 1902, 155–183; über den Erwerb der für den Besitz Leopoldskron nötigen Güter durch EB Leopold Anton von Firmian bes. 158ff., 166.

RAGGING, R, G Elixhausen
D: ['rakɪŋ]
U: **1212-1312** (C 14. Jh.) *daz guet ze Rákking* (DOPPLER, MGSL 23, 44), *daz ander guet ze Rákking* (ib., 45); **1405** *Rákching* (ib., 44); **1482** *Georius Rakkinger* (WALZ, MGSL 14, Anh., 471); **1483** *Parentes ipsius Rakkingerin* (ib., 472); **1497** *Leonhart Rakinger* (DOPPLER, MGSL 16, 347).
E: PN *Raggo* (FÖRSTEMANN 1240f., Kf. zu *ragja*; oder *Racco, -ck-*, FÖRSTEMANN 1200; *Racco*, Kf. zu *Ratgeb* o.ä. (ZILLER 1996, 186) mit Suff. *-ing*.

RAGGINGER SEE, GewN, G Elixhausen
U: FUGGER, MGSL 31, 258: *Mitter- oder Rackinger-See*. Gut: *Racking*. → *Ragging*.

RAINBERG, BergN, G Salzburg Stadt
D: ['raɪnbɛɐ̯g]
U: **1676** *Ofenloch* (SCHALLHAMMER, MGSL 5, 65), *Rain-* oder *Riethenburgberg*, vom Volk *Ofenlochberg* genannt (PRINZINGER, MGSL 15, 10-12, Dorf *Riedenburg*, Berg *hohe Riethenburg*).
E: Der ältere Name des Berges ist → *Riedenburg*. Der heutige Name nach Christoph *Rein*, eb. Kammerdiener, gest. 1687, der den *Rainhof* (später *Mölckhof*) erbaute (PRINZINGER, MGSL 15, 11) und dem der Riedenburg-Berg, auch *die hohe Rittenburg*, gehörte (MARTIN 1940, 89 [1995, 181]). *Ofenlochberg* nach einem nach 1670 gegründeten Gasthof *Ofenloch* (Fürstenbrunnstr. 4/ Rainbergstr. 5).
L: HAHNL/HOFFMANN/MÜLLER 1986, 574f.; MUDRICH 1955, 1–49.

RAITH, W, G Anthering → *Reit*, G Anthering

RAMOOS, R, G Mattsee
D: [rɔ'mo:s]
U: **1469** *Ramsmos* (SONB 147).
E: → *-moos* mit *Rams* 'Bärlauch' (SCHMELLER 2, 101).
L: SONB 147.

RAMSAU, Agh, G Elsbethen (Hinterwinkl)
D: ['ramsaʊ̯]
U: **1365-1369** *Ramsaw auff der Vager* (Urbar St. Peter 171).
E: → *-au* mit ahd. *raban* 'Rabe' (Gen. Sg.) oder mit *Rams* 'Bärlauch' (vgl. → *Ramoos*).
L: SONB 147.

RAMSAU, R, G Faistenau
D: [rɔm'saʊ̯], auch ['rɔmsaʊ̯]
U: **1348** *Ramsow* (SONB 146f.).
E: → *-au* eher mit ma. bair. *råms(n)* 'Bärlauch (allium sativum)' als zu *Rabens-* (*Rabe*); anders, mit Lit., FINSTERWALDER 1990-1995, 240; REITZENSTEIN 2006, 1223.
L: SONB 146f.; ZILLER 1977, 86.

RAMSENGUT, Hf, G Elsbethen
D: [ramsn]
E: *Rams* 'Bärlauch'? → *Ramsau*.

RAPPENWANG, R, G Eugendorf
D: ['rɔpmɔŋ], auch ['rɔpmwɔŋ]
U: **14. Jh.** *Rakkenwang* (ZILLNER, MGSL 22, 108); undat. *Rakkenswanch* (SONB 164).
E: → *-wang* mit ahd. PN *Rakko*.
L: SONB 164.

RATTENBACH, GewN (bei Froschheim)
U: **1261** *extra civitatem in Purkfeld a civitate usque ad ripam Ratenpach infra fluvium Salczaha* (F. 15. Jh., SUB IV, 45); **1624-1625** *Rädtenbächl* (STRABERGER 1974, 90).
E: → *-bach* mit PN *Rato* (→ *Rattenberg*) oder mit mhd. *rat(e)* 'Ratte' (Gen. Sg. oder Pl.).
L: STRABERGER 1974, 90.

RATTENBERG, W, G Straßwalchen
D: [ram'bɛɐ̯g]
U: undat. *Raetenperg* (SONB 123); **1496-1566** *Item am Ratenperg* (SLA U 9a, fol. 79).
E: → *-berg* mit PN *Rato*, Gen. *Ratin* (mit Sekundärumlaut durch *-in*).
L: SONB 123.

RATTENSAM, D, G Straßwalchen
D: ['rɔ:'nsɔm]
U: **1434** *Ratenshaim* (SONB 83).
E: → *-heim* mit PN *Ratan*, Part. Prät. von ahd.

râtan '(be)raten, beistehen', d.h. 'der Beratene' (WAGNER 2013, 65).
L: SONB 83.

RAUCHENBICHL, Bergrücken s. der Zistelalm, G Salzburg Stadt und G Elsbethen
D: ['raʊhnbɪıhɪ]
U: **1424** *Chunradten von Rawchenpuchel* (Urkunden Nonnberg, MGSL 37, 197); ca. **1500-1590** *Item de Nouali in Rawhenpuhel* (SLA U 11, fol. 12).
E: mhd. *bühel* 'Hügel' mit Adj. mhd. *rûch* 'rau, struppig'. → *Rauchenschwandt,* G Thalgau.

RAUCHENSCHWANDT, R, G Thalgau
D: [raʊn'ʃwɔnd]
U: **1465** *Item Heynricus de Rawhenswannt de Predio ibidem dicto Rawhenswannt in parrochia Tallgew et Prefectura Wartenfels sito empto a Matheo Ramsawer* (DOPPLER, MGSL 15, 44).
E: → *-schwandt* mit mhd. *rûch* 'rauh, struppig, bewaldet'; → *Rauchenbichl,* G Elsbethen.

RAXING, E, G Seekirchen
D: ['raksıŋ]
U: **1425** *gut ... genant Rächsing gelegen in Alltentanner gericht in sechiricher pfarr* (SLA OU 1425 VII 17).
E: unklar, vgl. *Rachsenbach* und *Raxendorf* in Niederösterreich (SCHUSTER 1994, 89f., 120f.), zu mdal. *Rächse* 'steiniges, unfruchtbares Gelände' (nach dem Katalog zum WBÖ evt. zu mhd. *ræhe* 'steif, starr'), junger *-ing*-ON.
L: SONB 74.

REICHERTING, R, G Hallwang
D: ['raɪɐdıŋ]
U: **19. Jh.** *Reicharting bei Dietraming* (ZILLNER, MGSL 21, 29).
E: → *Reicherting,* G Lamprechtshausen.

REICHERTING, W, G Lamprechtshausen
D: ['raɪçɐtıŋ]

U: **1653** *Reicharting* (als „Überschrift", AES 6/48/43, lfde Nr. 90, fol. 19).
E: PN *Rîchart* mit Suffix *-ing.*
L: SONB 73.

REINBERG, W, G Göming
D: ['raımɐdıŋ, 'raıⁿwɐdıŋ]
U: **1090-1104** *ad Reginpergon* (SUB I, 304), *Reginperingin, Reinperg* (Randglosse 14. Jh., ib. Anm. a); **1125-1147** *predium suum iuxta Reginperingin situm* (SUB I, 391), *Reinpering* (Randglosse, ib. Anm. c); **1147-1151** (C M. 13. Jh.) *Adalhalmus de Reinberingen* (SUB I, 523); **1147-1167** *Ro̊dolf de Reginperingen* (SUB I, 415), *Reinperingin* (Var, C 13. Jh., ib. Anm. i); **1207-1215** *Rudiger de Reimperge* (SUB III, 77); **1337** *item ze Reynperginn ein halber hof* (SUB IV, 432); **1658** *Reinperg* (REIFFENSTEIN 1985, 368).
E: PN *Reginbëro* mit Suff. *-ing(en)*. Die Dialektaussprache hält fest, dass der ON nichts mit *-berg* zu tun hat.
L: ANB 861; SONB 74.

REINHARTING, W, G Nußdorf
D: ['ruıⁿɐdıŋ]
U: ca. **1240-1257** (C M. 13. Jh.) *Hartmannus, Fridericus de Reinoltingen filius suus* (SUB I, 847); **1459** *Philipp von Rainharting* (DOPPLER, MGSL 14, 102f.)
E: PN *Reinolt* mit Suff. *-ing(en)*. Mhd. *ei* vor Nasal in mehrsilbigen Wörtern > [ui].
L: SONB 73.

REISACH, E, G Schleedorf
D: ['raısıŋ, 'raısıŋɐ]
E: mhd. *rîs* 'Reis, Zweig' mit Koll.-Suff. *-âhi* 'Reisig'.
L: SONB 75.

REISCHBERG, E, G Köstendorf
D: [raıʃ'bɛɐg]

U: **1506** *auf dem Reyhersperg an der Mosmul zway hewser* (SLA OU 1506 XII 12); **1522** *auf dem Reichersperg an der Moßmull zway hewser* (SLA OU 1522 V 08).
E: → *-berg* mit PN *Rîchheri* (FÖRSTEMANN 1264).
L: SONB 124 (falsch, unrichtiger histor. Beleg).

REIT, REUT, RÖD, ROID, ROITH
Die außerordentlich zahlreichen Belege sind vielfach nicht sicher lokalisierbar. Die meisten historischen Schreibungen (*-iu-, -ui-, -u-, -eu-*) erlauben auch keine Unterscheidung zwischen *riut* und *riuti*. Lediglich *-äu-, -au-* bezeichnen eindeutig den Umlaut, d.h. *riuti* 'Reit'. Eindeutig sind auch die neuzeitlichen Schreibungen *Reit* für *riuti* und *Roid, Röd* für *riut*, nicht jedoch *Reut*, das sowohl [raɪt] wie [rɔɪt] wiedergeben kann. Im folgenden werden nur jene ON *Reit* besprochen, die einigermaßen sicher identifizierbar sind.

REIT, W, G Anthering
D: [(h)raɪt]
U: **1336** *item datz Råut ein halbeu* (SUB IV, 424); **1447** *erhart von räwtt* (DOPPLER, MGSL 14, 27); 10 Bel. **1134-1188** ANB 863.
E: → *reut*.
L: ANB 863; SONB 110f..

REIT, W, G Bergheim
D: [raɪt]
U: **1104-1116** *De Ruita* (SUB I, 311).
E: → *Reit*, G Anthering.

REIT, W, G Berndorf
D: [raɪt]
U: 10 Bel. **993**-ca. **1200** ANB 863f.; vor **1190** *Heinricus nomine de Rv̊te* (M. 13. Jh., SUB I, 819), *predium suum Ode dictum aput Rv̊te situm* (ib.), *Heinricus de Rv̊te* (ib.).
E: → *Reit*, G Anthering.

REIT, R, G Hintersee
D: [raɪt]
E: → *Reit*, G Anthering
L: SONB 110; ZILLER 1977, 87.

REIT, Ober-, Nieder-, G Lamprechtshausen
D: [raɪt]
U: ca. **1127** *Reginbertus de Rivte* (KU Formbach 3 [evt. → *Roid*, G Seekirchen?]).
E: → *Reit*, G Anthering.
Nicht sicher identifizierbar:
REIT
U: **991-1023** (C glz.) *in loco, qui dicitur Ruite* (SUB I, 206); **1496** *andre weber von reutt* (Zeuge, im Gericht Haunsberg, *Reit*, G Berndorf, *Niederreit*, G Lamprechtshausen; DOPPLER, MGSL 16, 329).
Heuberg, G Salzburg Stadt?
U: **1272** *Heuperch ... item super eundem montem apud Schreiær et in dem Reut duas hůbas* (SUB IV, 74).
REIT bei Neumarkt:
U: **1199-1231** *hůbam Rute dictam* (SUB I, 499).
REIT nw. Seekirchen:
U: **14. Jh.** *predium in Reut* (SUB I, 882).
REIT, Elixhausen:
U: **1423** *Hensel von Rawt* (Urkunden Nonnberg, MGSL 37, 196).
REIT bei Gensbrunn am Gaisberg, Salzburg Stadt
U: **1212-1312** *von dem Räut* (MGSL 23, 102); ca. **1334** *von dem Rävtt* (2. H. 14. Jh. Abs. 102); **1405** *von dem Räwt pey Obern-Genspruen*; **1477** *Peter gesessen In dem Rewdt* (Urkunden Nonnberg, MSGL 38, 242), *In dem Rewt* (ib.) Amt Glas, G Salzburg Stadt; Gensbrunn, Glasenbach – Aigen? *Reitgut?*

REITBACH, Hf, G Anthering
D: ['raɪtbɔx]
U: **1449** *Hainreich von Räwtpach* (DOPPLER, MGSL 14, 36).
E: → *-bach* mit → *reut*.

REITBACH, E, G Bergheim
D: ['raɪtbɔx]
U: **1891**: *Raitbach* (FUGGER, MGSL 31, 256). *Reitbacher See* (oder *Windinger See*) = → *Ragginger See.*
E: → *Reitbach,* G Anthering.

REITBERG, R, G Eugendorf
D: ['raɪ(t)bɛrɪg], auch [raɪ'bɛrɪg]
E: → *-berg* mit *Reit-* (→ *Reit,* G Anthering).

REITH, E, G St. Georgen
D: [raɪt]
U: **1325** *ein ander gŭtel haizzet Reut, do di Vngemecchinn ouf ist* (SUB IV, 357; dass es sich um Reith bei St. Georgen handelt, wird nahegelegt durch **1335** *item der Vngemach ein gŭt,* SUB IV, 423, wo es ausschließlich um Güter im Gericht Eching geht); **1403** *zwe Räwt in Echinger gericht in sand Görigen Pfarr* (DOPPLER, MGSL 13, 17); **1464** *Hannsen von Reyt* (DOPPLER, MGSL 15, 33); **1490** *Hueb agker gelegen Im Reit bei Holczhausen In Sand Jorgen pfarr vnd in lebenawer herschaft* (DOPPLER, MGSL 16, 261).
E: → *Reit,* G Anthering.

REITSBERG W, G Dorfbeuern
D: [raɪtʃ'bɛrɪg]
U: **1122-1140** *Ŏto de Rottinsperge* (Tr. Michaelbeuern, M. 13. Jh., SUB I, 787); **1122-1140** *Engilsalch Iob de Rǣutinesberch* (M. 13. Jh., SUB I, 789); **1125-1147** *Iob de Routinsperge* (SUB I, 390); vor **1144** *Engilscalch de Rŏtinispergen* (SUB I, 384); **1147-1167** *Meginhardus de Rŏtinisperge* (SUB I, 436); **1147-1167** *Chunradus de Rotinsperge* (SUB I, 447); ca. **1150-1160** *Tiemo de Revtensperge* (M. 13. Jh., SUB I, 804), *Tiemo de Rivtinsperch* (ib.), *Ottone fratre Tiemonis de Rv̊tinisperga* (ib.); vor **1190** *Chŭnradus de Rvtinsperch* (M. 13. Jh., SUB I, 818); **1190-1217** *Mehthildis de Revtinsperge* (M. 13. Jh., SUB I, 827); ca. **1230-1140** *Lvdweich de Riutinsperge* (M. 13. Jh., SUB I, 840); **1653** *Reitsperg* (als „Überschrift", AES 6/48/42, lfde Nr. 89, fol. 10).
E: → *-berg* mit PN *Riutini* (< *Riutwini*).
L: ANB 866; SONB 84 (unrichtig); REIFFENSTEIN 1985, 368 (unrichtig).

REITSBERGBACH (mündet bei → *Reitsberg* in die Oichten)
U: **1229** *rivum Rǣvteinsperge* (SUB III, 370).

REITZING, W, G Straßwalchen
D: ['raɪtsɪŋ]
E: PN *Rîtzo* (KAUFMANN 1968, 294) mit Suff. *-ing.*
L: SONB 71.

RIED, D, G Anthering
D: [riɐd]
U: ca. **1137** *Ŏdalricus de Riede tradidit predium, quod in eodem loco videbatur habere, ..., Warmunt et Eppo filius eius de Riede* (12. Jh., SUB II, 257); **1336** *item Necht von Ried ein vir̊tail* (SUB IV, 424); **1447** *elspet von ried* (DOPPLER, MGSL 14, 25).
E: ahd. *riot* 'Ried, mit Schilf bewachsener Ort'.
L: SONB 158f.

RIED, W, G Lamprechtshausen
D: [riɐd]
U: vor **1116** (C) *Raban tale predium, quale ad Riedin habuit* (SUB I, 318), *Riede* (Var, C 13. Jh., ib. Anm. a).
E: → *Ried,* Anthering.

RIED, R, G St. Gilgen
D: [riɐd]
E: mhd. *riet* 'Ried, mit Schilf bewachsener Ort'.
L: ZILLER 1977, 88.

RIED, E, G Seekirchen
D: [riɐd]
U: **1193-1195** (C 19. Jh. von 13. Jh.) *Arnoldus de Riede* (SUB II, 662).
E: → *Ried*, G Anthering.

RIEDENBURG, Stt, G Salzburg Stadt
D: ['riːdnbuɐg], keine Dialektaussprache
U: **1139** *a rupe que Ritinburc appellatur* (SUB II, 278); **1141** *vineam sitam in monte qui vicinus est Rietinpurc* (SUB II, 299); **1146** *Rietinpurch* (SUB II, 346); **1481** (C Anf. 16. Jh.) *von der Riettemburg* (SPATZENEGGER, MGSL 5, 198); ca. **1500-1590** *Item de nouo malleo cis montem Rietnburg super aquam Alben sita* (SLA U 11, fol. 34); **1548** *Ruettenburg* (2x, ZILLNER, MGSL 4, 60), *am Puchl von der Ruettenburg* (ib., 60–64); **1549** *Riettenburg* (ZILLNER, MGSL 4, 65); **1555** *Rietenburg* (Urkunden Nonnberg, MGSL 42, 71); **1589** *an der Rietenburg* (MGSL 35, 146); vor **1615** *die Riettenburg* (HAUTHALER, MGSL 13, 52); **1631-1649** *Ain Behausung an der Riettenburg negst bey dem Zieglstadl* (SLA U 14, fol. 12), … *an der Ruettenburg* (ib., fol. 18); **1788** *Riettenburg* (ZILLNER, MGSL 4, 27); **1792** *Riedenburg* (MGSL 4, ZILLNER, 72 u. 71 (2x)); **1797** *Riedenburger…* (SITTE, MGSL 22, 228); **1798** *Alben-Fluß [in] Riettenburg* (ZILLNER, MGSL 4, 126), *Pulver-Mülle in der Riettenburg* (ib. 127).
E: → -*burg* mit PN *Rieto* (KAUFMANN 1968, 196; Gen. auf -*in*). Die Belege bis mindestens ins 16. Jh. bezeichnen ausschließlich den (siedlungsfreien) Rainberg, nicht die spätere Siedlung zu Füßen des Rainbergs. -*burg* und -*berg* können in ON wechseln, vgl. → *Nonnberg*; eine ältere Form des ON könnte *Rietinberg gewesen sein. Andererseits ist auch eine befestigte Anlage auf dem Rainberg gut denkbar; gefunden wurden dort bisher allerdings nur Spuren prähistorischer Siedlungen. Die übliche und sachlich plausible Erklärung als Kompositum mit dem BW ahd. *riot* 'Schilf, Riedgras' ist aus grammatischen Gründen nicht möglich, da das st. N. *riot* in keinem Kasus die Endung -*in*, -*en* aufweist.
L: SONB 159; vgl. ANB 871 (Etymologie aus grammatischen Gründen verfehlt); SCHUSTER, NÖ 3, 154 (R 255); MUDRICH 1955, 1–49; HAHNL/HOFFMANN/MÜLLER 1986, 569–584.

RIEDLKAM, D, G Lamprechtshausen
D: ['riɐlɪkhɔm]
U: **927** *loco Rudilinchheima dicto* (SUB I, 87); **991-1023** *in loco Ruodlincheim* (SUB I, 263); **1090-1104** *de Ruolinheim* (SUB I, 311); **1125-1147** *Poppo de Roᵛdeleichin* (SUB I, 367), *Poppo de Růdlicheim* (Var, C 13. Jh., ib., Anm. e); vor **1190** (C M. 13. Jh.) *Selpker de Rvdelkeim* (SUB I, 818); **1257-1267** *predium in Rvᵒdelchaim* (SUB I, 850); **1653** *Ain Guethl und Schmidtstatt dabey Zu Riedlkham* (AES 6/48/43, lfde Nr. 90, fol. 6); **1883** *Riedelkam* (ZILLNER, MGSL 23, 187).
E: → -*heim* mit PN *Ruodilo* mit Suff. -*ing*. Die Verbindung -*ing-heim* ist zu -*icheim*, -*kam* kontrahiert. Die Dialektaussprache bewahrt die Dreisilbigkeit. *Riedlkam* ist der einzige -*ing-heim*-ON im Land Salzburg.
L: ANB 872; SONB 82.

RIEMERHOFSIEDLUNG, Sdlg, G Straßwalchen
D: ['rɛɐmɐhofˈsiːdlʊŋ]
E: HofN *Riemerhof*.

RÖCKLBRUNN, Gehöft in Gnigl, G Salzburg Stadt
D: [rekl'brun], keine Dialektaussprache
U: **1236** (C) *predia … Rechenprvnnen* SUB III, 464); **1238** *Rechenprunne* (SUB III, 487); ca. **1382 (1212-1312)** (C 14. Jh.) *di Rekchenpruenärin* (Nonnberger Urbar, MGSL 23, 98); **1778** *biß zu der Steinenen Brüke bey dem Rökenbrunerbach* (PEZOLT, MGSL 28, 419), *Röckenbrunn* (Edelsitz) MGSL 6, 241, *Schloß Rögglbrunn* (HOFMANN, MGSL 9, 216).

E: ursprünglich GewN *Reckenbrunn*(bach), dann Name eines erzbischöfl., seit 1648 domkapitlischen Hofes; → *-brunn* mit PN *Reckeo* (Gen.).
L: MARTIN 1940, 94 (1995, 190).

RÖD, W, G Lamprechtshausen; E, G Dorfbeuern
D: [reːd]
U: **987-1025** *proprietatem, qualem habuit ad Ruitta* (SUB I, 272); **1653** *Ain Guethl zu Rödt* (AES 6/48/43, lfde Nr. 90, fol. 7).
E: → *reut*. [e] für ahd. *iu* ist eine mittelbair. Nebenform von [eo, oi] (KRANZMAYER 1956, 55, § 116, i).

RODING, D, G St. Georgen
D: [ˈroːdɪŋ]
U: **vor 1163** (C um 1180) *Eppo de Rotigen* (KU Raitenhaslach 16) n. Reg.; **1167–1188** *Gerbirgis de Rotinki* (SUB I, 473); **ca. 1170** (C M. 13. Jh.) *Eppo de Roting* (SUB I, 812); **ca. 1180-ca. 1200** *Alwich et Ortolf de Rotigen* (SUB I, 914); **ca. 1188** (C M. 13. Jh.) *Gerbirgis de Rottingen* (SUB I, 546); **1188-1193** *Ortolf de Rotink et frater eius Alwich* (SUB I, 478); **vor 1193** (C M. 13. Jh.) *Eppo de Rotingen* (SUB I, 825); **1335** *von Eling der strazze durch daz dorf daz Roting und von Roting hin gegen Holtzhousen* (SUB IV, 422); **1441** *Hainreichen des wägner von roting* (DOPPLER, MGSL 14, 3); **1487** *Michaeln Seydel sälig von Roting* (DOPPLER, MGSL 16, 240); **1489** *Barbara Michel des seydl von Roting saligen gelasne witib* (DOPPLER, MGSL 16, 248).
E: ahd. **rotag*, mhd. *rotig* 'rostig, rötlich, verfault (sumpfig?)', SCHMELLER 2, 186f. (die Dialektaussprache widerspricht der Ableitung von dem PN *Rôt* [so ANB, SONB], die zu [rʊd-] hätte führen müssen).
L: ANB 879; SONB 73.

ROID, W, G Seekirchen
D: [rɔɪd]
U: **ca. 1127** *Reginbertus de Rivte* (SUB 2, Nr. 135).
E: → *reut* (ohne Umlaut).

ROID, Inner-, W, und Außer-, W, G Straßwalchen
D: [rɔɪd]
U: **972-994** *loco qui dicitur Riutun* (SUB I, 911).
E: → *Roid*, Seekirchen.

ROID, E, **LENGROID**, W, G Neumarkt
D: [rɔɪd]
U: **1104-1116** *loco qui dicitur Rŭite* (SUB I, 323), *Riute* (Var, M. 13. Jh., ib. Anm. c) [Zeugen aus Neufahrn]; **1290** *Ze Revte* […]. *Jn der Revte* ([2 verschiedene Güter] Corp. Nr. N 446).
E: → *Roid*, Seekirchen.

ROITHWALCHEN, D, G Straßwalchen
D: [rɔɪdˈwɔɪɐ]
E: *-walchen* 'bei den Romanen' mit → *reut*.
L: SONB 38.

RÖMERSBERG, W, G Mattsee
D: [ˈrɛmɪʃbɛɐg]
U: undat. *Rämelsperg, Remelsperg* (SONB 123).
E: → *-berg* mit PN ahd. *Rami* (*Remi*) oder *Remigius* (vgl. OBOÖ 1, 165f. [Remoneuberg]).
L: SONB 123.

RONACH, W, G Seekirchen
D: [ˈrɔːnɐ]
E: mhd. *ron(e)* 'umgestürzter Baumstamm' mit Koll.-Suffix *-ach*.
L: SONB 145.

ROSENSTATT, E, G Nußdorf
D: [ˈrɔʊsnʃtɔdɐ]
E: → *-statt* mit mhd. *rôse* 'Rose' (?).

ROSITTEN, FlurN (Untersberg), G Grödig
D: [roːˈsitn]
E: rom. *rossetto* 'rötlich' nach der rötlichen Gesteinsfarbe des Untersberges (vgl. *Rötelbach*); vgl. lat. *russus* 'rot'.
L: LINDNER 2002, 549; 2008, 31.

ROßBACH, E, G Ebenau
D: ['roːʃbɔ(x)]
U: ca. **1184** (C E. 12. Jh./13. Jh.) *quidam puer de Rospach* (V Virgilio S. 92).
E: → *-bach* mit mhd. *ros* 'Roß, Pferd'.
L: ANB 885; SONB 150.

†ROTES BÄCHL bei Leopoldskron, G Salzburg Stadt
U: **1691** (od. 1778) *an dem rothen Bächl* (ib. 422), *über das Moß wieder in das rothe Bächlein* (ib. 423); **1778** *über den Leopoldskron Weyer auf das so genannte Rothe Bächl woselbst von der albm das wasser auf die Weißgärber Walche hinein gelassen wird* (PEZOLT, MGSL 28, 421).
E: 'roter Bach' (weil eisenhältig?).

ROTT, R, G Wals-Siezenheim
D: [roːd]; [roːdɪŋɐ] 'Bewohner von Rott' (O. WEBER)
U: Frühe Belege (*Rota*), aber nicht sicher lokalisierbar (SONB 36).
E: Unsicher; vermutlich rom. *rota* (mlat. *via rupta* 'durchbrochener Weg'), LINDNER a.a.O.; vgl. noch ANB 885f. (*Rota* unermittelt).
L: SONB 36; LINDNER 2008, 31; vgl. ANB 885f. (*Rota* unermittelt).

ROTTENAIGEN, W, G Nußdorf [nahe Rottstätt]
D: keine Dialektlautung, abgekommen.

ROTTSTÄTT, W, G Nußdorf a. Haunsberg
D: [rɔʊdˈʃdeːd], ['rɔʊdnʃtɔːdɐ]
U: **1289** *Schrottstet* (SONB 106); **1311** *Schrotstetten* (ib.); **1337** *item Mertein an der Rotenstatt* (SUB IV, 431); **1449** *Schrottsteten* (HHStA Wien, AUR 1449 XI 19).
E: → *-statt* mit mhd. *schrôt* 'abgeschnittenes Stück (Holz, Eisen), eingeschnittenes Markenzeichen' (auch als PN ahd. *Scrôt* belegt, WAGNER 2013, 72) oder mhd. *rôt* 'rot'.
L: SONB 106.

RUCKERSTÄTTEN, W, G Seekirchen
D: [rʊkɐˈʃteːdn]
1297 *vier gůt man lehen, der heizzet ains Rvkcultsteten* (SUB IV, 229).
E: → *-statt* mit PN *Ruckolt*.
L: SONB 107.

RUCKLING, R, G Straßwalchen
D: ['ruklɪŋ]
U: **1496-1566** *Primo de predio Ruekling* (SLA U 9a, fol. 79).
E: PN *Rucco, Ruccilo* mit Suff. *-ing*.
L: SONB 71.

RUTZING, E, G Seekirchen
D: ['ruɐtsɪŋ]
U: **987** *Ruotinga* (SUB I, 254), *Rvᵒzingen* (ib., Var., C 13. Jh.); **987-1025** *in loco Ruozinga* (SUB I, 260); **1077-1090** *Wizile de Roucingon* (SUB I, 289); **11. Jh.** *Ruotinga* (MGH Scriptores 15.2, 1056); ca. **1147-1193** (C M. 13. Jh.) *Richolf de Růzzingin* (SUB I, 544); vor **1188** (C M. 13. Jh.) *Siboto et Rudbertus de Ruzingen* (SUB I, 558); **1219** *Wernhardus de Růzingen* (SUB III, 256); **1441** *Jorg Rueczinger* (Urkunden Nonnberg, MGSL 37, 222); ca. **1780** *Gut Ruezing* (SLA Hieronymus Kataster Alt- und Lichtenthann I, fol.300f.).
E: PN *Ruotzo* mit Suff. *-ing(en)*.
L: ANB 896f.; SONB 70.

S

SAALACH, FlN, l. zur Salzach, Einmündung gegenüber von Muntigl
D: ['sɔːlɔx]

U: **788-790** (C M. 12. Jh.) *villa nuncupante Pidinga in pago Salzburchgaoe iuxta fluvium Sala* (LOŠEK NA 1.2), *Vico Romanisco ... iuxta fluvio Sala* (ib. 6.2), *in fluvio qui vocatur Sala* (ib. 7.2); **798-814** (C E. 12. Jh.) *super fluvium Sala* (LOŠEK BN 4.2, 14.1); **908** (C E. 13. Jh.) *circa fluvios Sala et Salzaha* (SUB II, 75); **12. Jh.** *Iuxta flumen quod dicitur Sâla* (Tr., SUB I, 587); **1147-1167** *Engilpreth de Sale* (SUB I, 425); **1218** *Navigium libere habeat in fluvio Sâle versus Hall* (SUB III, 253); **1219** *flumine Sâl* (SUB III, 275); ca. **1334** *parte aque que vocatur Sal* (A. 2. H. 14. Jh., Nonnberger Urbar, MGSL 23, 103); **1599** *an der Sall* (PIRCKMEYER, MGSL 12, 409); **1778** *Saale* (PEZOLT, MGSL 28, 419), *Salbrücke* (ib.), *Saalle* (ib.), *Saal* (ib.); die heutige Form *Saalach* (mit GW *-ach* 'Ache') kommt erst im 19. Jh. auf.
E: voreinzelsprachl.-alteurop. **sal-ā* zur idg. Farbwurzel **sal-* 'grau(weiß), salzfarben'. Erst seit dem 19. Jh. wird der Flußname zum Kompositum mit *-ach* 'Ache, Fluß' uminterpretiert.
L: ANB 897; SONB 49; STRABERGER 1974, 97f.; LINDNER 2002, 547f.; VON REITZENSTEIN 2006, 239; GREULE 2014, 455.

SACHSENHEIM, Sdlg, G Elixhausen
D: ['saksnhaɪm]
E: → *-heim* mit (Siebenbürger) *Sachsen*. Die Siedler wurden Ende des 2. Weltkrieges aus ihrer siebenbürgischen Heimat vertrieben; sie stammen überwiegend aus der Gemeinde Botsch. Mit dem Bau der Siedlung südlich von Elixhausen wurde 1956 begonnen.

SALITER, Hf, G Göming
D: ['sɔːlɪtɐ, sɔ'lɪtɐ]
E: mhd. *sal(n)iter* (lat. *sal nitrum*) 'Salpeter'; der *Saliterer* hatte die Befugnis, nach Salpeter zu graben.
L: SONB 170.

SALZACH, FlN
D: ['sɔɪtsɔx, 'saltsɐx]
U: **788-790** (C M. 12. Jh.) *super fluvium Igonta, qui alio nomine Salzaha vocatur* (LOŠEK NA praef.), *fluvium Salzaha* (ib. 2.1); **798-814** (C E. 12. Jh.) *super fluvium Iuarum* (LOŠEK BN praef.), *ad fluvium Iuarum, qui alio nomine dicitur Salzaha* (ib. 2.1), *sursum per Salzaha* (ib. 3.1); **908** (C E. 13. Jh.) *fluvios Sala et Salzaha* (SUB II, 75); **1027** *fluminis Iuaris* (SUB II, 134); **1023** *inter fluvios Salzah et Albam inferiorem* (F. ca. 1195/96, SUB II, 195); **1139** *atque a medio fundo Saltzo fluminis usque ad Cacumen Montis* (SLA OU 1139, Kopie von 1762 VII 10); **1199** *fluminis Iuaris* (SUB II, 722); **1228** *in monte qui dicitur Havincere, ubi oritur fluvius Salza* (SUB III, 364); **1252** (C 17. Jh.) *ad Salze fluvium... apud fluvium Salze* (SUB IV, 20); **1261** *infra fluvium Salczaha* (F. 15. Jh., SUB IV, 45); **1289** *super custodia salium prope fluvium Saltzach* (SUB IV, 184); **1296** *super fluvium Salza in Salzburga* (SUB IV, 227); **1336** *in mitt der Saltzach* (SUB IV, 424), *di naufart der Saltzach* (ib.); **1354** *enhalb Ache auf dem Stain* (DOPPLER, MGSL 11, 80); **1419** *enhalb Ach* (PICHLER, MGSL 2, 36); **1471** *enhalb Ach auf dem Stain* (DOPPLER, MGSL 15, 75); **1476** *enhalb der prucken auf dem Stain* (ib., 121); **1494** *ennhalb der Ach auf dem Stain, gein Pirgla werts* (DOPPLER, MGSL 16, 308); **1495** *enhalb Ach aufm Stain* (ib., 308); **1497** *zum Hällein bey der Salzsach* (ib., 343); **1680-1690** *Salza* (ZILLNER, MGSL 4, 24); **1776** *Salzach* (ib., 125 und SCHALLHAMMER, MGSL 5, 68).
E: Bei ***Igonta*** handelt sich wohl um eine Verschreibung für **Isonta*, den (erschlossenen) alten Namen für den Oberlauf der Salzach; voreinzelspr.-alteurop. **is-ont-* 'schnell fließend' zur Wz. **eis-* 'sich schnell bewegen'. FORSTNER (2004, 18ff.; 2011, 111ff.) bestreitet die auf K. ZEUSS zurückgehende Emendation (von *Igonta* in *Isonta*) nachdrücklich; LINDNER (2014, 331ff.) zeigt hingegen anhand der alteuropäischen Hydronymie, daß die kumulative Evidenz eindeutig für *Isonta* spricht. ***Ivarus,*** der alte

Name für den Unterlauf, ist voreinzelsprachl.-alteurop. *iu-wa-ro- 'mit Sand o. dgl. vermischtes Wasser' (→ *Iuvavum*, → *Salzburg*). **Salzach** ist Komp. aus ahd. *aha* 'Ache, Fluß' mit *salz* 'Salz'. Seit dem 14. Jh. öfter auch bloß appellativisch *Ach*. Namengebendes Motiv für den heutigen Fluß- und Stadtnamen war das Salz der Saline *Hall* (seit dem 14. Jh. *Reichenhall*), wo die Salzburger Kirche seit dem hl. Rupert (sein Attribut ist das Salzfaß) reich begütert war. Seit dem 13. Jh. kam das Halleiner Salz dazu. Die Salzach und der untere Inn waren die wichtigsten Verkehrswege für den Salzhandel nach Norden (Böhmen), der über Jahrhunderte die wirtschaftliche Basis für das Erzbistum Salzburg darstellte.

L: (Igonta, Ivarus) ANB 904f., 1256; SONB 48; FORSTNER 2004, 18ff.; 2011, 111ff.; LINDNER 2002, 543f.; 2008, 38; 2014, 329, 331ff. (mit weiterer Lit.); *(Salzach)* ANB 904f.; STRABERGER 1974, 98–100; GREULE 2014, 238, 247f., 460.

SALZACHSEE, GewN, Salzburg Stadt (Liefering)
D: ['sɔɪtsɔx'se:]
E: In Liefering nahe der Salzach, nach dem Hochwasser 1959 nur noch von Wasservögeln und Fischern benützt, die Wege um den See von Erholungsuchenden gerne aufgesucht. Nach Auflassung der einst naheliegenden Mülldeponien um den beliebten, gratis zugänglichen Badesee erweitert. Der See entstand nach Ausbaggerung von Schotter für den Autobahnbau (O. WEBER).

SALZBURG Stadt
D: ['sɔɪtsbʊɐg, 'saltsbʊɐg]
U: **511** (C 11./12. Jh.) *oppidum quod Iuvao appellabatur* (Vita Severini Eug., Nr. 13); um **765** (C 9. Jh.) *in oppido qui dicitur Salzburch* (Vita Bonifatii auct. Willibaldo, 38), *Salzburg* (C 10. Jh., ib. 38); **774** (Ann. 12. Jh.) *Iuvavensem* (MG SS 20/2, 734); **788-790** (C M. 12. Jh.) *oppidum Salzburch in pago Iobaocensium* (LOŠEK NA praef.), *ad ecclesiam beatissimi Petri principis apostolorum ad iam dicto monasterio Salzburch* (ib. 6.25); **790** (C E. 13. Jh.) *venerabilis vir Arno Petenensis urbis episciopus, que nunc appellatur Salzburch* (SUB II, 1); **798** (C 870/77) *ecclesiae Iuvauensium quę et Petena nuncupatur* (SUB II, 2); **798-814** (C E. 12. Jh.) *Iuuauo, quod vulgo dicitur Salzburg* (LOŠEK BN praef.); **803** (C 11. Jh.) *ad Salzburc* (MG SS 30/2, 737); **816** *Arno Iuuauensis eclesiae archiepiscopus necnon (Salz)burgensium* (SUB II, 15); **860** (C 870/7) *sanctae ecclesiae Iuvauensis qui et Salzpurcgensis vocatur* (SUB II, 35); **984** *ad prefatum monasterium Iuuauense* SUB II, 109; **1066-1088** *in episcopio Iuuauensi* (SUB II, 163); **1151-1167** *sanctę Salzburgensis ecclesię ... archiepiscopus* (SUB I, 631); **1202** *in civitate nostra Salzburch* (SUB III, 23; 24; 26); **1284** *in unseres herren můshaus von Salzburch* (SUB IV, 139); **1285** *Chunrat der schriber in der appesgazze* (Abtsgasse = jetzt Sigmund Haffnergasse; vgl. MGSL 29, 90) *ze Salzpurch* (SUB IV, 145); **1298** *eribaigen des capitels ze dem tům ze Salzburch* (SUB IV, 245); **1322** *daz haus bi der prukk ze Salzburch, daz man da heizzet daz spitalhaus* (SUB IV, 338); **1325** *ze salzpurch in der stat auf der alben in dem gehai* (SLA OU 1325 IV 10); **1326** *in dem Gehay datz Saltzburch bei des probstes hof von Berchtesgaden* (Krotachgasse 2) *gelegen* (SUB IV, 364); **1332** *in der purger spitale pei der chlause* (SUB IV, 400); **1336** *auf der prukk ze Salzburch* (SUB IV, 429); vor **1415-1501** *Census Maccellor(um) in ponte Saltzb(urch)* (SLA U 4, fol. 102); **1472** *zu Saltzburg am Heumarckt* (DOPPLER, MGSL 15, 80, Anm. 3: Heumarkt, später Brodmarkt, jetzt Waagplatz).

E: Iuvavum ist der zum FlN *I(u)varus* (→ *Salzach*) gehörende alte, von Kelten und Römern übernommene ON (voreinzelsprachl.-alteurop. *iu-wa-ro- 'mit Sand o. dgl. vermischtes Wasser', → *Salzach*); *Petena* (nur in den beiden Urkunden Papst Leos) wohl rom. *patina* 'Salzpfanne': LINDNER 2008, 30; oder vom istrischen Bistum

Pedena (Pićan) übernommen: DOPSCH 1977a, 96. *Salzburg* ist Komp. aus ahd. *burg* 'Stadt' mit ahd. *salz* 'Salz'. Namengebend für die Stadt und den Fluß war die Bedeutung des Handels mit dem (Reichen-)Haller Salz. Hallein spielt erst seit dem 12./13. Jh. eine Rolle.
L: ANB 905–937 (alle Belege bis 1200), 1256ff.; DONB 547; REIFFENSTEIN 1990, 193–199; LINDNER 2000, 239ff.; 2008, 30 (*Petena*), 36 (*Iuvavum*); 2014, 329, 333f.

†SALZBURGGAU, historischer GegendN
U: 748 *Salzpurchgau* (F 2. H. 12. Jh., Datierung nach MIÖG 2 (1886) 238, OÖUB 1 Tr Mondsee nr 172); ca. 748 (C 9. Jh. E) *Salcpurhcgauui, intra S. et Matagauu* (Tr Mondsee OÖUB 1 nr 39); 784-788 (C 9. Jh. E) *Salzpurcgauuia, in pago S.* (OÖUB 1 Tr Mondsee nr 135); 788-790 (C M. 12. Jh.) *in pago Iobaocensium* (LOŠEK NA praef.), *Pidinga in pago Salzburchgaoe* (ib. 1.2), *pago Salzburgense* (ib. 1.4); 808 (C 9. Jh. E) *pagus Salzpurcauui, in pago Salcburcgauuue* (OÖUB 1 Tr Mondsee nr 118); 973 *Salzburggeuue* (MGD 1, 584 nr 431, pag. 9, HU Freising); ca. 1025 *in pago Salzburgensi* (F 13. Jh., MGD 3, 691 nr 534); 1199 *in pago Salzburgowe* (SUB II, 724).
E: lat. *pagus Iobaocensium* 'Gau der Salzburger'; ahd. *gewi, gouwi* 'Land, Bezirk' mit dem ON → *Salzburg*; Gauname mit dem Namen einer römischen Stadt als Bestimmungswort (vgl. *Köln-, Zürichgau* u.a.); zentraler Bereich des ehemaligen Stadtbezirkes von Juvavum (?), allerdings schon mit dem deutschen Namen. Der Name kommt im 12. Jh. ab. Danach heißen die Gebiete nördlich der Kalkalpen „*außer Gebirg*", erst seit dem 19. Jh. → *Flachgau*, aus dem 1896 der *Tennengau* (PB Hallein) herausgelöst wurde.
L: ANB 937f.; REIFFENSTEIN 2013, 414ff.

SAM, Stt, G Salzburg Stadt
D: [sa:m]
U: E. 12. Jh. *Erchingerus de Sauen* (MG Necr. 2, 83); 1242-1259 *Rudbertus de Savme* (SUB I, 510).
E: ahd. *soum* 'Saum, Rand' (FINSTERWALDER 1990–1995, 587: Flurname, der den Knick am Rand der Eiszeitmoräne bezeichnet, mehrfach im Pfitsch- und Ahrntal, Tirol).
L: SONB 119 (dort zu ahd. *soum* 'Last, Tragtier' gestellt, kaum zutreffend).

SANKT ALBAN → *Tal*

SANKT BRIGIDA (BRIGITTA), Ki, G Henndorf
D: ['braɪdn], auch ['braɪ'ɪŋ]
U: 1449 *S. Brigida* (SONB 97).
E: Patroziniumsname. Die mdal. Formen leiten sich von *Brígiden* her; *-igi-* wurde zu *-î-* kontrahiert und dann zu *-ai-* diphthongiert (wie mhd. *ligit* > *lît* > [laid] 'liegt').
L: SONB 97.

SANKT GEORGEN
D: [sɔŋkt'i:rɪŋ]
U: 788-790 (C M. 12. Jh.) *Ad Georgii ecclesiam* (LOŠEK NA 6.26); 1201 *Arnoldus plebanus de sancto Georgio* (SUB II, 10); 1335 *durch nidern Ehing hintz sand Gŏrgen* (SUB IV, 422); 1376 *De S. Georgio* (Jung, MGSL 1, 54); 1393 *von sand Jörgen* (DOPPLER, MGSL 12, 257); 1403 *in Echinger gericht in sand Görigen Pfarr* (DOPPLER, MGSL 13, 17); 1420 *in sand Jörigen pfarr* (ib., 76), *Goczhaws zw sand Jorigen* (ib.), *Pfarrer zw Sand Jorigen* (ib.); 1425 *gotshawz ze Sandgeorgen* (ib., 91); 1430 *pfarrer zu sand Jörigen* (ib., 105); 1441 *vicary zu sand görigen pey lauffen* (DOPPLER, MGSL 14, 3), *gein s. Jorigen in die aw* (ib.); 1479 *zw S. Gorigen* (DOPPLER, MGSL 15, 139), *pfarrer zw Sannd Görigen bej lauffen* (ib.); 1496 *Sand Georigen bey Lawffen* (DOPPLER, MGSL 16, 334); 1499 *Gotshaws Sannd Geörigen bei Willshuet* (ib., 378), *zu sand Görigen* (ib.).

E: ON nach dem (sehr alten) Georgs-Patroziniums der Pfarrkirche.
L: ANB 947; SONB 96. – Vgl. auch MILLER 1989.

SANKT GILGEN
D: [sɔŋ'gy:'ŋ], altmdal. [(sɔŋkt)'ilɪŋ]
U: ca. **1350** *Obertrum* (SONB 96); **1348-1400** *Oberndrum* (SONB 96); **1358** *sand Gyligen* (SONB 96); **1376** *de sancto Aegidio* (SONB 96); **1381** *Drum pei Wolfgangersee* (SONB 133); **1511** *Cristoff Graf von St. Gilgen* (SPATZENEGGER, MGSL 7, 111); **1624** *St. Gilgen* (IMHOF, MGSL 27, 123); **1624** *Gilgnerische Gejaider* (IMHOF, MGSL 27, 123); **1692** *St. Gilgen* (ZILLNER, MGSL 5, 98).
E: Der Ort ist nach seinem Kirchenpatron, dem Hl. Ägydius, benannt. Der heutigen Gestalt des Namens liegen mehrere lautliche Prozesse zugrunde: Auszugehen ist von *Ägidien* (Dat.), durch Tilgung der vortonigen Silbe wird daraus *Gidien*, **Gidjen*; zwischenvokalisches *-d-* konnte zu *-l-* geschwächt werden (> **Giljen*, vgl. → *Elixhausen*), die Lautgruppe *-lj-* wurde zu *-lg-*, was *Gilgen* ergab; anlautendes *g-* vor *i* konnte (über *j-*) schwinden, was mit Anlehnung an die *-ing-*ON die dialektale Form [ilɪŋ] ergab. Diese altmdal. Form begegnet noch in manchen Berg- und Flurnamen (z.B. *Illinger Berg, Illinger Alm*). Der Patroziniumsname begegnet urkundlich erst ab der zweiten Hälfte des 14. Jahrhunderts, weitere spätere Schreibungen sind *Sannt Iling* und *Sanct Ilgen*. Früher trug der Ort den Namen *Obertrum* (im Gegensatz zu *Niedertrum* in der Gemeinde Strobl, jeweils mit Bezug auf den Wolfgangsee); vgl. → *Obertrum*.
L: SONB 31, 95f., 133; ZILLER 1977, 91 (*Sankt Gilgen*), 35 (*Drum*). – Vgl. auch ZILLER 1969; 1973, 1975 (1988); 1977; 1990.

SANKT LEONHARD, D, G Grödig
D: ['lɛɐⁿ'ɐd]
U: **1119-1125** *in Gravingadem* (Var. *Grauen-, Grauin-*) (KL Berchtesgaden Nr. 1, fol. 3f.; Tr Berchtesgaden Nr. 2); ca. **1125-1136** *P. de Grauingadme* (Tr Berchtesgaden Nr. 27); **1159** *forestum Graevengaden* (ZILLNER, MGSL 4, 13); **1189-1193** *ex parte Græuingadem* (C 12./13. Jh.) (SUB II, 627); **1198** *a Pabensteine usque ad villam Alben et usque ad terminos Grauengademen in sale et foresto et in montanis* (SUB II, 706); *inter Grauengadem officialis* (SUB II, 707); **1258** *portam exteriorem versus Gravengaden* (ZILLNER, MGSL 21, 58); **1286** *circa aquarum elevationes factas in Græuengadem* (SUB IV, 164); *Pittrolvo de Græuengaden* (SUB IV, 165); *Rutolfus de Graevengaden, Pilgrinus de Grediche* (ZILLNER, MGSL 4, 96, Anm. 3); **1292** *aquarum elevationes factas in Grævengadem* (SUB IV, 204); **15. Jh.** *Sannd Lienhard; gen Gräfengadem und gen sand Lienhart wertz* (DOPPLER, MGSL 14, 59); **1454** *Gräfengadem* (ZILLNER, MGSL 14, 60); **1459** *Linhart zu Gräffengabm* (DOPPLER, MGSL 14, 109); **1572** *S. Leonhardt* (ZILLNER, MGSL 4, 111); *S. Leonhardt* (ZILLNER, MGSL 4, 112); **1573** *S. Leonnhardtskhirchen* (ZILLNER, MGSL 4, 114); **1680-1690** *bei St. Leonhardt* (ZILLNER, MGSL 4, 24); **19. Jh.** *Grafengaden / St. Leonhard* (ZILLNER, MGSL 1, 113; MGSL 4, 13ff.).
E: ahd. *gadum*, mhd. *gadem* 'Haus, Zimmer, Gemach' mit ahd. *grāvo*, mhd. *grâve* 'Graf, Statthalter, Vorsteher' (die Grafen von Sulzbach); später Patroziniumsname nach dem Hl. Leonhard.
L: ANB 437f.; SONB 97; HHS 417f.

†SATTELPEWNT bei Mülln, G Salzburg Stadt
U: **1465** *Pewnta Vna sitis prope Satelpewnt* (DOPPLER, MGSL 15, 43); **1471** *auf der Satelpewnt* (ib., 78); **1476** *auf der Satelpewnt* (ib., 119); **1478** *ein Lanndt gelegen in Satelpewnt* (ib., 131); **1489** *ain krautgartten, gelegen auf der hohen Satlpewnt* (DOPPLER, MGSL 16, 253); **1490** *auf der satlpeunt* (SPATZENEGGER, MGSL 9, 60); **1491** *zway land gelegen auff der Satlpeundt*

(DOPPLER, MGSL 16, 280); **1494** *Sein Lanndt auf der Satlpevnt* (ib., 299).
E: → *-peunt* mit mhd. *satel* 'Sattel', vielleicht übertragen für den Müllner Berg.

SAULACH, W, G Mattsee
D: ['saʊlɐ]
E: mhd. *lôch* 'Gebüsch, Wald' (vgl. *Mühlach*, OBOÖ 1, 3) mit mhd. *sû* 'Sau'.

SCHACHERN (Groß-, Klein-), E, G Nußdorf
D: ['ʃaxɐn]
U: nach **1125** (C, M. 13. Jh.) *Hartwic de Schachi* (SUB I, 788); **1497** *Schachern* (REIFFENSTEIN 1985, 368); **1502** *Item zu grossen Schachen in zwaienn hoffmarchen*, (SLA OU 1502 VI 26); **1618** *Dienen von einem Lannd im Schachen* (AES 6/54/14, lfde Nr. 97, fol. 18).
E: ahd. *scaho* 'Waldstück'. Die Endung -*ern* und der Umlaut ([a] < *ä*) weisen allerdings eher auf *Schacher* 'Feldkappelle', vermutlich nach den *Schächern* einer Kreuzigungsgruppe (ZILLER ²1995, 166).
L: ANB 971; SONB 139; REIFFENSTEIN 1985, 368.

SCHAFBACHALM, AlmN, G Faistenau
D: ['ʃɔ:fbɔ(xɔɪm)]
U: **1624** *im Schäffpach auf ainer Albm* (IMHOF, MGSL 27, 124).
E: -*alm* mit S*chafbach*.
L: ZILLER 1977, 93.

SCHAFBERG, BergN, G St. Gilgen
D: ['ʃɔ:fbɛrɪg]
U: **843** (C M. 12. Jh.) *montis quem vulgo nominat Skafesperc* (SUB I, 908); (C M. 13. Jh.) *Skafesperch* (SUB I, 908); **1182** *ad montem, qui dicitur Scafberch* (SUB I, 694); **1624** *der Gilgner Schafperg* (IMHOF, MGSL 27, 123).
E: → -*berg* mit ahd. *scāf*, mhd. *schâf* 'Schaf' (markanter Aussichtsberg im Salzkammergut,

1783 m; daneben gibt es auch einen *Faistenauer Schafberg*); zur Verbindung mit → *Zifanken* vgl. LINDNER, *loc.cit.*
L: ANB 971; SONB 26; ZILLER 1977, 93f.; LINDNER 2008, 42.

SCHALKHAM, D, G Neumarkt; D, G Mattsee
D: ['ʃɔɪghɔm]
U: **1125-1147** *Piligrimus et eius consobrini Chvᵒnradus et Heinricus de Schalheimin* (SUB I, 376); vor **1147** *Piligrim de Schalheimin* (SUB I, 392); vor **1415-1501** *Nouum forum et Schalchaym* (SLA U 4, fol. 98); **1458** *meinen vogt gelegen zu Schalhaym In mattseer gericht* (SLA OU 1458 XI 13).
E: → -*heim* mit mhd. *schalc, schalch* 'Knecht, Leibeigener', hier eher als PN (WMU 2, 1493); oder Ansiedlung von Hörigen?
L: SONB 83; vgl. ANB 972 (*Schalchham*, PB Ried im Innkreis, Vöcklabruck; das salzburgische *Schalkham* fehlt).

SCHALLMOOS, G Salzburg Stadt; vgl. → *Moos*.
D: [ʃɔɪ'mo:s]
U: **1429** *pey dem Mos gegen dem Galigen vber* (Urkunden Nonnberg, MGSL 37, 201); **1435** *an dem Mos vor dem äwßern Ostertor ze nagsten an des Glimpffen pewnten* (DOPPLER, MGSL 13, 111); **1613-1614** *führte der Maurermeister Peter Schalmoßer den Bau des Linzertores durch* (PEZOLT, MGSL 30, 154); vor **1615** *vor dem Linzerthor auf dem Mos* (HAUTHALER, MGSL 13, 63); **1695** *felix Pflanzman von Schalmos* (WALZ, MGSL 15, Anh. 69); **1778** *dem Schallmooser Stadtweg* (PEZOLT, MGSL 28, 419).
E: → -*moos* mit mhd. *schall* 'Schall, lärmendes Gequake der Frösche', vgl. → *Froschheim*.
L: SONB 159 (das dort zit. mhd. *schal* 'trocken' gibt es nicht); LIPBURGER/PLASSER 1990, 584–634.

SCHALLMOOS, W, G Berndorf
D: [ʃɔɪˈmoːs]
U: **1507** *in matseer gericht gelegen ... Zu schalmoss aus zwain hewsern grossen vnd klain zehenndt* (SLA OU 1507 VI 03).
E: → *Schallmoos*, Salzburg Stadt.

SCHAMING, R, G Eugendorf
D: [ˈʃaːmɪŋ]
U: **963** *loco nuncupato Scoupanara* (SUB I, 171); **1025-1041** (C) *in locis Scuopinarum et Perindorf* (SUB I, 216); **11. Jh.** *Ruprecht de scuobenarn* (PICHLER, MGSL 1, 65); **1104-1116** *Ruᵒdpreht de Scoubnarin* (Var. *Scobinarin*) (SUB I, 322); **1125-1147** *Rudbertus de Scobinarin* SUB I, 339); *Rudbertus de Scobinaren* (SUB I, 339); *Rŭdpreht de Scobinarn* (SUB I, 342); *Rŭdpret de Scŭbanarin* (SUB I, 366); **1127** *Rŭdpreht de Scuobenarn* (SUB I, 337); vor **1147** *Nordwin de Scobinarin* (SUB I, 409); nach **1151** *Rŭtpreht de Scŭbenarin* (SUB I, 434); E. **12. Jh.** (C M. 13. Jh.) *de Scubenarn III solidi* (SUB I, 513); **1214-1231** *mansus in Scovbarn* (SUB III, 177); **1237** *predium quoddam Sc(h)ovbnarn dictum* (SUB III, 471).
E: Nomen agentis zu ahd. *skoub*, mhd. *schoup* 'Schaub, Strohbund (für die Strohdächer)' mit Suffix *-ari*, Dat. Pl. '(bei den) Schaubnern (Schaubenbindern, -sammlern, -deckern)'; später unechter *-ing*-Name.
L: ANB 974; SONB 70.

SCHELLENBERG, E, G Henndorf
D: [ˈʃɛɪmbɛrɪɡ]
U: undat. *Schernperg, Schellenberg* (SONB 124).
E: → *-berg* mit mhd. *schër* 'Maulwurf' (später volksetymologisch zu mhd. *schëlle* 'Schelle, Ton, Laut'). Eine Alternative wäre zu mhd. *schirm, scherm* 'Schirm, Schutz' (eine Fichte mit großen Ästen, wo die Kühe unterstehen können, heißt *Schermtax*).
L: SONB 122, 124.

SCHERHASLACH, W, G Dorfbeuern
D: [ʃɛɐˈhɔslɐ]
U: **1142** (C M. 13. Jh.) *Sigibot de Haselach et eius frater Hærtwich* (SUB I, 797); vor **1150** (C M. 13. Jh.) *Hartwicus de Hasila* (SUB I, 799); seit **1515** *Scher* (*Scherr*) *zu Haslach* (Hofname, REIFFENSTEIN 1985, 368); **1548** *Scherhạslach* (ib.); **1551** *Haslach in Peyrer Pfarr* (ib.); **1653** *Scheerhaßlach* (als „Überschrift" (AES 6/48/42, lfde Nr. 89, fol. 11).
E: ahd. *hasal* 'Haselstaude' mit Kollektivsuff. *-ahi* 'Haselgebüsch' mit dem Hofnamen *Scher*, mhd. *schëre* 'Felsvorsprung, Sporn' (WMU 2, 1506), was der Lage entspricht.
L: REIFFENSTEIN 1985, 368; ANB 498 (Identifikation unsicher).

SCHERMAU, Hf, G Elsbethen
D: [ʃɛɐˈmaʊ]
U: **1207** *locum Schermowe* (SUB III, 92); **1463** *Das Gut Schermau auf dem Turnberg in Glanecker gericht* (CLANNER, MGSL 25, 28).
E: → *-au* mit ahd.-bair. *schërm* 'Schirm, Schutz'.

SCHIEẞENTOBEL, E, G Seeham
E: → *Tobel*, Klamm, durch die der Bach *schießt*.

SCHINDLAU, E, G Ebenau
D: [ˈʃintlaʊ]
U: **1209** *silvam dicitur Scintelavve* (SUB III, 127); **1869** *in der Schintelau* (HOFMANN, MGSL 9, 110, 225).
E: → *-au* mit mhd. *schindel* 'Schindel' (Ort, wo Schindeln erzeugt wurden oder das Holz dafür gewonnen werden konnte [vgl. 1209 *silvam ...*]).
L: SONB 158.

SCHINDLAUER, E, G Neumarkt
D: [ʃɪndˈlaʊ]
E: → *-au*, in der Holz für *Schindeln* gewonnen

wurde.
L: SONB 158.

SCHLACHT, R, G Seekirchen
D: [ʃloxt]
U: **1212-1312** (C 14. Jh.) *daz guet in dem Slat* (DOPPLER, MGSL 23, 46), **1405** *Slat* (ib.); **1214** *Flath mansum dimidum* (SUB III, 185, verschrieben für *Slath* [eher noch nicht für *Slaht*]); **1297** *lehen, ..., und haizet ainz Slat* (SUB IV, 229); **1439** *ain guet zu Nidernsladt* (SLA OU 1439 VII 14).
E: mhd. *slâte* 'Schilfrohr' mit hyperkorrekter Restitution von [xt], vgl. → *Oichten*.

SCHLAG, W, G Straßwalchen
D: [ʃlɔ:g]
E: 'Schlägerung', typischer RodungsN.
L: SONB 113.

SCHLEEDORF
D: [ˈʃlɛ:dɐf]
U: **1290** *Da ze Slehedorf* (Corp. Nr. 1241; N 446); **1462** *Ich wolfgang von Slechdarf* (SLA OU 1462 X 25); **1486-1566** *Item curia in Slechdorf* (SLA U 11c, fol. 4), *In parrochia Slechdorf* (ib., fol. 13).
E: → *-dorf* mit mhd. *slêhe* 'Schlehe'.
L: SONB 88.

SCHLEINDL, Hf, G Lamprechtshausen
D: [ʃlaɪⁿl]
E: zu mhd. *sliunen* 'schleunen, sich beeilen'? **sliunel* 'einer der sich beeilt, ein Schleuniger'?

SCHLIEßING, E, G Anthering
D: [ˈʃliɐ:sɪŋ]
E: unklar.
L: SONB 74.

SCHLIPFENBACH, E, G Elixhausen
D: [ˈʃlipfmbɔ:]
U: **1212-1312** (C 14. Jh.) *daz guet ze Slipfenpach* (DOPPLER, MGSL 23, 45. 101); **1405** *Sliffenpach* (ib. 45); **1437-1625** *der Moßpach, der zwischen Obermoß und Schlipfenbach herab rint [...] biß geen Gschaidt* (ST 15, Z. 12).
E: → *-bach* mit mhd. *slipfe* 'Erdrutsch, Abhang'.

SCHLIPFING, W, G Dorfbeuern
D: [ˈʃlipfɪŋ]
U: **1125-1147** *Marchwardus de Sliphingin* (SUB I, 389); **1135-1140** (C M. 13. Jh.) *Marchwardus de Slipphingen* (SUB I, 790); ca. **1150-1160** (C M. 13. Jh.) *Marqwardo de Slipfingin avunculo* (SUB I, 804); **1653** *Schlipfing* (als „Überschrift", AES 6/48/42, lfde Nr. 89, fol. 11).
E: mhd. *slipfe* 'Erdrutsch, Abhang' mit Suff. *-ing* (junger *-ing*-ON; der Weiler liegt am Rand eines Abhangs).
L: SONB 74; vgl. ANB 982 (kaum zutreffend zu einem PN *Slipfo*); REIFFENSTEIN 1985, 368.

SCHLÖßL, R, G Nußdorf
D: [ʃlessl]
E: 'Schlößchen', Platz der Burg des hochfreien Geschlechts der Haunsberger (Ruinenreste), Kirche St. Pankraz.

SCHMALNAU, R, G St. Gilgen
D: [ˈʃmɔlnaʊ]
U: **1332** *Smolnaw* (SONB 158).
E: → *-au* mit mhd. *smal* 'schmal, klein', im Gegensatz zur größeren Au (→ *Aich*).
L: SONB 158; ZILLER 1977, 96f.

SCHMALZKOCH, GewN, G Eugendorf
D: [ˈʃmɔɪtsko:]
E: kleiner Gemeindeteich, wo früher Eis für die Eiskeller der Wirtshäuser geschnitten wurde; jetzt wird er als Löschteich für die Feuerwehr

und im Winter für das Eisstockschießen genützt. Der Name bezieht sich möglicherweise auf seine winterliche Anmutung, wenn die eis- und schneebedeckte Oberfläche einem kompakten Schmalztiegel ähnelt.
L: RAUDAUER 1987, 11; vgl. DWB, *s.v.* ('*aus gries, milch und schmalz bereitetes mus*', in bair.-österr. mundarten); SCHMELLER 2, 551.

SCHMIEDBERG, W, G Seekirchen
D: [ˈʃmidpɐ]
U: **1465** *Leonardus Smidperger ... Predio Vno dicto Smidperg in parrochia Seekirchen et in prefectura Altentann* (DOPPLER, MGSL 15, 45).
E: → *-berg* mit mhd. *smit* 'Schmied'.

SCHMIEDEN, W, G Lamprechtshausen
D: [ts ˈʃmiːn]
E: mhd. *smit* 'Schmied', entweder Dat. Pl. („bei den Schmieden") oder schw. Dat. Sg. (wie *beim, zum Wirten*).

SCHMIEDING, W, G Anthering; W, G Seekirchen; R, G Thalgau
D: [ˈʃmiːdɪŋ]
U: **1336** *der Smid ein halbeu* (SUB IV, 424), *der Smidinger von Odraᵉting* (ib.), *Heinreich von Smiding* (ib. 425); **1430** *Christan Zwifal von Smiding* (DOPPLER, MGSL 13, 103); **1447** *Christan zwiffal von smitting* (DOPPLER, MGSL 14, 26); ca. **1500**-ca. **1590** *Item in Smiding* (SLA U 11, fol. 23); hierher auch **1470** *Bertelme Smid von Traitting* ([Trainting], DOPPLER, MGSL 15, 71)?
E: mhd. *smit* 'Schmied' mit sekundärem Suff. *-ing*.
L: SONB 74.

SCHMIEDSBERG, W, G Anthering
D: [ˈʃmitʃpɐ]
U: **1415** *Nicla Smidtzperger* (DOPPLER, MGSL 13, 58); **1449** *wilhalm von Smidsperig* (DOPPLER, MGSL 14, 36); **1450** *wilhalm ab dem smitperg* (ib. 46); **1469** *Wilhalm am Smidsperg* (DOPPLER, MGSL 15, 62); **1469** *Wilhalm von Smidsperg* (ib. 63); **1471** *wilhalm von Smidsperg* (ib. 72).
E: → *Schmiedberg* (mit Gen. Sg.).
L: SONB 124.

SCHNURRN, W, G Koppl
D: [ˈʃnuɐn]
U: **1577** *Wintschnurntafern* (SONB 167).
E: mhd. *snurre* zu *snurren* 'rauschen, sausen (des Windes)'; mhd. *tafern* 'Schenke, Gasthaus' (lat. *taberna*).
L: SONB 167; vgl. LINDNER 2008, 31 (lat. *taberna*).

SCHOBER, BergN, G Fuschl
D: [ˈʃoːwɐ]
U: **1259** *quatuor loca in Schobersowe* (SUB IV, 43); **1624** *der Schober* (IMHOF, MGSL 27, 123); **1692** *St. Wolfgang und an Schober* (ZILLNER, MGSL 5, 103).
E: mhd. *schober* 'Heuschober, Haufen; Bühel, Berg' (häufig als BergN; markanter Aussichtsberg, 1329 m).
L: ZILLER 1977, 97f.

SCHÖNBERG, W, G Anthering
D: [ˈʃɛmpɐ]
U: **12. Jh.** *Gunthardus et Rŏdgerus et Herwich de Scoenperch* (SUB II, 257); vor **1125** *in Sconberge* (SUB II, 199); **1139** *Otto et Raffolt de Sconinperch* (SUB I, 373); ca. **1180**-ca. **1200** (C M. 13. Jh.) *Chunrat de Sconenberch* (SUB I, 914); **1188-1193** *Sigfridus de Sconenberc* (SUB I, 487); **1336** *Vlreich von Schŏnperg* (SUB IV, 425); **1418** *Niederschönperg in der Seekirchner Pfarre* (PEZOLT, MGSL 40, 165); **1449** *Englschalkh Amman zu Schönperg* (DOPPLER, MGSL 14, 42).
E: → *-berg* mit Adj. ahd. *scôni* 'schön' (Dat. Sg.) 'auf dem schönen Berg'.
L: ANB 986; SONB 124.

SCHÖNBERG, R, G Dorfbeuern
D: [ˈʃɛmpɛrɪg]
U: **1122-1140** (C M. 13. Jh.) *Poppo de Schoninberch* SUB I, 786); **1122-1144** (C M. 13. Jh.) *Iedunch de Schoninberch* SUB I, 787); **1135** (C M. 13. Jh.) *Puᵉbo et filius eius Iedunch de Schonperch* (SUB I, 790); ca. **1138** (C M. 13. Jh.) *Iedunch de Schoninberch* (SUB I, 793); ca. **1165** *Idunch de Sconperch* (M. 13. Jh., SUB I, 810); **1190-1217** (C M. 13. Jh.) *Poppo de Schonperch* (SUB I, 827); nach **1207** (C M. 13. Jh.) *dominus Poppo de Schonenperch* (SUB I, 828); **1207-1217** (C M. 13. Jh.) *Poppo de Schoninberch* (SUB I, 833); **1653** *Schönperg* (als „Überschrift", AES 6/48/42, lfde Nr. 89, fol. 11).
E: → *Schönberg*, G Anthering.
L: ANB 986; SONB 124.

SCHÖNBERG, R, G Eugendorf.
D: [ˈʃɛⁿbɛrɪg]
E: → *Schönberg*, G Anthering.
L: SONB 124.

SCHÖNSTRAß, W, G Obertrum
D: [ʃtrɔss]
E: mhd. *strâze* 'Straße' mit *schœne* 'schön', im Gegensatz zur benachbarten → *Kothingstraß*, der 'erdigen, schmutzigen Straße'; vgl. auch die Unterscheidung von → *Schön-* und *Kotgumprechting*. Im Gegensatz zur *Kothingstraß* wird im Dialektgebrauch das Adj. bei *Schönstraß* weggelassen.

SCHOPPER, W, G Eugendorf
D: [ˈʃopɐ]
E: mhd. *schopfen, schoppen* 'stopfen, (ein Schiff) wasserdicht machen', *schopper* 'Schiffszimmermann'.
L: Schmeller 2, 437; Ziller 1986, 221.

SCHÖRGSTATT, W, G Obertrum
D: [ˈʃɪrɪʃted]
U: undat. *Scheringstet* (SONB 107).
E: → *-statt* mit mhd. *scherge* 'Scherge, Gerichtsbote'; *er* > [ir] wie in *Irla* 'Erlach', Sproßvokal zwischen *r* und *g* wie in [bɛrɪg] 'Berg'.
L: SONB 107, 122.

SCHRATTENWINKEL Hf, G Mattsee
D: [ʃratnˈwiŋgɪ]
U: **1104-1116** *predium suum ad Scratinuuinchil* (SUB I, 312), *ad Scratin* Rgl, ib. Anm. b).
E: → *-winkel* mit *scrato* 'Schrat, Kobold, böser Waldgeist'.
L: ANB 990.

SCHREIBERG, Ober- W, Unter- Hf, G Seekirchen
D: [ˈʃrœbɐrg]
U: **1147-1167** *Liutoldus de Scraiberch* (SUB I, 444); vor **1161** *Liutoldus de Screberg* (SUB I, 637), *Scraiberg* (Var, ib. Anm. e); **1169** *Liutold de Scraiberch* (SUB I, 454), *Schræberch* (Var, ib. Anm. k, C 13. Jh.); **1188-1193** *Cunrat de Schræiberg* (SUB I, 481); vor **1189** *Chunrat de Schraiberc* (SUB I, 471); **1219** *Heinricus de Schreiberch* (SUB III, 256); ca. **1500**-ca. **1590** *Item Schreyerperg* (SLA U 11, fol. 26).
E: → *-berg* mit ahd. **scregi*, mhd. *schrege* 'schräg, schief' (mit Kontraktion von *-egi-* > *-ei-*) oder mit ahd. mhd. *schrei* 'Schrei'.
L: ANB 991; SONB 124.

SCHRÖCK, W, G Nußdorf
D: [ʃrek]
E: zu mhd. *schrecken* 'springen' (vgl. *Heuschreck*)?

SCHROFFENAU (Vorder-, Hinter-), W, G Hof
D: [ˈʃroːfmaʊ], auch [ʃrofˈmaʊ]
U: **1183-1196** *Heroldus de Schrouenowe* (SUB

I, 701); ca. **1330** *auf den Schrouen* (SONB 158); **1463** *Ein Gut in der Schrovenau im Wartenfelser Gericht* (CLANNER, MGSL 25, 28); **1499** *Vlrich Schroffner ... von ainem gut auf dem Neßelgraben genannt Im schlag* (SPATZENEGGER, MGSL 9, 64).
E: → *-au* mit mhd. *schroffe* 'spitzer Stein, zerklüfteter Fels, Steinwand'.
L: ANB 991; SONB 158; SCHWAIGER 1990, 16.

SCHWAIG, W, G Anthering
D: [ʃwɔɐg]
U: **1212-1312** (C 14. Jh.) *der hof dacz Swaig* (DOPPLER, MGSL 23, 44); **1212-1312** *Item die Swaig di hueb* (ib., 101); **1405** *Die Swaig in Elexhawsser ampt* (ib., 44); **1447** *Vlreich swaiger* (DOPPLER, MGSL 14, 26); **1469** *Swaig ... in Antheringer pfarr, die Swaig* (Urkunden Nonnberg, MGSL 38, 236).
E: ahd. *sweiga* 'Weide; Schwaige, Sennerei'.

SCHWAIGHOFEN, R, G Eugendorf
D: [ˈʃwɔɐghofm]
E: → *-hof* (Dat. Pl. *-hofen*) mit mhd. *sweige* 'Schweige, Sennerei mit Weideplatz'.
L: SONB 116.

SCHWANDT, W, G Berndorf;
SCHWANDTL, W, G Berndorf
D: [ʃwɔnt; ʃwantl]
E: mhd. *swant* 'Aushauen des Waldes', zu *swenden* 'schwinden machen, roden', ein sehr häufiges Rodungswort; *Schwandtl* ist Diminutiv, 'das kleine Schwandt'.

SCHWANDT, R, G Koppl
D: [ʃwɔnd]
E: → *Schwandt,* G Thalgau.

SCHWANDT, W, G Thalgau
D: [ʃwɔnd]
U: **1393** *daz guet ze Swant vnder dem holts* (DOPPLER, MGSL 12, 266); **1456** *Guet das genant ist in der nidern Swant zw Talgaw an dem perig* (Urk. Nonnberg, MGSL 38, 217); ca. **1418** *Swant* (PEZOLT, MGSL 40, 165); **1489** *Gut Schwandt im Talgew* (PEZOLT, MGSL 40, 185); *Schwandt* (ZILLNER, MGSL 18, 250).
E: mhd. *swant* 'Rodung, Schwendung'.
L: SONB 112; vgl. auch ZILLER 1977, 101.

SCHWEIGMÜHLALM, AlmN, G Grödig
D: [ˈʃwɔɐgmi:(ɔlm)]
U: **19. Jh.** *Schwaigmühlalpe* (ZILLNER, MGSL 1, 83, 124); *Schweigmüller Alpe* (FUGGER-KASTNER, MGSL 26, 338); *die Schweigmüller- und Klinger-Alpe* (FUGGER-KASTNER, MGSL 26, 348); *Schweigmüller Alpe* (FUGGER, MGSL 28, 122).
E: → *-alm* mit *Schweigmühle* (→ *Schwaighofen*).

SCHWERTING, D, G Lamprechtshausen
D: [ˈʃwɛɐtɪŋ]
U: ca. **1150-1160** (C M. 13. Jh.) *prediolum quoddam ad Spertegin ...* (SUB I, 804); **1229** *beneficium unum in Swertegen ecclesie Lamprehtshusen* (SUB III, 370); **1653** *Schwerting* (als „Überschrift", AES 6/48/43, lfde Nr. 90, fol. 21).
E: unklar, kein *-ing*-ON.
L: SONB 74; vgl. ANB 997 (unklar).

SCHWÖLLERN, R, G Eugendorf
D: [ˈʃwel:ɐn]
E: *-er*-Ableitung (Nom. ag.) zu mhd. *swellen* 'schwellen', vgl. mhd. *swelle* 'Balken zum Aufstauen des Wassers' (Dat. Pl. **bî dên swellaren* 'bei den Schwellern').

SEEBACH, E, G St. Georgen
D: ['sɛ:bɔ]
U: **1464** *Jacob Schuester Im Seepach* (DOPPLER, MGSL 15, 33); **1479** *halben Seepach* (ib., 139).
E: → *-bach* mit → *See* 'Bach vom/zum See'.

SEEHAM
D: ['sɛ:hɔm]
U: **1290** *Da ze Seheim* (Corp. Nr. N 446); **1486-1566** *Item curia in Sehaim* (SLA U 11c, fol. 7), *Item predium linden am haunsperg in parro(chia) Sehaim* (ib., fol. 7), *Sagena media in NidernSehaim* (ib., fol. 14).
E: → *-heim* mit → *See*.
L: SONB 82.

SEEKIRCHEN, Stadt
D: [sɛ'khi:rɐ, -khiɐxɐ]
U: ca. **700-798** (C 1004) *ad ecclesiam sancti Petri iuxta lacum Uualarseo* (SUB I, 50), *proprietatis suae in Uualardorf* (ib.); **788-790** (C M. 12. Jh.) *Ipseque dux tradidit villam nuncupante Walarsaeo ... secus stagnum Walarsaeo* (LOŠEK NA 2.3), *in ... pago Salzburgaoe loca nuncupantes in Wangiu et in Walardorf* (ib. 6.5), *Ad See ecclesia cum manso I* (ib. 6.26); **798-814** (C E. 12. Jh.) *ad eandem sedem in Walrdorf* (LOŠEK BN 14.6), *in Walrsê* (ib. 14.52); **871** (Rupert) *pervenit ad quendam locum, qui vocatur Walarium, ubi ecclesiam ... construxit* (WOLFRAM 1979, 36); **987** *ad Uuualarse aecclesia sancti Petri* (SUB I, 254), *ęcclesiam ad Sechirchen* (Var, M. 13. Jh., ib.); **1020** *VI regales mansos in capite fluminis cuiusdam vulgari nomine Viscaha vocati sitos* (damit wohl Seekirchen beschrieben, SUB II, 126); E. **12. Jh.** (C M. 13. Jh.) *De molendino Sechirchin* (SUB I, 513); **1110** *Vdalrich de Sechirchen* (F ca. 2. H. 15. Jh., SUB II, 186); **1226** *Heinrici de Sechirchen* (SUB III, 335); **1391** *gen Sechirchen* (ZILLNER, MGSL 22, 160); vor **1419**–ca. **1500** *Item de vna domo in Sekirichen* (SLA U 5, fol. 15); **1437-1625** *auf dem moß zu Seekhürchen* (ST 16, Z. 23, ST 22, Z. 5); **1482** *zu Seekirchen Im markt* (CLANNER, MGSL 25, 30); **1532** *Seekircher pfarr* (Urkunden Nonnberg, MGSL 40, 261); **1600-1617** *Hannsz Schmidinger Zu Seekhircher Pfarr* (AES 7/80/2, lfde Nr. 61, fol. 21).
E: In den Erstnennungen heißt der Ort *Walarsaeo* oder *ad See* (nach dem → *Wallersee*) sowie *Walardorf*: → *-dorf* mit lat. **vallarium* 'Talsiedlung'. Erst seit dem 12./13. Jh. setzt sich der heutige ON durch: ahd. *kirihha* 'Kirche' mit → *See*. Stadt seit 2000.
L: ANB 1002f., 1261; SONB 100; DONB 583; LINDNER 2008, 32. – Vgl. auch RADAUER 1981, 1988; DOPSCH/WILFLINGER 1996.

SEELEITEN, R, G Seeham
D: [sɛ'laɪtn]
U: **1451** *Item ain Segen* [mhd. *segene* 'Fischnetz'] *in der Seeleyten bey Mattsee in Seehamer pfarr vnd Mattseer gericht gelegen* (SLA OU 1451 II 18); **1486-1566** *Sagena media in Seleitten* (SLA U 11c, fol. 15); **1617** *in der Seeleiten* (ZILLNER, MGSL 5, 90), *Staffler vnd Seeleutner* (ib. 96).
E: → *-leite* mit → *See*.
L: SONB 128, 155.

SEETHAL, R, G St. Georgen
D: ['sɛtɔi]
E: → *-tal* mit → *See*.

SEEWALCHEN, D, G Seekirchen
D: [sɛ'wɔrɐ]
U: nach **1151** *Reginboto de Sewalchen* (SUB I, 434); **1158** *Gerboto de Sewalehen ministeriales ecclesie* (SUB II, 468); **12. Jh**. *Sewalhen* (Codex Falkenstein 11); **1211-1218** *Sewalhen* (SUB III, 138); **1437-1625**, *damit den von Seewalchen durch ihr vich nit schaden gescheche* (ST 16, Z. 24).
E: ahd. *walah* 'Welscher, Romane' (Dat. Pl.) mit → *-See* = 'bei den Walchen am See' (im Gegensatz zu → *Straßwalchen* 'bei den Walchen an

der Straße').
L: ANB 1003; SONB 38, 155.

SEIDENFELD, ZH, G Thalgau
D: [saɪ('n)'fɛɪd], auch ['saɪfɛɪ'n]
U: nach **1231** *in curia Seidenvelt* (SUB III, 614); **1288** *Seidenvelden* (SONB 162).
E: → *-feld* mit mhd. *sîde* 'Seide', d.h. 'Feld, gelb wie Seide'.
L: SONB 162.

SENDLBERG, W, G Neumarkt
D: ['sɛⁿdlbɐɐg]
E: → *-berg* mit *Sendel* 'Heidekraut, Erika' (ZILLER 1995, 182; *Antheringer Wortschatz* 35); *Senden* SCHMELLER 2, 305; *Sende* DWB 10/I, 572).

SIEZENHEIM
D: ['siɐtsnhɔm, 'si:tsnhaɪm]
U: 927 (?) *ad Suozinheim hobam unam desertam* (SUB I, 77); **930** *ad Sûozzinheim* (SUB I, 149); vor **1023** *unum curtilem locum in vico Suozinheim dicto* (SUB I, 202); **1025-1041** *predium, quod habuit in loco Suozinheim dicto* (SUB I, 218); **1170** *duo molendina Sůcenheim sita* (SUB I, 458); vor **1188** (C M. 13. Jh.) *Quidam de Suzinheim n(omine) Engilbertus de familia sancti Petri Salzpurch* (SUB I, 552); **1216** *duo molendina iuxta Sůzenheim* (SUB III, 198); **1212-1312** [1382] (C 14. Jh.) *di Ober-Muel ze Süezenhaim* (Nonnberger Urbar, DOPPLER, MGSL 23, 55); **1405** *Mitter-Mul ze Süzzenhaim* (ib.); **1353** *Pfarrer ze Sützenhaim* (DOPPLER, MGSL 10, 78); **1348-ca. 1400** *de molendino in suetzenhaim* (SLA U 3, fol. 28); vor **1415-1501** *Primo in Suetzenhaim sunt hube* (SLA U 4, fol. 43); **1475** *Steffan Türtzl weilent Pfarrer zu Süetzenhaim* (DOPPLER, MGSL 15, 112); **1500-1566** *Primo in Suetznhaim sunt hube ...* (SLA U 11a, fol. 102), *Item de molendino in Suetznhaim* (ib., fol. 103); **1522** *ain halbe hueben zu Suetzenhaim* (SLA OU 1522 V 08); **1552** *Sietznhaim* (Urkunden Nonnberg, MGSL 42, 81); **1590** *von Sieznhaimb* (DOPPLER, MGSL 10, 182); **1778** *Sietzenheim* (PEZOLT, MGSL 28, 419), *Sietzenhamer Gangsteig* (ib. 420); **1796** *Pfarrvikar zu Sietzenheim* (HÜBNER 1796, 129).
E: → *-heim* mit PN *Suozzo*. Umlaut durch Endung *-in* des Gen. Sg., bezeichnet seit dem 14. Jh., zu <ie> entrundet seit dem 16. Jh.
L: ANB 1010; SONB 81. – Vgl. auch MÜLLER 1963-1976.

SIGGERWIESEN, D, G Bergheim
D: [sikɐ'wi:sn]
U: 1125-1147 *Rŭdpreht de Siccanwisin* (SUB I, 362); **1125-1147** *Rŏdpreht de Sikkinǔisin* (SUB I, 378); **1199-1231** *curiam Sikkenwise dictam* (SUB I, 500); ca. **1259-1197** *Heinricus de Sikkinwisen* (SUB I, 572); **1280** *Sikkenwisen* (MARTIN Reg. Nr. 974); vor **1415-1501** *Item in sikenwisen* (SLA U 4, fol. 83); **1493** *Gabriel von Sickenwisen der Jung* (DOPPLER, MGSL 16, 297); **1494** *Gabriel von Sigkenwisen In Antheringer gericht* (DOPPLER, MGSL 16, 302); ca. **1500-ca. 1590** *Item in Sikenwis* (SLA U 11, fol. 22); **1778** *zu der Sigenwisser Naufahrt* (PEZOLT, MGSL 28, 419).
E: ahd. *wisa* 'Wiese' mit PN *Sikko* (Gen. Sg. *-in*); der Wechsel der Endung *-en > -er* (zuerst 1778) bezeichnet die dialektale Vokalisierung der Endung *-en > [-ɐ]* nach [k] (vgl. [ʃdɛkɐ] 'Stecken').
L: ANB 1011; SONB 164.

SIGHARTSTEIN, D, G Neumarkt am Wallersee
D: ['siɐtɪŋ], für das Schloß [sɪghat'ʃtaɪn]
U: vor **1415-1501** *Item de predio in Sigharting* (SLA U 4, fol. 70); vor **1419-ca. 1500** *Item predium in Sigharting* (SLA U 5, fol. 13); **1459** *Her Wolfhart Vberäcker zu Sighartstain* (DOPPLER, MGSL 14, 116); **1498** *Virgil Vberacker zum Sighartsstain* (DOPPLER, MGSL 16, 356); ca. **1590** *Wolf Hainrich Pürching v. Sigharting Hoff.* [Hofjäger, -junker, -jurist ?]

(WALZ, MGSL 14, Anh. 492); **1606** *Wollharz Uberecker zu Sighardstain* (Grabstein, ib., 328); **1727** *Wolff Ludwig Anton Graff von Yberäcker Freyherr in Sighartstein und Pfongau* etc. (SPATZENEGGER, MGSL 15, 219).
E: ursprünglich PN *Sigihart* mit Suff. *-ing*; nach dem Bau des Schlosses 1444 durch den BurgenN *-stein* (typisches GW in Burgennamen) mit PN *Sigihart* ersetzt. Im Dialekt ist aber der alte ON *Sigharting* bewahrt.
L: SONB 71; HHS 421f.

SIMMERSTATT, E, G Obertrum
D: ['simɐʃtɔːd]
U: **1527** *Simonstat, Simerstat* (ZILLER 1986, 203).
E: → *-statt* mit PN *Simon*.
L: ZILLER 1986, 203.

SINNHUB, R, G Thalgau
D: ['siːⁿhuɐb]
U: ca. **1350** *Sindhueb, Sundhub, Synnhúb* (Urb. I); **1528** *Ich Wilhalbm vonn Synnhueb aus Enntzmansperger Rueget* (SLA OU 1528 II 11); **1647** *Martin Sinhuber* (ABERLE, MGSL 18 (1878), 245); **1676** *Sinhub* (SCHALLHAMMER, MGSL 5 (1865), 65).
E: *-hub* (→ *Forsthub*) mit mhd. *sint* 'Reise; Seite'. Vgl. auch den FamN *Sin(n)huber* (ZILLER 1986, 204; nach dem FamN die *Sinnhubstraße* in Salzburg). Die Sinnhuben hatten die Verpflichtung, Reitpferde für Botendienste zu halten.
L: SONB 133.

SIXTEN(-MÜHLE, -WAGNER), R, G Obertrum
D: ['siksn(waŋɐ)]
E: PN *Sixtus* ? (SCHATZ, *Tir. Wb.* 2, 577: *six*).

SÖLLHEIM, Stt, G Salzburg Stadt; ZH, G Hallwang
D: ['søːhaɪm], altmdal. ['seːhɔm]
U: **1104-1116** *Pezili de Selheim* (SUB I, 321); **1167-1183** *predium Saldersheim* (SUB I, 699), *Adelheida de Saldersheime* (ib.); **13. Jh.** *Selheim*; **1433** *Friedrich Gawchsperger zu Selhaim* (Urkunden Nonnberg, MGSL 37, 208); **1455** *Sitz und Gut zw Selhaym mitsambt Iren zugehörungen gelegen In Radecker gericht und in halbenwannger pfarr* (SLA OU 1455 III 05); **1554-1555** *Jakob Straßer zu Söllheim* (Urkunden Nonnberg, MGSL 41, 70; MGSL 42, 71. 72. 75); **1727** *Herr Johann Christoph Pauernfeind von Eis auf Söllhaimb* (SPATZENEGGER, MGSL 15, 218); **19. Jh.** *Söllheim* (RIEDL, MGSL 3 439; ZILLNER, MGSL 6 241).
E: → *-heim* mit → *-sel* (*selida*) 'Haus, Wohnung'; die Belege von 1167-1183 zeigen Einwirkung von *selida* oder gehören nicht hierher.
L: ANB 1020; SONB 82. 117.

SOMMERAU, W, G Hintersee
D: ['sumːɐraʊ]
E: → *-au* mit mhd. *sumer* ('Sommer', d.h. 'sonnseitig, in der sommerlichen Sonne gelegen').
L: SONB 158; vgl. auch ZILLER 1977, 110.

SOMMEREGG, R, G Eugendorf
D: [sʊmɐr'ek], auch ['sumɐrek]
E: → *-eck* mit mhd. *sumer* ('Sommer', d.h. 'sonnseitig, in der sommerlichen Sonne gelegen').
L: SONB 127; vgl. auch ZILLER 1977, 110.

SOMMERHOLZ, E, G Neumarkt/Wallersee
D: ['sumɐhoɪds]
U: **1435** *Joh. Brandstetter von Summerholz* (WALZ, MGSL 14, Anh. 460); **1447** *ab dem Sumerholcz* (HHStA Wien, AUR 1447 III 31); **1600-1617** *Wolf ... am Sůmmerholtz* (AES 7/80/2, lfde Nr. 61, fol. 37).
E: → *-holz* mit mhd. *sumer* 'Sommer', 'sonnseitig gelegener Wald'.
L: SONB 158.

SPANSWAG, D, G Köstendorf
D: ['ʃpɔnswɔg]
U: **798-814** (C E. 12. Jh.) *res suas ad Spanswanch* (LOŠEK BN 14.41); **991-1023** (C glz.) *in loco Spanasvanch* (SUB I, 198); **991-1023** (C glz.) *in loco, qui dicitur Spanasuuanc* (SUB I, 205); **1122-1147** *Heinricus de Spanenswanc* (SUB I, 607); **1167-1188** *Magenus de Spânswac* (SUB I, 460); **1188-1193** *Herbo de Spanswanch* (SUB I, 491); **1197** *Anwic, Erbo de Spanswanc* (Tr. 13. Jh., SUB II, 689) ; **12. Jh.** (C 17./18. Jh.) *Spanswanch* (Tr Ranshofen R II/90); **1219-1234** *predium apud Spanswanch* (SUB I, 750).
E: → *-wang* mit PN *Span*.
L: ANB 1022; SONB 164.

SPARBER, BergN, G Strobl
D: ['ʃbɔɐwɐ]
U: **1315** *under dem sparber* (ZILLER 1977, 104).
E: mhd. *sparwære, sperwære, -bære* 'Sperber, Falkenart'.
L: ZILLER 1977, 104f.

SPATZENEGG, Hf, G Berndorf
D: [ʃbɔ:dsn'ek]
U: **1612** *Spazenegkh* (SLA U 95) **1638** *Spazenögg* (O. WEBER).
E: → *-eck* mit mhd. *spatze* 'Sperling, Spatz'. Abwertende oder humoristische Bezeichnung, 'wo es nur Spatzen gibt'?
L: ZILLER, 1986, 205.

SPECK, Hf am Gaisberg bei Aigen (**†SCHELLERLEHEN**)
D: [ʃbɛk]
U: **1212-1312** (C 14. Jh.) *dez Scheller guet dacz dem* ['da bei dem'] *Spekch* (DOPPLER, MGSL 23, 103); ca. **1334** *Suprafeodo Schellarii quod dicitur Spekch* (ib. 102); **1340** *Spekch, Gaizzperg* (MARTIN Reg. Nr. 1183).
E: mhd. *spëcke* 'Knüppelweg', vgl. → *Spöcklberg*.
L: SONB 174.

SPIELBERG, ZH, G Obertrum
D: [ʃbɪ:'bɐɐrɪg]
U: **1255** *Rubertus de Spilberch* (SUB IV, 30).
E: → *-berg* mit mhd. *spil* 'Spiel, hier Balz des Birk- oder Auerhahns' (häufiger FlurN).
L: SONB 124; vgl. ANB 1023 (nicht zu diesem *Spielberg*).

SPINNERSTATT, E, G Obertrum
D: ['ʃbinɐʃdɔ:d]
U: **1377** *Härtneyd von Spinnerstat* (DOPPLER, MGSL 12, 211).
E: → *-statt* mit *Spinner*; dort habe sich eine Spinnerei (Seilerei) befunden.
L: SONB 107.

SPITZESED, W, G Obertrum
D: [ʃbɪtsəs'ɛ:d]
U: **1451** *das gut zu Spitzleins od in oberndrumer pfarr vnd in mattseer gericht gelegen* (SLA OU 1451 II 18).
E: → *-öd* mit *spizzelîn* 'Spitzlein', entweder ein Übername des Bauern oder auf die Form des Gutes bezogen.

SPÖCKLBERG, W, G Lamprechtshausen
D: [ʃbekɐ'bɐɐrɪg]
U: **1199-1231** *Friderich de Spechelperge et frater eius Heinricus* (SUB I, 500); **1337** *item Spechenperg, da Lud(wig) sitzt* (SUB IV, 432); **1653** *Peckhlberg* (als „Überschrift", AES 6/48/43, lfde Nr. 90, fol. 22).
E: → *-berg* mit mhd. *spëcke* 'Knüppelweg; feuchte Stelle im Feld'; der Dialektaussprache liegt *Specken-* (Gen. oder Dat. Sg. des schw. F., wie im Bel. von 1337) zugrunde.
L: ANB 1025; SONB 174; SCHMELLER 2, 657.

STADLBERG, Groß-, Klein-, W, G Straßwalchen
D: ['ʃtɔ:ᵈlbɐɐg]
U: ca. **1140** *Adeloldus de Stadelareperge* (M.

12. Jh., SUB I, 913); vor **1415-1501** *Item in Stadelperg* (SLA U 4, fol. 99); vor **1415-1501** *Item de predio in Stadelperg* (SLA U 4, fol. 89); vor **1419**–ca. **1500** *Item ein halbes gut auf dem Nidernstadelperg* (SLA U 5, fol. 13); **1496-1566** *Item Stadlperg am Aigen* (SLA U 9a, fol. 77); ca. **1500**-ca. **1590** *Item in Stadelperg* (SLA U 11, fol. 31); **1506** *auf dem Stadlperg ganntzen Zehennt* (SLA OU 1506 XII 12; OU 1522 V 08); **1609** *Guett am vndtern Stadlperg* (SLA U 28/1+2, fol. 140), *Guett am Obern Stadlperg* (SLA U 28/1+2, fol. 142).
E: → -berg mit ahd. *stadal* 'Scheune'.
L: SONB 118.

†**STADLBACH** (Seitenbach des Klaus- od. Glasenbachs)
U: **1207** *alvei Stadilbach et Glaserbach in unum confluunt* (SUB III, 92).
E: → -bach mit *stadal* 'Stadel, Scheune'.

STAFFL, R, G Obertrum
D: ['ʃtɔfɪ]
U: **1617** *zu Staffl* (ZILLNER, MGSL 5, 90), *Staffler* (ib. 96).
E: mhd. *staffel* 'Staffel, Stufe'.

STANGLING, W, G Straßwalchen
D: ['ʃtaŋlɪŋ]
E: junger *-ing*-ON im Rodungsgebiet (zu 'Stange'?).
L: SONB 74.

STAUDEN, D, G Straßwalchen
D: [ʃtaʊ'n]
E: mhd. *stûde* 'Staude', Dat. Pl. 'Gebüsch'.

STEG (2x), W, R, G Faistenau
D: [ʃtɛ:g]
E: mhd. *stëc* 'schmale Brücke, schmaler Weg'.
L: SONB 174.

STEIN (Äußerer Stein), Stt, G Salzburg Stadt
D: [('ɔɪssɐrɐ) ʃtaɪn]
U: **1241** *iuxta Stein vineta* (SUB III, 516); **1354** *enhalb Ache auf dem Stain* (DOPPLER, MGSL 11, 80); **1407** *auf dem Stain* (DOPPLER, MGSL 13, 25); **1471** *enhalb Ach auf dem Stain* (DOPPLER, MGSL 15, 75); **1476** *enhalb der prucken auf dem Stain* (ib., 121); **1494** *ennhalb der Ach auf dem Stain, gein Pirgla werts* (DOPPLER, MGSL 16, 308); **1495** *enhalb Ach aufm Stain* (ib.); **1499** *Aufm Stain* (SPATZENEGGER, MGSL 9, 63); **1746** *bei dem Stainthor* (SPATZENEGGER, MGSL 10, Misz. 16).
E: mhd. *stein* 'Fels'. Der *Stein* (heute *Steingasse, Steintor, Äußerer Stein*) liegt am westlichen Fuß des Kapuzinerberges, zwischen Felsabbruch und Salzach.
L: SONB 130 (andere Örtlichkeit); MARTIN 1940, 106 (1995, 211). Vgl. → *Hangendenstein*, G Grödig.

STEINACH bei Anthering (nicht im OV und ÖK); R, G Thalgau
D: ['ʃtɔɐnɐ]
U: **1336** *item datz Stainach ein virtail* (SUB IV, 425), *item Stainacher ein halbeu hûb* (ib. 424).
E: ahd. *stein* 'Stein, Fels' mit Kollektivsuffix *-ahi* 'steiniger Grund'.
L: SONB 130 (andere Örtlichkeit).

STEINBACH, D, G Nußdorf am Haunsberg
D: ['ʃtɔɐⁿbɔx]
U: **926** (C glz.) *alium locum Stêinpach nominatum* (SUB I, 86); **927** (C glz.) *duo loca Nuzdorf et Steinpach dicta* (SUB I, 87).
E: → -bach mit ahd. *stein* 'Fels, Stein'.
L: ANB 1038; SONB 130 (andere Örtlichkeit).

STEINDORF, D, G Straßwalchen
D: ['ʃtɔɐⁿdɔɐf]
U: ca. **748**-ca. **854** (C E. 9. Jh. od. 1. H. 10. Jh.) *in loco nuncupante qui vocatur Steindorf* (SUB I, 908); **781** (C 1004) *loco qui dicitur Steindorf*

(SUB I, 52); ca. **1140-1150** *Walchun de Staindorf* (SUB I, 913); **12. Jh.** *Steindorf* (OÖ Stiftsurbare 1, 196 = Prov. Mondsee); **vor 1419-ca. 1500** *Item de predio in Staindorf* (SLA U 5, fol. 13); **vor 1415-1501** *Item in Staindorf* (SLA U 4, fol. 99); **1430** *ain wisen ze Staindorff in Liechtentannär gericht* (DOPPLER, MGSL 13, 103); **1462** *Ich vlrich smid von Staindarf* (SLA OU 1462 X 25); **1496** *ain viertail Agkers zu Staindorff* (SLA OU 1496 IX 05; SLA OU 1505 IV 26); **1496-1566** *Item de predio in Stayndorf* (SLA U 9a, fol. 76).
E: → *-dorf* mit ahd. *stein* 'Fels, Stein (altes Mauerwerk?)'.
L: ANB 1039; SONB 88; 130 (weitere Örtlichkeiten).

STEINMAUER, E, G Obertrum
D: [ˈʃtɔɐⁿmaʊɐ]₀
U: **1183-1196** *Vlricus de Stainmůre* (Tr, SUB I, 707); **1486-1566** *Item huba stainmaur circa Matich* (SLA U 11c, fol. 5).
E: mhd. *mûre* 'Mauer' mit *stein*; Reste einer historischen Mauer, Burganlage?

STEINWÄNDER, Hf, G Salzburg Stadt (in Aigen auf dem Gaisberg, ÖK 64)
D: [ˈʃtɔɐⁿwɔndɐ]
U: **1212-1312** (C 14. Jh.) *daz guet Obern-Stainbant* (DOPPLER, MGSL 23, 47), *daz guet Nidern-Stainbant* (ib.), *Obern-Stainbant, Nidern-Stainbant* (ib., 102); **1405** *Obern-Stainwant, Nidern-Stainwant* (ib., 47); ca. **1334** *Stainbant, Stainwant* (ib.); **1522** *Wolfgang Lackner ab der Stainbaut* (wohl *-bant*) (Urkunden Nonnberg, MGSL 40, 253); **1778** *Steinwand* (PEZOLT, MGSL 28, 418).
E: mhd. *want* 'Wand, Mauer, übertragen Felswand' mit mhd. *stein* 'Fels, Stein'.

STEMESEDT, W, G Berndorf
D: [ʃtɛməsˈɛːd]
U: **1263** *predia in Stemersoᵉd et unum in Gumpating* (M. 13. Jh., SUB I, 882).

E: → *-öd* mit PN *Steinmar* (?).
L: SONB 115.

STESSELBERG, Hf, G Nußdorf
D: [ʃtɛsslˈbɛrɪg]
E: → *-berg* mit mhd. *stœzel* 'Stoßvogel, Habicht' (vgl. auch SCHMELLER 2, 791; ZILLER ²1995, 190).

STIEGL (Brauerei) Salzburg Stadt
D: [ʃtiːgl]
U: **1778** *Stiegl, allwo ein St. Johanns-Kapelle in der Stadtghrtl Iurisdiction sich befindet* (PEZOLT, MGSL 28, 420), *über Schrems zu den Stügl an den Pointingerzaun* (ib.).
E: mhd. *stigel* 'Übertritt (über Zaun), Steig'.

STIERLING, ZH, G Bürmoos; R, G Lamprechtshausen
D: [ˈʃtiːlɪŋ]
U: **16. Jh.** *Stirling* (IMHOF, MGSL 27, 122 [nach einem Erlass Wolf Dietrichs]); **1796** *in der Stierlinger [Revier] das Biermos* (HÜBNER 1796, 122); → *Talstierling*.

STIRLINGWALD im Grenzgebiet Bürmoos/Lamprechtshausen (Niederarnsdorf)
E: unklar.
L: SONB 74.

†STIGLMAIR Grundherr zu †Gitzau, G Bergheim
U: **1491** … *Pawln Stiglmairs* (DOPPLER, MGSL 16, 266); **1493** *Paul Stiglmair* (ib. 297); **1494** *Pauls Stiglmair* (ib. 301).
E: → *-meier* mit *stigel* 'Stiege, Übertritt (über einen Zaun)'.

STOCKACH, Gut in Aigen/Glas
U: **1212-1312** (C 14. Jh.) *daz guet in dem*

Stokchách (DOPPLER, MGSL 23, 103).
E: mhd. *stock* 'Baumstumpf' mit Kollektivsuff. *-ahi* 'gerodeter Platz'.
L: SONB 113.

STOCKACH, D, G St. Gilgen
D: [ˈʃtokɐ]
U: **1330** *Chunrad de Stochach* (ZILLER 1977, 107).
E: mhd. *stock* 'Baumstumpf' mit Kollektivsuffix *-ach* (Rodungsname, in unmittelbarer Nachbarschaft liegen die Rodungsnamen → *Reith*, → *Ried* und → *Gschwand/Gschwendt*).
L: SONB 113; ZILLER 1977, 107f.

STOCKHAM, D, G Lamprechtshausen
D: [ˈʃdoːghɔm]
U: **1122-1140** (C M. 13. Jh.) *Livpoldus et frater eius de Stocheim* (SUB I, 789); **1135** *Liutpoldus et frater eius Wichpoto de Stocheimen* (ib., SUB I, 790); ca. **1150-1160** (C M. 13. Jh.) *Livtpoldus de Stochehaim* (SUB I, 802); vor **1161** (C M. 13. Jh.) *Livpold et Wicpoto frater eius de Stochaim* (SUB I, 806); vor **1190** (C M. 13. Jh.) *ministeriales Bvrenses Wicpoto de Stocheim, Wernhart poisach de Stocheim* (SUB I, 825); **1653** *Stockham* (als „Überschrift", AES 6/48/43, lfde Nr. 90, fol. 22).
E: → *-heim* mit mhd. *stock* 'Baumstumpf' (typischer Rodungsname).
L: ANB 1047; SONB 83.

STOCKHAM, D, G Straßwalchen
D: [ˈʃdoːghɔm]
U: **1462** *Ich Jorg von Stokheim* (SLA OU 1462 X 25), *Ich linhart Reytzinger von Stockhaim* (ib.).
E: → *Stockham*, Lamprechtshausen.

STOLLBERG, W, G Thalgau
D: [ˈʃtoɪbɐg]
U: **1336** *Walhel de Stolperig* (SONB 125).
E: → *-berg* mit mhd. *stolle* 'Stütze, Pfosten; großes Stück Land, Acker'.
L: SONB 125.

STÖLLING (2x), W, G Thalgau
D: [ˈʃtøːlːɪŋ], altmdal. [ˈʃtɛɪŋ]
U: **1350** *Stölling, Stelling* (SONB 75).
E: mhd. *stolle* 'großes Stück Land, Acker' mit Suffix *-ing* (junger *-ing*-Name).
L: SONB 75.

STÖLLNERMÜHLE, Hf, G Seekirchen
D: [ˈʃtenɐmɪ]
U: **1303-1304** *Steln, una domus* (KLEIN 1965, 268, Anm. 25 = MIÖG 54, 17ff.); **1600** *Vitus Stöllner* (ZILLER 1986, 233).
E: mhd. *stelle* 'Ort, Platz u.ä.' (DWB 10, II/II, 2174; SCHMELLER 2, 747). Die Mühle war vom 16. Jh. bis 1716 im Besitz der *Stöllner*. Dem FamN könnte auch der Übername *Stoll*, mhd. *stolle* 'Stütze, Pfosten' für einen 'stämmigen, ungeschlachten Mann' zugrundeliegen (FINSTERWALDER 1978, 506; WMU 2, 1673). Dann bestünde aber keine Verbindung mit dem Frühbeleg des ONs.
L: ZILLER 1986, 233.

STRAß, R, G Eugendorf
D: [ʃtrɔss]
U: **788-790** (C M. 12. Jh.) *in supradicto pago Salzburgaoe loca nuncupantes in Wangiu et in Walardorf seu ad Straza* (LOŠEK NA 6.5); **798-814** (C E. 12. Jh.) *ad Strazza mansus VIIII* (LOŠEK BN 14.5); **799** (C 9. Jh) *in ... loco nuncupante Strazza* (SUB I, 899); **1151-1167** *W. de Straz(z)e* (SUB I, 641); **1184** *Ch. de Straza* (SUB II, 601).
E: ahd. *strāza* '(gepflasterte) Straße'.
L: ANB 1050; SONB 37, 172; LINDNER 2008, 41.

STRAßWALCHEN
D: [ʃtrɔssˈwɔɪɐ]
U: **799** *ad opus sancti Michahelis in loco qui*

dicitur Strazuualaha ęcclesiam (SUB I, 899); **837** (C M. 12. Jh.) *de Strazuualahon* (SUB I, 907); **1104** (C M. 15. Jh.) *parrochia ad Straswalhen* (MGD 6, 661 nr. 486); ca. **1140** *Heinricus de Strazwalhan* (SUB I, 913); **1143** (C M. 14. Jh.) *Strasswalhen* (SUB I, 878); **1143** *Strazwalihen* (ins. i. 1305, SUB II, 312), *Strazwalchen* (Var, 2mal in C 14. Jh., SUB II, 312, Anm. d); **12./13. Jh.** *Livpoldus phr. de Strazwalhen* (MG Necr. 2, 155); **1219** *Strazwalhein* (SUB III, 269); um **1250** *locum in Strazwalhen* (SUB IV, 7); **1285** *mout ze Strazwalhen* (SUB IV, 145); **1462** *vnsers marckts zu Straswalhen* (SLA OU 1462 VII 09), *zolner Zu Straswalhen* (SLA OU 1462 X 25); vor **1615** *Straßwalchen* (HAUTHALER, MGSL 13, 47); vor **1620** *Strasswalchen* (ib.); **1649** *straßwalcher* (ZILLNER, MGSL 2, 187).
E: ahd. *walah* 'Welscher, Romane' (Dat. Pl.) mit ahd. *strâza* 'Straße'.
L: ANB 1051; SONB 38; LINDNER 2008, 41. – Vgl. auch VOITHOFER 1988; 1999.

STREIMLING, E, G Henndorf
D: [ˈʃtraɪmɪŋ]
U: **1882** *Streimlein* (ZILLNER, MGSL 22, 109); undat. *Streimlechen* (SONB 75).
E: → *Lehen* mit PN *Strimilo*.
L: SONB 75.

STROBL
D: [ˈʃtroːwɪ]
U: **1619** *beyn Strobl am See* (ZILLER 1977, 108).
E: Der Ort wurde 1761 nach dem Bau der neuen Kirche als Vikariat Abersee gegründet. Es liegt hier der seltene Fall vor, daß ein Familienname (1533–1620 Geschlecht der *Strobl*) in neuerer Zeit zum Orts- und Gemeindenamen wurde: die Strobl waren als Wirte, Eisenniederleger und domkapitlische Amtsmänner in der Umgebung bekannt und prominent. Der Name tritt im oberdeutschen Sprachgebiet wiederholt auf und bedeutet 'struppig, mit „gesträubtem" Haar' (vgl. *Straub, Ströbele, Struwwelpeter*).

L: SONB 154; ZILLER 1977, 108, 251f. – Vgl. auch BENEDIKT 1962, STEHRER 1989 und die Lit. bei → *St. Gilgen*.

STRUB, R, G Ebenau
D: [ʃtruːb]
E: obdt. *strub* 'Stromschnelle' (etymologisch zu mhd. *strûben* 'sträuben'; auf die Stromschnellen der Strubklamm bezogen).
L: SONB 154; vgl. auch ZILLER 1977, 109; REIFFENSTEIN 2014, 497.

STRÜBL, W, G Faistenau
D: [ˈʃtriːwɪ]
E: Dim. zu → *Strub*.
L: SONB 154.

SULZBERG, W, G Henndorf
D: [ˈsʊɪtsbɛrɪɡ]
U: **1122-1147** *Ratpoto de Sulzberge et frater eius Liutpoldus* (SUB I, 618); vor **1139** *Wigman de Sulzberg* (SUB I, 603); vor **1140** *Wigman de Sulzberch* (SUB I, 590); vor **1147** *Liutfrid de Sulzpergi* (SUB I, 410); **1147-1167** *duo filii cuiusdam Wichmanni de Sulzberch* (SUB I, 444); **1151-1167** *Liutpold de Sulzberg* (SUB I, 651); **1199-1231** *Heinrich de Sulzperge et frater eius Chunrat* (SUB I, 499); E. **12. Jh.** (C M. 13. Jh.) *de alio Sulzperch L denarii* (SUB I, 513).
E: → *-berg* mit mhd. *sulz* 'Salzwasser, Sole'.
L: ANB 1063; SONB 160.

SULZBERG, W, G Obertrum
D: [ˈsʊɪtsbɛrɪɡ]
U: E. **12. Jh.** (C M. 13. Jh.) *de Sulzperch ..., de alio Sulzperch* (SUB I, 513); **1363** *Andre der Sulczperiger* (DOPPLER, MGSL 11, 97); ? **1391** *Andre dem Sulczperger* (DOPPLER, MGSL 12, 256), *dem Sulczperger* (ib. 257) (Raum St. Georgen!).
E: → *-berg* mit ahd. *sulza* 'Salzwasser, auch Morast, Schlamm, sumpfiger Boden'; → *Sulzberg*,

G Henndorf.
L: ANB 1063; SONB 160.

T

TAIGEN, R, G Straßwalchen
D: [daɪŋ]
U: **1411** *Tägling, Tagning* (SONB 75).
E: PN **Tīgingen* (WAGNER 2013, 13).
L: SONB 75; WAGNER 2013, 13.

TAINAU, E, G Plainfeld
D: [ˈdɔɐnɑʊ]
E: → *-au* mit ahd. PN *Teini* (FÖRSTEMANN 392).

TANGELSTÄTT, E, G Seekirchen
D: [ˈtaŋɪʃtet]
U: **1437-1625** *von Tanglstetten biß gegen Flamanßperg biß geen obern Mötlhamb* (ST 15, Z. 34).
E: → *-statt* mit mhd. *tangel* 'Dengelstock'.

TANNHAM, D, G Köstendorf
D: [ˈtɔnhɔm]
U: **1609** *Mull zw Thanhaim* (SLA U 28/1+2, fol. 272).
E: → *-heim* mit mhd. *tanne* 'Tanne'.

TAUGL(BACH), GewN, G Hintersee
D: [ˈdaʊgl(bɔx)]
E: ahd. *taukal*, mhd. *toukel* 'verborgen', (vom Gewässer) 'versiegt, ausgetrocknet'. *Tauglbach* heißt der Bach zwischen Hintersee (Zusammenfluß des Lämmer- und des Tiefenbaches) bis zum See, dann *Almbach;* der GewN *Tauglbach* muß über den Tiefenbach nach Norden gekommen sein (Taugl und Tiefenbach entspringen nahe dem Sattel bei der Bergalm). Vgl. die *Taugl* im Tennengau [*U:* **1235** *in Taukil* (SUB III, 463); **1242** *novale ad dimidium mansum aput Tŏkel* (SUB III, 544); **1325** *ein gŭt datz Taukel* (SUB IV, 357); **1405** *Tawchel* (DOPPLER, MGSL 23, 51); **1435** *In der engen taukel vnd in Galinger gericht* (DOPPLER, MGSL 13, 110); **1463** *in der Taukel* (CLANNER, MGSL 25, 28); **1497** *Hanns Mayr in der Tawgkel* (DOPPLER, MGSL 16, 336); **1497** *Niclas Aschawer zu Nideraschaw in der weitten Tawgkl* (DOPPLER, MGSL 16, 338); **1499** *Arckenrewt in der Tawckl* (SPATZENEGGER, MGSL 9, 65), *zu Ofen in der Niderntawckl* (ib.); **1566** *Tauggl* (HOFMANN, MGSL 9, 118)].
L: SONB 148; vgl. auch LINDNER 2008, 41.

TAXHAM, G Salzburg Stadt
D: [ˈtakshɔm]
U: **1409** *Dächsach* (Pfarrarchiv Siezenheim); **1499** *Taxach. Fridrich Lechs Cristina Zimmermanin Cristan Eysenhut, Elsbeth uxor von dem Widem ze Taxach in Suetzenhaimer pfarr gelegen dint ...* (SPATZENEGGER, MGSL 9, 63); **1778** *außerhalb der Kleßheim Mauer ... biß auf die Weegscheide ausserhalb deren 2 Taxethäusern* (PEZOLT, MGSL 28, 419); **1830** *Taxenham* (Franz. Kataster); **1936** *Daxenham* (Salzburger Stadtplan); *Taxham* erst nach dem 2. Weltkrieg.
E: süddeutsch *Dächse, T-* 'Nadelbaum, -reisig' mit Kollektivsuffix *-ach* 'Nadelbaumbestand' (WBÖ 4, 51ff.), seit dem 19. Jh. mit *-heim (-ham)*.
L: SONB 81, 45; vgl. ANB 1232 (*Taxen*). – Vgl. auch *Taxham* 2004.

THAL (St. Alban), D, G Lamprechtshausen
D: [dɔi]
U: **1125-1147** (C) *una hůba apud locum, qui vocatur Tâlare* (SUB I, 338) [oder s. Auberbach OÖ, so laut Vorbemerkung; nach Reg. fraglich, welches]; **1125-1147** (C) *Lambertus de Tale* (SUB I, 390); ca. **1170** (C) *Lampertus dedit nobis predium in Tal* (SUB I, 811), *predium, quale habuit in loco qui dicitur Tale* (ib.), *Tall* (Rgl 16. Jh, ib. Anm. a); **12./13. Jh**. *Chůnradus*

l. de Tole (MG Necr. 2, Sbg. S. Rudberti 189); **1653** *Thall* (als „Überschrift", AES 6/48/43, lf. Nr. 90, fol. 23).
E: ahd. → *tal* 'Tal, Einsenkung' (der amtliche ON *St. Alban* ist nicht ortsüblich).
L: SONB 96; vgl. ANB 940 (*Sankt Alban*); REIFFENSTEIN 2014, 494.

THALGAU
D: ['dɔɪgaʊ], altmdal. ['dɔɪgɐ]
U: **788-790** (C M. 12. Jh.) *locellum, qui vocatur Talagaoe in supradicto pago Salzburchgaoe* (LOŠEK NA 2.3), *in loco, qui dicitur Talagaoe* (ib. 7.4); **798-814** (C E. 12. Jh.) *in Talgov ecclesiam et prata et silvam et piscationis terciam partem Mannsê* (LOŠEK BN 4.4), *locellum Talgŏ, prata et pascua et silvam* (ib. 5.1), *iuxta publicam viam, quę tendit in Talgŏ* (ib. 7.1); **1141** *ad Talagowa* (SUB II, 204); *ad Talagowa* (SUB II, 298); **1177-1183** (C 13. Jh.) *Guntherus de Talgowe* (SUB II, 561); **1177-1216** (C ca. 1250) *in officio Talgæv* (Urb Sbg.-Erzst. 173); (C. ca. 1250) *in officio Talgæv* (KLEIN, MGSL 75, 173); vor **1183** *Engilram de Talegowe* (C, SUB I, 681); **1219** *plebanus de Talgowe* (SUB III, 256); **1243** *ecclesias parrochiales in Gastvn et Talgæv* (SUB III, 571); **1251** *dominus Gotfridus de Talgeu* (ZILLNER, MGSL 22, 167); **1284** *Jlle de Talgævwe* (LAMPEL, MGSL 30, 115); **1287** *maister Fridrich der Talgewer* (SUB IV, 168); **1291** *dominus Ulricus de talgaw* (ZILLNER, MGSL 22, 167); **14. Jh.** *Ulricus de Talgew* (ZILLNER, MGSL 22, 168); **1300** *H(einricus) ze Talgaw; von Talgawe* (ZILLNER, MGSL 22, 167); **1301** *Talgewer Ekke in Talgewer phfarre* (SUB IV, 262; 263); **1324** *di niuven chirchen in der Swant in der pfarr ze Tolgŏw unser vrowen und sand Iacoben ze eren* (SUB IV, 351); *pfarrer Ortwein von Talgew* (SUB IV, 352); *di pfarrchirchen ze Tolgŏw* (SUB IV, 352); *ze Talgŏw in der pfarrchirchen* (SUB IV, 352); **1333** *stŏzzet an daz Talgêw* (SUB IV, 402); **1335** *in officio Talgeŏ* (SUB IV, 412); **1336** *ain gůt, das ist gelegen in dem Talgaw* (SUB IV, 427); **1341** *pey dem Fuschelssee in Talgaver gericht* (SUB IV, 455); **1393** *Ain Swaig ze Ekmanswant in dem Talgaw* (DOPPLER, MGSL 12, 264); *in pleydenfeld in Talgawer pfarr* (DOPPLER, MGSL 12, 266); **1393** *hern Fridreichs Pharrer ze Talgäw* (DOPPLER, MGSL 12, 270); **1394** *Herren Fridreichs pharrer ze Talgäw* (DOPPLER, MGSL 12, 275); **1456** *zw Talgaw* (Urk. Nonnberg, MGSL 38, 217); **1465** *in parrochia Tallgew* (DOPPLER, MGSL 15, 44); **1479** *larentzen Talgewer* (DOPPLER, MGSL 15, 142); *Larentz Talgewer* (DOPPLER, MGSL 15, 143); **1482** *Larenz Talgewer der smid* (DOPPLER, MGSL 16, 213); **1499** *Talgew* (SPATZENEGGER, MGSL 9, 63); *Telgew* (SPATZENEGGER, MGSL 9, 66); E. **15. Jh.** *in villa Talgau* (ZILLNER, MGSL 22, 168); **1525** *gelegen im Thalgäu* (CLANNER, MGSL 25, 35); **1525** *Ambtsman im Talgew* (DOPPLER, MGSL 10, 13); **1540** *Talgew* (Jung, MGSL 1, 54); vor **1615** *in das Tolgeü* (HAUTHALER, MGSL 13, 45).
E: → *-gau* mit ahd. *tal*, d.h. 'Ort in der (Tal-)Senke'.
L: ANB 222; SONB 85; REIFFENSTEIN 2013, 416. – Vgl. auch HAAS 1976.

THALHAM, D, G Neumarkt am Wallersee; D, G Straßwalchen, Belege nicht unterscheidbar
D: ['dɔɪhɔm]
U: **1139** (C) *predium suum ad Talaheimin* (SUB I, 367); **1188-1193** (C) *V̊lrih de Talheim* (SUB I, 479); ca. **1190** (C M. 13. Jh.) *O̊lricus de Talaheim* (SUB I, 551); **1290** *hern Livtoldes von Talheim* (Corp. Nr. N 446); vor **1415-1501** *Item in Talhaym* (SLA U 4, fol. 100); vor **1419**-ca. **1500** *Item de predio in Talhaim* (SLA U 5, fol. 14); vor **1419**-ca. **1500** *Item de huba (1/2) in Talhaim* (SLA U 5, fol. 23); **1496-1566** *Item in Talhaim* (SLA U 9a, fol. 77); ca. **1500-1590** *Item in Talhaim* (SLA U 11, fol. 19).
E: → *-heim* (im Erstbeleg Dat. Pl.) mit → *tal*. Der ON stellt das deutsche (bairische) Gegenstück zu dem roman.-bair. ON *Walardorf* → *Seekirchen* dar.
L: ANB 222; SONB 82f.

THALHAUSEN, D, G Dorfbeuern
D: ['dɔɪhaʊsn]
U: ca. **1150-1160** (C M. 13. Jh.) *Wezil de Talchvsen* (SUB I, 804); **1190-1217** (C M. 13. Jh.) *Chvnradus de Talhvsen* (SUB I, 830); **1285** (C 13. Jh.) *curiam in Obernthalhavsen* (SUB I, 855); **15. Jh.** *predium Holczman in Obertalhausen* (Reg. 15. Jh., SUB I, 770); **1653** *Oberthalhausen* (als „Überschrift", AES 6/48/42, lfde Nr. 89, fol. 11).
E: → *-hausen* (Dat. Pl.) mit → *tal*.
L: ANB 222; SONB 93.

THALMAYER, E, G St. Georgen (bei Obereching)
D: ['dɔɪmɐ]
U: **1496** *Vlreich talmair ... von nyder ehing* (DOPPLER, MGSL 16, 318).
E: → *-meier* mit → *tal* 'im Tal gelegener Meierhof'.

†THANNET (bei Kleßheim)
U: **1778** *das ganze Thannet nebst dem lust ort Kleßheim* (PEZOLT, MGSL 28, 419).
E: *Tannicht*, Kollektivbildung zu mhd. *tanne* 'Tannenbestand'.

THUR, R, G Obertrum
D: [tu:ɐ]
E: unklar (mhd. *turn* 'Turm'?).
L: SONB 130 (kaum richtig).

TIEFBRUNNAU, ZH, G Faistenau
D: ['dɪɐfbrunaʊ], auch [dɪɐfbrun'aʊ]
U: ca. **1170** *predium ad Tiufenprunowe, Tivfenprvnnow* (SUB I, 674); **1182** *locum ... dictum Tiuffenprunnowe ab Aberseekke* (SUB I, 694).
E: → *-au* mit mhd. *brunne* 'Brunnen, Quelle' und unterscheidendem Zusatz *tief*.
L: ANB 240; SONB 158; ZILLER 1977, 32.

TIEFENBACH, R, G Hallwang
D: ['dɪɐfmbɔ]

U: vor **1077** *molendinum quod ad Fiskha zi Tiufinpahc* (Var. *Tiuffenpach, Tivenpach*) (SUB I, 285); **1141** *beneficium duorum ... ad Tiufinpah* (SUB II, 204); *ad Tiufinpah* (SUB II, 299); **1141-1144** *ad Haldinwanc ad Tiuinpach* (SUB I, 343); **1144** *ad Tiufinpah* (SUB II, 226); *ad Tiufinpah* (SUB II, 327); **1146** *P ad Tiufinpaha* (SUB II, 241); *ad Tiufinpaha* (SUB II, 346); **1422** *den Hof genant Tewffenpach* (Urk. Nonnberg, MGSL 37, 195); **1424** *Hannsen Teuffenpacher* (Urk. Nonnberg, MGSL 37, 197).
E: → *-bach* mit ahd. mhd. *tiuf* 'tief'.
L: ANB 241; SONB 25.

TOBEL, W, G Anthering
D: ['do:wɪ]
U: **1336** *item datz Topel ein halbeu hůb* (SUB IV, 424).
E: mhd. *tobel* 'Waldschlucht, Bachklamm'. Früher hyperkorrekt *Doppl* geschrieben (so auch in den älteren Ausgaben der ÖK 50, Nr. 63). Vgl. auch *Tobel*, G Schleedorf, *Tobel* und → *Korntobel*, G Obertrum, → *Tobelmühle* und → *Schießentobel*, G Seeham (alle ohne hist. Belege).
L: ANB 251; WBÖ 5, 113; REIFFENSTEIN 2014, 496.

TOBELBACH, GewN, zwischen Köstendorf und Schleedorf
E: → *-bach* mit → *Tobel*.

TOBELMÜHLE, R, G Seeham
D: ['do:wɪmɪ:]
E: Mühle mit → *Tobel*.

TODTBAUER, W, G Faistenau; **TODTBERG**, BergN, nahe dem Grünberg
D: ['doʊdbaʊɐ], ['doʊdbɛrɪg]
E: trotz klarer Einzelbestandteile Benennungsmotiv unklar.

TÖDTLEINSDORF, D, G Köstendorf
D: ['de:lɐsdɔɐf]
U: **934** (C) *ad Tetilinesdorf in Matahgouue* (SUB I, 158); **11./12. Jh.** *Raban ob. de Tetilinsdorf* (MG Necr.2, Sbg. S. Rudberti Nr. 188); **1104-1116** (C) *predium quale ad Tietilinisdorf habuit* (SUB I, 314), *Tetlinistorf* (Var, C 13. Jh., ib., Anm. b); **1167-1188** (C) *Rŏdolfum quendam de Tetelinestorf* (SUB I, 460); **1170** (C) *predium quoddam Tetilinesdorf dictum* (SUB I, 457), *Tetlinsdorf* (Rgl zu C, ib., Anm.b); E. **12. Jh.** (C M. 13. Jh.) *de Titilinsdorf* (SUB I, 512), *Tetilinesdorf* (ZILLNER, MGSL 22, 108); **1204** *Tetlinsdorf* (SUB III, 54); **1216** *predium Tetilinsdorf dictum* (SUB III, 198); **1506-1522** *auf dem gantzen dorff zu Tetlsdorf* (SLA OU 1505 XII 12; 1522 V 08); **1600-1617** *Hannß Hauser Zŭ Tetleßdorf* (AES 7/80/2, lfde Nr. 61, fol. 9); **1796** *Tödlsdorf* (HÜBNER 1796, 180).
E: → *-dorf* mit PN *Tetilî*.
L: ANB 255; SONB 88.

TOTENBERG, G Oberndorf (der steile Abhang oberhalb von Gastag)
D: ['dɔʊdnbɛɐg]
U: um **1600** *Todten-Graber-Leuthen*, später *Totenberg* (REINDEL-SCHEDL 1998); **1696** *Todtengraberperg* (Michaelbeuern StiAMB 1696 I 31).
E: Dem Totengräber war um 1600 der Bau eines Hauses oberhalb der Leite erlaubt worden, die Bezeichnung der dazugehörigen Leite, der „Todten-Graber-Leuthen" bezog die Bevölkerung bald auf den ganzen Berg, den *Totenberg* (REINDEL-SCHEDL 1998, 119, Anm. 23).
L: REINDEL-SCHEDL (s.o.).

TRAINTING, W, G Anthering
D: ['drɔɐⁿtɪŋ]
U: **1115** *curiam in Trŭnting* (SUB I, 876); **1258** *Chunradus Truontinger* (Urkunden Nonnberg, MGSL 35, 15); **1336** *Vlrich von Truoting* (SUB IV, 425); **1422** *Äkkerl von trönting* (Urkunden Nonnberg, MGSL 37, 194); **1430** *gut da Hänsel Trüntinger ze Trünting aufsiczt* (DOPPLER, MGSL 13, 103); **1447** *Michel von trüntting* (DOPPLER, MGSL 14, 25), *guet ze trüntting* (ib., 26), *fritreich smit von trüntting* (ib., 26); **1447** *Jacob von trüntting* (ib., 27); **1450** *Jacob von trüntting* (ib., 45), *dem trünttinger* (ib.); **1469** *Michel weber von Trüeting* (Urkunden Nonnberg, MGSL 38, 235); **1470** *Niclasen von Traitting* (DOPPLER, MGSL 15, 71), *Jacoben von Traitting* (ib.), *Bertelme Smid von Traitting* (ib.); **1486** *Michel Gielinger gesessen zu Trünting* (DOPPLER, MGSL 16, 235), *Michel Güelinger von Truntting* (ib.); **1796** *Trainting* (HÜBNER 1796, 102), *Traiting* (ib. 115).
E: PN *Truonto* mit Suff. *-ing*. Da mhd. *uo* und *ei* vor Nasal im Dialekt in [ɔɐⁿ] zusammenfielen, konnte es zur Fehlschreibung mit <ai> für *uo* kommen (wie auch bei → *Großgmain*), hier seit 1470.
L: ANB 270; SONB 72.

TUFFERN, D, G Hallwang
D: ['dufɐn]
E: wohl zu bair. *Tuff* 'Tuffstein; sandiger, leichter Lehmboden' (WBÖ 5, 884; SCHMELLER 1, 590).

U

ÜBERFUHR, W, G Bergheim (Überfuhr gleich unterhalb der Einmündung der Saalach in die Salzach, nach Kriegsende 1945 aufgelassen)
D: ['i:wɐfuɐ]
U: **1450** *Hainreich vmbfürer* (DOPPLER, MGSL 14, 45).

ÜBERFUHR über die Salzach bei Elsbethen (1877 nach Eröffnung der Hellbrunnerbrücke aufgelassen; KARL 1994, 44).
U: **1881** *auf der Peunt Hochstraß des Ueberführer-Gutes nach Dorf Elsbethen* (PRINZINGER, MGSL 21, 8).

ÜBERFUHR über die Salzach bei Salzburg-Aigen (*Überfuhrstraße* am rechten Salzachufer), (ehem.) Gasthof *Überfuhr* am linken Ufer der Salzach, Franz-Hinterholzer-Kai 38, und Gasthof *Überfuhr* am rechten Salzachufer, Ignaz-Rieder-Kai 43. Nach dem 2. Weltkrieg wurde vorübergehend hier wieder eine Überfuhr eingerichtet. Heute *Überfuhrsteg* von der Michael Pacher Str. zur Überfuhrstraße am rechten Salzachufer.

ÜBERFUHR, nördl. Mattsee, zw. Ober- und Niedertrumersee
U: 1738 *bey der s.g. kurzen Yberfuhr, allwo der Ober- und Untersee zusammenflüssen* (IMHOF, MGSL 27, 124).
E: Überfuhr 'Fähre über den Fluß, Landeplatz' (DWB 11/2, 234). → *Urfar.*

ÜBERTSROID, W, G Obertrum
D: [ɪːwets'rɔɪd]
U: undat. *Yfritzreutt* (SONB 111).
E: → *-reut* mit PN **Ilfrid, Uli-*.
L: SONB 111.

ULBERING, E, G Neumarkt
D: ['ʊɪbərɪŋ]
U: undat. *Olbring* (SONB 75).
E: PN-Stamm *Ôdal-, Uodal-* mit Suff. *-ing.*
L: SONB 75.

UNTERDORF, D, G Thalgau
D: ['untɐdɔɐf]
U: 1489 *Gut Unndterndorf im Pawngarten im Talgew* (PEZOLT, MGSL 40, 185); 1525 *Unterndorf im Paumgarten, gelegen im Thalgäu* (CLANNER, MGSL 25, 35).
E: → *-dorf* mit *Unter-* (als Angabe der topographischen Relation: unterhalb, d.h. knapp vor Thalgau gelegen).
L: SONB 88.

UNTERSBERG BergN, G Grödig und Bayern
D: ['untɐʃbɛɐg]
U: 1306 *an dem Vntornsperch* (SUB IV, 281), *Vlrich von Vntornsperch* (ib. 282); 1449 *von den hohendram den Vnttarsperg über* (DOPPLER, MGSL 14, 59), *in den vnttersperg* (ib.); 1599 *am undersperg* (PIRCKMAYER, MGSL 12, 409); vor 1615 *gegen den Undersperg* (HAUTHALER, MGSL 13, 63); 1610-1612 *Undersperg* (ib., 119); 1628 (C) *auf der Vnderspergsseitten, vber gemelten Undersperg* (ZILLNER, MGSL 4, 117); 1691 *auf den Untersberg* (PEZOLT, MGSL 28, 422); 1707 *ad pedem Untersperg* (PRINZINGER, MGSL 15, 16); 1827, 1882 *Untersberg* (KIESLINGER, MGSL 101, 309–315).
E: → *-berg* mit ahd. *untarn, -orn,* mhd. *untern* 'Mittag, Zwischenzeit; Süden' (vgl. z.B. den *Mittagskogel* in den Karawanken, Kärnten). „Bezeichnung laut Julius Miedel von Wals oder Maxglan erfolgt. Von da genau im Süden!" (STEINBERGER 1936, 94; ERBEN 1914, 30f.). Der BergN dürfte ursprünglich nur das Geiereck bezeichnet haben, das den Blick von Salzburg aus dominiert; vermutlich erst später ist die Übertragung auf den gesamten Gebirgsstock erfolgt. Die Liederhandschrift D des Mönchs von Salzburg (ca. 1460) erläutert zu dem Wort *untarnslaf* (in dem Lied *Kühhorn*, W 3): *vntarn ist gewonlich reden ze Salzburg, vnd bedëutt so man izzet nach mittem tag über ain stund oder zwo* (MÄRZ 1999, 182, 377); zur Verbreitung von *Untern* in den Dialekten vgl. SCHMELLER 1, 116; REIFFENSTEIN 1955, 62 und Anm. 157.
L: ERBEN 1914; 1922; MAYR 1922; STEINBERGER 1936.

UNTERZAGL, ZH, G Hintersee
D: ['untɐtsɔgl]
E: mhd. *zagel* 'Schwanz, Ende eines Dinges' (als 'letzter/hinterster Teil, Abschnitt' mehrfach in Namen von Einzelhöfen zu finden) mit *Unter-* (→ *Unterdorf*).
L: SONB 132.

†UNTERZAGLAU, G Schleedorf
U: Unter-Zaglau-Gut in Schleedorf jetzt „Guglerhaus" genannt (MGSL 35, 87, 109ff.).
E: → -au mit → Zagl (nach der Gestalt des Grundstückes, langgestreckte Au?).

UNZING, R, G Eugendorf
D: ['untsɪŋ]
U: nach **976** *in loco, qui dicitur Vunsinga* (SUB I, 187); **1125-1147** *Heinricus de Unzingin* (SUB I, 340); ca. **1170** *Godscalcus 1. de Vnzing* (Necr. 2, 119); *Godscalcus de Vnzingen et filius eius Godscalcus* (SUB I, 675); **1171** *Gotescalchus de Uncingen* (Tr. Asbach, 54); ca. **1171-1178** *Gotscalcus de Unzingin* (Tr. Berchtesgaden, 159); ca. **1175** *Gotscalcus de Vnzing(en)* (SUB I, 458); **1219-1234** *domina Deimůdis de V̊nzingen* (SUB I, 746); **1242** *Gotschalcus de Vnzingen* (SUB III, 531); **1242-1264** *Gotschalcus de Vnzingen* (SUB I, 761); **1246** (C 17. Jh.) *Hainrich von Vnzing* (SUB III, 628); **1285** *her Gotschalch von Vnzing* (SUB IV, 145); **1289** *her Gotschalh von Vnzing* (SUB IV, 178); **1293** *Gottschalk v. Untzing* (HOFMANN, MGSL 9, 160 = Repert. Capit. p. 45); **1296** *Gotschalih von Vntzing* (SUB IV, 225); **1298** *Gotschalcus miles de Vnczing* (SUB IV, 239).
E: ahd. PN *Unzo* (KAUFMANN 1968, 276) mit Suffix -*ing*.
L: ANB 1072; SONB 28, 70.

URFAR am Mattsee, → *Überfuhr*
U: **1617** *von kuchlhag an biß umbher gegen Waldenstain in das Vrfar; … im obersee von Khalchofen an biß umbher in das Pfaffen Urfar; … von Pfaffen vrfar an biß … an ain hausstatt* (ZILLNER, MGSL 5, 96); *vom huechen lowch an, biß an das Urfar* (ib., 97).

URFAR, Gut unter Muntigl an der Salzach, G Bergheim
D: ['uɐfɐ]
U: vor **1415–1501** *Item de vrfar … in (officio) Saltzburghofen in (parrochia) perchaim* (SLA U 4, fol. 46); **1459** *ain guet genant Vrfar gelegen vnter Muntigel bey der Saltzach in Perckaimer pfarr* (DOPPLER, MGSL 14, 124).

URFAR → *Überfuhr* bei Elsbethen
U: **1212/1312** (C 14. Jh.) *daz guet in der Vrfar* (DOPPLER, MGSL 23, 47f.); **1405** *Vrfar* (ib., 47).
E: mhd. *urvar* 'Landeplatz, Überfahrt', das ältere Wort für → *Überfuhr* (DWB 11/3, 2407f.; WMU 3, 1966: alle Belege bair.).

URSPRUNG, D, G Elixhausen
D: ['uɐʃprʊŋ]
U: **1090-1104** *De Urspringin* (SUB I, 311); **1122** *locum qui vocatur Ursprinch* (SUB I, 330); **1130** *locum qui vocatur Ursprinch* (SUB II, 220); **1147-1167** *Albertus de Ursprinch* (M. 13. Jh., SUB I, 524); **1259-1197** *Iacobus de Vrsprinch* (SUB I, 572); **1477** *Mül zw Vrsprung* (Urkunden Nonnberg, MGSL 38, 242); **1469** *Andre von Vrsprung* (ib., 235).
E: ahd. *ursprinc* 'Ursprung, Quelle', seltener *ursprunc*, das sich dann aber durchsetzt. In *Ursprung* liegt die Quelle der → *Mattig*.
L: ANB 1075; SONB 152.

V

VETTERBACH, R, G Thalgau
D: ['fɛdɐbɔ(x)]
E: → -*bach* mit mhd. *vörder* 'vorder'; laut SONB zu *vëtach* 'Schutzwehr, Verbauung' (nhd. *Fittich*); unwahrscheinlich.
L: SONB 152.

VIEHHAUSEN, D, G Wals-Siezenheim
D: [fi:'haʊsn]
U: **1025-1041** *in loco Fihihusun* (SUB I, 218); **1090-1104** *de Fihus* (SUB I, 310); **1104-1116** *Wazili de Fihihus* (SUB I, 321); **1127** *unius hůbe*

apud Vihus (SUB I, 337); **1147-1167** *Uihhus* (SUB I, 531); **1167-1188** *Vihusin* (SUB I, 465); nach **1242** *huba quadam apud Vihusen* (SUB I, 506); **1242-1259** *Heinricus de Vihusen* (SUB I, 507); **1242-1259** *Heinrico de Vihus* (SUB I, 507); nach **1293** *Meinhardus officialis de Vihausen* (SUB I, 571); vor **1415-1501** *Item Glaes Walis et vihawsen* (SLA U 4, fol. 81); **1778** *Viehhaußer zaun* (PEZOLT, MGSL 28, 420).
E: → *-haus* (Dat. Pl.) mit ahd. *fihu* 'Vieh'.
L: ANB 354; SONB 94.

VIEH(H)AUSEN, R, G Bergheim
D: [fiːˈhaʊsn]
U: **1126** *eiusdem mensurę in loco qui vulgo dicitur Vihusvn* (SUB I, 597); ca. **1169-1170** *cum pratis ... Uihusen* (SUB I, 672); **1469** *Hanns Gollser zu Vihawsn* (Urkunden Nonnberg, MGSL 38, 236); **1477** *Hanns Pretzner von vihausen* (ib., 242).
E: → *Viehhausen*, G Wals.
L: ANB 354; SONB 94.

VIERTALLER bei Voggenberg, G Bergheim
U: **1447** *peter viertaller ab dem vokchenperg* (DOPPLER, MGSL 14, 26); **1493** *Hanns Viertaler am voknperg* (DOPPLER, MGSL 16, 297).
E: mhd. *vierteil* 'Viertel', *vierteiler* (WMU 3, 2154; WBÖ 4, 1416) 'Besitzer eines Viertelgutes, Viertelbauer' (*Viertelhaus* 'Austrag'); vgl. *Viertler*, Hf, G Eugendorf.
L: KLEIN 1965, 263ff. (= MIÖG 54, 1941, 17ff.).

VOGGENBERG, D, G Bergheim
D: [fokɐˈbɛrɪg]
U: vor **1077** *Perhtolt et frater eius Reginhart de Vochinperc* (SUB I, 287), *Vochenperge* (Var, ib. Anm. f); nach **1121** *Durinch de Vockenberg* (SUB I, 589); ca. **1124** *Dvrinc de Vochinberge* (SUB I, 598); **1125-1147** *Durinch de Uochinperga* (SUB I, 369); vor **1140** *During de Vokkimberc* (SUB I, 590); ca. **1140** (C 2. H. 12. Jh.) *Dietmar de Uocchenberge* (OÖUB I, Tr Mondsee nr. 184); **1151-1167** *Dietmaro de Uochenberch* (SUB I, 634); vor **1170** *predium suum Vochenperge* (SUB I, 456), *Vochinperge* (Var, ib. Anm. b); ca. **1180-1200** (C M. 13. Jh.) *Dietmar de Uocchenberch* (SUB I, 914); **1199-1231** *Perhtoldvs (de) Uokkinberc et Chunradus filius eius, Marcwardus (de) Uokkinberc* (SUB I, 498); **1258** *Vochenberger* (Urkunden Nonnberg, MGSL 35, 15); **1348-ca. 1400** *vokenperg* (SLA U 3, fol. 50); **1404** *ain gut auf dem vokchenperig* (SLA OU 1404 XI 11); **1499** *Cristan abm Vockenperg vom halben gut ... halben tail dient von demselben gut* (Urbar, Registrum, SPATZENEGGER, MGSL 9, 64); ca. **1500-ca. 1590** *Item in Vokenperg* (SLA U 11, fol. 22); **1516** *Uxor Jacobi Vockenperger* (WALZ, MGSL 14, Anh. 484).
E: → *-berg* mit PN *Fokko*.
L: ANB 368f.

VOGLHUB, W, G Straßwalchen
D: [ˈfoːglhʊɐb]
E: → *-hub* mit *Vogel* 'Sammelstelle für Geflügelabgaben'; vgl. auch *Voglhub*, G Mondsee, OÖ (OBOÖ 4, 6).
L: SONB 133.

VOLLERN, R, G St. Georgen
D: [ˈfoɪɐn]
U: E. **12. Jh.** (C M. 13. Jh.) *de Volrn XXX denari* (SUB I, 513); **1337** *des ersten ze Volren da Fridr. sitzt ein metzen habern* (SUB IV, 432); **1491** *die halbe hueben zu Volldern die Zacharias ytz Innhat, gelegen in s. Jörgen pharr vnd Lebenawer gericht* (DOPPLER, MGSL 16, 271), *Thaman von Volldern* (ib.).
E: zu mhd. *vole* 'Fohlen'? Vgl. *Vollern* (*Vollererhof*), St. Jakob am Thurn.
L: SONB 175.

VORAU, D, G Dorfbeuern
D: [foɐˈraʊ]

U: **1514** *vor der Au,* **1718** *zu Vorau* (beide Bel. REIFFENSTEIN 1985, 368).
E: 'vor der → *Au*', im 15. Jh. in der Niederung am Rand des Oichtenmoores angelegte Siedlung für die im Stift Michaelbeuern beschäftigten Arbeiter. Gegen → *Immelsberg* zu FlurN *Enterau* 'jenseits der → *Au*'.
L: STADLER 1985, 110–112.

VORDERGRUBENBACH, W, G Hintersee
D: ['gruɐwɐbɔ(x)]
E: → *-bach* mit *Grube* und topographischer Relation *vorder;* nach der Aussprache aber eher zu *Gruber,* HofN.
L: SONB 150.

W

WACHTBERG (500 m), BergN, G Göming
D: ['wɔɐxtbɐɐg]
U: **1493** *wisen genant die Haagwisen gelegen vnter dem Warttperg In Hawnsperger gericht* (DOPPLER, MGSL 16, 295).
E: → *-berg* mit ahd. *warta* 'Warte, Wache', vgl. ahd. *wartberg,* mhd. *wartbühel* (WMU 3, 2327). Die heutige Schreibung gibt die Dialektaussprache von *rt* > [xt] wieder. Vgl. → *Wartberg, Wartstein.*

WAGNERDRISTEL, FlurN, Sdlg, G Göming
D: ['wɔŋɐdrɪstl]
E: unklar.

WAGNERFELD, Sdlg, G Dorfbeuern
D: ['wɔŋɐfɛɪd]
E: seit ca. 1990 angelegte Siedlung auf einem Feld des ehem. Wagnerbauern.

WAIDACH, D, G Nußdorf am Haunsberg
D: ['waɪdɐ]
U: **1072** (C M. 13. Jh.) *Marquuart de Widahan* (SUB I, 773); **1199-1231** *Fridericus (de) Wida* (SUB I, 498); **1348-ca. 1400** *in weydach* (SLA U 3, fol. 58 – Identifikation unsicher); **1424** *Nyklas Schuester von Weydach* (DOPPLER, MGSL 13, 91); **1440** *Hannsel wirt gesessen ze weydach* (DOPPLER, MGSL 13, 125); **1502** *vnnseren klain vnd grossen zehennt ... zu Weydach* (SLA OU 1502 VI 26); **1618** *Guett Wibm Zu Weydach im dorf gelegen* (Urbar Pfarre Berndorf, fol. 17) [nicht alle Bel. sicher lokalisierbar].
E: ahd. *wîda* 'Weide' mit Kollektivsuffix *-ahi* 'Weidenbestand'. Die heutige Schreibung mit <ai> ist irreführend, da sie eine Bildung mit ahd. *weida* 'Viehweide' vermuten läßt, während die historischen Belege und die Dialektaussprache eindeutig *Wîdahi* belegen.
L: ANB 1082; SONB 75. 144.

WAIDMOOS, FlurN, Moos bei Krögn, G St. Georgen
D: [wɔɐd'mo:s]
U: **1335** *gegen Chregen an daz mos und von Chregen* (SUB IV, 422).
E: → *-moos* mit mhd. *weide* 'Jagd'; als 'Weide für Vieh, Futterplatz' wird das Moos kaum gedient haben.

†WALCHMÜHLE, Nonntal, Maxglan, G Salzburg Stadt
U: **1440** *in dem Nunntal zenagst bey der walichmüll* (Urkunden Nonnberg, MGSL 37, 218), *Walichmühl* (ib. 217), *Walichstamph* (ib.); ? **1707** (C) *die Walch* (2x) (ZILLNER, MGSL 4, 120); **1778** *über den Leopoldskron Weyer auf das so genannte Rothe Bächl woselbst von der albm das wasser auf die Weißgärber Walche hinein gelassen wird* (PEZOLT, MGSL 28, 421); **1798** *Walcher Mülle zu Maxglan* (ZILLNER, MGSL 4, 126).
E: mhd. *walc, walke, walche* 'Walke, Walk-

mühle' (zur Herstellung von Loden und Filzen, vgl. SCHMELLER 2, 906f. s.v. *walken*). Die Belege aus dem Nonntal zeigen Sproßvokal. Alle ON mit *Walcher* (Lodenwalker) dürften hierher gehören und sind streng zu trennen von den *Walchen*-ON.

WALD, W, G Anthering (Belege nicht sicher identifizierbar)
D: [wɔɪd]
U: **12./13. Jh**. *Cho*ᵛ*nradus min. s. R. de Walde* (MG Necr. 2, Nr. 156, Sbg. S. Rudberti); **12. Jh**. *Diemodis de Walde* (WALZ, MGSL 14, Anh. 455); ca. **1211** *Chunradus et frater suus Rudigerus de Walde* (SUB III, 139); **1336** *item Walder hat ein halbeu* (SUB IV, 424).
In der Nähe des Wallersees, nicht zu identifizieren: **1188-1193** *duos mansos ad Walde* (SUB I, 481); **1212-1312** (C 14. Jh.) *daz guet dacz vorem Wald* (DOPPLER, MGSL 23, 46); **1441** *gut ze Wald* (lt. Text in Pfarre Seekirchen; Urkunden Nonnberg, MGSL 37, 221).
E: ahd. *wald* 'Wald'.
L: SONB 137; vgl. ANB 1084 (andere Orte).

WALDACH, R, G Hof
D: ['wɔɪɐ]
E: mhd. *wald* 'Wald' mit Kollektivsuffix *-ach*.

WALDBICHL, Gnigl, G Salzburg Stadt
U: **1212** *hůbe in Waltenpůhel* (SUB III, 299); **1236** (C) *predia ... Altenpuhel* (SUB III, 464); **1238** *Waltenpiuhel* (SUB III, 487), *Waltenpuhel* (ib.); **1272** *Lehen zu W*. (ZILLNER, MGSL 21, 59).
E: ahd. *buhil* 'Hügel' mit PN *Walto*.

WALDESTER → *Wallester*

WALDPRECHTING, R, G Seekirchen
D: ['wɔɪprɛxtɪŋ]

U: **1121** (C M. 13. Jh.) *O̊lrich et fratres eius Heinricus et Chunradus de Waltprehtingen* (SUB I, 328, Anm. 156 k); **1136** *Heinrich de Waltprehtingen* (SUB II, 255); **1144** *Gundacher de Waltprehtingin* (SUB II, 332); **1158** *Gundakker de Waltprehtingen* (SUB II, 468); **1170** *Waltprêthingen, predium Waltpretihingen* (SUB II, 547), *Waltprethingen* (Var, ib., Anm. e); **1214** *villulam suam Waltprechtingen* (SUB III, 179); **1226** *Durrenberc iuxta Walprehtingen* (SUB III, 335); **1226** *ad proprietatem Waltprehting* (SUB III, 335).
E: PN *Waltbrëht* mit Suff. *-ing(en)*.
L: ANB 1087; SONB 72.

WALLERBACH, GewN, ö. Weng am Wallersee
D: ['wɔlɐbɔx]
U: **822** (C E. 9. Jh.) *pratis ... ad Uualarpach* (SUB I, 902) = (OÖUB I, Mondsee Nr. 128); **1336** *deu swaig in dem Wallerspach* (SUB IV, 428); vor **1419**-ca. **1500** *Item de huba in Wallerpach* (SLA U 5, fol. 23); ca. **1500**-ca. **1590** *Item in walerspach* (SLA U 11, fol. 15); **1600-1617** *zů Wallerpach* (AES 7/80/2, lfde Nr. 61, fol. 10).
E: → *-bach* mit BW von → *Wallersee*.
L: ANB 1088; STRABERGER 1974, 128; LINDNER 2008, 32; GREULE 2014, 571.

WALLERSEE, GewN
D: ['walɐsɛː] umgangssprachliche Aussprache, die sich aber auch dialektal allgemein durchgesetzt hat; mdal. wäre *['wɔɪɐsɛː] zu erwarten
U: ca. **700-798** (C 1004) *iuxta lacum Uualarseo* (SUB I, 50); **788-790** (C M. 12. Jh.) *secus stagnum Walarsaeo* (LOŠEK NA 2.3); **798-814** (C E. 12. Jh.) *iuxta lacum vocabulo Walarsê, ubi exit Fischahâ de eodem lacu* (LOŠEK BN 1.3), *ad Wengi super lacum Walrse* (ib. 14.5), *ad Perge super Walrse* (ib. 14.35); **1010-1120** *Uualarseo* (Tr Regensburg 289); ca. **1074** (C M. 12. Jh.) *Uualrse* (HOFMANN, MGSL 9, 91); A. **12. Jh**. (vielleicht **1121-1122**) *piscatoris de Uualrse* (SUB I, 587); **1519-1540** *Wallersee* (ZILLNER,

MGSL 5, 85, 86, 87); **1567** *Wallersee* (ib. 88).
E: → *-see* mit lat. **vallārium* 'Talsiedlung'. Der See erhielt seinen Namen wahrscheinlich von der Siedlung am Südende des Sees, *Walardorf* oder *Walarseo* (ebenso trägt der *Chiemsee* seinen Namen nach dem Dorf *Chieming*). Erst seit dem 12./13. Jh. setzt sich für *Walardorf* der heutige ON → *Seekirchen* durch.
L: ANB 1088, 1263; SONB 39 (überholt); STRABERGER 1974, 129; LINDNER 2008, 32; GREULE 2014, 571.

WALLESTER, W, G Neumarkt (Sommerholz) (OV Waldester)
D: [wɔɪˈestɐ]
U: **1196-1214** *predium nomine Waldester* (SUB I, 728); nach **1242** *predium Waldester, quod situm prope Wildenek* (Wildeneck am Irrsee, OÖ; SUB I, 756).
E: ahd. *tor* 'Tor, Tür' mit ahd. *ezzisk* 'Saat', mhd. *ezzischtor* 'Feld-, Weidegatter' (→ *Ester, Eßtal*) mit ahd. *wald* 'Wald' = 'Weidegatter zum Wald'.
L: ANB 1085; SONB 131.

WALLMANNSBERG, W, G Mattsee
D: [ˈwɔɪmɪʃ(bɐɐɡ)]
U: **1167-1183** *predium Waltmannsperge dictum* (SUB I, 679).
E: → *-berg* mit PN *Waltman*.
L: ANB 1088; SONB 124.

WALLSBERG, W, G Schleedorf
D: [ˈwɔɪsbɛrɪɡ]
E: → *-berg* mit *wald*?
L: SONB 125.

WALS
D: [wɔɪs]
U: **788-790** (C M. 12. Jh.)/**798-814** (C E. 12. Jh.) *Vico Romanisco in pago Salzburcgaoe iuxta fluvio Sala* (LOŠEK NA 6.2, 6.3; BN 10.5, 14.3, 14.21); **788-790** (C M. 12. Jh.) *Ad Uualahouuis ecclesia cum mansis II* (LOŠEK NA 6.26); **798-814** (C E. 12. Jh.) *in villa, que uulgo dicitur Walchwis* (LOŠEK BN 14.1), *in Walchwis* (ib. 14.20), *in Walwis* (ib. 14.21); **987** (C 13. Jh.) *ecclesiam ad Walwes* (SUB I, 254); vor **1023** (C glz.) *in loco Walahuuis* (SUB I, 202); vor **1023** (C glz.) *in locis nominatis Walauus* (SUB I, 204); **1090-1104** *De Uualaues* (SUB I, 310); **1124-1125** *usque Waliwes* (12. Jh., SUB II, 200); **1146** *ecclesiam ad Walwes* (SUB II, 345); **1163** *curtem videlicet in loco Walwis* (SUB II, 520); **1242-1259** *predium quoddam apud Walvs* (SUB I, 507); nach **1291** *Chunradus de Wales, Chunradus chater et frater suus Livpoldus de Wales* (SUB I, 745); **1304** *in Wallis* (HOFMANN, MGSL 9, 162); **1308** *dotem unam in Walis* (SUB IV, 294); **1336** *datz Walis ein hůb* (SUB IV, 428); **1212-1312** *ain gut ze Wals da der Placz aufsiczt* (A. 14. Jh., Nonnberger Urbar MGSL 23, 55), *ze Walis* (ib., 55); **1405** *Wals* (ib., 55); vor **1415-1501** *Primo huba (1/2) in wals* (SLA U 4, fol. 104); **1500-1566** *Item curia in Walis* (SLA U 11a, fol. 104); **1517** *zway guter zu Walls Im dorff* (SLA OU 1517 II 11); **1520** *sannd Georgen kirchn zu Walls* (SLA OU 1520 II 07); **1522** *Mer ain hueben zu Walß* (SLA OU 1522 V 08); **1586-1652** *Vrbarium St. Georgen Gottshaus zu Wals* (AES 6/24/10, lfde Nr. 177, = Deckblatt), *Vom anger im dorff zu walß* (ib., fol. 2).
E: ahd. **wîs*, got. *weihs* 'Dorf' mit ahd. *walah* (Gen. Pl.) 'Welscher, Romane' = 'Walchendorf'; lat. *Vicus Romaniscus* 'romanisches Dorf' ist Übersetzung des ahd. Namens, nicht umgekehrt.
L: ANB 1089f.; SONB 40; LINDNER 2008, 42. – Vgl. auch MÜLLER 1963-1976; REISCHL 2005.

WALSERBERG, R, G Wals-Siezenheim
D: [wɔɪsɐˈbɐɐɡ]
U: **1025-1041** (C glz.) *in Uualbusariberc* (SUB I, 224); **1167-1188** *in vicino montis Walusærperch nomine Mærch* (SUB I, 464), *Walserperch* (Var; 13. Jh., ib., Anm. b); **1336** *item an dem*

Walserperg ein gůt (SUB IV, 428); nach **1337** *uber di pru^ek und über den Walserperg* (SUB IV, 435); **1348**-ca. **1400** *Item predium supra Walserperch* (SLA U 3, fol. 66); vor **1415-1501** *Item de predio iuxta walserperg* (SLA U 4, fol. 95); **1471** *Wolfgang Walsperger* (DOPPLER, MGSL 15, 77).
E: → *-berg* mit ahd. *Walahwîsari* 'Walser, Bewohner von → *Wals*' = 'Berg der Walser'.
L: ANB 1090.

WANG, R, G Eugendorf
D: [wɔŋ]
U: **1336** *item ze Wang ein gůt* (SUB IV, 428); **1393** *Christan im Wanng* (DOPPLER, MGSL 12, 267).
E: ahd. *wang* 'Wang, Wiese, Hang' (→ *wang*).
L: SONB 163.

WANKHAM, D, G Henndorf
D: ['wɔŋghɔm], auch ['wɔŋkɔm]
U: **1025-1041** *predium ... in loco, qui Wancheim dicitur* (SUB I, 219); **1151-1167** *Henricus de Wancheimen* (SUB I, 638); *Heinrich de Wancheim* (SUB I, 652); **1188-1193** *Heinricvs de Wancheim* (SUB I, 481); **1214-1219** *in villa Wancheim situm iuxta Danne* (SUB I, 742), **1343** *Margaret Oertleins von Wanchaim witib* (Urk. Nonnberg, MGSL 36, 25); **1409** *Gut zu Wankchhaim in dem Dorff genant in der Lakchen in Liechtentannär gericht* (DOPPLER, MGSL 13, 40); **1411** *Ain gütel ze Wankhaim* (DOPPLER, MGSL 13, 47); **1432** *ain guet zue wongkham* (PEREGRINUS, MGSL 28, 380).
E: → *-heim* mit → *Wang* (vgl. die „Reimnamen" → *Bankham*, → *Hankham* in der Nachbarschaft).
L: ANB 1092; SONB 82, 27; vgl. auch OBOÖ 4, 180.

WARTBERG, FlurN, G Wals-Siezenheim
U: **1875** *Wartberg am Höhenrücken des Walserbergs* (PRINZINGER, MGSL 15, 22).
E: → *-berg* mit ahd. *warta*, mhd. *warte* 'Warte, Wache', → *Wachtberg, Wartstein*.

WARTELSTEIN, Mönchsberg, Pfarre Mülln, G Salzburg Stadt
U: **1522** *den hof genant Lynnd bey der Mull Wartlstain* (SLA OU1522 V 08); **1585** *zu Lind* (→ *Aiglhof*) *bey Wärtlstain* (PRINZINGER, MGSL 23, 29); **1605** *Wärtlstainer-Thor* (HAUTHALER, MGSL 13, 86); vor **1620** *Wärtlstainer-Thor* (ib. 53); A. **17. Jh.** *zu Mülln zunegst an das Thor, wie man gen Wärtlstain geet* (CLANNER, MGSL 25, 40).
E: ahd. *stein* 'Fels; Befestigungsanlage, Burg' mit ahd. *wartil* 'Wärter, Aufpasser', d.h. 'befestigte Warte'; vgl. → *Wachtberg, Wartberg*.
L: PRINZINGER 1875, 15; PEZOLT 1900, 183.

WARTENFELS, Ru, G Thalgau
D: ['wɔa'nfɛɪs]
U: **1269** *Chunradus de Wartenuels* (Urk. Nonnberg, MGSL 35, 19); **1297** *hern Chůnrat von Warttenvels* (SUB IV, 229); *Ch(unrado) de Wartenuels* (SUB IV, 232); **1298** *Chunrat von Wartenuels* (SUB IV, 242ff.); **1326** *Chůnrat von Wartenuels* (SUB IV, 360); ca. **1334** *Wartenvelsarii* (DOPPLER, MGSL 23, 101); **1344** *Diemued von Wartenuels* (Urk. Nonnberg, MGSL 36, 26); **1393** *ain guet vnderm holts bey wartenfels* (DOPPLER, MGSL 12, 267); **1459** *Wilhalm Aschaher pfleger zu Warttenfels* (DOPPLER, MGSL 14, 116); **1463** *im Wartenfelser Gericht* (CLANNER, MGSL 25, 28); **1465** *Prefectura Wartenfels* (DOPPLER, MGSL 15, 44); **1525** *Pfleg zu Warttennfells* (DOPPLER, MGSL 10, Anh. S. 12); **1639** *Wartenfels* (PILLWAX, MGSL 17, 72); **1645** *zu Wartenfels* (PICK, MGSL 29, 286).
E: → *-fels* mit mhd. *warte* 'Bewachung, Ausschauplatz'; → *Wartberg*.
L: SONB 130.

WARTSTEIN, BergN, G Mattsee
D: [wɔɐt'ʃtɔɐⁿ]
U: **1040** *usque ad lapidem qui dicitur Wortzstain* (Tr, SUB I, 874), *Wartstain* (SUB II, 138).

E: ahd. *stein* 'Felsen' mit *warta* 'Warte, Wache'. Vgl. → *Wartelstein, Wachtberg, Wartberg*. Der Ausläufer des Wartsteins zum Obertrumersee hin heißt [ˈʃtɔɐⁿʃbɪds] 'Steinspitz'.
L: ANB 1095; SONB 129.

WASENMOOS, R, G Faistenau
D: [ˈwaːsnmoːs]
E: mhd. *mos* 'Sumpf, Moor' mit mhd. *wase* 'Rasen, Torfgrund'.

†WASSENBERG, BergN, G Strobl
U: ca. **970-977** (F 885) *ad acutum montem, qui diutisce Vuássinperch dicitur* (SUB II, 61 = MG D Arn Nr. 184); **984** (C E. 13. Jh.) *de rivulo Erilipach usque ad acutum montem qui diutisce Wassinperch dicitur, prope Iscalam* (SUB II, 109 = MG D O III Nr. 1); **1051** *ad acutum montem, qui vulgariter Uuassinperch dicitur; de iam dicto monte Vvassinperch* (SUB II, 149 = MG D H III Nr. 260); **1057** *ad acutum montem qui vulgariter Wassenperch dicitur* (SUB II, 157 = MG D H IV Nr. 4); **11. Jh.** (F 977) *ad acutum montem qui diutisce vocatur Vuassinperch; de iam dicto monte Uuassinperch* (SUB II, 104 = MG D O II Nr. 165); **1178** *ad montem Wassimberc* (SUB II, 569 = MG D FI Nr. 732); **1199** *ad montem Wassenberch* (SUB II, 722).
E: abgekommener BergN, → *-berg* mit ahd. *wasso* 'scharf, spitz', bair.-mdal. *wass*; früher mit dem → *Sparber* identifiziert, nach ZILLER 1968 aber alter Name für den Rettenkogel (1780 m).
L: ANB 1096; ZILLER 1968; 1977, 114.

WATZLBERG, D, G Straßwalchen
D: [watslˈbɛɐg]
U: undat. *Waczenperig* (SONB 124).
E: → *-berg* mit PN *Watzilo*.
L: SONB 124.

WEG, bei St. Georgen/Ölling
D: [weːg]
U: **1420** *Hannsen von dem weg* (DOPPLER, MGSL 13, 76); **1511** *mer ain guet genannt am weeg ... Gelegen in sannt Jorgen pharr vnd lebmawer gericht* (SLA OU 1511 III 6)
E: mhd. *weg* 'Weg' (vgl. → *Straß*).

WEICHENBERG, W, G Elixhausen
D: [waːɐˈbɛɐg]
U: **1212-1312** (C 14. Jh.) *der hof ze Weihenperig* (Urbar Nonnberg, MGSL 23, 45); **1212-1312** *Item Weihenperig* (ib. 101); **1405** *Weyhenperig* (ib., 45); **1477** *Mül gen Weyherperg* (Urkunden Nonnberg, MGSL 38, 242); **1485** *Wolfganng Weihenperger* (DOPPLER, MGSL 16, 230); **1522** *Christan Weienperger zu Weienperg, Neunhauser gerichts* (Urkunden Nonnberg, MGSL 40, 251).
E: → *-berg* mit PN *Wîho* (FÖRSTEMANN 1590). Der Beleg von 1477 *Weiherperg* markiert die Vokalisierung der Endung *-en* > [-ɐ] nach dem velaren Frikativ *h* durch die Schreibung <-*er*> (vgl. → *Siggerwiesen*). Zu [aː] für *ei* in der 1. Silbe vgl. → *Fraham*, G Seeham.
L: SONB 124.

WEICHSELBAUM, HofN am Gaisberg bei Aigen; früher ein Gut in Parsch, heute kath. Kirche, Weichselbaum-Siedlung, G Salzburg Stadt
D: [ˈwaɪgslbaʊmˈsiːdlʊŋ]
U: **1212-1312** (C 14. Jh.) *daz gut Weigselpaum* (DOPPLER, MGSL 23, 47), *Weichselgartten* (ib., 102); ca. **1334** (C 2. H. 14. Jh.) *Weichselgarten* (ib., 102); **1405** *Weichselpawm* (ib., 47); **1477** *Guet zw Weigschlpawm* (Urkunden Nonnberg, MGSL 38, 242); **1511** *Georg zu Weichslbaum (weichspäm)* (Urkunden Nonnberg, MGSL 39, 141).
E: ahd. *wîhsilboum* 'Weichsel-, Sauerkirschenbaum'. Die Siedlung entstand ca. 1942/43 zur Unterbringung sog. Optanten aus Südtirol.

WEIDENTHAL, W, G Lamprechtshausen
D: [waɪ'n'dɔɪ]
U: **1147-1167** *Oᵛdalricus de Witintal* (SUB I, 436); ca. **1170** *Marchwart de Witental* (M. 13. Jh., SUB I, 812); ca. **1230-1240** *hveba in Hard iuxta Weidental sita* (M. 13. Jh., SUB I, 841), *hůbam in Harde iuxta Widintal sitam* (ib.), *dominus Albero de Widintal et filius suus Hainricus* (ib., 842); **1242-1259** *Heinrich de Widental cum uxore sua Perhta* (SUB I, 505); **1257-1267** *Hainricus de Widental* (M. 13. Jh., SUB I, 851); **1653** *Weidenthall* (als „Überschrift" (AES 6/48/43, lf. Nr. 90, fol. 23).
E: ahd. *tal* 'Tal, Einsenkung' mit Adj. ahd. *wît* (Dat. Sg.) 'weit', *(in demo) wîtin tale*.
L: ANB 1099; SONB 134 (unrichtig zu *Weide*); REIFFENSTEIN 1985, 368; REIFFENSTEIN 2014, 493f.

WEILAND, R, G Seekirchen
D: ['wɒɐlɔnd]
U: **1609** *Wolf Wayrlannder zu Neumarkt* (SLA U 28); ca. **1780** *ein gut zu Ober-Wayrland, ein gut zu Unter-Wayrland* (SLA Hieronymus Kataster Alt- und Lichtentann fol 319 f; Grundherrschaft: Graf Überacker); **1830** *Ober-Wailland* (SLA Franziszäischer Kataster KG Seekirchen-Land)
E: mhd. *land* mit mhd. *weide* 'Jagd'; die Schreibung *Wayr-* ist auffällig, wird aber durch die Dialektlautung nicht bestätigt. Eine Verbindung mit dem PN *Wieland* (so ZILLER 1986, 245) ist lautlich nicht möglich.
L: ZILLER 1986, 245.

WEILMANNSCHWANDT, ZH, G Plainfeld; W, G Koppl.
D: [waɪmə'ʃwɔnd]
U: ca. **1330** *Weigmanswant* (SONB 112).
E: → *-swant* mit ahd. PN *Wîgman* (zum PN-Stamm *Wîg-* vgl. auch *Wikher, Weikart*).
L: SONB 112.

†WEINGARTEN, Nonntal, G Salzburg Stadt
U: um **1150** *locus Weingarden dictus* 'das heutige Weingartenschlößchen unweit Leopoldskron' (WALLMANN, MGSL 9, 296); *Schloß Weingarten*, jetzige *Villa Bertha* (PILLWAX, MGSL 17, 10); **1355** *durch daz lueg, da die Alb durch get her von weingarten in unsn hof* (ZILLNER, MGSL 4, 99); **1491** *zu pirgla. zwischen peter zimmermans Im Weingarten. vnd peter abmessers heuser gelegen* (DOPPLER, MGSL 16, 272); **1526** *Den hohen Weingarten* (PILLWAX, MGSL 17, 58); **1555** *das Lueg, da diesselb Albm* [der Almkanal] *von weingarten durchgeed* (ZILLNER, MGSL 4, 108); **1566** *zw Weingartten vnnd Gredich* (ib., 110); **1792** *domkapitl. Mairschaft Weingarten* (ib. 71); **1799** *grödiger Mühle zu Weingarten* (ib., 31), *Maierschaft zu Weingarten* (ib., 32), *Hof Weingarten (Villa Mertens)* (ib., 50).
E: 'Weingarten'.
L: SONB 162.

WEIßBACHAU (Weißbach = Grenzbach bei Großgmain, in Bayern Weißbach bei Marzoll)
U: **1214** *vallem que Wizpachowe dicitur* (SUB III, 180); **1225** *vallem Wiezpachowe* (SUB III, 332); **1226** *vallem in Wizbachesŏve* (SUB III, 335); **1226** *in Wizbachesŏe* (SUB III, 336); **1228** (C) *Wizbachsowe* (SUB III, 368).
E: → *-au* am Weißbach.
L: STRABERGER 1974, 132.

WEIßENBACH, GewN; danach: R, G Strobl
D: ['waɪsnbɔ(x)]
U: **8./9. Jh.** *Wizenbach, Wizzinbach* (ZILLER 1977, 116; genaue Nachweise in ANB, *loc.cit.*).
WEIßENBACH, GewN; bei Anthering
U: **1336** *zwischen des Chelpachs* [→ *Kehlbach*] *und des Weizzenpachs…*(SUB IV, 424).
E: → *-bach* mit ahd. *wīz,* mhd. *wîʒ* 'weiß' (Dat. Sg.).
L: ANB 1106; SONB 152; ZILLER 1977, 116.

WEIẞENBERG, E, G Faistenau
D: ['waɪsɐbɛrɪg]
E: → *-berg* mit PN *Weiß*.
L: SONB 125.

WEITWÖRTH, R, G Nußdorf
D: [waɪd'wɐɐt] (dialektal wäre [wɪɐd] zu erwarten, vgl. auch den Bel. von ca. 1500)
U: ca. **1500**-ca. **1590** *Item de Nouali auf dem Wird* (SLA U 11, fol. 23).
E: mhd. *wert* 'Halbinsel, erhöhtes, wasserfreies Land zwischen Sümpfen' mit Adj. mhd. *wît* 'weit, ausgedehnt'; vgl. → *Wertheim, Wierer*.

WENDLBERG, W, G Berndorf
D: [wɛndl'bɐɐrɪg]
E: → *-berg* mit PN *Wenilo*, der in den BN als Donator u.a. für Michaelbeuern aufscheint.
L: SONB 124.

WENDLING, W, G Seekirchen
D: ['weːⁿlɪŋ]
U: **1415** *Wendlingstat* (SLA U 9a).
E: PN *Wenilo* (→ *Wendlberg*) mit Suff. *-ing*.
L: SONB 75; ZILLER 1986, 246 (*Wendlinger*).

WENG, D, G Köstendorf
D: [wɛŋ]
U: **700-798** (C 1004) *super lacum Uualarseo ad Uuengi* (SUB I, 51); **788-790** (C M. 12. Jh.) *loca ... in Uuangiu et in Walardorf* (LOŠEK NA 6.5); **798-814** (C E. 12. Jh.) *ad Wengi super lacum Walrse* (LOŠEK BN 14.5); ca. **824** *in loco qui vocatur Uuanghi* (Tr E. 9. Jh., SUB I, 910); **1090-1104** *De Weingi* (SUB I, 310); **1122-1147** *Heinricus de Wengen* (SUB I, 622); **1125-1147** *Piligrim de Wenga et filius eius Piligrim* (SUB I, 356); **1163** *curtem etiam in villa Wangen* (SUB II, 520); **1188-1193** *Dietmar de Wenge* (SUB I, 479); **1292** *Chunrado Wengario* (SUB IV, 201), *Chunrado Wengærio* (ib., 204); **1372** *Vischweng, una domus* (KLEIN 1965, 70, Anm. 33 = MIÖG 54, 17ff.); *Chirichweng, 6 domus* (ib.); **1465** *in Wenng...in parrochia Chessendorf et Prefectura Liechtentann* (DOPPLER, MGSL 15, 45); **1600-1617** *Sanct Lienhart Gottshaůß zů Wenng* (AES 7/80/2, lfde Nr. 61, fol. 36).
E: → *wang* 'Wiese, Leite'; in den Formen auf *-i(u)* ist der alte Lokativ Sg. bewahrt, der auch den Umlaut von *a* > *e* bewirkte.
L: ANB 1113f.; SONB 163.

WENGELBERG, ZH, G Obertrum
D: [wɛŋɐ'bɛɐrɪg]
E: → *-berg* mit → *Weng* (richtige Schreibung wäre *Wengerberg*).

WERTHEIM, D, G Neumarkt am Wallersee
D: ['wɐɐthɔm] (keine authentische Dialektaussprache)
U: **1188-1193** *Rudolf de Wertheim* (SUB I, 481); **1223** *Engelram de Wertheim et frater suus Chunradus* (SUB I, 748); **1219-1234** *Chunradus de Werntheim* (SUB I, 750); **1242-1264** *Otto de Werthaim* (SUB I, 761); **1390** *Hainrich der werthaymer* (DOPPLER, MGSL 12, 251); **1391** *Hainreichs des Werthaimer* (ib. 254); **1600-1617** *Sebastian hueber Zů Werdthaimb* (AES 7/80/2, lfde Nr. 61 fol. 6); **1609** *Mull vaag und guetl zw Werthhaim* (SLA U 28/1+2, fol. 258).
E: → *-heim* mit ahd. *werid*, mhd. *wert* 'Insel, erhöhtes Land' (Wertheim liegt am Zusammenfluß des Stein- und des Hennerbaches); vgl. → *Weitwörth, Wierer*.

WESENAU, R, G Fuschl
D: ['wɛːsnaʊ]
U: **1348** *Waczeneck* (Var. *Waszeneck*) *alias Wesenaw* (SONB 158; ZILLER 1977, 117).
E: → *-au* mhd. *wesen* 'Aufenthaltsort, Wohnung, Anwesen'. *Wesenau* und *Waczeneck* (*Waszeneck*) müssen wohl zwei verschiedene ON sein; zu *Wesenau* vgl. OBOÖ 1, 148

(*Wesen*) und OBOÖ 3, 158 (*Wesenufer*).
L: SONB 158; ZILLER 1977, 117, 207, 256.

WEYER, Sdlg, G Mattsee
D: ['waɪɐ]
U: **1486-1566** *Sagena media in Weyarn* (SLA U 11c, fol. 15); **1617** *zu Weyer* (ZILLNER, MGSL 5, 90), *Weyeringer* (ib. 96).
E: ahd. *wîwâri, wîâri* 'Weiher, (Fisch)Teich'.
L: SONB 155.

†WEYERHAUS, G Salzburg Stadt, zwischen Kühberg und Kapuzinerberg
U: **1778** *auf das alte Schloßthor bey dem Weyerhäußl* (PEZOLT, MGSL 28, 418).
E: → *Weyer*.

†WIDEM in Morzg [ist Mothamergut; s. dort]
U: **1394** *ain guet genant die widem vnd daz gelegen ist dacz sand Veit in dem Dorff ze Martzk* (DOPPLER, MGSL 12, 275).
E: ahd. *widamo,* mhd. *widem(e)* 'Kirchengut, Widum', → *Wimm*.

†WIDMAYER bei Morzg
U: **1212-1312** [1382] (C 14. Jh.) *Merttl der Widmär* (DOPPLER, MGSL 23, 53); **1405** *Widmayer* (ib.).
E: mhd. *widemäre, widemer* 'Inhaber oder Pächter eines Widums', Umdeutung zu *-maier*.

WIEDWENG, E, G Neumarkt
D: [wɪd'wɛŋ]
U: **1629** *Witweng* (SONB 139).
E: → *-wang, weng* mit ahd. *witu* 'Holz, Wald'.
L: SONB 139.

WIERER, E, G Neumarkt
D: ['wɪɐrɐ]
U: **1350** *Wird* (SLA U 3); **1609** *Hans Wierder*

zu Thalham (SLA U 28) (Belege nach ZILLER 1986, 248 [s.v. *Wieder*]).
E: mhd. *wert* 'Insel, erhöhtes Land', vgl. → *Weitwörth, Wertheim*.
L: ZILLER 1986, 248 (s.v. *Wieder*).

WIES, D, G Seekirchen; E, G Neumarkt
D: [wi:s]
U: **1212-1312** (C 14. Jh.) *daz guet in der Wis* (Urbar Nonnberg, MGSL 23, 46), *in der Wisen* (ib., 101); **1390** *guet in der wiz gelegen in Chessendorfer pharr* (DOPPLER, MGSL 12, 251); **1391** *guet in der Wis, gelegen in Chessendorffer pharr* (ib. 253); *Wisen* (Urbar Nonnberg, MGSL 23, 46).
E: ahd. *wisa* 'Wiese'.
L: vgl. SONB 164.

WIESEN, E, G Anthering
D: [wi:sn]
U: **1212-1312** (C 14. Jh.) *das guet daz Wis* (DOPPLER, MGSL 23, 44), *di Wisen* (ib. 101); **1336** *item Wisner ein vi^{e}rtail* (SUB IV, 424); **1405** *ze Wisen* (DOPPLER, MGSL 23, 44).
E: → *Wies*.

†WIESENBERG bei Anthering
U: **1336** *item an dem Wisenperg ein hůb* (SUB IV, 424).
E: → *-berg* mit → *Wies*.

†WIESESTERGUT (= Grödiger Ester)
U: **1280** *Wisöster* (Gut) (ZILLNER, MGSL 4, 14), (Eichet)Mühle beim *Grödig Ester* (*Wisestergut*) (ib., 21); **1555** *bey Gredicher Ester* (ib., 108).
E: → *Ester* mit mhd. *wise* 'Wiese'.

†WIESHAI in Gneis, Salzburg Stadt
U: **1212/1312** (C 14. Jh.) *di hueb da der Wishai aufsiczt* (DOPPLER, MGSL 23, 53); **1421** *haws*

... *wisen ...gelegen in dem Nuntal da dieczeit der Wishay aufgesessen ist* (Urkunden Nonnberg, MGSL 37, 192); **1421** *Paul der Wishay, Oertleins dez Wishay* (ib. 191); **1499** *Wißhay in dem Nuntall* (SPATZENEGGER, MGSL 9, 65); **1691** (oder 1778) *bey dem Wißhay im Nunnthall* (PEZOLT, MGSL 28, 422).
E: mhd. *heie* 'Hüter, Pfleger', *wiseheie* 'Wiesen-, Feldhüter'.

WILDMANN, E, G Lamprechtshausen
D: [wɪd'mɔːⁿ]
E: mhd. *man* 'Mann' mit mhd. *wilde* 'wild, wüst'; Sagengestalt? (vgl. DWB 14/II, 63ff.).

WILDMOOS, FlurN, G Fuschl
D: [wiːd'moːs]
U: **1350** *de mada dicta wildenmos* (SONB 139; ZILLER 1977, 118); **1624** *Wildmooß* (IMHOF, MGSL 27, 123).
E: → *-moos* mit mhd. *wilt, wilde* 'wild, unbebaut' (Dat. Sg.).
L: SONB 139; ZILLER 1977, 118f.

WILHELMSEDT, W, G Berndorf
D: ['wilhelmsɛd] dialektunüblich, dafür ['ʃwɔˀmbaʊɐ] 'Schwabenbauer' (HofN)
U: vor **1190** (C M. 13. Jh.) *predium quoddam, quod dicitur Ŏde ... predium suum Ode dictum aput Rṷte situm* (Tr. Michaelbeuern, SUB I, 819); **1887** *der Schachen bei Wilhelmsoedt* (IMHOF, MGSL 27, 122).
E: → *-öd*, später mit PN *Wil(le)halm*.

WILLENBERG, W, G Lamprechtshausen
D: ['wimbɛrɪg]
U: **798-814** (C E. 12. Jh.) *ad Willinperch* (LOŠEK BN 14.47); **926** (C glz.) *in loco Vuillinperg* (SUB I, 86); **932** (C glz.) *in locis Vuillinperch* (SUB I, 151); **1072** (C M. 13. Jh.) *Egino et Æscuwin fratres de Williberch* (SUB I, 773); ca. **1150-1160** (C M. 13. Jh.) *Wernhardus de Uullenberch* (SUB I, 803); **1229** *villicationem Willenberch* (SUB III, 370); **1653** *Wildenberg* (als „Überschrift" (AES 6/48/43, lfde Nr. 90, fol. 24).
E: → *-berg* mit PN *Willo*.
L: ANB 1135; SONB 124.

WILLISCHWANDT, Sdlg, G Koppl
D: ['wilːɪʃwɔnd]
U: **1332** *Wilherswant* (SONB 112); undat. *Willischwandt* (*Wilihers Schwant*) (ZILLNER, MGSL 18, 251).
E: → *-schwand* mit PN *Wilher* (zum PN-Stamm *Wil(l)-* vgl. auch *Wilhalm, Willibald*).
L: SONB 112.

WIMM, R, G Oberndorf; W, G Seekirchen
D: [wim]
E: ahd. *widamo* 'Kirchengut, Widum'. Das inlt. *-d-* wurde an *-m* assimiliert; häufiger HofN (vgl. den häufigen FamN *Wimmer*).

WIMPASSING, W, G Anthering; W, G St. Georgen
D: ['wimpɔssɪŋ]
U: ca. **1331-1385** *de wintpeizzing* (SLA U 1, fol. 13); **1336** *Heinrich von Limpaizing* (SUB IV, 425); vor **1419**-ca. **1500** *Item in Wintpassing* (SLA U 5, fol. 29); **1453** *Hanns vnd Peter geprüder des christan sunn von wümpasching* (DOPPLER, MGSL 14, 55), *Hainreich von wümpasching* (ib.), *ze wümpasching* (ib.); **1456** *Hainreich von wümpasching* (ib. 92), *gut zu wümpasching* (ib.); **1469** *Görg von Wimpossing* (DOPPLER, MGSL 15, 62), *Hannsen von Wimpossing* (ib.), *gut zu Wimpossing gelegen in Antheringer gericht* (ib.); **1469** *Hanns von Wimpossing* (ib., 63), *Görgen von wimpossing* (ib., 63); **1469** *Martein von Winpassing* (ib., 67); **1493** *an des pangräczen von winpassing pflanczacker* (DOPPLER, MGSL 16, 290); **1635** *Zehent zu Wimpassing* (HOFMANN, MGSL 9, 128).

E: mhd. *bôz* 'Schlag, Stoß' mit *wint* 'Wind' = 'Windwurf' und mit Suff. *-ing* (später *ing*-ON).
L: SONB 28, 66, 72f., 167; vgl. ANB 1138.

WINDING, W, G Bergheim
D: ['wi:nɪŋ]
U: **1167-1183** *predium suum n(omine) Wintratingen* (SUB I, 698); **1212-1213** (C 14. Jh.) *daz guet ze Winding* (DOPPLER, MGSL 24, 44), *ze Winding 2 gut* (ib., 101); **1405** *Wynding* (ib., 44), *das ander Winding* (ib.); **1422** *zway güter gelegen ze Winding* (Urkunden Nonnberg, MGSL 37, 195); **1424** *Hannsen von Winnding* (ib., 197).
E: PN *Winitrât* mit Suff. *-ing(en)*; die Belege ab dem 13. Jh. lassen aber eher einen späten *-ing*-ON vermuten, Ableitung von *wind* 'windiger Platz'.
L: ANB 1140; SONB 75. 167.

WINKL, E, G Anthering
D: ['wiŋgɪ]
U: **1336** *unser gericht ze Anthering, daz sich anhebt in mitt der Saltzach und get gegen Winchel* (SUB IV, 424), *item Winchel ein vi^{e}rtail* (ib., 425); **17. Jh.** *zwischen des Winkhlers und Oders ins Rheinthall mitten in den see zu Gaspering* (ST 64, Z. 32).
WINKL, weitere ON in den G Elsbethen, Koppl, St. Gilgen, Straßwalchen, Seekirchen
U: um **1200** *Mansum Winchel* (Raitenhaslach, SUB IV, 472); **1298** *im Winkel* (HOFMANN, MGSL 9, 161); **1671** *Winkl* (PILLWAX, MGSL 14, 22), **1671** *Winkhl* (ib., 25, Anm. 1).
E: → *winkel* (mhd. *winkel* 'Winkel, Ecke, abseits gelegene Stelle').
L: SONB 136; ZILLNER 1977, 120.

WINKLHOFEN, Hf, G Seekirchen
D: [wiŋgɪ'ho:fm]
U: **1212-1312** (C 14. Jh.) *ze Winchel der hof* (DOPPLER, MGSL 23, 45), **1212-1312** *der Winchelhôf* (ib., 101); **1405** *Winchelhofen* (ib., 45) (auch *Winkl H.*, ib.).
E: → *-hof* mit → *-winkel* (später erweitert durch *hof*).
L: SONB 136.

WINTERREIT, W, G Seekirchen
D: [wɪntɐ'raɪt]
U: **1437-1625** *von Matseereuth geen Windterreith, ... von Wintterreith geen obern Khürchhaimb* [es kann nur *Oberkriechham* gemeint sein] (ST 16, Z. 6).
E: → *-reut* mit PN *Winitheri*.

†WINTERSPERG (bei Anthering)
U: **1336** *item Winthersperg ein halbeu hûb* (SUB IV, 414).
E: → *-berg* mit PN *Winitheri*.

WIRTENSTETTEN, W, G Seekirchen
D: [wɪɐn'ʃte:dn]
U: **1041-1060** (C glz) *in locis Marchluppa et Wirtinstetin* (SUB I, 242); vor **1415-1501** *Item de wirtensteten* (SLA U 4, fol. 10).
E: → *-statt* mit PN *Wirto*.
L: ANB 1145; SONB 107.

WOLFZAGL, R, G Seekirchen
D: ['wɔɪftsɔgɪ]
U: **1437-1625** *Ob Maticher riegat hebt sich an zu Wolfzagl mit allen gründen herzue nach dem Regnermoß auf unzt in Alnpächl* (ST 15, Z. 25).
E: mhd. *zagel* 'Schwanz' mit *wolf* 'Wolf', vgl. → *Zagl*.

WÖRLEHEN, HofN, G Faistenau
D: ['wiɐlɐ]
E: → *-lehen* mit *Wehr* (mhd. *wer(e)* 'Wehr' zur Aufstauung eines fließenden Gewässers).
L: SONB 136.

†WUPPING (lt. Vermerk Pfarre Anthering)
U: **1422** *zway güter genant Wupping* (Urkunden Nonnberg, MGSL 37, 195), *Hainreich Wüppinger* (ib., 194); **1450** *vlreich von wüpping* (DOPPLER, MGSL 14, 46); **1457** *Vlreich von Wupping, ze Wupping* (Urkunden Nonnberg, MGSL 38, 217).
E: PN **Wuppo* (vgl. FÖRSTEMANN 1635) mit Suff. *-ing*.

WURMASSING, W, G Anthering
D: ['wuɪmassɪŋ]
U: **1104-1116** *Norduin de Uirmazingin* (SUB I, 319); **12. Jh.** *Maethildis de Wůrmeizzingen* (Tr Berchtesgaden 204); ca. **1211** (C) *Mæthildis de Wůrmeizzingen* (SUB III, 139); **1212-1312** (C 14. Jh.) *das guet ze Wurmássing* (Urbar Nonnberg, DOPPLER, MGSL 23, 44); **1336** *Fridreich von Wurmaizing* (SUB IV, 424); **1415** *Altman von Wurmassing* (DOPPLER, MGSL 13, 58); **1449** *Nickla von Würmasing* (DOPPLER, MGSL 14, 41); **1405** *Würmaissing* (ib. 44); **1456** *Hanns wager von ober-würmasching* (ib. 92).
E: PN **Wurm* + **Mazo* (?, KAUFMANN 1968, 418, 256) mit Suff. *-ing(en)*.
L: ANB 1161; SONB 72.

WURMWINKEL, W, G Faistenau
D: [wuɪ'wiŋgɪ]
E: *Winkel* (→ *Winkl*) mit mhd. *wurm* 'Wurm, Schlange'.
L: SONB 136.

WÜRZENBERG, R, G Anthering
D: ['wiɐtsɐbɐɐrɪg]
U: **1430** *gut ze wyeczenperig* (DOPPLER, MGSL 13, 103).
E: → *-berg* mit PN **Wuozo* (Gen.; FÖRSTEMANN 1630 PN *Wozo*), Umlaut durch Endung *-in*, entrundet zu *ie*.
L: SONB 124 (unrichtig, mit → *Winterreit* vermengt).

Z

ZAGL, E, G Seekirchen
D: ['tsɔ:gɪ]
U: **14. Jh.** *Zagel* (KLEIN 1965, 267 = MIÖG 54, 17 ff.); *Zagel* (ib.); **1609** *Zagelguett* (ib.).
E: mhd. *zagel* 'Schweif' (nach der Gestalt des Grundstückes?), vgl. → *Unterzagl, Wolfzagl, Zaglau, Zagling*.

†ZAGLAU, G Berndorf
U: **1618** *Guett Zaglaw genannt zů Perndorf gelegen* (Urbar Pfarre Berndorf, fol. 28).

ZAGLING, W, G Straßwalchen
D: ['tsa:glɪŋ]
E: mhd. *zagel* 'Schweif' mit sekundärem *-ing* (nach der Gestalt des Grundstückes?); vgl. noch → *Zagl, Wolfzagl*.
L: SONB 71.

ZAISBERG, D, G Seekirchen
D: ['tsɔɐsbɐɐrg]
U: **1104-1116** *Liutpolt de Zeizarispergan* (SUB I, 324), *Zeizperge* (Var, M. 13. Jh., ib. Anm. g); **1122-1147** *Fridericus de Zaizersberge* (SUB I, 618); **1125-1147** *Adalberto de Zeizurisperga* (SUB I, 348); **1125-1147** *Luitpolt et frater eius Adalpreht de Zeiszarisperga* (SUB I, 356); **1125-1147** *Liupoldus de Zeizzerisperga* (SUB I, 374); **1130** *Luitpolt de Zeizerispergi* (SUB II, 219); **1132-1142** (12. Jh.) *Adelpreht et frater eius Liupolt de Ceisfridesperga* (SUB II, 230); **1134** *Adelpreth de Cezheresperc* (SUB II, 237); **1147-1167** *Fridericus de Zaizaresperge* (SUB I, 444); **1151-1167** *Fridericus de Zeizersperg* (SUB I, 640); ca. **1167-1193** (C M. 13. Jh.) *Chunradus de Zeizberch* (SUB I, 559); ca. **1169-1170** *Cunradus de Zeizersperge* (SUB I, 673);

nach **1172** *Werinhardi de Zaizberch* (SUB I, 462); **1196** *Heinricus de Vzelinge et frater eius Chv̇nradus de Zaizperc* (SUB II, 680); **1198** *Chȯnradus et Heinricus frater eius de Zeizzarberge* (SUB II, 719); **1204-1207** *Chȯnradus de Zeizsperc* (SUB III, 51); **1207** *Chunradus de Zeisperch* (SUB III, 79); **1214-1219** *Chunradus de Zaisperch* (SUB I, 740); vor **1419**-ca. **1500** *Item de zaisperig* (SLA U 5, fol. 27); ca. **1780** *Zaißberg* (SLA Hieronymus-Kataster Alt- und Lichtenthann I, fol.176 und gleichlautend fol.177-180).
E: → *-berg* mit PN *Zeizheri*.
L: ANB 1164; SONB 124.

ZAUN, W, G Obertrum
D: [tsaʊⁿ]
U: **1212-1312** (C 14. Jh.) *daz gut dacz Zaun* (Urbar Nonnberg, DOPPLER, MGSL 23, 46); **1212-1312** *dacz Zaun* (ib., 101); **1348**-ca. **1400** *Item vidua in zawn* (SLA U 3, fol. 82); **1405** *Czaẇn* (DOPPLER, MGSL 23, 46); **1592-1601** *Georg Zauner, Stefan Zauner, Wolf Zauner, Peter Zauner, Michael Zauner* (SLA U 107d, Steueranschlag der Pfleg Mattsee/*Oberntrumber Pfarr*, fol.14, 15, 17, 18; für keinen der Genannten läßt sich ein (besitzrechtlicher) Bezug zur Örtlichkeit *Zaun* herstellen. Bei der Quelle handelt es sich um ein Steuerregister, das die Namen der Steuerpflichtigen ohne Herkunftsbezeichnung anführt [F. Koller]).
E: mhd. *zûn* 'Zaun'. Von dem *Zauner*-Gütl in Obertrum stammt der Jurist und Salzburger Landeshistoriker Judas Thaddäus Zauner (PIRCKMAYER, MGSL 26, 316–337, bes. 316, 325 u. 336f.).

ZEHMEMOOS, Sdlg, G Bürmoos
D: [ˈtsɛːmemoːs]
E: → *-moos* mit dem FamN *Zehme*. Der Leipziger Rechtsanwalt Dr. Eugen Zehme (gest. 1908) erwarb 1887 den östlichen Teil des Bürmooser Moores, wo er zeitweilig eine Ziegelei betrieb. Seither trägt dieser Ortsteil von Bürmoos seinen Namen.
L: SONB 159. – Vgl. auch LEPPERDINGER 1971.

ZELL (Wallersee-Zell), Sdlg, G Seekirchen
D: [tsɛɪ]
U: E. **12. Jh.** (C M. 13. Jh.) *de Cella LX denarii* (SUB I, 513.).
E: lat. *cella* 'Zelle'.
L: SONB 100f.; vgl. auch LINDNER 2008, 32.

ZELLHOF, W, G Mattsee
D: [tsɛɪˈhoːf]
U: **1617** *bey dem Zellhoff* (ZILLNER, MGSL 5, 97); **1738** *beim hochf. Zellhof* (IMHOF, MGSL 27, 124f.).
E: → *-hof* mit *Zell-* (→ *Zell*).
L: SONB 101.

ZELTSBERG, R, G St. Georgen bei Salzburg
D: [ˈtsɛɪtʃbɛɐ̯g]
U: **1335** *item zwai gůt datz Zeltsperch* (SUB IV, 422f.); **1497** *auf dem Hof zu Zelsperg ... gelegen in Lebenawer Phleg* (DOPPLER, MGSL 16, 341).
E: → *-berg* mit unklarem Vorderglied (*Zelt*?).
L: SONB 125.

ZEPPEZAU, W, G St. Gilgen
D: [tsɛwɛˈtsaʊ]
U: **1332** *Selbitzawe* (SONB 158; ZILLER 1977, 121).
E: → *-au* mit PN *Selbizo* (Anlaut *Z-* durch Verschmelzung mit Artikel).
L: SONB 158; ZILLER 1977, 121.

ZETTLAU, W, G Lamprechtshausen
D: [tsiɐ̯ˈlaʊ]
U: undat. *ze Erlau* (REIFFENSTEIN 1985a, 107f.).
E: *ze Erlau* 'in der Erlenau', mit Verschmelzung von Präposition und Nomen. Zur Erklärung der auffälligen Schreibung vgl. REIFFENSTEIN 2015: Da im nordwestlichen Flachgau zwischen-

vokalisches *-d-* > [-r] geschwächt werden konnte (z.B. mit Vokalisierung des neuen *-r-* [ʃtɔɐl] 'Stadel', [gniɐl] 'Knödel'), konnte [tsiɐl-] als *Zedel* 'Zettel' mißinterpretiert und entsprechend zu <Zettel-> verschriftsprachlicht werden.
L: REIFFENSTEIN 1985a, 107f.; 2015.

ZIEGELHAIDEN, R, G Oberndorf
D: [tsiɐgl'hɔɐ'n, ɪn dɐ 'hɔɐ'n]
E: „Heide mit Ziegelherstellung", vgl. benachbart → *Bichlhaiden*.

†ZIEGELSTADELHOF, Salzburg – Parsch (heute nur StraßenN *Ziegelstadelstraße*)
U: **1778** *zwischen den abfalter und Zieglstadl Hof* (PEZOLT, MGSL 28, 422).
E: Dort befand sich seit dem Mittelalter ein Ziegelofen.
L: MARTIN 1940, 120 (1995, 239).

ZIEGLAU, R, G Elsbethen
D: [tsiɐg'laʊ]
E: → *-au* mit *ziegel* 'Ziegel' (Ziegelherstellung?).

ZIFANKEN, BergN (916 m), G Henndorf
D: [tsi'fɔŋkn̩]
U: ca. **970-977** (F 885) *de rivolo Tinnilinpach usque in summitatem montis Ciruancus nominati* (SUB II, 61 = MG D Arn Nr. 184 (III, 283); C 12 var. *Ciriuancus*); **984** (C E. 13. Jh.) ... *montis Ciruencus nominati* (SUB II, 109 = MG D O III Nr. 1 (II, 393)); **1051** ... *montis Ciruencus nominati* (SUB II, 149 = MG D H III Nr. 260 (V, 345)); **1057** ... *montis Ciruencus nominati* (SUB II, 157 = MG D H IV Nr. 4 (VI, 6)); **11. Jh.** (F 977) ... *montis Ciruencus nominati* (SUB II, 104 = MG D O II Nr. 165 (II, 185)); **1178** ... *montis Cirvencus nominati* (SUB II, 569 = MG D FI Nr. 732); **1199** *montis Ciruencus* (SUB II, 722); **1883** *Civancus, Zifanken* (b. Höhndorf, ZILLNER, MGSL 23, 179f.).
E: idg.-vespr. BergN **k'erwenko-* '(spitzer) Gipfel', vgl. *Karawanken*. Hier haben wir ein Beispiel für eine alte Namenübertragung: Der voreinzelsprachliche Bergname bezeichnete zunächst wohl den → *Schafberg*, was auch die mittelalterlichen Grenzbeschreibungen nahelegen. Diese These, die in jüngerer Zeit vor allem von ZILLER (*locc.citt.*) vertreten wurde, findet sich allerdings schon im 19. Jahrhundert (z.B. PICHLER 1862, 17, Fn. 2).
L: ANB 1173; SONB 58; ZILLER 1968, 323 (andeutungsweise); 1977, 93f.; 1982, 120f; DOPSCH 1977b, 434 (zustimmend); WEBER 1992, 136f.; LINDNER 2002, 549; 2008, 42.

ZILLING, D, G Hallwang
D: ['tsɪlɪŋ]
U: **1163-1166** *Liutoldus de Zunlingen* (SUB I, 449); **1393** *Das guet zändling* (DOPPLER, MGSL 12, 266; wohl verlesen für *Zündling*); **1481** *Zundling* (SONB 70); **19. Jh.** *Zilling (Zuelingen)* (ZILLNER, MGSL 21, 28). — Zu *Zilling* werden vom ANB (*loc.cit.*) folgende Belege gestellt: **1193-1195** (C I 19. Jh. nach C A. 13. Jh.) *Rudolfus de Cilarn* (SUB II, 487); (C 19. Jh. nach C A. 13. Jh.) *Rudolfus de Cilarn* (SUB II, 662).
E: PN *Zuntil* mit *-ing*-Suffix. – Die *Cilarn*-Belege gehören sicherlich nicht hierher (etymologisch sind sie wohl zu mhd. *zîdelære* 'Zeidler, Imker' zu stellen [I. R.]).
L: ANB 1173f.; SONB 70.

ZINKEN, Hoher, BergN, G St. Gilgen
D: [(hɔʊ)'tsɪŋkn̩]
U: ca. **1000** *inde ad Cinchun* (Tr. Mondsee, Nr. 157); (C 12. Jh.) *inde ad Cinkun* (Tr. Mondsee, Nr 188); **1191** *cum alpibus que Zynke (Zinke) vocantur* (SUB II, 655); **12. Jh.** (F 748) *inde ad Cinkin* (Tr. Mondsee, Nr 172).
E: mhd. *zinke* 'Zinke, Spitze, Zacke'.
L: ANB 1174.

ZINKENBACH, GewN, G St. Gilgen
D: ['tsiŋkŋbɔ(x)]
U: **8./9. Jh.:** *Cynchinpach, Zinkinpach* (zahlreiche Belege, s. ANB 1265).
E: → *-bach* mit mhd. *zinke* 'Zinke, Spitze, Zacke' (der vom *Hohen* → *Zinken* kommende Bach).
L: ANB 1265; SONB 151; ZILLER 1977, 122.

ZISTEL, Agh, Gaisberg – Fager, G Salzburg Stadt
D: [tsistl]
U: **1276** *in der Cistel* (SONB 35, Anm. 1); **1414** *zway zehenthäwser di gelegen sind auf der Vager ze nachst an den czißtlär vnd sind gehaißen das huebenlehen vnd das Greymolczlehen* (DOPPLER, MGSL 13, 52); **1691** *Köstlbrünnl herunter der Cistlerfelder* (PEZOLT, MGSL 28, 422, A. 1).
E: lat.-roman. *cistula/cistella* 'Korb', Dim. zu *cista* 'Kiste', wohl zur Bezeichnung der Einsattelung zwischen Gaisberg und Rauchenbichl.
L: SONB 35; LINDNER 2008, 32.

ZWEIMÜHLE, Hf, G Nußdorf
D: [tswɔɪ'mi:]
U: **1437-1625** *vom Lettenöster zu Zwaimülln auf die aussern* (ST 16, Z. 19).
E: zwei Mühlen an der Oichten, vgl. → *Mühlfeld*, G Nußdorf und am Unterlauf der Oichten → *Dreimühlen*, G Göming.

ZWÖLFERHORN, BergN, G St. Gilgen
D: [tswɛɪfɐ'hɛɐⁿdl]
E: → *-horn* mit *zwölf* (nach dem Sonnenstand: 'Berg, über dem die Sonne zu Mittag steht'; derartige „Stundenberge" sind häufig, z.B. *Einserkogel, Sechserkogel, Elferkogel, Elferstein* in der Nachbarschaft; vgl. auch → *Untersberg*).
L: ZILLER 1977, 122.

Wiederkehrende ON-Grundwörter und -Suffixe

Zu den in der Folge behandelten Grundwörtern und Suffixen vgl. insbesondere WIESINGER 1994, 72ff.; zu den Patroziniumsnamen (auf *Sankt*) vgl. ib., 95ff.

1. Grundwörter

-ach, ahd. *aha*, mhd. *ahe* 'Ache, Bach, Fluß'; fällt lautlich und orthographisch mit dem Suffix → *-ach* zusammen. Siedlungen übernehmen nicht selten den Namen des Fließgewässers, an dem sie liegen. *L:* WIESINGER 1994, 99ff.

-alm, ahd. *alba,* mhd. *albe* 'Alm (Alpe), hochgelegener Weideplatz'.

-au, ahd. *ouwa*, mhd. *ouwe* 'Au, feuchtes Gelände; Insel'.

-bach, ahd. *bah*, mhd. *bach* 'Bach, kleiner Wasserlauf'.

-berg, ahd. mhd. *berg* 'Berg, (kleine oder große) Erhebung'.

-brand 'Stelle, die durch Brand gerodet wurde' (GW in Rodungsnamen).

-bruck, ahd. *brugga, -ck-*, mhd. *brücke, brugge* 'Brücke'.

-brunn, ahd. *prunno*, mhd. *brunne* 'Quelle, Wasserlauf, Brunnen'.

-dorf, ahd. mhd. *dorf* 'Gehöft, Landgut, ländliche Siedlung, Dorf'. *L:* WIESINGER 1994, 107ff.

-ed, -edt → *-öd*.

-egg, -eck, ahd. *egga*, mhd. *ecke* 'Ecke, Kante, Winkel, Berggipfel'.
L: WIESINGER 1994, 128.

-feld, ahd. *feld*, mhd. *velt, -des* 'ebenes, offenes Land, (bebautes) Feld'.

-haus(en), ahd. *hûs*, mhd. *hûs* 'Haus, Wohnung, Siedlung', *hûsen* (Dat. Pl.; *-er*-Pl. *hûsir* ist jünger). *L:* WIESINGER 1994, 83ff.

-heim, -ham, ahd. *heima*, mhd. *heim* 'Wohnsitz, Heimstatt'; die Dialektaussprache [hɔɐm] wird in unbetonter Position meistens zu [hɔm], geschrieben <*-ham*>, abgeschwächt. *L:* WIESINGER 1994, 79ff.

-hof(en), ahd. mhd. *hof* 'Hof, ländliches Anwesen, Wohnsitz'. *L:* WIESINGER 1994, 85ff.

-holz, ahd., mhd. *holz* 'Gehölz, Wald'.

-hub, ahd., mhd. *huoba, huobe* 'Stück Land, Hube; Siedlung'.

-kirch(en), ahd. *kirihha*, mhd. *kirche* 'Kirche'. *L:* WIESINGER 1994, 91ff.

-leite, ahd. *lîta,* mhd. *lîte* 'Leite, Abhang'.

-markt, ahd. *markat*, mhd. *market, markt* 'Markt, Marktplatz, Marktort'.

-meier, ahd. *meior, meier* (lat. *maior*) 'Verwalter, Vorsteher eines Gutes, Verwalter, Eigentümer eines großen Bauernhofes'.

-moos, ahd. mhd. *mos* 'Moor, Sumpf'.

-öd, -ed(t), ahd. *ôdi*, mhd. *œde* 'Einöde, alleinstehender Hof, Wohnsitz'. *L:* WIESINGER 1994, 128ff.

-peunt, -point, ahd. *biunta*, mhd. *biunte* 'Peunt(e); eingefriedetes Stück Land, Weide'. *L:* EWAhd 2, 135ff.

-reut, -reit, -roid, ahd. *riuti/riut*, mhd. *riute/riut* 'Rodung, gerodeter Platz'. Es steht nebeneinander eine *-ja-*Ableitung *riuti* mit umgelautetem *iu* (*iü*) und eine nichtumgelautete Ableitung *riut.* Das umgelautete *iü* [ü:] wurde zu *äu* diphthongiert und zu *ei* [ai] entrundet, was zu *-reit* führte (Mehrheit der Belege). Das nichtumgelautete *iu* wurde zu *eo* und schließlich zu *oi* weiterentwickelt mit dem Ergebnis *-roit, -roid.* Im nordwestlichen Flachgau (Lamprechtshausen, Dorfbeuern) gibt es Restbelege einer Lautentwicklung von *eo* > *e* (<ö>), → Röd. Die spätmittelalterliche Schreibung <eu> (*-reut*) erlaubt keine Entscheidung zwischen *iu* und *iü*. *L:* WIESINGER 1994, 118ff.

-schlag, mhd. *slac* 'Schlag, durch Schlagen von Bäumen gerodetes Land'. *L:* WIESINGER 1994, 122ff.

-schwand, mhd. *swant, -des* (m.), mhd. *swenda* (f.), mhd. *geswende* (n.) 'Rodung, Schwendung', Verbalabstrakt zu *swenden* 'roden, (wörtl.) schwinden machen'. *L:* WIESINGER 1994, 124ff.

-see, ahd. mhd. *sê* 'See'.

-sel(de), ahd. **seli* (Kurzform von ahd. *selida*, mhd. *selde* ?) 'Haus, Hof'.

-statt, -stätt(en), ahd. mhd. *stat*, Gen. Dat. Sg. *stete* 'Platz, Ort, Stelle'. *L:* WIESINGER 1994, 88ff.

-tal, ahd. mhd. *tal* 'Tal, Einsenkung'.

-wang, -weng, ahd. *wang* 'Wiesenabhang, Halde', öfter mit Verlust des *-n-*. vgl → *Pinswag, Spanswag;* → *Weng* (824 *Uuanghi*) ist ein alter Lokativ, dessen Endung den Umlaut bewirkte; anders WIESINGER 1994, 102ff.

-weng → *-wang*.

-wert, mhd. *wert* 'Insel, erhöhtes, wasserfreies Land'.

-winkel, ahd. *winkil*, mhd. *winkel* 'Winkel, abgeschiedener Platz'.

2. Suffixe

-ach, ahd. *-ahi*, Kollektivsuffix, das eine 'größere Anzahl, einen Bestand' (z.B. einer bestimmten Baum-, Staudenart) anzeigt. Gelegentlich konnte später auslautendes *-t* angefügt werden, wie z.B. in → *Eichet* (vgl. *Dickicht, Kehricht* u.a.).

-ing, ahd *-ing,* Dat. Pl. *-ingun.* Ein vor allem im frühen Mittelalter sehr produktives Suffix zur Bildung patronymischer ON, z.B. → *Antheringun* 'bei den Leuten des Antheri'. Die Bildung von ON mit Hilfe des Suffixes *-ing* blieb aber auch in der Zeit nach ca. 1000 noch produktiv, abgeleitet allerdings nicht mehr von PN, sondern vor allem von Flurnamen, z.B. → *Pointing, Schlipfing*. Die Bildung von neuzeitlichen Dialektwörtern wie ['ʃtɔːdɪŋɐ] ‚Stadtinger, Stadtbewohner' oder ['mɔtsɪŋɐ] 'Mattseer, Bewohner von Mattsee' beweist die Produktivität von *-ing*-Bildungen bis in die Gegenwart. Da ON auf *-ing* so überaus häufig waren, konnte das Suffix sekundär auch an ON angefügt werden, die nicht mit *-ing* gebildet wurden, vor allem anstelle von *-en, -ern,* z.B. → *Kemating* (1125 *Cheminatan*); → *Fisching* 'bei den Fischern' (schon 1415 *visching*); → *Schaming* (11./12. Jhd. noch *scoubenarn, scoubnarin*) 'bei den Schaubnern (Schaubenmachern)' (zu mhd. *schoup* ‚Strohbündel'). Dies sind unechte *-ing*-ON, ebenso die ON slawischen Ursprungs, deren Endung *-ik* seit dem 14. Jhd. durch *-ing* ersetzt wurde (z.B. *Mandling, Schladming, Fanning* u.v.a.). *L:* MEID 1967, 198ff.; WIESINGER 1994, 74ff.

BIBLIOGRAPHIE

ABERLE 1878
CARL ABERLE, Theophrastus Paracelsus und dessen Überreste in Salzburg, in: *MGSL* 18 (1878), S. 188–247.

ANB
Altdeutsches Namenbuch, bearb. von ISOLDE HAUSNER und ELISABETH SCHUSTER (2 Bde.: 1.-16. Lfg.; Beih. 1). Wien 1989-2015.

Anif 1988
1200 Jahre Anif-Niederalm. Festschrift (hrsg. von der Gemeinde Anif). Anif 1988.

Anthering 1990
Heimat Anthering. Aus der Geschichte einer Flachgauer Landgemeinde, hrsg. von der Gemeinde Anthering 1990. | Darin: SCHWARZ 1990.

Antheringer Wortschatz
Z'sammtragn und aufgschrie(b)m. Wortschatz der Antheringer Mundart, hrsg. von der Gemeinde Anthering 1996.

AWB
Althochdeutsches Wörterbuch. Berlin 1968ff.

BACH 1952-1956
ADOLF BACH, *Deutsche Namenkunde.* 2 in 4 Bden. Heidelberg 1952-1956.

BENEDIKT 1962
HEINRICH BENEDIKT: *Strobl am Abersee. Eine Heimatgeschichte.* Strobl 1962.

BN
Breves Notitiae → LOŠEK 1990.

BNF
Beiträge zur Namenforschung, Neue Folge.

BRANDENSTEIN 1978
WILHELM BRANDENSTEIN, *Kleine namenkundliche Arbeiten,* hrsg. von FRITZ LOCHNER VON HÜTTENBACH. Graz 1978.

BRAUNE/REIFFENSTEIN 2004
WILHELM BRAUNE, *Althochdeutsche Grammatik. Laut- und Formenlehre.* 15. Aufl. bearb. von INGO REIFFENSTEIN (Sammlung kurzer Grammatiken germ. Dialekte, A 5). Tübingen 2004.

BRETTENTHALER 1982
JOSEF BRETTENTHALER, *Anif. Portrait einer Gemeinde* (hrsg. von der Gemeinde Anif). Anif 1982.

BRETTENTHALER 1990
JOSEF BRETTENTHALER, Namenskundliches, in: *Grödig* 1990, S. 25–26.

BRAUNER-GAUREK 2009
MONIKA BRAUNER-GAUREK (Hrsg.), *Bergheim. Geschichte und Gegenwart.* Bergheim 2009.

BWB
Bayerisches Wörterbuch, hrsg. von der Kommission für Mundartforschung der Bayerischen Akademie der Wissenschaften. München 2002ff. (Bayerisch-Österreichisches Wörterbuch: II. Bayern).

CLANNER 1885
FRANZ VON CLANNER / FRIEDRICH PIRCKMAYER, Das Geschlecht der Clanner in Salzburg, in: *MGSL* 25 (1885), S. 25–58.

Corp.
Corpus der altdeutschen Originalurkunden bis zum Jahr 1300, hrsg. von FRIEDRICH WILHELM u.a. 5 Bde und Regesten-Bd. Lahr/Berlin 1932-2004.

DEHIO
Dehio-Handbuch: Die Kunstdenkmäler Österreichs. Salzburg, Stadt und Land. Bearbeitet von BERND EULER, RONALD GOBIET, HORST R. HUBER, ROSWITHA JUFFINGER. Wien 1986.

DEINHAMMER 2001
HELMUT DEINHAMMER (Hrsg.), *Haus- und Hofchronik Neumarkt am Wallersee.* Neumarkt a. W. 2001.

DOHLE 2011
OSKAR DOHLE / PETER EIGELSBERGER, *Camp Marcus W. Orr. „Glasenbach" als Internierungslager nach 1945.* Linz/Salzburg, 2. Aufl. 2011.

DONB
MANFRED NIEMEYER (Hrsg.), *Deutsches Ortsnamenbuch.* Berlin/Boston 2012.

DOPPLER 1870
ADAM DOPPLER, Die ältesten Original-Urkunden des fürsterzbischöflichen Consistorial-Archives zu Salzburg, in: *MGSL* 10 (1870), S. 127–199.

Doppler 1870a
Adam Doppler, Anhang zu dem Erlasse des Cardinals Matthäus Lang vom 19. April 1525, in: *MGSL* 10 (1870), S. 12*.

Doppler 1870b
Adam Doppler, Ein Regel der Tisch-Dyennerin, in: *MGSL* 10 (1870), S. 13*.

Doppler 1872
Adam Doppler, Die ältesten Original-Urkunden des fürsterzbischöflichen Consistorial-Archives zu Salzburg, in: *MGSL* 12 (1872), S. 179–342.

Doppler 1873
Adam Doppler, Auszüge aus den Original-Urkunden des fürsterzbischöflichen Consistorial-Archives zu Salzburg 1401-1440, in: *MGSL* 13 (1873), S. 1–162.

Doppler 1874
Adam Doppler, Auszüge aus den Original-Urkunden des fürsterzbischöflichen Consistorial-Archives zu Salzburg (1441-1460), in: *MGSL* 14 (1874), S. 1–202.

Doppler 1875
Adam Doppler, Auszüge aus den Original-Urkunden des fürsterzbischöflichen Consistorial-Archives zu Salzburg (1461-1480), in: *MGSL* 15, H. 2 (1875), S. 1–207.

Doppler 1876
Adam Doppler, Auszüge aus den Original-Urkunden des fürsterzbischöflichen Consistorial-Archives zu Salzburg (1481-1500), in: *MGSL* 16 (1876), S. 207–452.

Doppler 1883
Adam Doppler / Willibald Hauthaler, Urbar des Benedictinnen-Stiftes Nonnberg, in: *MGSL* 23 (1883), S. 41–144.

Dopsch 1977a
900 Jahre Festung Hohensalzburg, hg. von Eberhard Zwink (Schriftenreihe des Landespressebüros [Salzburg]), Salzburg 1977 (mit Beiträgen von Heinz Dopsch u.a.).

Dopsch 1977b
Heinz Dopsch, Rez. von Ziller 1975, in: *MGSL* 117 (1977), S. 433–436.

Dopsch 1990
Heimatbuch des Landkreises Traunstein. Bd 5: *Der nördliche Rupertiwinkel. Erbe des Landkreises Laufen.* Traunstein 1990 (mit Beiträgen von Heinz Dopsch, Wolf Armin von Reitzenstein u.a.)

Dopsch 1996
Heinz Dopsch, Der Name „Seekirchen" und das Wappen der Marktgemeinde, in: Dopsch/Dopsch 1996, S. 70–75.

Dopsch/Dopsch 1996
Elisabeth Dopsch / Heinz Dopsch (Hrsg.) / Rainer Wilflinger (Red.), *1300 Jahre Seekirchen. Geschichte und Kultur einer Salzburger Marktgemeinde.* Seekirchen a. W. 1996. | Darin: Dopsch 1996.

Dopsch/Hiebl 2003
Heinz Dopsch / Ewald Hiebl (Hrsg.), *Anif. Kultur, Geschichte und Wirtschaft von Anif, Niederalm und Neu-Anif.* Anif 2003.

Dopsch/Roth 1998
Heinz Dopsch / Hans Roth (Hrsg.), *Laufen und Oberndorf. 1250 Jahre Geschichte, Wirtschaft und Kultur an beiden Ufern der Salzach.* Laufen/Oberndorf 1998.

Dopsch/Spatzenegger
Heinz Dopsch / Hans Spatzenegger (Hrsg.), *Geschichte Salzburgs, Stadt und Land.* 2 Bde. in 8 Tln. Salzburg 1981-1991.

Dorfer/Kramml 1997
Walter Dorfer / Peter F. Kramml (Red.): *Liefering. Das Dorf in der Stadt* (hrsg. von der Peter-Pfenninger-Schenkung Liefering). Salzburg 1997.

Dotter 1987
Franz und Margit Dotter, *Der Inn und seine Zuflüsse (von Kufstein bis zur Einmündung in die Donau)* (Hydronymia Germaniae 1, 14). Wiesbaden 1987.

Dückher 1666
Franz Dückher von Hasslau zun Winckl, *Saltzburgische Chronica* (1666). Faks.-Nachdruck Graz 1979.

DWB
Jacob und Wilhelm Grimm, *Deutsches Wörterbuch.* 16 Bde. (in 32). Leipzig 1854-1961. Quellenverzeichnis 1971 (Nachdruck bei dtv 1984).

Ebenau 1982
Ebenau (hrsg. von der Gemeinde Ebenau). Ebenau 1982.

Ebenau 2007
Ebenau Chronik (hrsg. von der Gemeinde Ebenau). Ebenau 2007.

Eigl 1895
Josef Eigl, Charakteristik der Salzburger Bauernhäuser, in: *MGSL* 35 (1895), S. 80–143.

ENZINGER 1967
FRANZ PAUL ENZINGER (Hrsg.), *Marktgemeinde Neumarkt am Wallersee. 600 Jahre. Festschrift zur 1. Neumarkter Bildungswoche.* Neumarkt am Wallersee 1967.

ENZINGER 2000
FRANZ PAUL ENZINGER (Hrsg.), *Neumarkt am Wallersee. Die junge Stadt im Flachgau. Festschrift zur Stadterhebung.* Neumarkt a. W. 2000.

ERBEN 1914
WILHELM ERBEN, Untersberg-Studien. Ein Beitrag zur Geschichte der deutschen Kaisersage, in: *MGSL* 54 (1914), S. 1–96.

ERBEN 1922
WILHELM ERBEN, Die älteste Erwähnung des Untersberges [Das älteste Vorkommen des Namens Untersberg], in: *MGSL* 62 (1922), S. 25-26. | Dazu: MAYR 1922.

EWAhd
ALBERT L. LLOYD / OTTO SPRINGER / ROSEMARIE LÜHR et al., *Etymologisches Wörterbuch des Althochdeutschen.* Göttingen 1988ff.

FELBER 1989
PANKRAZ FELBER (Hrsg.), *Schönes Göming – alte Heimat. Interessantes, Wissenswertes und Kurioses aus Gömings vergangenen Tagen.* Göming 1989.

FELBER/LAKNER/SCHWAIGER 1990
Josef Felber / Georg Lakner / Johann Schwaiger (Hrsg.), *Chronik. Hof bei Salzburg. Heimatbuch.* Hof bei Salzburg 1990. | Darin: SCHWAIGER 1990.

FINSTERWALDER 1978
KARL FINSTERWALDER, *Tiroler Namenkunde. Sprach- und Kulturgeschichte von Personen-, Familien- und Hofnamen* (Innsbrucker Beiträge zur Kulturwissenschaft, Germanist. Reihe, 4. Bd.). Innsbruck 1978.

FINSTERWALDER 1990-1995
KARL FINSTERWALDER, *Tiroler Ortsnamenkunde. Gesammelte Aufsätze und Arbeiten.* 3 Bde. (Schlern-Schriften 285–287). Innsbruck 1990-1995.

FISCHER 1987
MICHAEL W. FISCHER, *Salzburger Photographien. Stadt und Land nach 1920.* Salzburg 1987.

FÖRSTEMANN
ERNST FÖRSTEMANN, *Altdeutsches Namenbuch.* I. *Personennamen.* 3. Aufl. Bonn 1900.

FORSTNER 2004
KARL FORSTNER, Neuinterpretation alter Flussnamen in Salzburg, in: *MGSL* 144 (2004), S. 11–23.

FORSTNER 2011
KARL FORSTNER, Bemerkungen zu den Ambisontern, Alaunern und zu Iuvavum, Iuvavus und Iu(v)arus, in: *MGSL* 151 (2011), S. 111–125.

FUCHS 1992
ALOIS FUCHS, *Bürmoos. Ein Lesebuch. Berichte, Fakten, Dokumente und Bilder aus der Geschichte einer Gemeinde.* Bürmoos 1992.

FUGGER 1886
EBERHARD FUGGER / KARL KASTNER, Vom Nordabhange des Untersberges, in: *MGSL* 26 (1886), S. 338–351.

FUGGER 1888
EBERHARD FUGGER, Beobachtungen in den Eishöhlen des Untersberges bei Salzburg, in: *MGSL* 28 (1888) S. 65–164.

FUGGER 1891
EBERHARD FUGGER, Salzburgs Seen, in: *MGSL* 31 (1891), S. 241–258.

FUHRMANN 1963
FRANZ FUHRMANN, *Salzburg in alten Ansichten.* Salzburg 1963.

GOIGINGER 1993
JOHANN GOIGINGER (Hrsg.), *Neumarkt am Wallersee. Die Entstehung einer Landschaft und seine Geschichte.* Neumarkt a. W. 1993.

GREULE 2002
ALBRECHT GREULE, Irschenberg und Irscherberg. Die *Irsch*-Namen und ihre Deutungen, in: PETER ANREITER / PETER ERNST / ISOLDE HAUSNER (Hrsg.): *Namen, Sprachen und Kulturen. Imena, Jeziki in Kulture. Festschrift für Heinz Dieter Pohl zum 60. Geburtstag.* Wien 2002, S. 275–280.

GREULE 2014
ALBRECHT GREULE, *Deutsches Gewässernamenbuch. Etymologie der Gewässernamen und der dazugehörigen Gebiets-, Siedlungs- und Flurnamen.* Berlin 2014.

VON GRIENBERGER 1886
THEODOR VON GRIENBERGER, *Über romanische Ortsnamen in Salzburg.* Salzburg 1886.

Grödig 1968
Festschrift zur Markterhebung von Grödig. 6. Okt. 1968 (hrsg. von der Marktgemeinde Grödig). Grödig 1968. | Darin: HÖRBURGER 1968; REITSAMER/STEINWENDER 1968/1990.

Grödig 1990
Grödig. Aus der Geschichte eines alten Siedlungsraumes am Untersberg (hrsg. von der Marktgemeinde Grödig). Grödig 1990. | Darin: BRETTENTHALER 1990; REITSAMER/STEINWENDER 1968/1990.

Guggenthal 1983
50 Jahre Guggenthal bei Koppl 1933-1983. Festschrift. Koppl 1983.

HAAS 1976
KARL HAAS: *Thalgauer Heimatbuch.* Thalgau 1976.

HAHNL/HOFFMANN/MÜLLER 1986
ADOLF HAHNL / ROBERT HOFFMANN / GUIDO MÜLLER, Der Stadtteil Riedenburg. Bau- und Entwicklungsgeschichte bis 1945, in: *MGSL* 126 (1986), S. 569–584.

HARRER 1900
IGNAZ HARRER, Die Hochquellenleitung vom Fürstenbrunnen am Untersberge in die Stadt Salzburg, in: *MGSL* 40 (1900), S. 117–154.

HÄUFLER/MÜLLER/WIEDEMAIR 1990
WALTER HÄUFLER / GUIDO MÜLLER / MARTIN WIEDEMAIR (Red.): *Maxglan. Ein Salzburger Stadtteil* (hrsg. v. Salzburger Bildungswerk Maxglan). Salzburg 1990.

HAUTHALER 1873
WILLIBALD HAUTHALER, Das Leben, Regierung und Wandel des Hochwürdigisten in Gott Fürsten und Herrn Wolff Dietrichen, gewester Erzbischoven zu Salzburg, in: *MGSL* 13, (1873) S. 3–140.

HHS
Handbuch der historischen Stätten. Österreich, 2. Bd.: *Alpenländer mit Südtirol.,* hrsg. von FRANZ HUTER (Kröners Taschenausgabe 279). Stuttgart (2. Aufl.) 1978.

HOFFMANN/MÜLLER/STRASSER 1982
ROBERT HOFFMANN / GUIDO MÜLLER / RUDOLF STRASSER, *Lehen. Historische Grundlagen für die Stadtplanung der Landeshauptstadt Salzburg* (Schriftenreihe zur Salzburger Stadtplanung 17). Salzburg 1982.

HOFMANN 1869
JOHANN ALOIS HOFMANN, Geschichte der Dotation des Domkapitels von Salzburg, in: *MGSL* 9 (1869), S. 68-230.

HOND
Historische Ortsnamendatei der Salzburger Ortsnamenkommission (SONK), hrsg. von THOMAS LINDNER. Salzburg 2010. Digital verfügbar unter: http://www.oeaw.ac.at/icltt/dinamlex-archiv/SONK_Ortsnamendatei_10.2010.pdf

HÖRBURGER 1967
FRANZ HÖRBURGER, Die romanischen und vorrömischen Ortsnamen des Landes Salzburg, in: *MGSL* 107 (1967), S. 1–48.

HÖRBURGER 1968
FRANZ HÖRBURGER, Zur Namenskunde von Grödig, in: *Grödig* 1968, S. 33–35.

HÖRBURGER 1982 → SONB

HRG
Handwörterbuch zur deutschen Rechtsgeschichte, hrsg. von ADALBERT ERLER und EKKEHARD KAUFMANN. 5 Bde., Berlin 1971–1998.

HÜBNER 1796
LORENZ HÜBNER, *Beschreibung des Erzstiftes und Reichsfürstenthums Salzburg in Hinsicht auf Topographie und Statistik*. 3 Bde. Salzburg 1796.

IMHOF 1887
RUPRECHT Freiherr VON IMHOF, Beiträge zur Geschichte des salzburgischen Jagdwesens, in: *MGSL* 27 (1887), S. 111-220, 409–517.

JIRIKOWSKI/DOPSCH 1995
EVA JIRIKOWSKI / HEINZ DOPSCH, Der Name von Faistenau, in: SCHALK 1995, S. 19–23.

JUNG 1860/61
P. AMAND (THOMAS) JUNG, Beiträge zur Schilderung des kirchlichen Lebens in Salzburg, in: *MGSL* 1 (1860/61), S. 53–58, 74–80.

JUNGMAIR/ETZ 1978
OTTO JUNGMAIR, *Wörterbuch zur oberösterreichischen Volksmundart*, bearb. von ALBRECHT ETZ. Linz 1978 (6. Aufl. 1999).

KARL 1990
ROBERT KARL, *Das Elsbethener Bergland. Geschichte und Geschichten von der Fager und Umgebung* (Schriftenreihe des Museumsvereins Elsbethen 1), Elsbethen 1990.

KARL 1994
ROBERT KARL, *Elsbethen. Ein Ort im Wandel der Zeiten* (Schriftenreihe des Museumsvereins Elsbethen 2). Elsbethen 1994.

KAUFMANN 1968
ERNST FÖRSTEMANN, *Altdeutsche Personennamen.* Ergänzungsband von HENNING KAUFMANN. München 1968.

KIESLINGER 1961
ALOIS KIESLINGER, Die Besitzverhältnisse der Untersberger Marmorbrüche im 19. Jahrhundert, in: *MGSL* 101 (1961), S. 309–315.

KLACKL 2002
HEINZ KLACKL, *Der Almkanal. Seine Nutzung einst und jetzt,* Salzburg 2002.

KLEIN 1935
HERBERT KLEIN, Die ältesten urbarialen Aufzeichnungen des Erzstiftes Salzburg, in: *MGSL* 75 (1935), S. 133–200.

KLEIN 1965
HERBERT KLEIN, *Beiträge zur Siedlungs-, Verfassungs- und Wirtschaftsgeschichte von Salzburg.* Festschrift zum 65. Geburtstag (MGSL, 5. Ergbd.). Salzburg 1965.

KLEIN 1967
HERBERT KLEIN, Gols und Muntigl, zwei romanische Geländeformbezeichnungen, in: *MGSL* 107 (1967), S. 49–55.

KNORZ 1902
JUSTUS KNORZ, Schloss Leopoldskron, der Weiher und die Schwimmanstalt des k.u.k. Infanterie-Regimentes Erzherzog Rainer Nr. 59, in: *MGSL* 42 (1902), S. 155–183.

KOLLER 1999
FRITZ KOLLER, Der Almkanal, in: PETER F. KRAMML (Hrsg.), *Historischer Atlas der Stadt Salzburg* (Schriftenreihe des Archivs der Stadt Salzburg 11), Salzburg 1999.

KOLLER/MÜLLER 1989
FRITZ KOLLER / GUIDO MÜLLER, Die Stadtteile Gnigl und Itzling, in: MGSL 129 (1989), S. 179–194.

Koppl 2000
Heimat Koppl. Chronik der Gemeinde (hg. von der Gemeinde Koppl). Koppl 2000.

Köstendorf 1984
Festschrift anläßlich der 1200-Jahrfeier der Gemeinde Köstendorf (hrsg. von der Gemeinde Köstendorf). Köstendorf 1984.

KRANZMAYER 1956
EBERHARD KRANZMAYER, *Historische Lautgeographie des gesamtbairischen Dialektraumes,* Wien 1956.

KRANZMAYER 1957
EBERHARD KRANZMAYER, Die Ergebnisse der neuesten österreichischen Ortsnamenkunde und das Land Salzburg, in: *MGSL* 97 (1957), S. 1–16.

LÄMMERMEYER 2004
HERBERT LÄMMERMEYER (Hrsg.), *Oberndorf fotografiert. Vom Markt- bis zum Stadtrecht*. Oberndorf 2004.

LAMPEL 1890
JOSEF LAMPEL, Salzburger Goldwert um 1284, in: *MGSL* 30 (1890), S. 114–136.

LANG 1995
JOHANNES LANG, Siedlungsnamen, Flurnamen und Hofnamen, in: LANG/SCHNEIDER 1995, S. 211–225.

LANG/SCHNEIDER 1995
JOHANNES LANG / MAX SCHNEIDER (Hrsg.), *Auf der Gmain. Chronik der Gemeinden Bayerisch Gmain und Großgmain*. Bayerisch Gmain/Großgmain 1995. | Darin: LANG 1995.

LEIST 1887
FRIEDRICH LEIST, Quellen-Beiträge zur Geschichte des Bauern-Aufruhrs in Salzburg, in: *MGSL* 27 (1887), S. 243–408.

LEPPERDINGER 1971
FRIEDRICH LEPPERDINGER, *Bürmoos. Eine Gemeindesoziologie* (Salzburger sozialwissenschaftliche Studien 4a). Salzburg 1971.

Liefering 1982
Liefering. 1250 Jahre Kirche Liefering. 100. Todestag Peter Pfenningers (hrsg. vom Kuratorium der Peter-Pfenninger-Schenkung Liefering in Zusammenarbeit mit dem Salzburger Museum Carolino-Augusteum). Salzburg 1982.

Lieferinger Kultur-Wanderweg 2006
Der Lieferinger Kultur-Wanderweg, hrsg. vom Verein Stadtteilmuseum Salzburg-Liefering, Salzburg 2006.

LINDNER 1995
THOMAS LINDNER, Salzburger Ortsnamen und die Sprachwissenschaft, in: *Festschrift Ortsnamenforschung. 20 Jahre Salzburger Ortsnamenkommission*. Salzburg 1995, S. 103–109.

LINDNER 1998
THOMAS LINDNER, Indogermanisch-alteuropäisches Namengut in Salzburg, in: *Österreichische Namenforschung* 26/1-2 (1998) (= *Festgabe für Ingo Reiffenstein*), S. 115–121.

LINDNER 2000
THOMAS LINDNER, Die Etymologie von *Iuvavum* und *Salzburg*, in: *125 Jahre Indogermanistik in Graz. Festband anläßlich des 125jährigen Bestehens der Forschungsrichtung „Indogermanistik" an der Karl-Franzens-Universität Graz,* hrsg. von MICHAEILA OFTSCH und CHRISTIAN ZINKO. Graz 2000, S. 239–245.

LINDNER 2002
THOMAS LINDNER, Die ältesten Salzburger Ortsnamen: ein etymologisches Glossar, in: PETER ANREITER / PETER ERNST / ISOLDE HAUSNER (Hrsg.): *Namen, Sprachen und Kulturen. Imena, Jeziki in Kulture. Festschrift für Heinz Dieter Pohl zum 60. Geburtstag.* Wien 2002, S. 539–553.

LINDNER 2008
THOMAS LINDNER, Die lateinisch-romanischen Ortsnamen in Salzburg. Ein etymologisches Glossar, in: *Österreichiche Namenforschung* 37/3 (2008), S. 21–52.

LINDNER 2011
THOMAS LINDNER, *Indogermanische Grammatik,* Bd. IV/1. *Komposition.* Heidelberg 2011ff.

LINDNER 2014
THOMAS LINDNER, Die Salzach und ihre Nebenflüsse aus namenkundlicher Sicht, in: GERHARD RAMPL / KATHARINA ZIPSER / MANFRED KIENPOINTNER (Hrsg.): *In Fontibus Veritas. Festschrift für Peter Anreiter zum 60. Geburtstag.* Innsbruck 2014, S. 327–338.

LIPBURGER/PLASSER 1990
PETER MICHAEL LIPBURGER / GERHARD PLASSER, Schallmoos – Bau- und Entwicklungsgeschichte bis 1945, in: MGSL 130 (1990), S. 584–634.

LOŠEK (1990)
FRITZ LOŠEK, Notitia Arnonis und Breves Notitiae. Die Salzburger Güterverzeichnisse aus der Zeit um 800: Sprachlich-historische Einführung, Text und Übersetzung, in: *MGSL* 130 (1990), S. 5–192.

MARTIN Reg.
Die Regesten der Erzbischöfe und des Domkapitels von Salzburg 1247-1343, bearb. von FRANZ MARTIN. 3 Bde. Salzburg 1928-1934.

MARTIN 1940, 1995
FRANZ MARTIN, *Salzburger Straßen.* Salzburg 1940; — *Salzburger Straßennamen. Verzeichnis der Straßen, Gassen, Plätze, Wege, Brücken, Tore und Parks mit Erklärung ihrer Namen.* 4., wesentlich überarbeitete Auflage von WILLA LEITNER-MARTIN und ANDREAS MARTIN (MGSL, 15. [25.] Ergbd.). Salzburg 1995 [^{5}2006].

MÄRZ 1999
CHRISTOPH MÄRZ, *Die weltlichen Lieder des Mönchs von Salzburg* (Münchener Texte und Untersuchungen 114). Tübingen 1999.

MASTNAK 1993
ELFRIEDE MASTNAK (Hrsg.), *850 Jahre Obertrum am See. Festschrift.* Obertrum 1993.

Mattsee 2005
Mattsee Chronik (hrsg. von der Marktgemeinde Mattsee). Mattsee 2005.

MAYR 1922
JOSEF KARL MAYR, Das älteste Vorkommen des Namens Untersberg (Nachtrag), in: *MGSL* 62 (1922), S 51-52. | Nachtrag zu ERBEN 1922.

MAYREGG/MAYREGG 2002
VERONIKA MAYREGG / WOLFGANG MAYREGG (Hrsg.), *Nußdorfer Geschichte und Geschichten. Aus einer ländlichen Gemeinde im lieblichen Oichtental.* Nußdorf 2002.

MEID 1967
WOLFGANG MEID, *Wortbildungslehre,* Bd. 3 von HANS KRAHE / WOLFGANG MEID, *Germanische Sprachwissenschaft* (Slg. Göschen 1218). Berlin 1967.

Michaelbeuern 1985
Dokumentation Benediktiner Abtei Michaelbeuern. Michaelbeuern 1985.

MG(H)
Monumenta Germaniae Historica.

MGSL
Mitteilungen der Gesellschaft für Salzburger Landeskunde. Salzburg 1861 ff. [in *U:* zit. ohne Jahreszahl, 1 = 1861, 100 = 1960].

MILLER 1989
HANNES MILLER, *„ad georgii ecclesiam". Heimatchronik von St. Georgen bei Salzburg.* St. Georgen 1989.

MUDRICH 1955
ANDREAS MUDRICH, Die Riedenburg, in: MGSL 95 (1955), S. 1–49.

MÜLLER 1963-1976
FRANZ MÜLLER, *Heimatbuch von Wals-Siezenheim,* 3 Bde. Wals-Siezenheim 1963, 1968, 1976.

NA
Notitia Arnonis → LOŠEK 1990.

Obertrum 2000
Festschrift zur Markterhebung (hrsg. von der Marktgemeinde Obertrum am See). Obertrum 2000.

OBOÖ
Ortsnamenbuch des Landes Oberösterreich, hrsg. von PETER WIESINGER. Wien 1989ff.

OÖUB
„Oberösterreichisches Urkundenbuch" (*Urkundenbuch des Landes ob der Enns*), 11 Bde. Wien 1852-1956.

PEREGRINUS 1888
JOHANNES PEREGRINUS, Geschichte der salzburgischen Dom-Sängerknaben oder schlechthin des Kapellhauses, in: *MGSL* 28 (1888), S. 357–416.

PETTER 1901
ALEXANDER PETTER, Das Römerthor nächst dem Rainberge in Salzburg, in: *MGSL* 41 (1901), S. 1–9.

PEZOLT 1888
LUDWIG PEZOLT, Die Grenzen des ehemaligen Stadtgerichtsbezirkes Salzburg, in: *MGSL* 28 (1888), S. 417–423.

PEZOLT 1900
LUDWIG PEZOLT, Die Elsenheimer von ihrem ersten Auftreten in Salzburg bis zum Ende des Mittelalters. Eine Studie zur Geschichte der Salzburger Geschlechter, in: *MGSL* 40 (1900), S. 155–248.

PICHLER 1860/1861
GEORG ABDON PICHLER, Gols als das römische Collis bei Salzburg, in: *MGSL* 1 (1860/1861), S. 65–67.

PICHLER 1861/1862
GEORG ABDON PICHLER, Einige Bemerkungen und Bedenken über die im I. Bande dieser Vereinsschrift von S. 68-73 enthaltenen Mitteilungen über die Befestigung Salzburg's, in: *MGSL* 2 (1861/1862), S. 33–37.

PICHLER 1862
GEORG ABDON PICHLER, *Salzburg's Landes-Geschichte.* Salzburg 1862 (1861ff.).

PICK 1889
HERMANN PICK, Urkundliche Materialien zu einer Geschichte der gräflich Lodron'-schen Kollegien Marianum und Rupertinum in Salzburg, in: *MGSL* 29 (1889), S. 263–453.

PILLWAX 1874
JOHANN CARL PILLWAX, Das Leben und Wirken des salzburgischen Chronisten Franz Düker von Haßlau zu Urstein und Winkl, in: *MGSL* 14 (1874), S. 3–34.

PILLWAX 1877
JOHANN CARL PILLWAX, Hohen-Salzburg. Seine Geschichte, Baulichkeiten und Ausrüstung, in: *MGSL* 17 (1877), S. 1–88.

PIRCKMAYER 1872
FRIEDRICH PIRCKMAYER, Salzburgischer Hoffstath meiner Wolff Diethrischen von Raithnaw Erzbischoven daselbst. So anno 1590 in dy Werkh gericht ist worden, in: *MGSL* 12 (1872), S. 386–410.

Plainfeld 2003
Geschichte von Plainfeld (hrsg. von der Gemeinde Plainfeld). Plainfeld 2003.

PRINZINGER 1860/1861
AUGUST PRINZINGER d.Ä., Die Höhennamen in der Umgebung von Salzburg. Ein Beitrag zur Orts-, Sprach- und Volkskunde, in: *MGSL* 1 (1860/61), S. 31–52.

PRINZINGER 1875
AUGUST PRINZINGER d.Ä., Die Eisenbahn und die alten Verkehrswege, in: *MGSL* 15 (1875), S. 3–23.

PRINZINGER 1881
AUGUST PRINZINGER d.Ä., Die Eisenbahn und die alten Verkehrswege, in: *MGSL* 21 (1881), S. 1–23.

PRINZINGER 1898
AUGUST PRINZINGER d.Ä., Altsalzburg (Ivavo), in: *MGSL* 38 (1898), S. 257–279.

RADAUER 1981
ANDREAS RADAUER, *Haus- und Familienchronik Seekirchen. Ein Entwurf.* Seekirchen 1981.

RADAUER 1986
ANDREAS RADAUER, *Haus- und Hofchronik Eugendorf.* Seekirchen 1986.

RADAUER 1987
ANDREAS RADAUER, *Eugendorfer Heimatbuch.* Seekirchen 1987.

RADAUER 1988
ANDREAS RADAUER, *Hauschronik Seekirchen.* Salzburg 1988.

REIFFENSTEIN 1955
INGO REIFFENSTEIN, *Salzburgische Dialektgeographie. Die südmittelbairischen Mundarten zwischen Inn und Enns* (Beiträge zur deutschen Philologie 4). Gießen 1955.

REIFFENSTEIN 1985
INGO REIFFENSTEIN, Michaelbeurer Ortsnamen, in: *Dokumentation Benediktiner Abtei Michaelbeuern.* Michaelbeuern 1985, S. 360–368.

REIFFENSTEIN 1985a
INGO REIFFENSTEIN, Warum Ortsnamenforschung? In: ANTON MOSER (Hrsg.), *10 Jahre Forschungsausschuß Ortsnamenkommission* (SIR-Mitteilungen und Berichte 3+4/1985). Salzburg 1985, S. 102–108.

REIFFENSTEIN 1990
INGO REIFFENSTEIN, Der Name Salzburgs, in: MGSL 130 (1990), S. 193–200.

REIFFENSTEIN 1991
INGO REIFFENSTEIN, Vom Sprachgrenzland zum Binnenland. Romanen, Baiern und Slawen im frühmittelalterlichen Salzburg, in: *Zeitschrift für Literatur und Linguistik* 21 (H. 83, 1991), S. 40–64.

REIFFENSTEIN 2004
INGO REIFFENSTEIN, Romanische Orts- und Flurnamen im Salzburger Flachgau, in: THOMAS KRISCH / THOMAS LINDNER / ULRICH MÜLLER (Hrsg.), *Analecta homini universali dicata. Festschrift für Oswald Panagl* (Stuttgarter Arbeiten zur Germanistik 421), Bd. 1. Stuttgart 2004, S. 461–471.

REIFFENSTEIN 2007
INGO REIFFENSTEIN, Bairische Ortsnamen [des Flachgaues und des Rupertiwinkels], in: HANNES SCHEUTZ (Hrsg.): *Drent und herent. Dialekte im salzburgisch-bayerischen Grenzgebiet.* Euregio Salzburg – Berchtesgadener Land – Traunstein 2007, S. 119–138.

REIFFENSTEIN 2013
INGO REIFFENSTEIN, Gau-Namen in Salzburg, in: *Gedenkschrift für Ute Schwab* (Studia Medievalia Septentrionalia 24). Salzburg 2013, S. 411–421.

REIFFENSTEIN 2014
INGO REIFFENSTEIN, Berg und Tal in den Ortsnamen des Salzburger Flachgaues, in: GERHARD RAMPL / KATHARINA ZIPSER / MANFRED KIENPOINTNER (Hrsg.): *In Fontibus Veritas. Festschrift für Peter Anreiter zum 60. Geburtstag.* Innsbruck 2014, S. 491–499.

REIFFENSTEIN 2015
INGO REIFFENSTEIN, Vertrackte Schreibungen in Orts- und Familiennamen, in: *FS für Elke Ronneberger-Sibold* (im Druck).

REIFFENSTEIN/MAUSER 1999
INGO REIFFENSTEIN / PETER MAUSER: Pischelsdorf. Zur Geschichte von bairisch Bischolf, in: *Erträge der Dialektologie und Lexikographie. Festgabe für Werner Bauer.* Wien 1999, S. 355–366.

REINDEL-SCHEDL 1998
HELGA REINDEL-SCHEDL, Oberndorf – Die große Laufener Vorstadt, in: *Das Salzfass* 32 (1998), S. 119, Anm. 23.

REISCHL 2005
BARTHOLOMÄUS REISCHL, *Wals – Siezenheimer Zeitreise* (hrsg. von der Gemeinde Wals- Siezenheim). Wals-Siezenheim 2005.

REITSAMER/STEINWENDER 1968/1990
JOSEPH REITSAMER / F. STEINWENDER, Die Flurnamen der Marktgemeinde Grödig, in: *Grödig* 1968, S. 21-22; *Grödig* 1990, S. 191–192.

(VON) REITZENSTEIN 1990
WOLF ARNIM VON REITZENSTEIN, Ortsnamen und ihre Deutung, in: *Heimatbuch des Landkreises Traunstein.* Bd 5: *Der nördliche Rupertiwinkel. Erbe des Landkreises Laufen.* Traunstein 1990, S. 387–425.

(VON) REITZENSTEIN 1991
WOLF ARNIM VON REITZENSTEIN, Siedlungsnamen, Flurnamen und Lehennamen im Land Berchtesgaden, in: WALTER BRUGGER, HEINZ DOPSCH, PETER F. KRAMML (Hrsg.), *Geschichte von Berchtesgaden,* Bd. 1, Berchtesgaden 1991, S. 85–152.

(VON) REITZENSTEIN 2006
WOLF ARNIM VON REITZENSTEIN, *Lexikon bayerischer Ortsnamen. Herkunft und Bedeutung. Oberbayern, Niederbayern, Oberpfalz.* München 2006.

RICHTER 1881
EDUARD RICHTER, Verzeichniß der Fundstellen vorhistorischer und römischer Gegenstände im Herzogthume Salzburg, in: *MGSL* 21 (1881), S. 90–97.

RIEDL 1863
JOHANN RIEDL, Salzburgs Zeitungswesen, in: *MGSL* 3 (1863), S. 289–461.

RIEDL 1864
JOHANN RIEDL, Marcus Sitticus, Erzbischof von Salzburg und sein Neffe Jakob Hanibal Graf von Hohenems, in: *MGSL* 4 (1864), S. 250–288.

RINNERTHALER 2009
ALFRED RINNERTHALER, Das Missionshaus Maria Sorg in Lengfelden, in: BRUNNER-GAUREK 2009, S. 344–365, 693–697.

SCHALK 1995
EVA MARIA SCHALK (Red.): *Chronik Faistenau*. Faistenau 1995. | Darin: JIRIKOWSKI/DOPSCH 1995.

SCHALLHAMMER 1865
ANTON VON SCHALLHAMMER, Alm-Kanal, in: *MGSL* 5 (1865), S. 60–69.

SCHATZ, *Tir. Wb.*
JOSEF SCHATZ, *Wörterbuch der Tiroler Mundarten* (Schlern-Schriften 119/120). Innsbruck 1955–1956.

SCHMELLER
JOHANN ANDREAS SCHMELLER, *Bayerisches Wörterbuch,* 2 Bde. 2. Aufl. bearb. von G. KARL FROMMANN. München 1872–1877.

SCHMIDT 2009
UWE FRIEDRICH SCHMIDT, *Praeromanica der Italoromania auf der Grundlage des LEI (A und B)* (Europäische Hochschulschriften, 9.49). Frankfurt/M. 2009.

SCHRÖDER 1944
EDWARD SCHRÖDER, *Deutsche Namenkunde. Gesammelte Aufsätze zur Kunde deutscher Personen- und Ortsnamen*. 2. Aufl. Göttingen 1944.

SCHUSTER 1989-1994 (1989, 1994)
ELISABETH SCHUSTER, *Die Etymologie der niederösterreichischen Ortsnamen* (Historisches Ortsnamenbuch von Niederösterreich, Reihe B), 3 Bde. Wien 1989–1994.

SCHWAIGER 1990
JOHANN SCHWAIGER, Gewässer-, Berg, Flur- und Hofnamen und deren Deutungen, in: FELBER/LAKNER/SCHWAIGER 1990, S. 14–18.

SCHWARZ 1927
ERNST SCHWARZ, Die ahd. Lautverschiebung im Altbairischen (mit besonderer Heranziehung der Salzburger Güterverzeichnisse), in: *Beiträge zur Geschichte der deutschen Sprache und Literatur* 50 (1927), S. 242–287.

SCHWARZ 1990
FRIEDRICH SCHWARZ, Antheringer Ortsnamen, in: *Anthering* 1990, S. 37–41; Flur- und Riednamen, in: *ib.,* S. 32–33; Haus- und Hofnamen, in: *ib.,* S. 41–45.

SEIGMANN 1989
ANTON SEIGMANN (Hrsg.), *Heimatbuch Hallwang*. Hallwang 1989.

SITTE 1882
CAMILLO SITTE, Zur Geschichte der Salzburger Weißgeschirr-Fabrikation, in: *MGSL* 22 (1882), S. 200–231.

SONB
FRANZ HÖRBURGER, *Salzburger Ortsnamenbuch* (MGSL, 9. Ergbd.). Unter Mitwirkung von STEFAN ADAMSKI, NORBERT HEGER und MANFRED STRABERGER bearbeitet von INGO REIFFENSTEIN und LEOPOLD ZILLER. Salzburg 1982.

SPATZENEGGER 1867
LEOPOLD SPATZENEGGER, Die Reiserechnung des Erzbischofs Leonhart Keutschach nach Hall in Tirol, in: *MGSL* 7 (1867), S. 79–121.

SPATZENEGGER 1869
LEOPOLD SPATZENEGGER, Beiträge zur Geschichte der Pfarr- und Franziskanerkirche in Salzburg, in: *MGSL* 9 (1869), S. 3–67.

SPATZENEGGER 1875
LEOPOLD SPATZENEGGER, Solenner Eintzug und Huldigungs Act Seiner Hochfurstl. Gnaden Leopoldi Antonii Eleutherii deß Heil. Röm. Richs Fürsten und Ertzbischoffen zu Saltzburg 1727, in: *MGSL* 15 (1875), S. 216–224.

ST
Die salzburgischen Taidinge, bearb. von HEINRICH SIEGEL und KARL TOMASCHEK (Österreichische Weistümer, Bd. 1). Wien 1870.

STADLER 1985
GEORG STADLER, Lebens- und Arbeitsbereiche des Stiftes [Michaelbeuern] vor etwa hundert Jahren, in: *Dokumentation Benediktiner Abtei Michaelbeuern.* Michaelbeuern 1985, S. 110–112.

STADLER 1989
GEORG STADLER (Hrsg.), *1200 Jahre Heimat Berndorf,* Berndorf 1989.

STEHRER 1998
JOHANN STEHRER (Hrsg.), *Strobl am Wolfgangsee. Naturraum, Geschichte und Kultur einer Gemeinde im Salzkammergut.* Strobl am Wolfgangsee 1998. | Darin: ZILLER 1998.

STEINBERGER 1936
LUDWIG STEINBERGER, Oberbayerische Bergnamen im Wandel der Zeiten, in: *Mitteilungen des Deutschen und Österreichischen Alpenvereins* 62 (N.F. 52), 1936, S. 33–37, 91–94.

STRABERGER 1974
MANFRED STRABERGER, *Das Flußgebiet der Salzach* (Hydronymia Germaniae A.9). Wiesbaden: Steiner 1974.

SUB
Salzburger Urkundenbuch, Bd. I-IV, bearb. von WILLIBALD HAUTHALER und FRANZ MARTIN, Salzburg 1910-1930.

Taxham 2004
Taxham. Geschichte eines Salzburger Stadtteils. Salzburg 2004. | Darin: WEBER 2004.

UNGER/KHULL 1903
THEODOR UNGER, *Steirischer Wortschatz als Ergänzung zu Schmellers Bayerischem Wörterbuch,* hrsg. von FERDINAND KHULL. Graz 1903.

Urk. Nonnberg = WIDMANN 1895-1902
HANS WIDMANN, Urkunden und Regesten des Benedictinerinnen-Stiftes Nonnberg, in: *MGSL* 35 (1895), S. 1-34.
HANS WIDMANN, Urkunden und Regesten des Benedictinerinnen-Stiftes Nonnberg, in: *MGSL* 36 (1896), S. 1–43, 253–283.
HANS WIDMANN, Urkunden und Regesten des Benedictinerinnen-Stiftes Nonnberg, in: *MGSL* 37 (1897), S. 185–228.
HANS WIDMANN, Urkunden und Regesten des Benedictinerinnen-Stiftes Nonnberg, in: *MGSL* 38 (1898), S. 195–256.
HANS WIDMANN, Urkunden und Regesten des Benedictinerinnen-Stiftes Nonnberg, in: *MGSL* 39 (1899), S. 110–149.
HANS WIDMANN, Urkunden und Regesten des Benedictinerinnen-Stiftes Nonnberg, in: *MGSL* 40 (1900), S. 249–264.
HANS WIDMANN, Urkunden und Regesten des Benedictinerinnen-Stiftes Nonnberg, in: *MGSL* 41 (1901), S. 45–70.
HANS WIDMANN, Urkunden und Regesten des Benedictinerinnen-Stiftes Nonnberg, in: *MGSL* 42 (1902), S. 70–120.

VEITS-FALK / WEIDENHOLZER 2010
SABINE VEITS-FALK / THOMAS WEIDENHOLZER, *Gnigl – Mittelalterliches Mühlendorf – Gemeinde an der Eisenbahn – Salzburger Stadtteil* (Schriftenreihe des Archivs der Stadt Salzburg 29). Salzburg 2010.

VOGL 1985
JAKOB VOGL (Hrsg.), *Köstendorfer Heimatbuch.* Köstendorf ²1985.

VOITHOFER 1988
SEPP VOITHOFER (Hrsg.), *Straßwalchen. Geschichte unserer Heimat.* Straßwalchen 1988.

VOITHOFER 1999
SEPP VOITHOFER (Hrsg.), *Das Straßwalchen-Buch.* Straßwalchen 1999.

VOLLMANN 1925-1926
REMIGIUS VOLLMANN, Neufahrn, Neufra, Niefern, in: *ZONf* 1 (1925-1926), S. 202–207.

WAGNER 1991
NORBERT WAGNER, Zu den unverschobenen altbaierischen Ortsnamen, in: *BzN* 26 (1991), S. 161–174.

WAGNER 2013
NORBERT WAGNER, Ungeklärte Kurznamen im ahd. Personennamenbestand, in: *BzN* 48, S. 1–93.

WALLMANN 1867
HEINRICH WALLMANN, Wanderungen und kulturhistorische Streifzüge durch den Salzburggau, in: *MGSL* 7 (1867), S. 1–23.

WALLMANN 1869
HEINRICH WALLMANN, Das Salzburger Ministerialgeschlecht von Bergheim, Fischach und Itzling, in: *MGSL* 9 (1869), S. 294–300.

WALLNER 1924
EDUARD WALLNER, *Altbairische Siedlungsgeschichte in den Ortsnamen der Ämter Bruck, Dachau, Freising, Friedberg, Landsberg, Moosburg und Pfaffenhofen*. München 1924.

WALZ 1867
MICHAEL WALZ, Die Grabdenkmäler von St. Peter und Nonnberg zu Salzburg, in: *MGSL* 7 (1867), Anhang S. 1–64.

WALZ 1874
MICHAEL WALZ, Die Grabdenkmäler von St. Peter und Nonnberg zu Salzburg, in: *MGSL* 14 (1874), Beigabe S. 295–527.

WBÖ
Wörterbuch der bairischen Mundarten in Österreich (Bayerisch-Österreichisches Wörterbuch: I. Österreich). Hrsg. von der Kommission für Mundartkunde und Namenforschung (und Nachfolgeeinrichtungen) der Österreichischen Akademie der Wissenschaften. Wien 1970ff.

WEBER 1992
OTMAR WEBER, Grenzbezeichnungen in alten Salzburger Jagd- und Waldgebieten, in: *MGSL* 132 (1992), S. 129–142.

WEBER 1992a
OTMAR WEBER, Der Name Henndorf und das Gemeindewappen, in: WEISS/EHRENFELLNER/FALK 1992, S. 36–38.

WEBER 1997
in: DORFER/KRAMML 1997, S. 420f.

WEBER 2004
OTMAR WEBER, Nadelbäume gaben den Namen, in: *Taxham* 2004, S. 5.

WEBER 2005
OTMAR WEBER, Oberndorf – ein leicht verständlicher Ortsname? In: *ÖNf* 33/1-2 (2005), S. 119–122.

WEBER 2006
OTMAR WEBER, Die Bellaria vor Kleßheim, in: *Lieferinger Kultur-Wanderweg* 2006, S. 189f.

WEISS/EHRENFELLNER/FALK 1992
ALFRED STEFAN WEISS / KARL EHRENFELLNER / SABINE FALK (Hrsg.), *Henndorf am Wallersee. Kultur und Geschichte einer Salzburger Gemeinde.* Henndorf 1992. Darin: WEBER 1992a.

WEITZENBÖCK 1929
GEORG WEITZENBÖCK, Untersuchungen über Gasteig, in: *ZONf* 5 (1929), S. 209-217.
WIDMANN 1895-1902 → Urk. Nonnberg.

WIESINGER 1980
PETER WIESINGER, Die ältesten Gewässer- und Siedlungsnamen in Oberösterreich, in: *Sprache und Name in Österreich. Festschrift für Walter Steinhauser.* Wien 1980, S. 255–297.

WIESINGER 1994
PETER WIESINGER, Die Ortsnamen Österreichs in makrotoponymischer Sicht, in: *Zu Ergebnissen und Perspektiven der Namenforschung in Österreich* (BNF, Beiheft 41), hrsg. von FRIEDHELM DEBUS. Heidelberg 1994, S. 51–169.

WINTERSTEIGER/LÜRZER 1991
ROBERT WINTERSTEIGER / GERTRAUD LÜRZER (Hrsg.): *Chronik der Gemeinde Elixhausen.* Elixhausen 1991.

WMU
Wörterbuch der mittelhochdeutschen Urkundensprache auf der Grundlage des Corpus der altdeutschen Originalurkunden bis zum Jahr 1300. 3 Bde., Berlin 1994-2010.

WOLFRAM 1979
HERWIG WOLFRAM (Hrsg.): *Conversio Bagoariorum et Carantanorum. Das Weißbuch der Salzburger Kirche über die erfolgreiche Mission in Karantanien und Pannonien.* Wien 1979.

ZAISBERGER 1975
FRIEDERIKE ZAISBERGER, *Brauerei Obertrum. 200 Jahre Familie Josef Sigl.* Obertrum 1975.

ZAISBERGER 1982
FRIEDERIKE ZAISBERGER, Zur Geschichte von Elixhausen, in: *Mitteilungen des Salzburger Bildungswerkes,* Zweigstelle Elixhausen, Sondernummer 1.

ZELLER 1900
GUSTAV ZELLER, Alte Wahrzeichen am Abersee, in: *MGSL* 40 (1900), S. 265–280.

ZILLER 1968
LEOPOLD ZILLER, Wo ist der Wassenberg? In: *MGSL* 108 (1968), S. 319–323.

ZILLER 1969
LEOPOLD ZILLER, *St. Gilgen am Abersee. Pfarrgeschichte einer Salzburger Dorfgemeinde.* St. Gilgen 1969.

ZILLER 1970 (1981)
LEOPOLD ZILLER (Hrsg.), *Fuschl am See. Heimatbuch einer jungen Fremdenverkehrsgemeinde.* Fuschl am See 1970, ²1981.

ZILLER 1973, 1975 (1988)
LEOPOLD ZILLER, *Vom Fischerdorf zum Fremdenverkehrsort. Geschichte St. Gilgens und des Aberseelandes* [*Vom Fischerdorf zum Fremdenverkehrsort – Geschichte von St. Gilgen am Aber-(Wolfgang-)See*], 1. Teil: bis 1800, 2. Teil: 1800-1938. St. Gilgen 1973-1975; ²1988.

ZILLER 1974 (1990)
LEOPOLD ZILLER, Zur Geschichte des Ortsnamens Maxglan, in: *MGSL* 114 (1974), S. 57-64; auch in: HÄUFLER/MÜLLER/WIEDEMAIR 1990, S. 15–18.

ZILLER 1977
LEOPOLD ZILLER, *Aberseer Namenbuch. Die Flur-, Haus- und Familiennamen des Gerichtsbezirkes St. Gilgen* (Festschrift zur 75-Jahr-Feier der Raiffeisenkasse St. Gilgen-Fuschl-Strobl). St. Gilgen 1977.

ZILLER 1978
LEOPOLD ZILLER, Der Hof zu Elsenwang, in: *MGSL* 118 (1978 [1979]), S. 45–57.

ZILLER 1979 → ZILLER 1995.

ZILLER 1982
LEOPOLD ZILLER, Die Bergnamen des Flachgaus und des Tennengaus, in: *MGSL* 122 (1982), S. 71–123.

ZILLER 1983
LEOPOLD ZILLER, Ergänzungen zum Salzburger Mundartbuch, in: *MGSL* 123 (1983), S. 167–190. | Ergänzungen zu ZILLER 1979 (1995).

ZILLER 1986
LEOPOLD ZILLER, *Die Salzburger Familiennamen. Ihre Entstehung, Herkunft und Bedeutung* (MGSL, 11. Ergbd.). Salzburg 1986.

ZILLER 1990
LEOPOLD ZILLER, *Häuserchronik der Gemeinden St. Gilgen und Strobl am Aber-(Wolfgang-)See.* St. Gilgen / Strobl 1990.

ZILLER 1995
LEOPOLD ZILLER, *Was nicht im Duden steht. Ein Salzburger Mundart-Wörterbuch* (MGSL, 7. Ergbd.). 2. Aufl. Salzburg 1995 (1. Aufl. 1979).

ZILLER 1998
LEOPOLD ZILLER, Die Flur-, Berg- und Gewässernamen, in: STEHRER 1998, S. 234–244.

ZILLER/KENDLER/FERSTL 1997
LEOPOLD ZILLER / RUPERT KENDLER / MATTHIAS FERSTL (Hrsg.), *Heimatbuch Fuschl am See. Ein Dorf im Wandel der Zeit.* Fuschl am See 1997.

ZILLNER 1860/1861
FRANZ VALENTIN ZILLNER, Die Untersbergsagen, nebst einem Abriß der Sagengeschichte überhaupt, in: *MGSL* 1 (1860/1861), S. 81–146.

ZILLNER 1863
FRANZ VALENTIN ZILLNER, Über den Zusammenhang zwischen Geographie, Geschichte und Statistik des Landes Salzburg, in: *MGSL* 3 (1863), S. 5–13.

ZILLNER 1864
FRANZ VALENTIN ZILLNER, Die Wasserleitung der Alm, in: *MGSL* 4 (1864), S. 5–128.
FRANZ VALENTIN ZILLNER, Die Bevölkerungsverhältnisse des Landes, in: *MGSL* 4 (1864), S. 217–246.

ZILLNER 1865
FRANZ VALENTIN ZILLNER, Salzburgische Fischer- und See-Ordnungen, in: *MGSL* 5 (1865), S. 80–104.

ZILLNER 1866
FRANZ VALENTIN ZILLNER, Salzburg in den letzten fünfzig Jahren, in: *MGSL* 6 (1866), S. 235–304.

ZILLNER 1877
FRANZ VALENTIN ZILLNER, Salzburger Geschlechterstudien. Pongau-Goldeck, in: *MGSL* 17 (1877), S. 145–208.

ZILLNER 1878
FRANZ VALENTIN ZILLNER, Brand, Schwant, Maiß und Reut. Salzburgische Orts- und Güternamen, aus Urbarien gesammelt, in: *MGSL* 18 (1878), S. 248–258.

ZILLNER 1881
FRANZ VALENTIN ZILLNER, Salzburger Geschlechterstudien. Die Werfener Burggrafen, in: *MGSL* 21 (1881), S. 24–79.

ZILLNER 1882
FRANZ VALENTIN ZILLNER, Salzburger Geschlechterstudien. Die Tann, in: *MGSL* 22 (1882), S. 106–168.

ZILLNER 1883
FRANZ VALENTIN ZILLNER, Die Grafschaften und die kirchliche Frei im Salzburggau, in: *MGSL* 23 (1883), S. 170–295.

ZILLNER (I, II)
FRANZ VALENTIN ZILLNER, *Geschichte der Stadt Salzburg*. 2 Bde. Salzburg 1885-1890.

INDIZES

1. Gemeindeindex

G Anif
Anif
Gois
Niederalm
†Ober-Weyer

G Anthering
Acharting
Adelsberg
Aigen
Ameshub
Anger
Anthering
Anzfelden
Bach
Berg
Bergassing
Buchstätt
Edt
Feiglhub
Furithal
Gaizenberg
Gaspading
Gollacken
Haunsberg
Hauser
Hof
Hofstätter
Hub
Hutzing
Irlach
Kendel
Kirschberg
Kobl
Königsberg
Lehen, Groß-/Klein-
Luging
Mitterstätt
Öd
Pomed
Raith
Reit
Reitbach
Ried
Schließing
Schmieding
Schmiedsberg
Schönberg
Schwaig
Steinach
Tobel
Trainting
Wald
Wiesen
†Wiesenberg
Wimpassing
Winkl
†Wintersperg
Würzenberg
†Wupping
Wurmassing

G Bergheim
Baumgarten
Bergheim
Breit
Eichpoint
Fischach
Gaglham
Gitzen (Hinter-, Nieder-, Ober-)
Grafenholz
Hagenau
Kerath
Koplwiese
Lengfelden
Maria Plain
Maria Sorg
Muntigl
Plain-Kemating
Radeck
Reit
Reitbach
Siggerwiesen
†Stiglmair
Überfuhr
Urfar
Viehhausen
Viertaller
Voggenberg
Winding

G Berndorf bei Salzburg
Aigen
Apfertal
Bach
Berndorf
Breitbrunn
Feichten
Flurnsbach
Geiersberg
Gransdorf
Großenegg
Grub
Höpfling
Kalchgrub
Karellen
Kleinegg
Kreised
Kreuzweg
Krisplstätt
Maierhof
Mangerberg
Manglberg
Reit
Schallmoos
Schwandt
Schwandtl
Spatzenegg
Stemesedt
Wendlberg
Wilhelmsedt
†Zaglau

G Bürmoos
Bürmoos
Dopp(e)l → Tobel
Lanschützerhügel
Stierling
Zehmemoos

G Dorfbeuern
Au
Beuern (Dorf-, Michael-)
Breitenlohe
Buchach
Dorfbeuern → Beuern
Eglsee
Grub
Holzmann
Immelsberg
Lielon
Michaelbeuern → Beuern
Poschenau
Reitsberg
Röd
Scherhaslach
Schlipfing
Schönberg
Thalhausen
Vorau
Wagnerfeld

G Ebenau
Ebenau
Felbertal (Werkschulheim)
Gitzen
Haslau
Kendlbach
Pertill
Roßbach
Schindlau
Strub

G Elixhausen
Aigen
Auberg
Dürnberg
Egg

Ehrengraben
Elixhausen
Fahrenzagel
Girling
Gschaid
Hainach
Hained
Hof
Katzmoos
Laiharding
Lehen (Ober-, Nieder-)
Moosham
Obergrub
Oberholz
Oberndorf
Öd
Perling
Ragging
Ragginger See
Reit
Sachsenheim
Schlipfenbach
Ursprung
Weichenberg

G Elsbethen
†Angerlehen
Archstein
Brandau
†Campanif → Elsbethen
Elsbethen
Erentrudisalm
Fager
Gfalls
Gizoll
Glasenbach
Goldenstein
†Greimolzlehen
Haslach
Haslau
Hengstberg
Hiasngut
Hinterwinkl
Hirsteig
Höhenwald

Hub
Klausbach
Mitterlehen
Ramsau
Ramsengut
Rauchenbichl
Schermau
Überfuhr
Urfar → Überfuhr
Winkl
Zieglau

G Eugendorf
Bankham
Drei Eichen
Eck
Eugenbach
Eugendorf
Freiling
Gasbach (Ober-, Unter-)
Gastag
Grössing
Harting
Holzmeister
Kalham
Kaufhausen
Kirchberg
Knutzing
Kraimoos
Kraiwiesen
Loi(d/t)harting
Moosmühle
Mühlberg
Neuhofen
Oberhausen
Pabenwang
Pebering
Pichl
Rappenwang
Reitberg
Schaming
Schmalzkoch
Schönberg
Schopper
Schwaighofen

176

Schwöllern
Sommeregg
Straß
Unzing
Wang

G Faistenau
Alm
Aschau
Bramsau
Brandstatt
Döller
Eckschlag
Faistenau
Grabenhäuser
Grünau
Hamosau
Hanithal
Hatz
Hirschpoint
Keflau
Klaushof
Krin
Laim
Lettengraben
Lidaun
Mais
Plaik
Pointing
Ramsau
Schafbachalm
Steg
Strübl
Tiefbrunnau
Todtbauer
Vordersee
Wasenmoos
Weißenberg
Wörlehen
Wurmwinkel

G Fuschl am See
Bambichl (Babenbichl)
Brunn
Drachenwand
Eibensee
Ellmau (Ober-, Unter-)
Filbling
Fuschl(see)
Haslwald
Perfall
Wesenau
Wildmoos
Winkl

G Göming
Bulharting
Dreimühlen
Eberharten, -harting
Ehringhof
Eßthal
Furth
Göming
Gröm-Graben
Gunsering
Kemating
Kendling
Reinberg
Saliter
Wachtberg
Wagnerdristel

G Grödig
Bachmanngut
Drachenloch
Eichet
Esterer
Fürstenbrunn
Gartenau
Glanegg
Grödig
Hangendenstein
Prähauser
Rositten
Sankt Leonhard
Schweigmühlalm
†Wiesestergut

G Großgmain
Großgmain
Hinterreit
Plain
Plainberg
Weißbachau

G Hallwang
Berg
Daxlueg
Döbring (Diebering)
Einleiten
Esch (Ober-, Unter-)
Hallwang
Mayrwies
Matzing
Mitering
Reicherting
Söllheim
Tiefenbach
Tuffern
Zilling

G Henndorf am Wallersee
Altentann
Berg
Enzing
Fenning
Firling
Göpfering
Greischberg
Haltenstadl
Hankham
Hatting
Henndorf
Lichtentann
Oelling
Plaiken
Sankt Brigida (Brigitta)
Schellenberg
Streimling
Sulzberg
Wankham
Zifanken

G Hintersee
Anzenbergalm

Aschau
Eben
Genneralm
Gruberalm
Hintergrubenbach
Hintersee
Klausgraben
Königstatt
Lämmerbach
Langfeld
Langreith
Leiten
Oberasch
Obertiefenbachalm
Pillsteinalm
Reit
Sommerau
Unterzagl
Vordergrubenbach

G Hof bei Salzburg
Baderluck
Elsenwang (Vorder-)
Gäng
Gitzen
Hallbach
Haslau
Hof
Schroffenau (Vorder-, Hinter-)
Waldach

G Koppl
Aschau
Edt
Guggent(h)al
Habach
Heuberg
Kohlhub
Koppl
Ladau
Nockstein(siedlung)
Schnurrn
Schwandt
Weilmannschwandt
Willischwandt

Winkl

G Köstendorf
Berg
Buchwinkel
Enharting
Erka
Fischachmühle
Fischweng
Gerperding
Goiging
Gramling
Haunharting
Hellmühle
Helming
Hilgertsheim
Köstendorf
Lausenham
Moosmühle
†Nandichesuuank (?)
Notwinkl
Obernwiesen
Oberried
Pifuß
Reischberg
Spanswag
Tannham
Tödtleinsdorf
Weng

G Lamprechtshausen
Aigen
Aigner
Arnsdorf (Ober-, Nieder-)
Asten
Braunsberg
Bruck
Dichtled
Ehring
Eitelsberg
Ertl
Fürth (Inner-, Außer-)
Gresenberg
Hag
Haid

Hansled
Hausmoning
Holzleiten
Knotzinger
Lamprechtshausen
Loipferding
Maxdorf
Meierhof
Niederreit
Nopping
Oberreit
Priel
Reicherting
Reit (Ober-, Nieder-)
Reut (?)
Ried
Riedlkam
Röd
St. Alban → Thal
Schleindl
Schmieden
Schwerting
Spöcklberg
Stierling
Stockham
Thal (Sankt Alban)
Weidenthal
Wildmann
Willenberg
Zettlau

G Mattsee
Anzing
Aug
Außerhof
Bindergrub
Buchberg
Feichten
Fisching
Gaisberg
Guglmoos
Haag
Hausstatt
Kuchlhag → Haag
Leitgermoos

Lofer
Mattsee
Mayerhof (Ober-, Unter-)
Oberndorf
Ochsenharing
Paltingmoos
Pfaffenberg
Pointler
Ramoos
Römersberg
Saulach
Schalkham
Schrattenwinkel
Überfuhr
Urfar
Wallmannsberg
Weyer
Zellhof

G Neumarkt am Wallersee
Agspalter
Aring
Brunnkehrer
Diesenberg
Ebmat
Grabenmühle
Haltinger
Haslach
Irrsberg
Karlbauer
Kohlberg
Kollmannsroid
Lengroid
Maierhof
Matzing
Neufahrn
Neumarkt
Pfongau
Reit
Roid
Schalkham
Schindlauer
Sendlberg
Sighartstein
Sommerholz

Thalham
Ulbering
Wallester
Wertheim
Wiedweng
Wierer
Wies

G Nußdorf am Haunsberg
Altsberg
Durchham
Eberharten (-harting)
Eisping
Feldsberg
Gastein
Haarbruck
Hag
Hainbach
Haßberg
Haunsberg
Hochberg
Holzmannberg
Irlach
Kleinberg
Kletzlberg
Kroisbach
Lauterbach
Liersching
Lukasedt
Mühlfeld
Netzthal
Nußdorf
Olching
Pabing
Pinswag
Pointlau
Reinharting
Rosenstatt
Rottenaigen
Rottstätt
Schachern (Groß-, Klein-)
Schlößl
Schröck
Steinbach
Stesselberg

Waidach
Weitwörth
Zweimühle

G Oberndorf bei Salzburg
Altach
Bauerstatt
Bichlhaiden
Gastag
Kreuzerleiten
Lindach
Maria Bühel
Oberndorf
Totenberg
Wimm
Ziegelhaiden

G Obertrum am See
Absmann
Aichpoint
Altenberg
Ammerroid
Au
Außerwall
Bambach
Bischelsroid
Brandstätt
Dorfleiten
Dürrager
Gaisberg
Gauesed
Grabenmühle
Hamberg
Hohengarten
Ibertsberg
Kaiserbuche
Katzelsberg
Kirchstätt
Köllern
Kopfsberg
Korntobel → Tobel
Kothingstraß
Kravogl
Linna
Mattich

Moos
Mühlbach
Obertrum
Pötzelsberg
Rablstätt
Schönstraß
Schörgstatt
Simmerstatt
Sixten (-mühle, -wagner)
Spielberg
Spinnerstatt
Spitzesed
Staffl
Steinmauer
Sulzberg
Thur
Übertsroid
Wengelberg
Zaun

G Plainfeld
Lacknerwinkel
Pabenschwandt
Plainfeld
Tainau
Weilmannschwandt

Salzburg Stadt
Abfalter
Aigen
Aiglhof
Bolaring
†Burgfeld
Bürglstein
Eichet
Elisabeth-Vorstadt →
 Froschheim
Ester(er)
†Flederbach(schlößl)
Freisaal
Froschheim
Fürberg
Gailenbach
Gaisberg
Gensbrunn (Ober-, Unter-)

Gersberg
Getreidegasse
Glan(hofen)
Glas
Gneis
Gnigl
†Gniglerbach
Gois
Gols
Hellbrunn
Herrenau
Herrnau
Hohensalzburg
Itzling
Josefiau
Judenberg
Kai
†Kalchgrub
Kapuzinerberg
Kasern
Kendl
Kleingmain
Köstlbrunn
Langwied
Lehen
Leiten (Ober-, Unter-)
Leopoldskron
Leopoldskron-Moos
Liefering
†Linden
Maxglan
Mirabell
Montforterhof
Moos → Schallmoos
Morzg
Mühlbach
Mülln
†Münchhausen
Neuhaus
Nonnberg
Nonntal
Nußdorf
Parsch
Pointing
Prähauser

†Rädlhof
Rainberg
Rauchenbichl
Reit
Reut
Riedenburg
Röcklbrunn
†Rötes Bächlein
Salzach
Salzburg
Sam
Schallmoos
Söllheim
Speck († Schellerlehen)
Stein (Äußerer Stein)
Steinwänder
Stiegl
Stockach
Taxham
Überfuhr
†Walchmühle
Waldbichl
Wartelstein
Weichselbaum
†Weingarten
†Weyerhaus
†Widem
†Widmayer
†Wieshai
†Ziegelstadelhof
Zistel

**G Sankt Georgen
bei Salzburg**
Aglassing
Au
Bach
Bruckenholz
Buchach
Diessen(bach)
Eching (Ober-, Unter-)
Hauser
Helmberg
Holzhausen
Hutten

Irlach
Jauchsdorf
Königsberg
Krögn
Lettensau
Moosach
Moospirach
Oberhub
Ölling
Ottwiese
Prunn
Prunnmaier
Puchmair
Reith
Roding
St. Georgen
Seebach
Seethal
Thalmayer
Vollern
Waidmoos
Weg
Wimpassing
Zeltsberg

G Sankt Gilgen
Abersee
Aich
Aschenwand
Attersee
Brunn
Brunnleiten
Buchberg
Burgau (Ober-, Unter-)
Ditlbach
Falkenstein
Farchen
Frauenstein
Fürberg
Gschwand
Hüttenstein
Irlreit
Kienberg
Königsbergalm
Krottensee

Laim
Langgassen
Pinkenreit
Plankenmoos
Plomberg
Pöllach
Pucha
Ried
St. Gilgen
Schafberg
Schmalnau
Stockach
Winkl
Zeppezau
Zinken
Zinkenbach
Zwölferhorn

G Schleedorf
Baumgarten
Engerreich
Eßling
Gottswinden
Graben
Haller
Himmelsberg
Hurrer
Lengried
Mölkham
Mühlberger
Reisach
Schleedorf
†Unterzaglau
Wallsberg

G Seeham
Aining
Ansfelden
Asperting
Berg
Dürnberg
Eisenharting
Eisenmühle
Feichten
Fraham

Gimelsberg
Gröm
Kälberpoint
Lina
Matzing
Schießentobel
Seeham
Seeleiten
Tobelmühle

G Seekirchen am Wallersee
Angerpoint
Aug
Bauerneck
Baumgarten
Bayerham
Bichl
Bruderstatt
Dichenberg (Ober-, Unter-)
Edmödlham
Fischer
Fischtaging
Flamisberg
Frauentaging
Götzing
Grafendorf
Gröm
Grünberg
Gumersil
Gumprechting
   (Schön-, Koth-)
Haberg
Haging
Halberstätten
Hamberg
Hengstberg
Herzogstatt
Hipping
Hitzerbichl
Huttich
Kapelln (Ober-, Unter-)
Karlsreit
Köllersberg
Koppeltor
Kothgumprechting →

Gumprechting
Kraibach
Kraiham
Kreuzeck
Kriechham (Ober-, Unter-)
Krimpelstätten
Kühmosen
Lehen
Lina
Marschalln
Mattseeroid
Mayerlehen
Modhalm
Mödlham
Mornpeunt
Mosen
Notwinkl
Oberhof
Ödenfelden
Pongrub
Prossing
Pürach
Raxing
Reit
Ried
Roid
Ronach
Ruckerstätten
Rutzing
Schlacht
Schmiedberg
Schmieding
Schöngumprechting → Gumprechting
Schreiberg (Ober-, Unter-)
Seekirchen
Seewalchen
Stöllnermühle
Tangelstätt
Waldprechting
Weiland
Wendling
Wies
Wimm
Winkl

Winklhofen
Winterreit
Wirtenstetten
Wolfzagl
Zagl
Zaisberg
Zell

G Straßwalchen
Aigelsbrunn
Angern
Baierham
Baierleiten
Bambach
Eingarten
Erkenroid
Fißlthal
Haarlacken
Haidach
Haslach
Irrsdorf
Jagdhub
Latein
Math
Moosleiten
Pfenninglanden
Pierach
Pölzleiten
Quengert
Rattenberg
Rattensam
Reitzing
Riemerhofsiedlung
Roid (Inner-, Außer-)
Roithwalchen
Ruckling
Schlag
Stadlberg (Groß-, Klein-)
Stangling
Stauden
Steindorf
Stockham
Straßwalchen
Taigen
Thalham

Voglhub
Watzlberg
Winkl
Zagling

G Strobl
Aigen
Alpigl
Forsthub
Gschwendt
Ischl
Kleefeld
Niedergadenalm
Osterhorn
Palfen
Sparber
Strobl
†Wassenberg
Weißenbach

G Thalgau
Aigenstuhl
Burschach
Ellmau
Enzersberg
Finkenschwandt
Frenkenberg
Gimberg
Holzleiten
Irlach
Kaltenreit
Kolomansberg
Leithen
Plathub
Rauchenschwandt
Schmieding
Schwandt
Seidenfeld
Sinnhub
Steinach
Stollberg
Stölling
Thalgau
Unterdorf
Vetterbach

Wartenfels

G Wals-Siezenheim
Glansiedlung
Gois
Grünau
Haberlander
Himmelreich
Käferheim
Kleßheim
Kugelstatt
Loig
Rott
Siezenheim
†Thannet
Viehhausen
Wals
Walserberg
Wartberg

Zuordnung unsicher
Erlach
†Gramannesprunnin
†Nendilchirchen

Gaue
Flachgau
†Salzburggau

2. Hydronyme

2.1. Index fließender Gewässer

Achartinger Bach → Mühlbach
Alm
Almbach
Almkanal
Alterbach → Gniglerbach
Ditlbach
Eugenbach
Fischach
Gailenbach
Gersbach
Glan
Glasenbach
†Gniglerbach
Ischl
†I(u)varus → Salzach
Kehlbach
Klausbach
Kühbach → Kühstein
Mattig
Moosach
Mühlbach (mehrfach)
Oichten
Rattenbach
Reitsbergbach
Rosittenbach
†Rotes Bächl
Saalach
Salzach
†Stadlbach
Taugl(bach)
Tobelbach
Wallerbach
Weißenbach (2x)
Zinkenbach

2.2. Index stehender Gewässer

Attersee
Eibensee
Eglsee
Fuschlsee
Grabensee
Hintersee
Krot(t)ensee
Leopoldskroner Weiher
Mattsee
Mondsee
Ragginger See
Schmalzkoch
Trumersee (Obertrumer See)
Wallersee

3. Index der Bergnamen (Oronyme)

Drachenloch
Drachenwand (-stein)
Filbling
Gaisberg
Haunsberg
Hengstberg
Heuberg
Hochthron, Berchtesgadener
Imberg
Irrsberg
Kapaunberg
Kapuzinerberg
Kleingmainberg
Koloman(n)sberg
Kühberg
Kühstein
Mönchsberg
Nockstein
Ofenlochberg → Rainberg
Osterhorn
Palfen
Plaike(n)
Plainberg
Rainberg
Rauchenbichl
Schafberg
Schober
Sparber
Todtberg
Untersberg
Wachtberg
Wartstein
†Wassenberg
Zifanken
Zinken, Hoher
Zwölferhorn

4. Morphologisch-namentypologischer Index

4.1. Vordeutsche Namen

Vorrömische (idg.-voreinzelsprl.) Namen

Anif
Alm(fluß, -bach)
Glan
Glas
Gmain (Groß-)
Lielon
Lofer
Loig
Mattig
Oichten
Parsch
Saalach
Zifanken

Romanische Namen

Alpigl
†Campanif
Flurnsbach
Fuschl
Genneralm
Gizoll
Gneis
Gnigl
Gols, Gois
Grödig
Kapaunberg
Karellen
Latein
Lidaun
Morzg
Muntigl
Plain
Rositten
Zell
Zistel

Mischnamen (deutsche GW mit roman. PN)

Eugendorf
Flurnsbach
Irrsdorf
Köstendorf
Liefering (mit *-ing*-Suffix)

4.2. Deutsche Namen

Suffixbildungen

-ach-Namen (Kollektivsuffix)
Altach
Buchach
Burschach
Eichet
Erlach
Haidach
Hainach
Haslach
Irlach
Lindach
Moospirach
Pierach
Pöllach
Pürach
Reisach
Ronach
Saulach
Scherhaslach
Steinach
Stockach
Waidach
Waldach

-ing-Namen
Acharting
Aglassing
Aining
Anzing
Aring
Asperting
Bergassing

Bulharting
Döbring (Diebering)
Eberharten (-harting)
Eching (Ober-, Unter-)
Ehring
Eisenharting
Eisping
Enharting
Enzing
Essling
Fenning
Firling
Fisching
Fischtaging
Frauentaging
Freiling
Gaspading
Gerperding
Girling
Goiging
Göming
Göpfering
Götzing
Gramling
Grössing
Gumprechting, Schön-, Koth-
Gunsering
Haging
Hatting
Haunharting
Hausmoning
Helming
Hipping
Höpfling
Hutzing
Itzling
Kemating
Kendling
Knutzing
Laiharding
Leiharting → Laiharding
Liefering
Liersching
Loi(t)harting
Loidharting

Loipferding
Luging
Matzing
Mitering
Nopping
Obereching → Eching
Ochsenharing
Oelling
Olching
Ölling
Pabing
Pebering (?)
Perling
Pointing
Prossing
Ragging
Raxing
Reicherting
Reinharting
Reitzing
Roding
Ruckling
Rutzing
Schaming
Schließing
Schlipfing
Schmieding
Schwerting (?)
Stangling
Stierling
Stölling
Trainting
Ulbering
Waldprechting
Wendling
Wimpassing
Winding
Wurmassing
Zagling
Zilling

Komposita

-ach-Kompositum
Fischach

-au-Namen
Aschau
Bramsau
Brandau
Burgau (Ober-, Unter-)
Ebenau
Ellmau (Ober-, Unter-)
Faistenau
Gartenau
Grünau
Hagenau
Hamosau
Haslau
Herrenau
Herrnau
Josefiau
Keflau
Ladau
Lettensau
Pointlau
Poschenau
Ramsau
Schermau
Schindlau
Schmalnau
Schroffenau (Vorder-, Hinter-)
Sommerau
Tainau
Tiefbrunnau
†Unterzaglau
Vorau
Weißbachau
Wesenau
Zieglau
†Zaglau
Zeppezau
Zettlau

-bach-Namen (Toponyme und Hydronyme)	**-berg**-Namen (Toponyme und Oronyme)	
Almbach	Adelsberg	Kirchberg
Alterbach → Gniglerbach	Altenberg	Kirschberg
Bambach	Altsberg	Kleinberg
Diessen(bach)	Auberg	Kleingmainberg
Ditlbach	Braunsberg	Kletzlberg
Eugenbach	Buchberg	Kohlberg
Flurnsbach	Dichenberg (Ober-, Unter-)	Köllersberg
Gailenbach	Diesenberg	Koloman(n)sberg
Gasbach (Ober-, Unter-)	Dürnberg	Königsberg
Gersbach	Eitelsberg	Kopfsberg
Glasenbach	Enzersberg	Kühberg
†Gniglerbach	Feldsberg	Mangerberg
Habach	Flamisberg	Manglberg
Hainbach	Frenkenberg	Mönchsberg
Hallbach	Fürberg	Mühlberg
Hintergrubenbach	Gaisberg	Nonnberg
Kehlbach	Gaizenberg	Ofenlochberg → Rainberg
Kendlbach	Geiersberg	Pfaffenberg
Klausbach	Gersberg	Plainberg
Kraibach	Gimberg	Plomberg
Kroisbach	Gimelsberg	Pötzelsberg
Kühbach → Kühstein	Greischberg	Rainberg
Lämmerbach	Gresenberg	Rattenberg
Lauterbach	Grünberg	Reinberg
Mühlbach	Haberg	Reischberg
Rattenbach	Hamberg	Reitberg
Reitbach	Hassberg	Reitsberg
Reitsbergbach	Haunsberg	Römersberg
Rossbach	Helmberg	Schafberg
Schlipfenbach	Hengstberg	Schellenberg
Seebach	Heuberg	Schmiedberg
†Stadlbach	Himmelsberg	Schmiedsberg
Steinbach	Hochberg	Schönberg
Taugl(bach)	Holzmannberg	Schreiberg (Ober-, Unter-)
Tiefenbach	Ibertsberg	Sendlberg
Tobelbach	Imberg	Spielberg
Vetterbach	Immelsberg	Spöcklberg
Vordergrubenbach	Irrsberg	Stadlberg (Groß-, Klein-)
Wallerbach	Judenberg	Stesselberg
Weißenbach	Kapaunberg	Stollberg
Zinkenbach	Kapuzinerberg	Sulzberg
	Katzelsberg	Totenberg
	Kienberg	Untersberg
		Voggenberg
		Wachtberg

Wallmannsberg
Wallsberg
Walserberg
Wartberg
†Wassenberg
Watzlberg
Weichenberg
Weißenberg
Wendlberg
Wengelberg
†Wiesenberg
Willenberg
†Wintersperg
Würzenberg
Zaisberg
Zeltsberg

-beuern-Namen
Beuern, Dorf-
Beuern, Michael-

-brunn-Namen
Aigelsbrunn
Breitbrunn
Fürstenbrunn
Gensbrunn, Ober-, Unter-
†Gramannesprunnin
Hellbrunn
Köstlbrunn (hierher?)
Röcklbrunn

-dorf-Namen
Arnsdorf (Ober-, Nieder-)
Berndorf
Eugendorf
Grafendorf
Gransdorf
Henndorf
Irrsdorf
Jauchsdorf
Köstendorf
Maxdorf
Nußdorf
Nussdorf
Oberndorf

Oberndorf
Schleedorf
Steindorf
Tödtleinsdorf
Unterdorf

-eck-/-egg-Namen
Bauerneck
Glanegg
Großenegg
Kleinegg
Kreuzeck
Radeck
Sommeregg
Spatzenegg

-feld(en)-Namen
Ansfelden
Anzfelden
†Burgfeld
Kleefeld
Langfeld
Lengfelden
Mühlfeld
Ödenfelden
Plainfeld
Seidenfeld
Wagnerfeld

-haus(en)-Namen
Elixhausen
Holzhausen
Kaufhausen
Lamprechtshausen
†Münchhausen
Neuhaus
Oberhausen
Thalhausen
Viehhausen
†Weyerhaus

-heim, -(h)am-(-kam)-Namen
Baierham
Bankham
Bayerham

Bergheim
Durchham
Edmödlham
Fraham
Froschheim
Gaglham
Hankham
Hilgertsheim
Käferheim
Kalham
Kleßheim
Kraiham
Kriechham (Ober-, Unter-)
Lausenham
Mödlham
Mölkham
Moosham
Rattensam
Riedlkam
Sachsenheim
Schalkham
Seeham
Siezenheim
Söllheim
Stockham
Tannham
Taxham
Thalham
Wankham
Wertheim

-hof(en)-Namen
Aiglhof
Außerhof
Ehringhof
Glan(hofen)
Klaushof
Maierhof
Mayerhof (Ober-, Unter-)
Meierhof
Montforterhof
Neuhofen
Oberhof
Obermayerhof
†Rädlhof

Schwaighofen
Winklhofen
Zellhof
†Ziegelstadelhof

-holz-Namen
Bruckenholz
Grafenholz
Oberholz
Sommerholz

-hub-Namen
Ameshub
Feiglhub
Forsthub
Jagdhub
Kohlhub
Oberhub
Plathub
Sinnhub
Voglhub

-leiten-Namen
Baierleiten
Brunnleiten
Dorfleiten
Einleiten
Holzleiten
Kreuzerleiten
Leiten (Ober-, Unter-)
Moosleiten
Pölzleiten
Seeleiten

-markt-Name
Neumarkt

-moos-Namen
Bürmoos
Guglmoos
Katzmoos
Kraimoos
Leitgermoos
Paltingmoos
Plankenmoos

Ramoos
Schallmoos
Waidmoos
Wasenmoos
Wildmoos
Zehmemoos

-öd-/-ed(t)-Namen
Dichtled
Gauesed
Hained
Hansled
Kreised
Lukasedt
Pomed
Spitzesed
Stemesedt
Wilhelmsedt

-point-/-peunt-Namen
Aichpoint
Angerpoint
Eichpoint
Hirschpoint
Kälberpoint
Mornpeunt

-schlag-Name
Eckschlag

-schwandt-Namen
Finkenschwandt
Pabenschwandt
Rauchenschwandt
Weilmannschwandt
Willischwandt

-statt, stätt(en)-Namen
Bauerstatt
Brandstatt
Brandstätt
Bruderstatt
Buchstätt
Halberstätten
Hausstatt

Herzogstatt
Hofstätt(er)
Kirchstätt
Königstatt
Krimpelstätten
Krisplstätt
Kugelstatt
Mitterstätt
Rablstätt
Rosenstatt
Rottstätt
Ruckerstätten
Schörgstatt
Simmerstatt
Spinnerstatt
Tangelstätt

-t(h)al-Namen
Felbertal (Werkschulheim)
Fisslthal
Furithal
Guggenthal
Hanithal
Netzthal
Nonntal
Seethal
Weidenthal

-wang-/weng-Namen
Elsenwang (Vorder-)
Fischweng
Hallwang
Pabenwang
Rappenwang
Wiedweng

-wies(en)-Namen
Hag, Hagwiese (?)
Koplwiese
Kraiwiesen
Mayrwies
Obernwiesen
Ottwiese
Siggerwiesen

***-wink(e)l*-Namen**
Buchwinkel
Hinterwinkl
Lacknerwinkel
Notwinkl
Schrattenwinkel
Wurmwinkel

***-wörth*-Name**
Weitwörth

Rodungsnamen

Ammerroid
Bischelsroid
Erkenroid
Finkenschwandt
Gschwand
Gschwendt
Hinterreit
Kaltenreit
Karlsreit
Kollmannsroid
Langreith
Lengried
Lengroid (oder Schilf-Namen?)
Mattseeroid
Niederreit
Oberreit
Oberried
Pabenschwandt
Rauchenschwandt
Reit
Reith
Röd
Roid
Roithwalchen
Schlag
Schwandt
Schwandtl
Übertsroid
Weilmannschwandt
Willischwandt
Winterreit

Abkürzungs- und Symbolverzeichnis

Adj. = Adjektiv
AES = Archiv des Erzbistums Salzburg
Agh = Alpengasthaus
ahd. = althochdeutsch (8.–11. Jh.)
AlmN = Almname
BergN = Bergname
Bel. = Beleg(e)
BW = Bestimmungswort (erster Bestandteil eines Kompositums)
BzN = Beiträge zur Namenforschung
C = Kopie, Abschrift
D = Dorf (geschlossener Ort mit zehn oder mehr Gebäuden)
D: = dialektale (mundartliche) Aussprache
Dat. = Dativ
Dim. = Diminutiv, Verkleinerungsform
E = Einzelhof, Einzelhaus, Einöde, Einschicht (ein oder zwei benachbarte Gebäude)
E: = Etymologie
EB = Erzbistum; auch: Erzbischof
F = Fälschung
FamN = Familienname
fem. = femininum
FlN = Flussname
FlurN = Flurname
frnhd. = frühneuhochdeutsch
G = Gemeinde
Gen. = Genetiv/Genitiv
G(ew)N = Gewässername
GW = Grundwort (zweiter Bestandteil eines Kompositums)
glz. = gleichzeitig
Hf = Hof
Hgr = Häusergruppe
HofN = Hofname
hsl. = handschriftlich
ib. = ibidem, ebenda
Ins. = Insert, Einschub
IPA = internationales phonetisches Alphabet
Jh = Jagdhaus

Jh. = Jahrhundert
Ki = Kirche, Kapelle
kelt. = keltisch
Kf. = Kurzform
Koll.-Suff. = Kollektivsuffix
Komp. = Kompositum, (Wort-)Zusammensetzung
kontr. = kontrahiert
L: = Literatur
lgbd. = langobardisch
loc.cit. = *loco citato,* am angegebenen Ort
mask. = maskulinum
mdal. = mundartlich
Mh = Meierhof, Gutshof
mhd. = mittelhochdeutsch (12.–14. Jh.)
Mü = Mühle
n. = nach
nhd. = neuhochdeutsch
Nom. = Nominativ
nw. = nordwestlich
ö. = östlich
Obb. = Oberbayern
ÖK (50) = Österreich-Karte (1:50.000)
ON = Ortsname(n)
Or. = Original
OU = Originalurkunde
OV = Ortsverzeichnis
PB = politischer Bezirk
Pl. = Plural
PN = Personenname
Präp. = Präposition
R = Rotte (Gebäude in lockerer Anordnung ohne Rücksicht auf die Zahl)
r. = rechts, r.z. = rechts zur
Rgl = Randglosse
rom. = romanisch
Ru = Ruine
s. = südlich
schw. F. = schwaches Femininum
Sdlg = Siedlung
Sg. = Singular

SLA = Salzburger Landesarchiv
sö. = südöstlich
Stmk. = Steiermark
st. N. = starkes Nomen
StraßenN = Straßenname
Stt = Stadtteil
Tr. = Traditio(nes), Tradition(en)
U = Urbar
U: = urkundlicher Belegteil
UB = Urkundenbuch
undat. = undatiert
urgerm. = urgermanisch
Var. = Variante
verbr. = verbreitet
vlat. = vulgärlateinisch
voreinzelspr.-alteurop. = voreinzelsprachlich-alteuropäisch (d.h. urindogermanisch)
W = Weiler (drei bis neun Gebäude in engerer Lage)
ZONf = Zeitschrift für Ortsnamenforschung
ZH = Zerstreute Häuser (Gebäude, die über ein großes Gebiet verstreut liegen ohne Rücksicht auf deren Anzahl)

* nicht belegte, sprachwissenschaftlich erschlossene (rekonstruierte) Form
° Abkürzungszeichen
† abgekommener Name
→ verweist auf andere ON-Artikel bzw. unter *E:* auf mehrfach vorkommende Grundwörter, vgl. deren Verzeichnis
[…] Dialektlautung (phonetische Transkription nach IPA)
<…> Schreibformen (graphemische Umschriften)
'…' Semantik, Bedeutungsangabe

Ingo Reiffenstein

Emeritierter Professor für germanistische Linguistik an der Universität Salzburg, Mitglied der Österreichischen und der Bayerischen Akademie der Wissenschaften; langjähriges Mitglied (Obmann) der Kommissionen für das Wörterbuch der bairischen Mundarten in Österreich bzw. des Bayerischen Wörterbuches.
Arbeitsgebiete: Historische Sprachwissenschaft, vornehmlich Sprachgeschichte des bayerisch-österreichischen Raumes, Dialektologie, Ortsnamenkunde.

Thomas Lindner

Außerordentlicher Professor für historisch-vergleichende Sprachwissenschaft an der Universität Salzburg und korrespondierendes Mitglied der Österreichischen Akademie der Wissenschaften; Vorsitzender der Salzburger Ortsnamenkommission (SONK).
Arbeitsgebiete: Indogermanistik, klassische Philologie, Geschichte der Linguistik, Ortsnamenkunde.